知識と実践で築く

学校保健

國土将平 編

みらい

執筆者一覧

●編　者

國土　将平　中京大学

●執筆者（五十音順）

上田　恵子　畿央大学……Chapter 4 Section 2～4
可西　泰修　中京大学……Chapter 3、Chapter 10 Section 8、Chapter 14
木宮　敬信　常葉大学……Chapter 13、Chapter 15
黒岩　一雄　常葉大学……Chapter 6
國土　将平　（前出）……Chapter 1、Chapter 5 Section 5、Chapter 8、Chapter 16
後藤　晃伸　中京大学……Chapter 12
佐野　　孝　中京大学……Chapter 2、Chapter 7
土田　　洋　朝日大学……Chapter 10 Section 1～7・9、Chapter 11
中野　貴博　中京大学……Chapter 4 Section 1、Chapter 5 Section 1～4
安林奈緒美　名古屋学院大学……Chapter 9

はじめに

我が国の学校保健の始まりは1872（明治5）年の学制発布からで、その歴史は150年以上ある。一方、アジアの学校保健の歴史は浅く、その活動や制度が40年ほどしか経過していない国もある。そうした国々で、より良い教育を実施するための活動を行っている経験のなかで、最も効果的な活動の一つとして挙げることができるのは教育環境の改善である。それは学校保健の活動を整備することにほかならない。学校保健の整備・充実・発展は、より良い教育を実施するためには不可欠なのである。歴史ある日本の学校保健制度は世界に誇ることのできる水準であり、アジアの国々における子どもの学校での教育・生活環境と比較すると、皆さんが過ごしてきた環境は、圧倒的に恵まれたものといえる。制度の手厚さや課題への対応力などは特筆すべきものであることを、本書を通して知っていただきたい。

本書ではデータに基づく解説を心がけた。なぜなら、児童生徒の健康実態や発育発達の現状と、それを決定する社会環境的要因の相互作用の解明において、多くの調査や統計的手法が用いられて明らかにされてきているからである。理論や数字を知識として鵜呑みにし、実践したことをただ経験として消化するのではなく、常に実態や現状の要因に目を向け、そこから課題の解決を図っていく思考や態度を身につけてほしいという教育者としての想いもある。要因を見つけ出し、検討して、目標に向けた策を考える。これは私たち研究者の専門的研究でも、競技スポーツで結果を求めるアスリートたちのトレーニングにおいてでも、共通した考え方であろう。つまり「トライ・アンド・エラーを繰り返しつつ、より良い道筋を考える」ことは、目標を達成するための共通する考え方であり、効果的な手法なのである。

本書は、教職をめざす学生、特に保健体育の教員をめざす学生に主眼をおいて内容を編集した。そして、児童生徒の健康管理や学習環境の整備はもちろんのこと、体育や部活動での事故やケガの予防などの安全配慮、学校での保健に関わる業務についての必要な知識を実践で活用できることをベースにわかりやすく解説をした。

目次を見ていただければわかるように、学校保健がカバーすべき領域は多岐にわたり、それぞれが法令などによって制度化され、運営されている。学校保健を初めて学ぶ方は「こんなことまで決まっていたのか」と驚かれるかもしれない。生徒として過ごしていた学校生活では普段は感じたり、考えもしなかったりしたことの背後にも、学校保健の制度は確実に実施されているのである。子どもの健康や学校での安全を守ることは、そうした何気ないことにも関心をもち続けることが大切である。本書で学んだ学校保健の知識を、学校教育の実践の場でトライ・アンド・エラーを繰り返しながら子どものより良い教育環境を築いていただきたい。

2024年5月　　　　　　　　　　　　　　　　　　　　　　　　編者　國土将平

目　次

Chapter 9　学校生活に関わる慢性疾患

Chapter 10　学校におけるメンタルヘルス

Chapter 11 教職員の健康

Chapter 12 健康に係る行動変容の理論と方策

Chapter 13 学校安全

Chapter 16 学校保健に関する法令等

Chapter 1

学校保健の意義

学校保健は、児童生徒の健康を保持増進すること、児童生徒の安全を確保すること、学校環境を整えること、保健に関わる教育や保健指導に携わるなど、養護教諭や保健体育関係者のみならず、すべての教員に学習してほしい内容が含まれる。特に保健体育教員は、体育指導や運動指導に従事し、保健学習を行うことが主な業務であることを考えると、保健体育教員をめざす生徒にとっては、本学習内容は非常に重要な業務を含むことになる。

児童生徒として学習者である間は、学校保健に係る活動は、保健室の養護教諭や健康診断、保健の授業が主要な活動となる。しかしその活動は多岐にわたり、学校教員はその役割と責任をもって教育活動を行う必要がある。この Chapter では、その学校保健の重要性を十分に理解することや、学校においてどのような職務を遂行するかを確認することが主な目的である。

Section 1 学校保健とは何か

1 保健活動の視点から

文部科学省は学校保健について、「学校保健とは、学校において、児童生徒等の健康の保持増進を図ること、集団教育としての学校教育活動に必要な健康や安全への配慮を行うこと、自己や他者の健康の保持増進を図ることができるような能力を育成することなど学校における保健管理と保健教育」[1)]としている。

学校における保健活動＝学校保健は、学校内で行われる保健活動であり、学校保健安全法に基づいて教職員や児童生徒の健康の保持増進や学校環境を整えるものである。また、学校外の大きな社会的な枠組みでも、我々の健康を守る保健活動が展開されている。

地域で行われる保健活動＝地域保健は、自治体やコミュニティー等で行われる保健活動であり、地域保健法に基づいて、保健所や保健センターが設置されている。保健所は都道府県、政令指定都市、中核市などに設置されており、広範な地域保健、精神保健、難病対策、感染症対策など地域保健の重要な役割を担う。また、保健センターは市（区）町村ごとに設置されており、地域住民に対する健康相談や保健指導、予防接種や各種検診その他の事業を行うものである。これらは健康増進法、感染症の予防及び感染症の患者に対する医療に関する法律、予防接種法、母子保健法、精神健康福祉法など我々一人ひとりの保健に関わる法律のほか、食品衛生法や水道法といった我々の生活に関わる法律などにより実施されている。

労働における保健活動＝産業保健は、労働に関わる保健活動であり、労働安全衛生法に基づく労働条件と労働環境に関連する健康障害の予防を行ったり、労働者の健康の保持増進や福祉の向上のための活動を行っている。たとえば、安全管理者や衛生管理者を設置したり、事業場における安全衛生管理体制の確立を行ったり、危険防止教育、安全衛生教育、健康診断の実施など、事業場における労働災害防止のための具体的措置が決められている。

学校で働く教員は労働者として産業保健の対象となる。学校保健安全法では、児童生徒の保健活動のみならず、教員の保健活動にも触れられており、学校という職場において教員自身の保健活動を含むという特徴をもっている。

2 なぜ学校保健は保健体育教員に必要か

学校の教員は学校教育における児童生徒の健康の健康管理や、学習環境の管理などを担う必要がある。保健体育教員は、特に体育の時間において児童生徒の運動経験や身体活動を促進するとともに、ケガの予防を含む安全にも配慮する必要がある。それに加えて、保健に関わる教育を実施するとともに、保健に関わる学校業務に責任のある職務に就くこともある。

児童生徒からすると、教員の行っている業務は授業の実施や学級経営、部活動の指導など、学校内で目にする範囲だけとなるが、実際の業務はそれを超えて多岐にわたる。図 1-1 は保健体育教員の学校保健上の主要な業務を示したものである。保健や体育の授業、総合的な学習の時間、学校行事の指導など、保健教育に関連する分野、生徒の個別指導、安全教育や指導、健康診断に係る業務もある。また、校務として、学校保健委員会や保健主事など、責任をもって実施すべき組織活動もある。このように学校保健の業務は多岐にわたっており、これらは、学校教育や学校保健に定められた業務のほかに児童生徒の健康増進に関わる独自の取り組みも含まれる。

実際の活動を想像してみよう。教員として保健体育の授業を行うことは当たり前であるが、もし授業中に児童生徒がケガをした場合は緊急の対応が必要となる。適切に応急処置を行い、保健室への移動、もしくは緊急医療を受診させる必要が生じる。一方で、学校において、インフルエンザの集団感染が発生した場合には、それらに対応する必要もある。また、日々の生活において、児童生徒からの悩みの相談を受けることもある。このような状況に対して適切に対応するためにも、学校保健の仕組みを理解し、自らが適切に行動する必要が生じる。

学校保健は、スポーツ系の大学や教育学部系の大学で必須科目として位置づけられていることからも、保健体育教員をめざす学生にとって重要な領域であることがわかる。そして、

図 1-1　保健体育教員の職務と学校保健

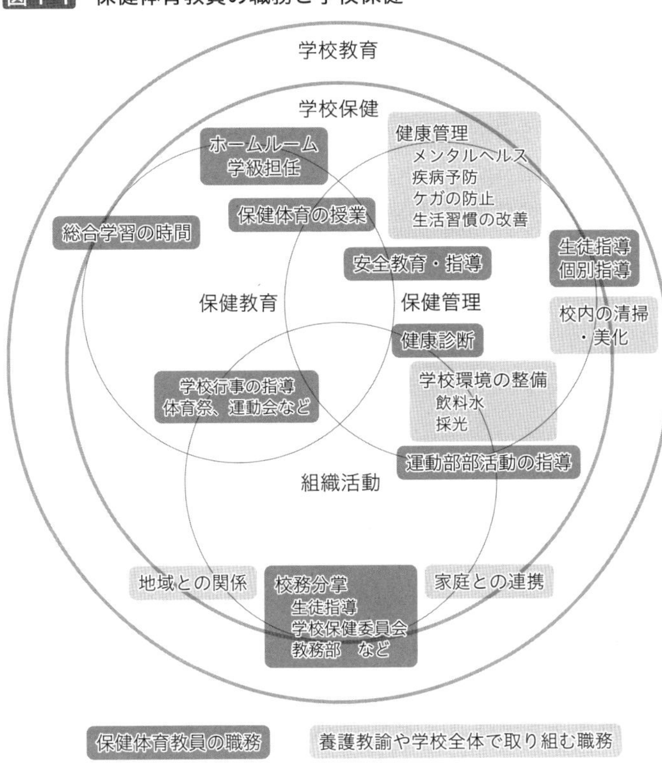

できることならばすべての教員が学校経営上の基礎の一つとして学校保健を履修してもらいたい。また、保健体育の教員や養護教諭として指導的な立場となった際には、学校保健で学んだことを学校内で共有していく責任ももってもらいたい。

3 学校保健の特性

(1) 広い年齢層を対象とする

学校保健は、幼稚園児から、小学校児童、中学校生徒、高等学校生徒、大学や専修学校等の学生を対象としている。年齢でみると 3 歳から 22 歳、さらに大学院まで含めると 30 歳近くになる。この期間、それぞれの年齢における形態的・生理学的特性が大きく変化する。まずその実状を適切に知ることが学校保健の基礎といえる。特に小学校高学年児童や中学校の生徒は、思春期に当たり急激な変化がみられる。このように、対象とする年齢や心身の発育発達段階を考慮しながら、教育と指導の両面での配慮が必要となる。

たとえば、発展途上国では、女子の初経や月経に対する配慮が不十分のため、女子用の個室トイレが十分に整備されていないこともある。エイズや喫煙など、標的になった対象の宣伝に焦るあまり、極端な指導や教育が実施されたり、二次性徴に至らない小学生に性交やコンドームの着用を指導したりすることもある。これは、児童生徒の性の発達状況を教育政策レベルで把握できておらず、学校での性教育や指導に反映できていないからである。教育や指導する内容が子どもたちの心身の状況や既存の知識と合致したものであるかという観点から、学校保健は教育の科学（Educational Science）としての性格を濃厚にもっている。

(2) 学校は多くの職員や児童生徒が集まる場である

児童生徒や教員は学校において、日中の多くの時間を共にして生活している。このことから集団において生ずる特有な健康上の課題などを考慮し、対策を講じる必要がある。その一つが学校での感染症対策である。学校は多くの子どもが集まるがゆえに感染も広がりやすい。古くはトラコーマやシラミなど、近年ではインフルエンザ、最近では新型コロナウイルス感染症（COVID-19）といった感染症は、学校での集団生活によって集団感染のリスクが高まる。

また、学習効果や姿勢、視力といった観点からも、教室内の照明や黒板の見やすさ、静かさ、机や椅子の高さの調整なども必要となる。以上のことからもわかるように、学校保健活動は公衆衛生的活動の一分野としての性格をもつのである。

(3) 学校が教育の場である

学校保健の目的の一つとして、健康の保持増進を図る能力の育成がある。健康診断の実施は児童生徒等の健康管理の一つとして実施されるが、その目的は児童生徒の健康状態を評価し、潜在的な健康障害を早期に発見することである。健康管理的な活動が日常的に実施されていることに加え、健康診断の事前指導や事後措置も実施されている。これらの活動は教育的な機能を果たしており、教育的健康管理といわれている。このように、学校保健に関わる管理的活動が教育的配慮のもとに展開されなければ、学校保健活動としての意義は著しく希薄になる。さらに、学校の学校保健活動には、すべての教育的機能が含まれるといってもよい。

4 学校保健の枠組み

日本国憲法第 26 条には、教育を受ける権利および教育を受けさせる義務が定められており、教育基本法第 1 条では教育の目的として、「心身ともに健康な国民の育成」が挙げられている。また学校教育法第 12 条では学校における保健上の措置について定められており、学校教育の基本的な枠組みの中で学校保健の必要性が明らかとなっている。ここでの「学校」とは、学校教育法で定める学校のことを指し、具体的には、小学校、中学校、義務教育学校、高等学校、中等教育学校、大学、高等専門学校、特別支援学校および幼稚園をいう。

このような枠組みの中、学校保健安全法によって、学校保健の内容、計画、組織、活動、基準などの学校保健に関する枠組みが定められており、学校保健安全法施行令、学校保健安全法施行規則、学校環境衛生基準などによってその詳細が定められている。また、学校給食法によって学校での給食制度の枠組みが定められており、学校給食衛生管理基準、学校給食実施基準によりその実施詳細が定められている（Chapter 16 Section 3（270 頁）参照）。

関連法規としては、健康増進法、食育基本法、母子保健法があり、それらは学校保健の内容を含むものである。また、学校は教員が働く労働の場でもあり、労働安全衛生法の対象でもあり、教員が衛生管理者や衛生推進者に選ばれることもある。

学校保健で扱う領域や内容は **表 1-1** に示す通りである。学校保健は保健教育、保健管理、組織活動の領域から構成される。保健教育には、保健学習と保健指導が含まれている。保健管理には児童生徒等の健康管理と生活管理を含む対人管理と、環境管理が含まれている。また、組織活動として、教職員の組織、家庭や地域との連携、さらに学校保健員会の組織とその運営が含まれている。

表 1-1　学校保健の領域・内容

<table>
<tr><th colspan="4">領域分類</th><th>主な内容</th><th>運営のニュアンス</th><th>担当者</th></tr>
<tr><td rowspan="24">学校保健</td><td rowspan="7">保健教育</td><td rowspan="3">保健学習</td><td rowspan="2">教科</td><td>体育科、保健体育科</td><td rowspan="3">教授的</td><td rowspan="7">学級担任
養護教諭
保健体育教員
栄養教諭
学校栄養職員</td></tr>
<tr><td>関連教科（生活科、理科、家庭科、技術家庭科、特別の教科 道徳など）</td></tr>
<tr><td colspan="2">「総合的な学習の時間」（食育など）</td></tr>
<tr><td rowspan="3">保健学習
＋
保健指導</td><td rowspan="3">特別活動</td><td>学級活動・ホームルーム活動</td><td rowspan="3">教授的、指導的</td></tr>
<tr><td>学校行事</td></tr>
<tr><td>児童会活動、生徒会活動、クラブ活動</td></tr>
<tr><td>保健指導</td><td colspan="2">保健室における個別指導、日常の学校生活での指導（集団指導）</td><td>指導的</td></tr>
<tr><td rowspan="8">保健管理</td><td rowspan="6">対人管理</td><td rowspan="4">健康管理</td><td>健康観察、健康診断</td><td rowspan="4">管理的</td><td rowspan="8">専門職員
・学校医
・学校歯科医
・学校薬剤師
スクールカウンセラー
保健主事
養護教諭
学級担任</td></tr>
<tr><td>保健活動、保健指導</td></tr>
<tr><td>疾病予防</td></tr>
<tr><td>応急処置（応急手当など）</td></tr>
<tr><td rowspan="2">生活管理</td><td>健康生活の実践状況の把握および規正</td><td rowspan="2">指導的</td></tr>
<tr><td>学校生活の管理</td></tr>
<tr><td colspan="2" rowspan="2">環境管理</td><td>学校環境の安全衛生管理</td><td rowspan="2">管理的</td></tr>
<tr><td>学校環境の美化など情操面への配慮</td></tr>
<tr><td colspan="3" rowspan="9">組織活動</td><td>学校保健計画・学校安全計画の策定</td><td rowspan="9">指導的、管理的</td><td rowspan="9">校長・教頭等管理職</td></tr>
<tr><td>教職員の役割やその責務を明確にし指導監督を行う</td></tr>
<tr><td>児童生徒および教職員の健康実態を把握</td></tr>
<tr><td>健康・安全の保持増進に向け施設・設備の安全、環境衛生の維持・改善</td></tr>
<tr><td>学校保健・安全に関する法令や通達等の周知徹底</td></tr>
<tr><td>学校保健委員会を組織し、必要に応じて召集</td></tr>
<tr><td>教育委員会や地域保健・医療に関わる機関との連携・協力体制の整備</td></tr>
<tr><td>保健上の緊急事態が発生した場合の措置</td></tr>
<tr><td>家庭との連携</td></tr>
</table>

5 学校保健における保健と教育の両義性とその役割

学校保健においては、歴史的背景ならびに扱う内容により「教育のための保健」もしくは「保健のための教育」という２つの性格をもつ。

①教育のための保健

学校教育を受ける側の幼児・児童・生徒・学生と教育する側の教員が共に健康であることは、教育の根本といえる。このために学校側が教育の環境を整える必要がある。たとえば、学校の水が細菌で汚染されていることは学校環境の不備であり、教室が暗くて黒板の文字が見えない場合は視力低下の問題や学習効率上の問題であり、早急に解決する必要がある。また、学校は集団教育の場であることから多くの人が集まるため、感染症予防や災害・犯罪被害の防止は特に重要となる。

国外に目を向けると、発展途上国では学校給食を実施することによって子どもたちの栄養の改善のほか、出席率の向上が期待されることもある。給食の実施という学校環境の改善によって、教育そのものも良い方向に向かっていくのである。

以上のように、学校で児童生徒が快適に学習できるように、学習環境を適切に整えることは学校保健の活動の一つである保健管理に該当するのである。

②保健のための教育

児童生徒を取りまく健康問題は近年複雑さを増しており、ITC 機器の導入によるスクリーンタイムの増加や生活習慣の乱れ、また、新興感染症や復興感染症などの対策、心の健康問題など多岐にわたる。学校では、これらの問題に子どもたち自らが適切に対処できるようになるため、保健に関する知識、態度、行動、習慣などを培うための保健の授業が実施されている。さらに個別の課題に対応する保健指導も実施されている。これら保健の授業や保健指導は保健教育の一環として、児童生徒自身の健康の保持増進のために行われるものである。

具体的な活動をみると「狭義の学校保健」と「広義の学校保健」に分類することができる。「狭義の学校保健」は学校保健安全法などの法律によって規定され、行政官庁の行政行為として行われる学校保健を指し、養護教諭の行う保健室の活動や学校医、学校歯科医、学校薬剤師らが行う健康診断や検査が含まれる。これらの活動は法律に規定されているため、必ず実施すべき活動である。

しかし、学校が行う活動の実情をみると、不登校の児童生徒への対応、校内暴力対策、いじめ対策、学校の危機管理対策、肥満児対策、保健所との連携による疾病対策、生活習慣の改善運動、スポーツ活動、集団登校、体力づくり活動、校内美化や清掃、運動会、歯磨き習慣づくり、「早寝早起き朝ご飯」運動、廃品回収など、学校保健安全法をはじめとする法律には含まれない様々な学校保健活動がある。これらを「広義の学校保健」といい、学校における課題の解決や児童生徒の健康の保持増進など、時代の変化や地域の特性等に柔軟に対応した活動として行われている。

健康診断を例に「狭義の学校保健」と「広義の学校保健」を考えてみると、身長や体重測定、視力検査等は学校保健の健康診断項目として含まれているので狭義の学校保健であるが、学校によっては健康診断の必須項目には含まれていない血圧測定やコレステロール測定を自主的に実施する学校もあり、それらの活動は広義の学校保健と位置づけられる。保健体育教員は、広義の学校保健で多くの役割を担う場合もある。

Section 2 学校保健の沿革

ヨーロッパを中心とした世界の教育を振り返ると、18 世紀までは学校教育は王侯貴族や僧侶などの特権階級のものであった。しかし 18 世紀以降になると、民衆のための教育が広まってきた。日本では、明治維新前までは支配階級である武家の教育は藩校が、民衆の教育は寺子屋などが基本的に担っており、それぞれ独自の形態をとっていた。それが、明治維新以降、ヨーロッパの近代教育の影響もあり、小学校が設置され、誰もが教育を受ける機会が保証されていった。そうしたなか日本国における学校保健の歴史は、1872（明治 5）年 8 月の学制の制定から始まる。

学制の制定後、学校において多くの子どもが長時間一緒に生活することにより、感染症の拡大が深刻になった。また、西洋式の教室、机、椅子が導入され、子どもたちが慣れない椅子に座ることにより、姿勢が悪くなり脊柱の異常が起きたこともある。椅子による姿勢の良し悪しについては土岐頼徳の『啓蒙養生訓』（1872（明治 5）年）にもみられる（図 1-2）。このように学校教育が集団の健康問題の引き金になったという背景もある。これらの課題に対して、様々な方面から学校保健に関わる制度が整備されていった。学校保健の歴史は大きく、学校制度、学校衛生、健康診断、学校三師（医師、歯科医師、薬剤師）、学校給食、養護教諭、学校安全に分類できる（Chapter 16 表 16-1（271 頁）参照）。明治時代はそれぞれの制度が独自に発展してきた。最初は学校制度の拡充、感染症対策に関わる学校衛生が課題であり、それと同時に健康診断に関わる制度も別途整備されてきた。1896（同 29）年に文部省に学校衛生顧問および学校衛生主事が置かれ、その後、学校清潔方法、学生生徒身体

図 1-2 『啓蒙養生訓』に描かれた姿勢の良し悪し

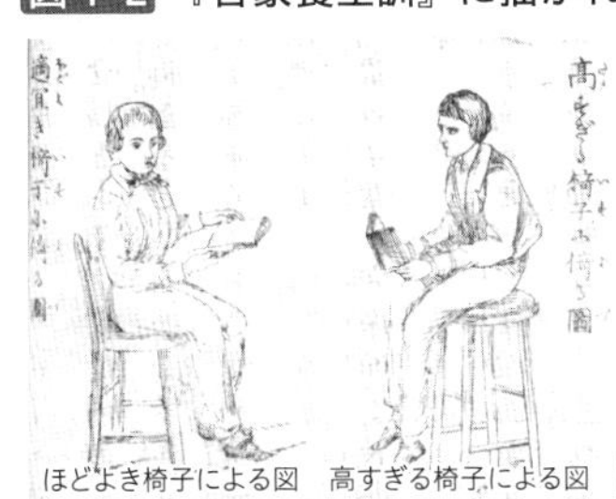

椅子の高さについて　　姿勢について　　机の高さと脊柱の状態との関係

検査規程、学校医制度などが定められた。特に学生生徒身体検査規程は世界的にも先進的な取り組みであった。身長の発育データは 1900（同 33）年から収集されており、第二次世界大戦中を除いて、毎年資料が公開されている。このような取り組みは他国では例をみないものである。また、明治期の後半には学校安全や養護教諭に関わる制度が始まった。

第二次世界大戦後、1947（昭和 22）年に学校教育法の中で「養護教諭」が誕生し、1949（同 24）年に「中等学校保健計画実施要領（試案）」、1951 年（同 26）年「小学校保健計画実施要領（試案）」により、戦後教育改革による統一的な学校保健システムが確立し、そのなかには学校安全の内容も含まれるようになった。その後 1958（同 33）年に学校保健法が制定され、これまでの学校保健に関わる制度を統括し、学校保健活動に法的根拠を与えることとなった。1959（同 34）年に日本学校安全会法が制定され、学校安全の定義が行われた。これ以降、学校安全に関わる制度が充実し、たとえば、授業中や学校の登下校、部活動などを含む学校管理下における傷害などの補償制度が始まった。近年では 2008（平成 20）年に学校保健法が学校保健安全法に改正されて安全に関する位置づけが明確化された。

明治期は感染症対策を含む衛生活動が中心的な課題であり、我々人間＝主体よりも病原体と環境整備に重点が置かれていた。しかし、疾病構造の変化により、生活習慣病や悪性新生物（がん）などが主要疾病となった現在では、その原因が複雑かつ曖昧なため、一人ひとりの生活習慣や行動などを含む行動学的視点が重要となり、これらの行動の変化のための基礎理論や実践に関わる健康教育へとシフトしていった。

なお、新型コロナウイルス感染症のように感染がパンデミックになると、病原体や環境（感染経路）に重点が置かれるとともに、換気の悪い密閉空間や多数の人が集まる密集場所、間近での会話や発声をする密接場面といったいわゆる「3 密」を避けることが奨励され、我々の行動にも重点が置かれるようになった。したがって、感染症対策の行動についても保健教育的な様相を示すのである。現在の学校保健は、我々人間＝主体を重視した活動となっているのである。

Section 3 学校保健と教職員

1 学校保健の責任の所在

学校保健を含む学校管理を適切に行うためには、学校における責任の所在について確認しておく必要がある。学校の設置者は、国立学校の場合には国、公立学校の場合には地方公共団体、私立学校の場合には学校法人となる。また、学校の管理機関として、国には文部科学大臣、地方公共団体には長および教育委員会、学校法人には理事が置かれている。

また、学校の管理責任者としては校長が該当する。健康診断を例に挙げると、児童の就学前の健康診断は学校の設置者である市（区）町村の教育委員会が実施する。私立小学校に進学する場合にはその設置者である学校法人により実施されることもある。就学中の児童生徒の健康診断は学校長が責任をもち、職員の健康診断は学校の設置者が責任をもつ。

2 学校保健を担う教職員等の責任

2008（平成 20）年 1 月の中央教育審議会の「子どもの心身の健康を守り、安全・安心を確保するために学校全体としての取組を進めるための方策について（答申）」において、「学校保健に関する学校内外の体制の充実」として教職員の役割が明記された。また、学校保健安全法では、学校の管理・運営や教育計画において健康で安全な教育環境の整備・充実、危機管理体制の確立が強く求められている。2008（同 20）年 6 月の一部改正（翌年 4 月施行）では、学校保健に関する内容について、学校環境衛生基準の法制化、学級担任や教職員による日常的健康観察や保健指導の充実、地域の医療機関等との連携が加えられ、学校安全に関する内容では、学校安全計画の策定や危険等発生時対処要領の作成などが加わり、学校保健・学校安全に関する設置者の責務が定められた。

文部科学省の「教職員のための子どもの健康観察の方法と問題への対応」（2009（平成 21）年 3 月）、「教職員のための子どもの健康相談及び保健指導の手引」（2011（同 23）年 8 月）では、教職員と学校保健に関わるすべての関係者が共通理解のもとで、子どもの心身の健康問題への責任ある対応の充実を図ること、急激な社会の変化や将来予測が難しい社会状況において学校・教員が抱える課題解決や学校と地域の新たな連携・協働を図ることが示されている。

中央教育審議会の「チームとしての学校の在り方と今後の改善方策について（答申）」（2015（平成 27）年 12 月）では、「チームとしての学校」像を「校長のリーダーシップの下、カリキュラム、日々の教育活動、学校の資源が一体的にマネジメントされ、教職員や学校内の多様な人材が、それぞれの専門性を生かして能力を発揮し、子どもたちに必要な資質・能力を確実に身につけさせることができる学校」とし、その実現のための 3 つの視点を下記のように挙げている。

①専門性に基づくチーム体制の構築
・教員の専門性を共通基盤として、個々の得意分野を生かした学習指導や生徒指導など様々な教育活動を「チームとして」担い、指導体制の充実と学校内に協働文化を創出
・心理や福祉等の専門スタッフが教育活動に参画できるよう位置づけ、教員との連携分担を図り、専門スタッフの専門性や経験を発揮できる環境の充実
・地域との連携・協働の推進の中核を担う教職員を配置するなど連携体制の整備
②学校のマネジメント機能の強化
・校長がリーダーシップを発揮できるような体制の整備
・校務分掌や委員会等の活動を調整し、学校の教育目標のもとに学校全体を動かす機能の強化

・副校長や教頭、主幹教諭の配置と活用の促進等ミドルマネジメントの充実・事務職員の資質能力の向上や事務体制の整備など事務機能の強化
③教職員一人一人が力を発揮できる環境の整備
・「学び続ける教員像」の考え方を踏まえ人材育成や業務改善等の推進
・安心して教育活動に取り組めるよう、教育委員会等による教職員支援体制の充実

3 学校保健に関係する職員

学校保健に関係する職員として、校長・教頭等管理職、保健主事、養護教諭、学級担任、体育科・保健体育科の担当教員などの学校内の教員に加えて、学校医、学校歯科医、学校薬剤師といった学校三師、栄養教諭や学校栄養職員、スクールカウンセラーなどが相互の役割・責任を果たし、学校保健活動を実施している（表 1-1（19 頁）参照）。加えて、学校保健委員会にはこれらの職員に加えて、児童生徒の代表者や保護者の代表者、教育委員会などの関係機関の方も含まれ、組織的な活動として実施されている。

（1）校長・教頭等管理職

学校保健活動の充実と円滑な運営のため、「チームとしての学校」のリーダーとして、学校保健に対する理解と積極的態度が求められる。また、学校保健安全法をはじめとする法的理解に努めるとともに、学校保健を学校経営に明確に位置づける必要がある。主な業務として以下のことが挙げられる。

①学校保健計画および学校安全計画の策定（立案・実施・評価）を行うとともに、保健主事を初めとする教職員の役割やその責務を明確にするとともに関係者の指導監督を行う。
②児童生徒および教職員の健康実態を把握し、健康・安全の保持増進に向け施設・設備の安全、環境衛生の維持・改善を図る。
③保健主事の人選を行い、その職務を委嘱する。
④学校における保健、安全に関する法令や通達等を教職員に周知徹底するとともに、最新の情報や知見について必要に応じて研修機会などを設ける。
⑤学校保健委員会を組織し、定例のほか必要に応じて委員会を召集する。
⑥教育委員会やPTA、あるいは保健所等地域保健・医療に関わる機関との連絡、交渉に当たり、学校保健活動推進の連携・協力体制を整える。
⑦感染症の発生など保健上の緊急事態が発生した場合、法の定めるところにより関係機関に連絡し、対策本部を設置するとともに、児童生徒の出席停止や臨時休業など適切な措置をとる。日常的にも校内体制を整備する。

（2）保健主事

保健主事は健康に関する指導体制の要として学校教育活動全体の調整役を果たすことのみ

ならず、心の健康問題や学校環境衛生管理などの健康に関する現代的課題に対応し、学校と家庭・地域社会とが一体となった取り組みを推進するための中心的存在としての新たな役割を果たすことが重要とされている。

さらに、保健主事は、学校保健と学校全体の活動に関する調整や学校保健計画の作成、学校保健に関する組織活動の推進（学校保健委員会の運営）等、学校保健に関する事項の管理に当たる職員であり、その果たすべき役割はますます大きくなっている。このことから、保健主事は充て職であるが、学校における保健に関する活動の調整に当たる教員として、すべての教職員が学校保健活動に関心をもち、それぞれの役割を円滑に遂行できるように指導・助言することが期待できる教員の配置を行うことやその職務に必要な資質の向上が求められている。保健主事の役割をまとめると以下のようになる。

①学校保健と学校教育全体との調整に関すること
②学校保健計画および学校安全計画の立案とその実施の推進に関すること
③保健教育の計画作成とその適切な実施の推進に関すること
④保健管理の適切な実施の推進に関すること
⑤学校保健組織活動の推進に関すること
⑥学校保健の評価に関すること

（3）養護教諭

学校保健活動において中心的役割を担い、近年深刻化している不登校、いじめなど心の健康問題への対応としてヘルスカウンセリング機能の充実も求められている。また、保健主事としての役割を担うこともある。教育職員免許法改正（1998（平成10）年）により兼職発令を受けて保健の授業を担当することも可能である。教員加配措置（2007（同19）年）により、中学校801人以上、小学校851人以上、61人以上の特別支援学校）では、複数人の養護教諭が所属可能となり、多様な支援もできるようになってきた。養護教諭の主な職務をまとめると以下のようになる。

①学校保健情報の把握に関すること
　1）体格、体力、疾病、栄養状態の実態
　2）不安や悩みなどの心の健康の実態等
②保健指導・保健学習に関すること
　1）個人対象
　　・心身の健康に問題を有する児童生徒の個別指導
　　・健康生活の実践に関して問題を有する児童生徒の個別指導
　2）集団対象
　　・学級活動やホームルーム活動での保健指導

・学校行事等での保健指導
3）保健学習
・保健学習への参加・協力
③救急処置および救急体制の整備に関すること
④健康相談活動に関すること
⑤健康診断・健康相談に関すること
定期・臨時の健康診断の立案、準備、指導、評価等
⑥学校環境衛生に関すること
1）学校薬剤師が行う検査の準備、実施、事後措置に対する協力
2）教職員による日常の学校環境衛生活動への協力・助言等
⑦学校保健に関する各種計画・活動およびそれらの運営への参画等に関すること
1）一般教員の行う保健活動への協力
2）学校保健委員会等の企画運営への参画等
⑧感染症の予防に関すること
⑨保健室の運営に関すること

(4) 学級担任

学校保健計画の実施に当たり、その内容全般にわたって児童生徒の直接的指導・管理に携わる。また、児童生徒の心身の健康状態を日常的に観察・把握し、その実態に即した指導・管理に当たる。特にいじめなど心の問題については解決に向けての支援的態度を示し、プライバシーに配慮しながら児童生徒や保護者との信頼関係を深めるような教育活動を展開する。学級担任の学校保健に関わる主な業務は以下のようになる。

①保健教育に関わる内容：学校保健計画に基づいて保健活動を学級経営方針に明確に位置づけ、学級年間指導計画を立案し、学級活動やホームルーム活動等において実施する。また、すべての児童生徒がその意義や必要性を理解できるようにする。健康生活の実践に問題をもつ児童生徒に対し、随時個別指導を行う。
②保健管理に関わる内容：教室の清潔、換気、照明、温度等の環境衛生の維持・改善を図り、日常的に児童生徒の健康生活の実践を管理、推進する。児童生徒の健康状態を把握し、健康上問題のある者や支援を要すると思われる者に対しては適切な対応をする。健康診断の実施に協力し、事後措置については学校医、養護教諭等と相談のうえ、必要に応じて保護者と連絡をとり適切な指示を行う。
③組織活動に関わる内容：各学級における保健活動の役割とその重要性を自覚し、関係者との協力体制を積極的に整えなければならない。児童生徒の心身の健康に対する保護者の意識啓発と共通理解を深め、相互の信頼関係に基づいた連携に留意する。

(5) 体育科・保健体育科の教員

小学校においては体育科を担当するすべての学級担任、中学校、高等学校では保健体育科の教科担任によって保健の学習指導が行われる。体育科・保健体育科での保健の指導は、児童生徒が自らの健康と健康な生活について理解を深め、将来にわたって実践していく意欲や態度を養う基盤となる。担当者はその重要性を認識し、画一的な教育にならないよう推進していく責任がある。保健の指導が学校の教育活動全体を通じて行われるようにするためにも、保健や健康に関わる専門的教員として中心的役割を担う必要がある。主な職務は以下のようになる。

①具体的学習計画（年間指導計画、単元計画）を立案、実施、評価する。その際、健康に関わる他教科との関連性や学年の系統性を配慮する。
②児童生徒の特性を踏まえて、課題解決型学習など学習者が興味・関心をもち主体的に授業参加できるよう教材の選択、開発を行い、養護教諭や専門家とのT・T（ティーム・ティーチング）導入など指導方法を工夫する。
③児童生徒の健康生活の実践に関して、一般教員に指導・助言を与える。
④学校保健計画の作成、実施に当たり、保健主事および養護教諭に協力をする。

(6) 学校医、学校歯科医、学校薬剤師

「学校三師」といわれることもある。学校での保健管理に関わり、健康診断、健康相談や環境衛生検査等に従事する。また、学校保健計画および学校安全計画の策定とその推進に当たり、実際の活動が適切に行われるよう、校長をはじめとする関係者に個々の専門の立場から助言、指導を行う。学校医・学校歯科医は健康診断、健康相談、保健指導などを担当し、学校薬剤師は環境衛生検査などを担当する。児童生徒の健康保持増進のために健康・安全に関わる予防教育はきわめて重要であり、保健教育の効果的な推進のためにも教育活動に積極的に参画し、直接、学習指導を行うなど専門的立場から教育に参画しなければならない。また、必要に応じて教職員に対する研修に協力するなど、その専門的知見を学校保健活動に生かすことができるように努めるべきである。

(7) 栄養教諭・学校栄養職員

食生活を取り巻く社会環境が大きく変化し、食生活の多様化が進むなかで、朝食をとらないなど子どもの食生活の乱れが指摘されており、子どもが将来にわたって健康に生活していけるよう、栄養や食事のとり方などについて正しい知識に基づいて自ら判断し、食をコントロールしていく「食の自己管理能力」や「望ましい食習慣」を子どもたちに身につけさせることが必要となっている。このような背景のもと、学校給食に携わる学校栄養職員に加え、2005（平成17）年度に導入された栄養教諭制度により食育指導・栄養指導を行う栄養教諭が配置された。両者とも栄養士もしくは管理栄養士の資格が必要である。栄養教諭・学校栄養職員によって、食に関する指導と給食管理を一体のものとして行うことにより、地場産物を活用して給食と食に関する指導を実施するなど、教育上の高い相乗効果がもたらされる。
(8) スクールカウンセラー

1995(平成7)年度の試行的導入以降、すべての公立小・中学校や高等学校にもその配置・派遣が進められている。スクールカウンセラーは、学校では対処が難しい児童生徒が抱える問題に対応し、教育相談を円滑に進めるために以下に示すような役割を果たしている。

①児童生徒に対する相談・助言
②保護者や教職員に対する相談（カウンセリング、コンサルテーション）
③校内会議等への参加
④教職員や児童生徒への研修や講話
⑤相談者への心理的な見立てや対応
⑥ストレスチェックやストレスマネジメント等の予防的対応
⑦事件・事故等の緊急対応における被害児童生徒の心のケア

役割については教職員間の共通理解を深めるとともに、児童生徒への対応が教職員との連携のもとに進められることが大切である。

Section 4 学校保健活動の世界的潮流

1990年にタイで行われた「万人のための教育世界会議」において、「全ての人に教育を(Education for All：EFA)」が宣言された。EFAの達成のためには学校保健に着目することが効果的であり、学校基盤とした健康、衛生、栄養プログラムが児童生徒の健康、教育的効果の改善のために有効な方法であると考えられている。

ヘルスプロモーションとは「人々が自らの健康をコントロールし、改善することができるようにするプロセス」（WHO（世界保健機関）1986年オタワ憲章）と定義されている。そのなかで、健康のための基本的な条件と資源は、平和、住居、食物、収入、安定した生態系、生存のための諸資源、社会的正義と公正である。健康の改善には、これらの基本的な前提条件の安定した基盤が必要である。このような教育と健康増進の考え方から、1995年WHOはGlobal School Health Initiative（全世界学校保健構想）を発表し、このなかで学校を健康づくりの拠点とし、その機能をもったヘルス・プロモーティング・スクール（Health Promoting School）が提唱された。これは保健管理や保健教育の関係者、教師、児童生徒、保護者、さらにはコミュニティーのリーダーがよりいっそう高いレベルの健康をめざして、包括的な健康づくりを進めていくものである。

UNICEFは1999年にチャイルド・フレンドリー・スクール（Child Friendly School）を提唱し、子どもの権利の保護を基本とした健康増進活動を進めた。これは、質の高い教育をすべての女児と男児に与えることを推進し、すべての子どもたちが潜在能力を最大限に発揮できるようにする活動である。たとえば、下痢性疾患の発生率が低下すれば、推定19億日の就学日数が確保できるなど、学校への欠席要因を低減できる。これを達成する一つの方法は、安全な飲料水、改善された衛生設備、そして生涯にわたって健康的な行動を身につけることを奨励する衛生教育を学校に提供することである。この戦略的アプローチは、学校における水・衛生・衛生教育（Water, Sanitation and Hygiene Education：WASH）として知られている。

これらの活動は互いに重なる部分も多い。そのために、活動を統合することを目的としてWHO、UNICEF、UNESCO、世界銀行らは、2000年にFRESH（Focusing Resources on Effective School Health：効果的な学校保健に焦点を合わせた資源）を提唱した。FRESHの4つの指針は下記の通りである。

①保健衛生に関するスキルの獲得を中心とした健康教育と保健サービスの提供を含む保健政策を学校で実施すること
②学校に衛生的な設備と安全な水を供給することにより、学校が保健衛生に関する行動の手本となること
③保健衛生に関する知識や態度、価値観、技術の習得に基づく健康教育の実施により、望ましい保健衛生行動や意思決定ができるようにすること
④学校で健康と栄養サービスを提供すること

これらの指導により、子どもの健康状態の改善策としての学校での保健活動の有効性を再確認し、子どもの健康と栄養状態を改善することにより、学習成果を高めることをめざす。また、EFAを達成するために、国家計画と学校保健活動を連動させる必要性を明記している。

日本では、1997（平成9）年9月の保健体育審議会答申において、ヘルスプロモーションの考え方については、人々が自らの健康問題を主体的に解決するための技能を高めるとともに、それらを実現することを可能にするような支援環境づくりも併せて重要であることが示されているとされた。また、2009（同21）年施行の学校保健安全法はヘルス・プロモーティング・スクールの機能を意識した内容となっており、学校がヘルスプロモーション活動の拠点となり、地域社会に対しても健康増進活動の一つのセンターになることを示している。

持続可能な開発のための教育（Education for Sustainable Development：ESD）は2002年の「持続可能な開発に関する世界首脳会議」で日本国が提唱した考え方であり、同年の第57回国連総会で採択された国際枠組み「国連持続可能な開発のための教育の10年」（2005～2014年）や2013年の第37回ユネスコ総会で採択された「持続可能な開発のための教育（ESD）に関するグローバル・アクション・プログラム（GAP）」（2015～2019年）に基づき、ユネスコを主導機関として国際的に取り組まれてきた。世界には気候変動、生物多様性の喪失、資源の枯渇、貧困の拡大等、人類の開発活動に起因する様々な問題がある。

ESDは、これらの現代社会の問題を自らの問題として主体的にとらえ、人類が将来の世代にわたり恵み豊かな生活を確保できるように身近なところから取り組むことで、問題の解決につながる新たな価値観や行動等の変容をもたらし、持続可能な社会を実現していくことをめざして行う学習・教育活動である[2)]。

持続可能な開発目標（Sustainable Development Goals：SDGs）とは、2015年9月の国連サミットで採択された「持続可能な開発のための2030アジェンダ」に記載された、2030年までに持続可能でよりよい世界をめざす国際目標である。SDGsには「飢餓をゼロに」「すべての人に健康を福祉を」「質の高い教育をみんなに」「ジェンダー平等を実現しよう」「安全な水とトイレを世界に」など、学校教育や学校保健に関連のある目標も設定されている。ESDは、SDGsのすべての目標の実現に寄与するものであり、持続可能な社会の創り手を育成するESDは、持続可能な開発目標を達成するために不可欠である質の高い教育の実現に貢献するものである。

新型コロナウイルス感染症の世界的な感染を受けて、学校保健の重要性が改めて認識されている。WHOとUNESCOは、そうした状況を受けてヘルス・プロモーティング・スクールの実施の標準化やガイドライン、指標を作成した。なお、WHOは、ヘルス・プロモーティング・スクールの特徴として、単なる病気の予防に留まらず、積極的な健康の創出に貢献することとして次の5つを挙げている。

①あらゆる手段を駆使して、健康と学習双方の促進を図ること
②健康および教育を司る行政機関、教員、生徒、保護者、医療関係者そして地域住民を巻き込んだ健康的な学校づくりに寄与すること
③教職員のための健康促進活動、栄養および食の安全に関する活動、体育やレクリエーションの時間の創出、カウンセリングやソーシャルサポート、メンタルヘルス対応など、学内外の連携による健康的な環境づくり、学校における健康教育、学校保健サービスの提供を促進すること
④子どもたち一人ひとりの幸福(Well-being)と尊厳を尊重しつつ、成功のための機会を与え続け、子どもたちの功績、努力、挑戦する姿勢を後押しするような政策と実践に寄与すること
⑤地域社会のあり方が、子どもたちの健康と教育の促進にとって、いかに良くも悪くも影響しうるかについて、地域のリーダーたちの理解を深め、地域社会とともに、子どもたちの健康のみならず、教職員、家族、地域住民たちの健康促進にも寄与すること

UNICEFとWHOは共同して、飲料水、衛生設備、衛生（WASH）に関する国際的に比較可能な進捗状況の推定値を作成し、WASHに関連する持続可能な開発目標（SDGs）のターゲットのモニタリングを実施している。これらの資料にはWASHに関する国、地域、世界の推計を示し、将来のパンデミックに対する学校の備えや、学校における障害者を含むWASHサービスの提供の取り組みに関する追加分析を含んでいる。

みなさんが保健体育教員となった場合を想像してみよう。保健体育の授業を行うこと以外に学校保健に関わること、特に児童生徒の健康に関わる業務として、どのようなことに関与する必要があるのかを 400 字程度まとめてみよう。児童生徒の健康に関わる業務を列記するだけではなく、その業務に関与する必要性・重要性にも焦点を置いてまとめてみよう。

保健体育教員として勤務するあなたが保健主事に任命され、その職務を果たすことが必要となった。保健主事は学校保健を推進するうえで重要な働きが求められているが、保健体育教員の職務と保健主事の職務を比較しながら、学校での保健活動においてどのような役割を担う必要があるかを 400 字程度でまとめてみよう。

引用文献

1）文部科学省「学校保健の推進」
https://www.mext.go.jp/a_menu/kenko/hoken/index.htm
2）文部科学省「持続可能な開発のための教育（ESD：Education for Sustainable Development）」
https://www.mext.go.jp/unesco/004/1339970.htm

参考文献

・高橋裕子「わが国における学校保健研究の展開ー日本学校保健学成立前史ー」『日本学校保健学会 50 年史』日本学校保健会　2004 年
・文部科学省「学制百年史　資料編」
https://www.mext.go.jp/b_menu/hakusho/html/others/detail/1317930.htm
・文部科学省「我が国の教育経験について［健康教育（学校保健・学校給食）］：我が国における学校保健の変遷と仕組み」
https://www.mext.go.jp/b_menu/shingi/chousa/kokusai/002/shiryou/020801ei.htm
・吉田瑩一郎「我が国の安全教育の歴史と展望ー制度的視点からー」『安全教育学研究』第 1 巻第 1 号（創刊号）2001 年
・WHO「WHO's Global School Health Initiative: health-promoting schools」
http://www.who.int/school_youth_health/media/en/92.pdf?ua=1 （1998）
・WHO「Promoting Health through Schools The World Health Organization's Global School Health Initiative」
https://iris.who.int/bitstream/handle/10665/41987/WHO_TRS_870.pdf?sequence=1（1997）
・UNICEF「Child Friendly Schools Manual」
https://www.unicef.org/media/66486/file/Child-Friendly-Schools-Manual.pdf
・UNICEF「Water, Sanitation and Hygiene (WASH) in Schools」
https://inee.org/sites/default/files/resources/CFS_WASH_E_web.pdf
・FRESH
https://www.fresh-partners.org

・UNICEF and WHO「Progress on drinking water, sanitation and hygiene in schools (2000-2021 Data update) WHO/UNICEF Joint Monitoring Programme (JMP) for Water Supply, Sanitation and Hygiene (WASH)」
https://data.unicef.org/resources/jmp-wash-in-schools-2022/
・文部科学省「持続可能な開発のための教育（ESD：Education for Sustainable Development）」
https://www.mext.go.jp/unesco/004/1339970.htm
・外務省「JAPAN SDGs Action Platform」
https://www.mofa.go.jp/mofaj/gaiko/oda/sdgs/about/index.html
・WHO and UNESCO「Making every school a health-promoting school, Implementation Guidance」
https://iris.who.int/bitstream/handle/10665/341908/9789240025073-eng.pdf?sequence=1 (2021a)
・WHO and UNESCO「Making every school a health-promoting school, Global standards and indicators」
https://iris.who.int/bitstream/handle/10665/341907/9789240025059-eng.pdf?sequence=1 (2021b)

Chapter 2

児童生徒の健康問題

現代の児童生徒の健康問題と聞くと、何が思い浮かぶだろうか。子どもたちを取り巻く健康問題は多様化・複雑化しており、学校現場では、その問題・課題を的確にとらえた対応・指導が求められる。この Chapter では、大規模調査の結果等をもとに、子どもたちの健康状態や生活習慣の実態を確認する。むし歯のある子どもは増えているか、子どもの視力は悪くなっているか、週の運動時間が「0分」の中学生は何%か、高校生の飲酒経験率は何%か、自分なりに予想してみよう。学校健康教育を主導する保健体育教員にとって、児童生徒の健康実態への認識を正しくもつことは大切である。そうした課題意識のもと、この Chapter の学習に取り組んでほしい。

Section 1 学校保健統計調査等からみる子どもの健康実態

1 学校保健統計調査

学校保健統計調査とは、学校における幼児、児童および生徒の発育および健康の状態を明らかにすることを目的とし、幼稚園、幼保連携型認定こども園、小学校、中学校、義務教育学校、高等学校および中等教育学校の幼児、児童および生徒を対象に、文部科学省が実施する統計調査である。1900（明治33）年に「生徒児童身体検査統計」として始まり、1948（昭和23）年に「学校衛生統計」、1960（同35）年に「学校保健統計調査」に改称された。児童生徒の発育および健康状態に関する事項を把握できる唯一の公的調査であり、学校保健行政をはじめ、子どもの健康実態を把握するうえで必要不可欠な調査となっている。

調査事項は、「児童等の発育状態」（身長・体重）と「児童等の健康状態」（被患率等）に分けられ、文部科学省や各自治体（都道府県、政令指定都市）のホームページに毎年結果が公表される。各自治体では、その自治体の児童生徒の発育・健康状態が報告書にまとめられているので、出身地や教員を志望する自治体の調査報告書にアクセスし、確認してみよう。

学校保健統計調査のほかにも、子どもの健康に関わる調査・文献をいくつか紹介する。まず、日本学校保健会が文部科学省の指導のもとで実施する「児童生徒の健康状態サーベイランス」調査が挙げられる。1992（平成4）年度から調査が開始され、全国から定点となる学校に調査協力を依頼し、児童生徒の生活習慣やライフスタイルとメンタルヘルスを含む健康状態との関連等について、隔年ごとに調査結果が報告される。また、同じく日本学校保健会が発行する『学校保健の動向』は、1973（昭和48）年から発行が開始され、最新の学校保健の動向を知るうえで重要な文献である。いずれも日本学校保健会のホームページから電子ブックとしても閲覧可能である。さらに、児童生徒の自殺や不登校の状況を把握するには、文部科学省の「児童生徒の問題行動・不登校等生徒指導上の諸課題に関する調査」、子どもの体力や運動習慣の状況をとらえるには、スポーツ庁が実施する「全国体力・運動能力、運動習慣等調査」、国民全体の身体の状況や生活習慣の状況を知るうえでは、厚生労働省が実施する「国民健康・栄養調査」等も有効に活用することができる。

2 肥満傾向および痩身傾向

ここからは、学校保健統計調査の結果をもとに、子どもたちの健康実態をみていく。まず、身長・体重の測定値をもとにした子どもの肥満と痩身の傾向を確認する。子どもの肥満のほとんどは、摂取エネルギーが消費エネルギーを上回ることで生じるとされている（単純性肥満／原発性肥満という）。そのため、食事やおやつ、ジュース類の過剰摂取、座位行動やスクリーンタイムの増加による運動不足等、日頃の生活習慣が肥満の大きな要因となる。

子どもの肥満・痩身の判定は、国際的にBody mass index（BMI）が多く用いられているが、日本では、実測体重が身長別にみた標準体重の何パーセントに相当するかを、肥満度として算出することで判定を行っている。小児期のBMIは、標準値が年齢とともに大きく変動し、特に思春期頃の子どもの体格評価には不適切であるという指摘があり、日本での6歳から18歳までの肥満の判定には、肥満度が用いられている。肥満度の算出は、性別・年齢別・身長別標準体重から、以下に示す算出式に基づき、値が＋20％以上を「肥満傾向児」、－20％以下を「痩身傾向児」として判定する。

肥満度（・痩身度）＝［実測体重（kg）－身長別標準体重］／身長別標準体重（kg）×100（％）

※身長別標準体重の算出は、Chapter 5 表5-2（89頁）参照

なお、学校保健統計調査において上記の算出方法が使用されたのは、2006（平成18）年度以降である。2005（同17）年度までは、性別・年齢別に身長別平均体重を求め、その120％以上の体重の者を肥満傾向児、80％以下の者を痩身傾向児として判定していた。

図2-1は、肥満傾向児と判定された児童生徒の出現率である。肥満傾向児の出現率は、1977（昭和52）年度以降、男女ともに増加傾向で、2002（平成14）年頃から減少傾向を示していた。2006（同18）年度の算出方法変更後も減少傾向が続くが、その後は横ばい

図 2-1　肥満傾向児の出現率の年次推移

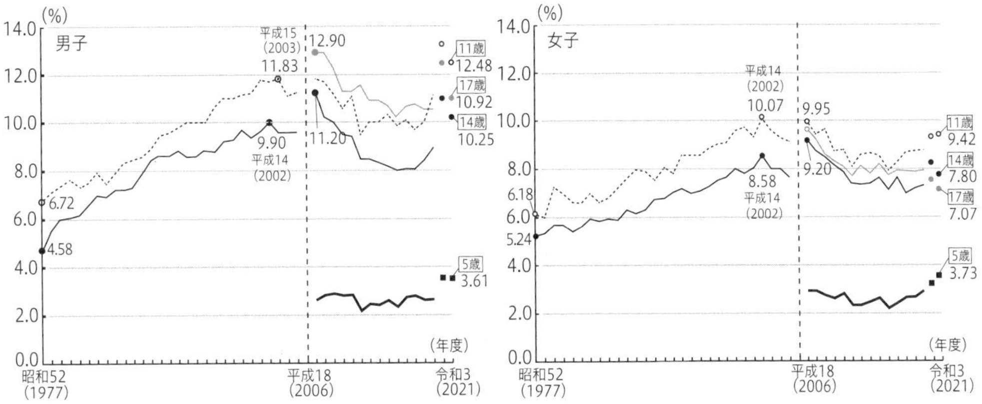

注：2006（平成 18）年から肥満度の算出方法が変更された
出典：文部科学省「令和 3 年度学校保健統計（確報値）の公表について」2022 年　p.7 を改変

図 2-2　痩身傾向児の出現率の年次推移

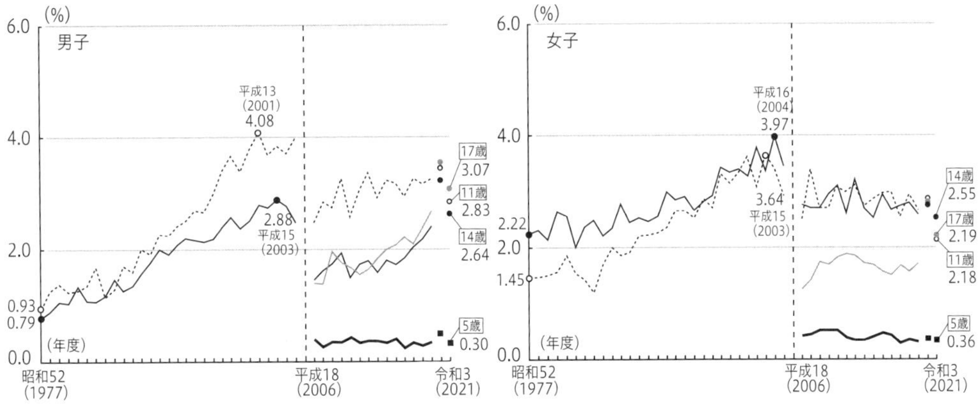

出典：文部科学省「令和 3 年度学校保健統計（確報値）の公表について」2022 年　p.8 を改変

となり、小中高生の男子は 10%前後、女子は 8%前後で推移していた。しかし、2018（同 30）年度頃から一部の年齢で増加に転じ、2020（令和 2）年度には、新型コロナウイルス（COVID-19）の流行により調査時期の変更があったものの、女子の 17 歳を除き、出現率が大きく増加した。

図 2-2 は、痩身傾向児の出現率である。出現率は、1977（昭和 52）年度以降、男子では増加傾向が続いており、2006（平成 18）年度の算出方法変更以降もその傾向は継続している。一方、女子は、1977（昭和 52）年度以降、男子と同様に増加傾向を続けていたものの、2006（平成 18）年度以降は、増減を繰り返し、出現率はほぼ横ばいで推移している。しかし、肥満傾向児と同じく、2020（令和 2）年度は痩身傾向児の出現率が男女ともに増加した。

3 むし歯（う歯）

むし歯（う歯）は、学校健康診断でみられる疾病・異常のうち、被患率が高いものに分類される。子どもがむし歯になりやすい理由に、乳歯のエナメル質が永久歯より薄いこと、生え替わり後の歯は未成熟で柔らかいこと、甘いお菓子や飲み物を好むこと等が挙げられる。

図 2-3 は、1949（昭和 24）年度以降のむし歯の被患率の推移である。これをみると、1975（同 50）年前後は幼稚園から高等学校まで、被患率が 90%を超えているが、その後は減少しており、2019（令和元）年度の時点で、幼稚園が 31.2%、小学校が 44.8%、中学校が 34.0%、高等学校が 47.3%となっている。このことから、現代の子どもたちの口腔環境は、以前と比べてかなり良好になってきており、家庭での歯磨き習慣の定着や、学校での歯科保健教育の成果が反映されていると考えられる。子どもへの歯磨き指導は、幼稚園や小学校低学年の段階での実施が多い。しかし、9～12 歳頃の歯の生え替わりに合わせて、新しい永久歯がむし歯にならないよう、学年が上がってからも適切な保健指導の継続が必要である。

図 2-3　むし歯の被患率の年次推移

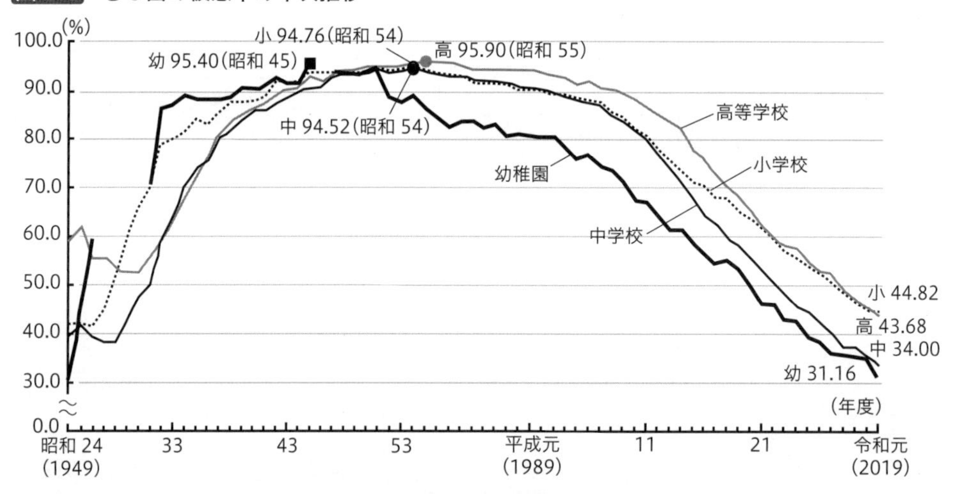

出典：文部科学省「令和元年度学校保健統計調査」2020 年　p.16 を改変

4 視　力

図 2-4 は、裸眼視力 1.0 未満の出現率の推移である。出現率はおおむね増加し、2019（令和元）年度時点で、幼稚園 26.1%、小学校 34.6%、中学校 57.5%、高等学校 67.6%、小中高生で過去最高となった。また、眼鏡等での視力矯正が必要な裸眼視力 0.3 未満の出現率は、幼稚園 0.6%、小学校 9.4%、中学校 27.1%、高等学校 39.0%で、小中高生で 10 年前よりも増加している。これらの視力低下の大半は近視によるものとされ、近視は就学後の学

図 2-4 裸眼視力 1.0 未満の者の出現率の年次推移

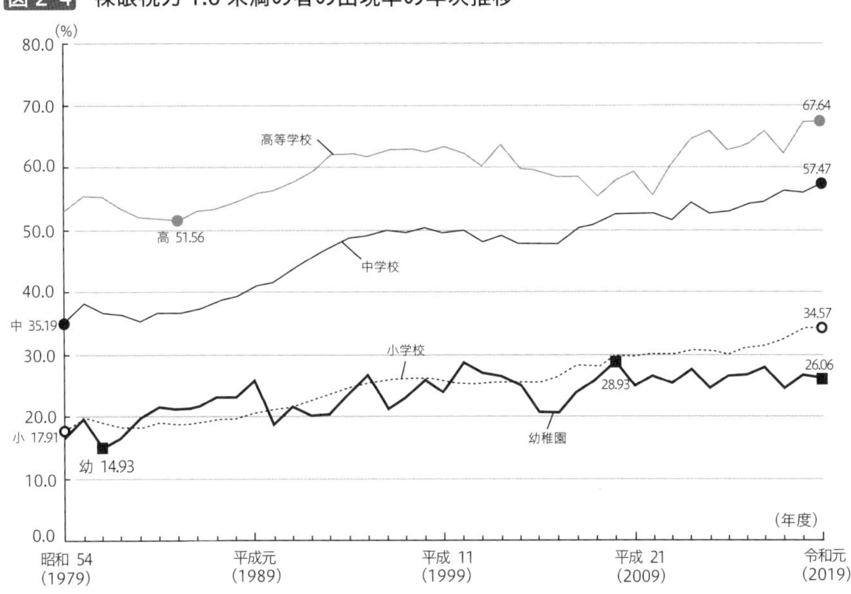

出典：文部科学省「令和元年度学校保健統計調査」2020 年　p.21 を改変

童期に発症・進行しやすいとされている。近年のスマートフォンやタブレット学習の普及に伴い、文部科学省は児童生徒の近視実態調査や近視予防の啓発に取り組んでいる。

5 そのほかの疾病・異常

表 2-1 は、2021（令和 3）年度までの主な疾病・異常等の被患率の推移を示している。むし歯や視力低下に比べると被患率は低いものの、2018（平成 30）年度では、「眼の疾病・異常」の被患率が小学校および高等学校で過去最多となり、「耳疾患」の被患率が小学校および中学校で過去最多、「鼻・副鼻腔疾患」の被患率が小学校で過去最多となった。また、2019（令和元）年度では、「耳疾患」の被患率が高等学校で過去最多、「鼻・副鼻腔疾患」の被患率が中学校および高等学校で過去最多となった。「アトピー性皮膚炎」の被患率についても、2018（平成 30）年度は高等学校で、2019（令和元）年度は中学校で過去最多となっている。

表 2-1　主な疾病・異常の年次推移

区分		裸眼視力1.0未満	目の疾病・異常	耳疾患	鼻・副鼻腔疾患	むし歯（う歯）	せき柱・胸郭・四肢の状態	アトピー性皮膚炎	ぜん息	心電図異常	蛋白検出の者
幼稚園	平成23年度	25.48	1.82	2.54	4.37	42.95	(0.16)	2.87	2.79	…	0.76
	26	26.53	1.76	2.27	3.13	38.46	(0.16)	2.37	1.85	…	0.74
	27	26.82	2.03	2.23	3.57	36.23	(0.11)	2.52	2.14	…	0.76
	28	27.94	1.87	2.83	3.58	35.64	0.28	2.39	2.30	…	0.65
	29	24.48	1.60	2.25	2.86	35.45	0.16	2.09	1.80	…	0.97
	30	26.68	1.55	2.31	2.91	35.10	0.23	2.04	1.56	…	1.03
	令和元	26.06	1.92	2.57	3.21	31.16	0.16	2.31	1.83	…	1.02
	2	27.90	1.36	1.97	2.38	30.34	0.35	1.90	1.64	…	1.00
	3	24.81	1.48	2.00	2.96	26.49	0.17	1.75	1.48	…	0.66
小学校	平成23年度	29.91	5.34	5.52	12.50	57.20	(0.32)	3.30	4.34	2.51	0.75
	26	30.16	5.24	5.70	12.31	52.54	(0.46)	3.22	3.88	2.34	0.84
	27	30.97	5.55	5.47	11.91	50.76	(0.54)	3.52	3.95	2.35	0.80
	28	31.46	5.38	6.09	12.91	48.89	1.83	3.18	3.69	2.44	0.76
	29	32.46	5.68	6.24	12.84	47.06	1.16	3.26	3.87	2.39	0.87
	30	34.10	5.70	6.47	13.04	45.30	1.14	3.40	3.51	2.40	0.80
	令和元	34.57	5.60	6.32	11.81	44.82	1.13	3.33	3.37	2.42	1.03
	2	37.52	4.78	6.14	11.02	40.21	0.94	3.18	3.31	2.52	0.93
	3	36.87	5.13	6.76	11.87	39.04	0.79	3.20	3.27	2.50	0.87
中学校	平成23年度	51.59	5.39	3.28	11.75	48.31	(0.80)	2.42	2.83	3.36	2.60
	26	53.04	5.32	4.00	11.21	42.37	(1.04)	2.52	3.03	3.33	3.00
	27	54.05	4.87	3.63	10.61	40.49	(1.02)	2.72	3.00	3.17	2.91
	28	54.63	5.12	4.47	11.52	37.49	3.43	2.65	2.90	3.30	2.57
	29	56.33	5.66	4.48	11.27	37.32	2.41	2.66	2.71	3.40	3.18
	30	56.04	4.87	4.72	10.99	35.41	2.40	2.85	2.71	3.27	2.91
	令和元	57.47	5.38	4.71	12.10	34.00	2.12	2.87	2.60	3.27	3.35
	2	58.29	4.66	5.01	10.21	32.16	1.65	2.86	2.59	3.33	3.25
	3	60.66	4.84	4.89	10.06	30.38	1.72	2.95	2.31	3.07	2.80
高等学校	平成23年度	60.93	3.77	1.64	8.81	58.46	(0.62)	2.06	1.94	3.13	2.92
	26	62.89	3.76	2.05	8.72	53.08	(0.70)	2.14	1.93	3.25	3.14
	27	63.79	3.84	2.04	7.34	52.49	(0.74)	2.05	1.93	3.33	2.95
	28	65.99	3.43	2.30	9.41	49.18	2.46	2.32	1.91	3.39	3.29
	29	62.30	3.54	2.59	8.61	47.30	1.49	2.27	1.91	3.27	3.52
	30	67.23	3.94	2.45	9.85	45.36	1.40	2.58	1.78	3.34	2.94
	令和元	67.64	3.69	2.87	9.92	43.68	1.69	2.44	1.79	3.27	3.40
	2	63.17	3.56	2.47	6.88	41.66	1.19	2.44	1.75	3.30	3.19
	3	70.81	3.35	2.51	8.81	39.77	1.22	2.58	1.70	3.16	2.80

過去最多（令和元年度までの値の比較）　過去最少（令和元年度までの値の比較）　（%）

出典：文部科学省「令和 3 年度学校保健統計（確報値）の公表について」2022 年　p.3 を改変

Section 2 子どもの生活習慣の実態

1 生活習慣の実態をとらえるための主な調査

子どもの生活習慣の調査として、日本学校保健会の「児童生徒の健康状態サーベイランス」調査が挙げられる。1992（平成 4）年から調査が開始され、児童生徒の生活習慣の長期的な変化をとらえるうえで有用である。また、スポーツ庁が小学校 5 年生と中学校 2 年生を対象に実施する「全国体力・運動能力、運動習慣等調査」がある。調査では、体力測定に合わせて、普段の生活習慣に関する質問紙調査が実施される。保健教育の観点から、調査実施をきっかけとし、児童生徒が生活習慣を見直し、健康な生活について考える機会となるよう工夫したい。

2 睡眠習慣

図 2-5 は、児童生徒の平均の睡眠時間の推移である。小学生では、1992（平成 4）年から平均睡眠時間に大きな変化はみられないが、特に中学生において、男女ともに調査開始時と 2018（同 30）年を比較すると、睡眠時間が 20 分以上短くなっている。

図 2-6 は、児童生徒の平均の就寝時刻の推移を示している。小学校高学年までは、おおよそ 22 時前後に就寝している傾向にあるが、中学生で平均の就寝時刻は 23 時を超え、高校生で 0 時前後となっている。一方、同調査の結果、平均の起床時刻は、小学生から高校生まで、6 時 30 分から 7 時 00 分の間となっており大きな差はみられない。中学生以降で就寝時刻

図 2-5 児童生徒の平均睡眠時間の推移

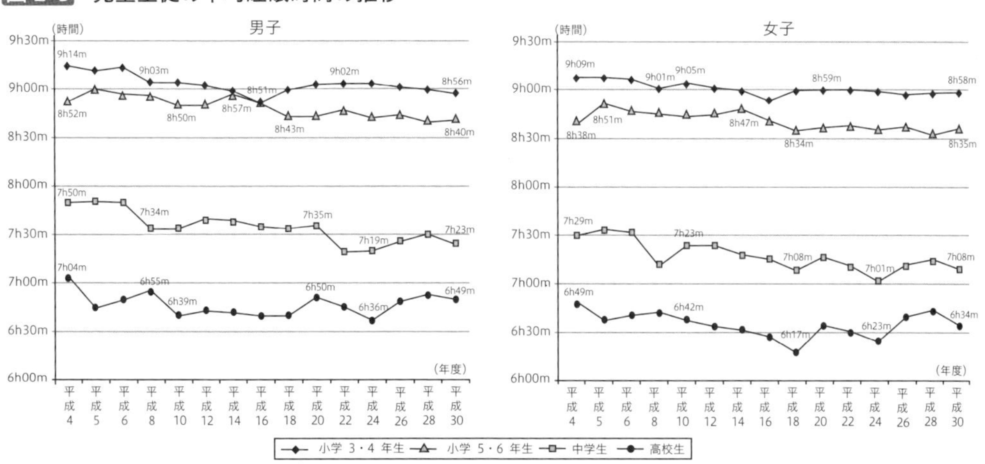

出典：日本学校保健会『平成 30 年度～令和元年度 児童生徒の健康状態サーベイランス事業報告書』2020 年　p.33 を改変

図 2-6　学年別にみた就寝時刻の推移

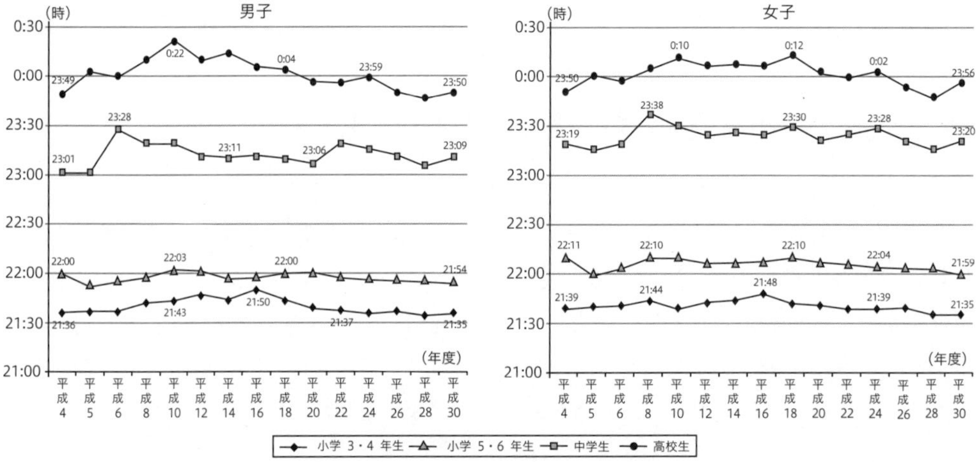

出典：日本学校保健会『平成 30 年度～令和元年度 児童生徒の健康状態サーベイランス事業報告書』2020 年　p.29 を改変

が遅くなることの背景には、勉強量の増加等が挙げられるが、学力向上と併せて、健康な生活への睡眠の大切さや、学習と睡眠との関係性を生徒に伝えていくことが重要である。

近年では、睡眠の量だけでなく、睡眠の質の評価の重要性が指摘されており、起床後に自分の睡眠を振り返る主観的な評価方法と、脳波等データに基づく客観的な評価方法が実践されている。客観的な評価において正常とされた場合でも、本人の熟睡感や目覚めのよさといった睡眠への満足度が低い場合もあり、「よい睡眠」の評価においては、睡眠の量と質、規則性等から多面的な評価を行うことが重要であるとされている。

3 朝食の摂取状況

朝食の摂取は、起床後の体温上昇、エネルギーの補給、排便リズムの形成等、あらゆる面で重要とされている。さらに、朝食の欠食は、学力や体力の低下、小児生活習慣病等との関連も指摘されている。図 2-7 は、児童生徒の朝食の摂取状況（「朝食を毎日食べる」と回答した割合）の推移を示している。小学生は、毎日朝食をとる割合が 90%を上回っているが、中学生および高校生は 80～83%となっている。特に高校生は、2010（平成 22）年から 2012（同 24）年頃をピークに、その後は大きく低下し、近年ではやや増加傾向を示している。今後の動向を注視するとともに、発達段階や環境に応じた食育指導の必要性が高まっている。

4 運動習慣

「運動習慣の二極化」というワードは、運動・スポーツを専門に学ぶ学生や子どもの教育に携わる者であれば、一度は耳にしたことがあると思われる。図 2-8 は、高校生男子の運動

図 2-7　児童生徒の朝食摂取状況の推移

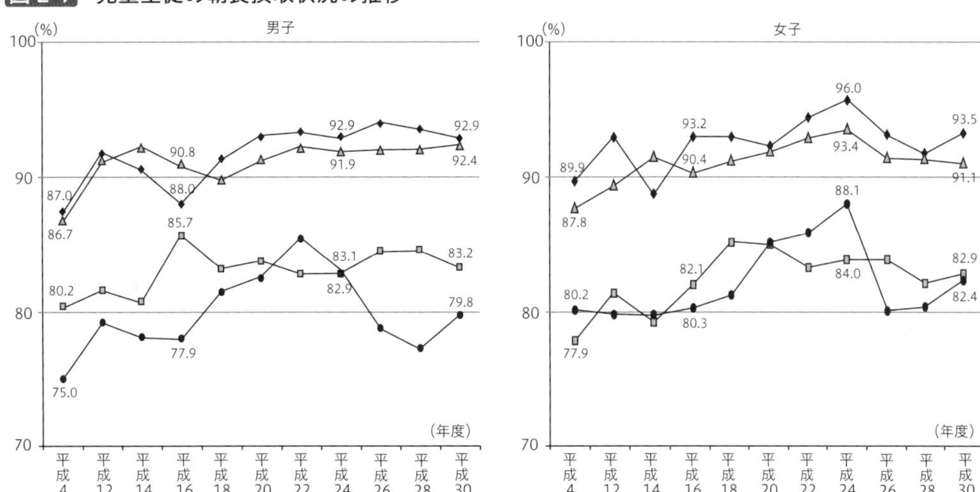

出典：日本学校保健会『平成 30 年度～令和元年度 児童生徒の健康状態サーベイランス事業報告書』2020 年　p.51 を改変

図 2-8　高校生男子の運動時間の分布の変化

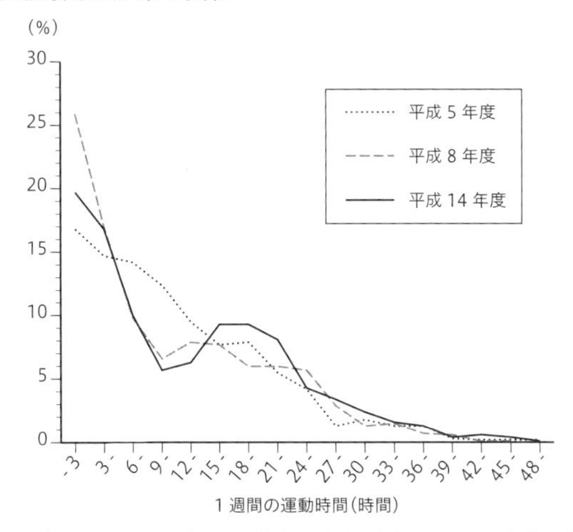

出典：國土将平「子どもの健康と生活～30 年間の変化～身体活動と生活の変化」『子どもと発育発達』第 10 巻第 1 号　2012 年

時間の分布を示している。これをみると、週の運動時間が 3 時間未満の割合が高く、その後はいったん割合が下がり、週に 15～18 時間の割合が再び高くなっており、その傾向は、時代が進むにつれて顕著になっている。このことは、運動量の少ない者と運動量の多い者がそれぞれ存在していることを示しており、中学生と高校生では課外活動等で運動する者では運動時間が長くなり、その結果、運動時間が二極化する傾向を示すと推測されている。2010（平成 22）年度の調査（図 2-9）では、小学生から高校生まで広く二極化の傾向が認められ、

図 2-9　小・中・高生の 1 週間の運動時間（2010（平成 22）年度調査）

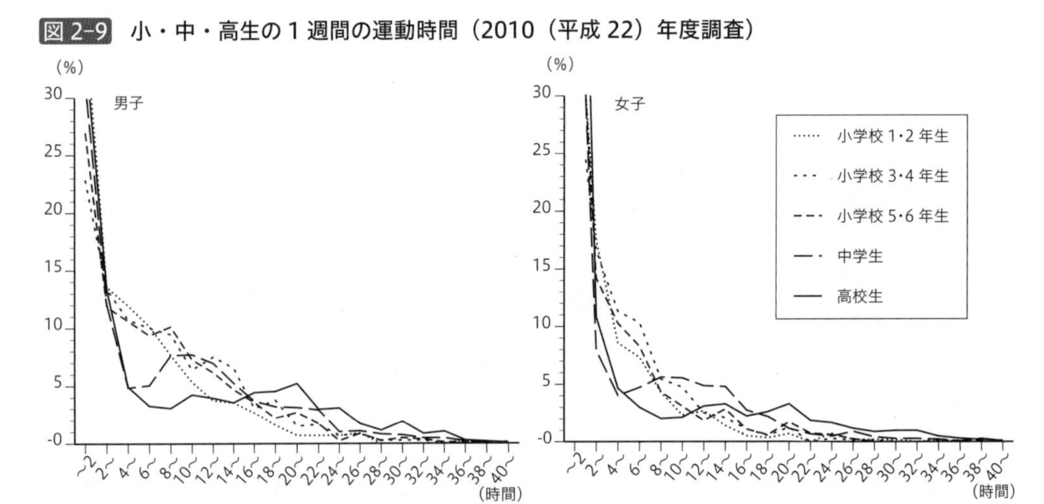

出典：國土将平「子どもの健康と生活～30 年間の変化～身体活動と生活の変化」『子どもと発育発達』第 10 巻第 1 号　2012 年

図 2-10　児童生徒の 1 週間の総運動時間の分布（2018（平成 30）年度）

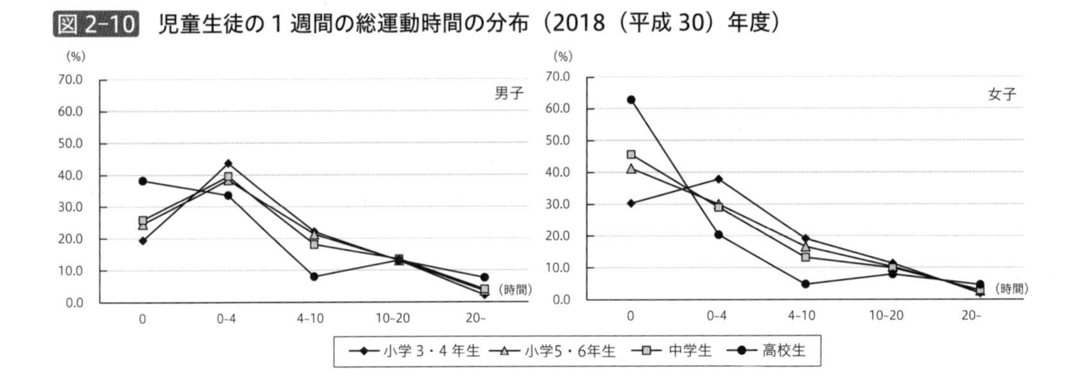

中高生では特に顕著である。さらに、2018（同 30）年のデータ（図 2-10）をみても、高校生の年代において週の運動時間が 4 時間未満の者と 10 時間以上の者に分布が分かれている。

5 スクリーンタイム

スクリーンタイムは、テレビやゲーム、スマートフォン、パソコン等の使用時間（画面の視聴時間）である。2000（平成 12）年頃からテレビの視聴が減少し、インターネット利用が増加する傾向にあり、スクリーンタイムにおいて視聴するメディアの種類は時代とともに変化している。そして近年は、スマートフォンの普及により、1 日の多くの時間をその視聴に費やしている実態がある。スクリーンタイムは、視力低下や睡眠習慣との関連が多く指摘されているが、近年では、肥満や不健康な食生活、抑うつ等の健康被害との関連を示すエビデンスも得られている。図 2-11 は、平日 1 日の学習以外の時間におけるスクリーンタイム

図 2-11　小中学生の平日（1 日）のスクリーンタイムの年次推移

男子（小学 5 年生）

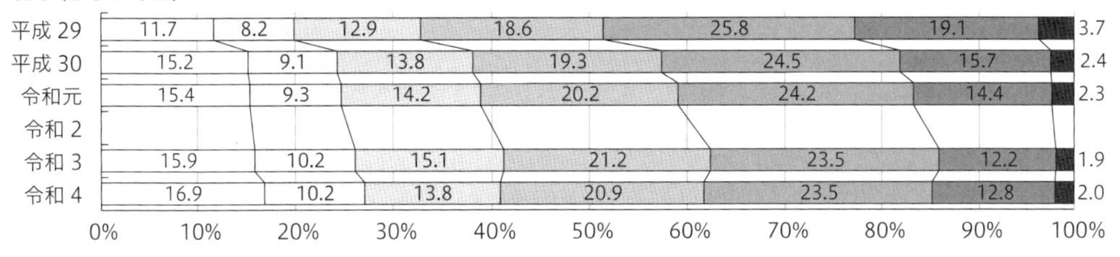

女子（小学 5 年生）

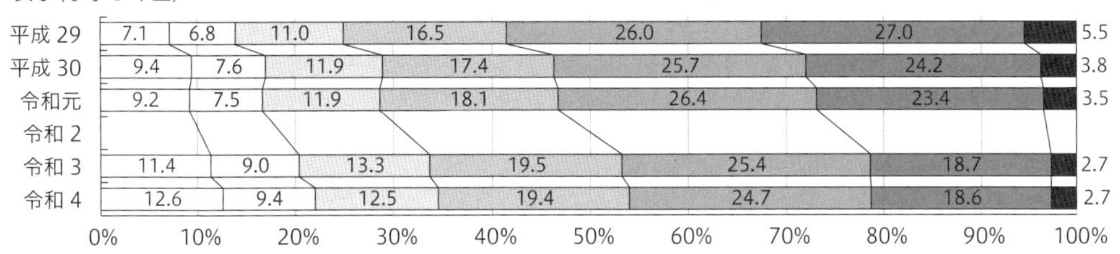

男子（中学 2 年生）

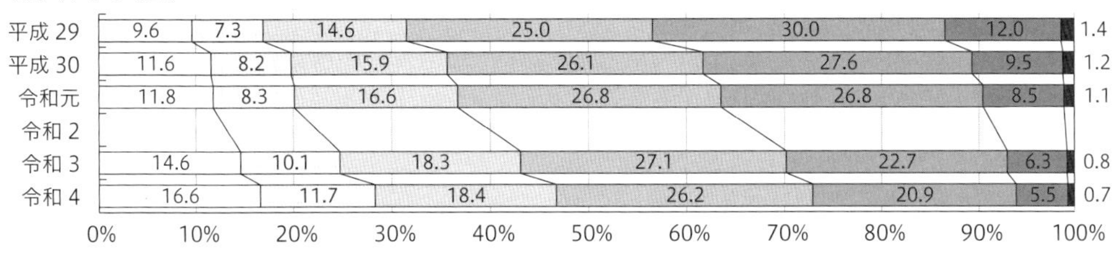

女子（中学 2 年生）

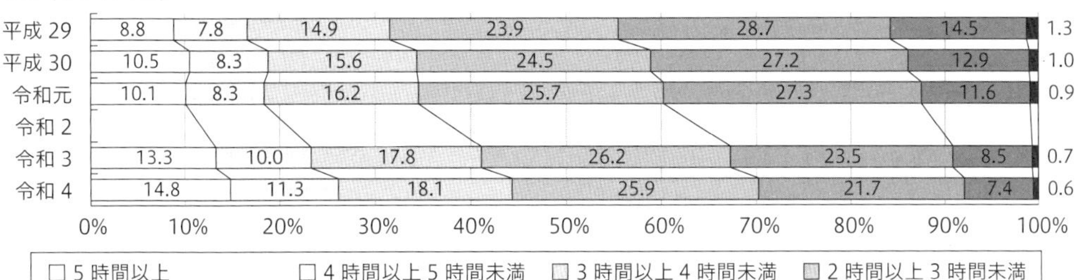

□ 5 時間以上　□ 4 時間以上 5 時間未満　□ 3 時間以上 4 時間未満　□ 2 時間以上 3 時間未満
■ 1 時間以上 2 時間未満　■ 1 時間未満　■ 全く見ない

出典：スポーツ庁「令和 4 年度全国体力・運動能力、運動習慣等調査報告書」2022 年　p.14 を改変

の推移である。「5 時間以上」の割合は、学年や性別に関わらず着実に増加している。一方で、2019（令和元）年頃から開始された「GIGA スクール構想」により、義務教育を受ける児童生徒に、1 人 1 台の学習用パソコンあるいはタブレット端末が配布されている。そのため、授業中でもスクリーンの視聴が当たり前の状況となっており、日常のスクリーンタイムの評価や健康との関係性をどのように考えるのかについて検討を行う必要がある。

Section 3 子どもの健康に関する諸問題

1 喫煙・飲酒・薬物乱用

喫煙・飲酒・薬物乱用は、心身の健康や生命に深刻な影響を及ぼす危険行動とされ、依存性があり、開始には個人的要因および社会的要因が影響するという特徴をもつ。喫煙、飲酒は20歳未満で、薬物乱用は全年齢で禁止されており、社会的に厳しく規制されている。特に健康対策では、喫煙・飲酒の未然防止（一次予防）が重要視され、学校での効果的な防止教育は大きな役割を担うとされている。関連する調査結果をもとに、その実態をみていく。

2 喫 煙

2019（令和元）年の「国民健康・栄養調査」での日本人の喫煙率は、男性で27.1%、女性で7.6%と、ともに減少を続けている。表2-2は、児童生徒の喫煙に対する意識調査の結果である。「たばこを吸いたいと思ったことがある」と回答した割合は、校種を問わず男子の

表2-2 「たばこを吸いたいと思ったことがある」児童生徒の割合の推移

(%)

	男子			女子		
	2000年	2006年	2013年	2000年	2006年	2013年
小学6年	15.2	8.1	5.4	9.8	5.7	3.3
中学3年	27.7	13.1	9.8	19.0	9.8	5.7
高校3年	43.5	25.7	14.2	26.5	15.6	6.8

出典：文部科学省「薬物等に対する意識等調査報告書」2013年　p.15を改変

図2-12 中高生の紙巻たばこの喫煙経験率

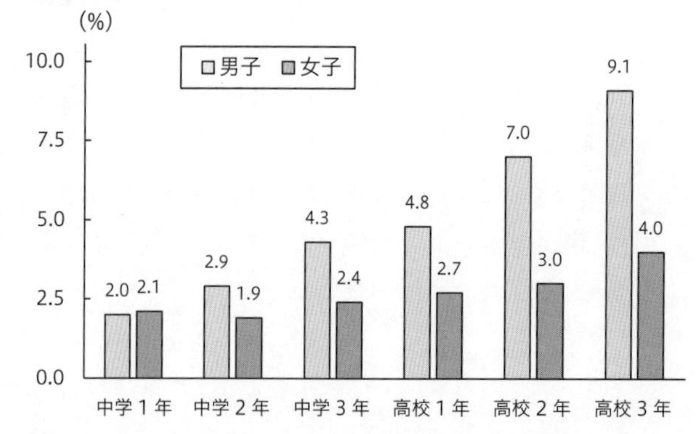

出典：尾崎米厚「中高生の喫煙及び飲酒行動に関する全国調査」2017年より作成

方が女子よりも高い。年代別では、割合が男女ともに減少し、2013（平成 25）年度報告の高校 3 年では、男子が 14.2%、女子が 6.8%となっている。図 2-12 は、中高生の紙巻きタバコの喫煙経験率だが、男子では高校 3 年で 9.1%、女子では高校 3 年で 4.0%となっている。

3 飲　酒

成人の酒類消費量は近年減少している報告があるが、2019（令和元）年の「国民健康・栄養調査」では、週 1 日以上飲酒をする割合は、20 歳以上男性で 54.4%、女性 22.3%で、2009（平成 21）年の調査からあまり変化はない（20 歳以上男性：57.9%、20 歳以上女性：20.4%）。一方で、「一気飲み」等の危険な飲酒方法による死亡、飲酒運転による自動車事故等、飲酒に関連する悲惨なニュースはメディアでも頻繁に扱われている。また、未成年飲酒は法律で固く禁じられている。この背景には、未成年はアルコール代謝能力が未熟で、アルコールの分解・排出が不十分となり、脳や臓器、骨の発育等に悪影響を及ぼす恐れがあること、飲酒開始年齢が低いほど、アルコール依存症になるリスクも高まること等が挙げられている。

表 2-3 から「お酒を飲みたいと思ったことがある」と回答した割合は、2013（平成 25）年度報告で、小学 6 年で約 30%、中学 3 年で約 45%、高校 3 年で約 60%となっている。

表 2-3　「お酒を飲みたいと思ったことがある」児童生徒の割合の推移

（%）

	男子			女子		
	2000 年	2006 年	2013 年	2000 年	2006 年	2013 年
小学 6 年	35.4	31.2	27.8	34.5	34.4	27.8
中学 3 年	57.2	46.9	43.2	57.8	51.8	48.6
高校 3 年	76.5	66.2	57.5	79.9	66.5	61.8

出典：文部科学省「薬物等に対する意識等調査報告書」2013 年　p.4 を改変

表 2-4　中高生の飲酒経験率

（%）

	男子			女子		
	飲酒経験	月飲酒	毎週飲酒	飲酒経験	月飲酒	毎週飲酒
中学 1 年	14.0	2.7	0.4	12.9	2.2	0.4
中学 2 年	17.0	3.2	0.4	15.8	2.5	0.3
中学 3 年	20.1	3.8	0.6	17.3	2.7	0.4
高校 1 年	26.0	5.1	0.9	25.1	4.3	0.7
高校 2 年	30.6	7.4	1.9	28.3	6.4	1.4
高校 3 年	34.5	10.7	3.3	32.1	8.1	1.7

注：月飲酒：この 30 日間で 1 日でも飲酒した者
出典：尾崎米厚「中高生の喫煙及び飲酒行動に関する全国調査」2017 年より作成

喫煙と異なり、男女間の差はあまりみられない。表 2-4 は、中高生の飲酒経験率を示している。本来禁止されている未成年飲酒であるが、高校３年の時点で、男子で 34.5%、女子で 32.1%が「飲酒経験がある」と回答し、飲酒が習慣化している生徒の存在も報告されている。

4 薬物乱用

薬物乱用とは、薬物をルールや法律から外れた目的・方法で使用することを指す。乱用される主な薬物には、覚醒剤、大麻（マリファナ）、あへん系麻薬（ヘロイン等）、コカイン、MDMA、向精神薬、有機溶剤（シンナー等）がある。これらの薬物は、別の呼び名で呼ばれる場合があり、覚醒剤は「エス、氷、スピード」、大麻は「ハッパ、グラス、チョコ」、シンナーは「アンパン」等の隠語が存在する。近年は、法律の規制をすり抜けて流通する危険ドラッグが、「ハーブ」や「お香」として販売される事例が増え、インターネットを通じた若年層への広がりが社会問題となっている。法規制がない場合もあるが、当然、作用も安全性も保証されず、急性の精神・身体毒性をもつ薬物も含まれることがあり、大変危険である。

上記の薬物を踏まえて、以下の３例のうち、乱用に当たる行為はどれか考えてみよう。

①覚醒剤や大麻等、法律で禁止されている薬物を１度だけ使用する。

②塗装用や燃料用で販売されるシンナーを、ある種の感覚を得るために吸い込む。

③薬局や病院でもらう医薬品を、病状を軽減させるために用法を守らず大量に服用する。

これらはすべて乱用に当たる行為である。①は違法薬物の使用で１回でも乱用となる。

表 2-5　薬物使用の生涯経験率の推移（推計値）

年	大麻	覚せい剤	有機溶剤	危険ドラッグ	いずれかの薬物
1995	0.5%	0.3%	1.7%	–	2.2%
1997	0.6%	0.3%	1.9%	–	2.5%
1999	1.0%	0.4%	1.7%	–	2.6%
2001	1.1%	0.3%	2.0%	–	2.7%
2003	0.5%	0.4%	1.5%	–	2.0%
2005	1.2%	0.3%	1.3%	–	2.2%
2007	0.8%	0.4%	2.0%	–	2.6%
2009	1.4%	0.3%	1.9%	–	2.9%
2011	1.2%	0.4%	1.6%	–	2.7%
2013	1.1%	0.5%	1.9%	0.4%	2.5%
2015	1.0%	0.5%	1.5%	0.3%	2.4%
2017	1.4%	0.5%	1.1%	0.2%	2.3%
2019	1.8%	0.4%	1.1%	0.3%	2.5%
2021	1.4%	0.3%	0.9%	0.5%	2.4%

注：いずれかの薬物：上記の薬物に、ヘロイン、コカイン、MDMA を加えたいずれかの薬物
出典：国立精神・神経医療研究センター「薬物使用に関する全国住民調査」1995–2021 年より作成

②は、目的から外れた薬物の使用で乱用となる。③は、病状軽減のためでも、用法から外れた使用で乱用となる。薬物乱用の身体的、精神的、社会的な悪影響は非常に大きく、成長期の薬物乱用は、脳や身体の成長を止め、感情のコントロールや意欲を失わせ、心身の発達を阻害する。また、薬物依存に陥ることで、不安・被害妄想等の症状が現れ、殺人、放火等の重大犯罪や、薬物入手のための無理な借金、窃盗、詐欺、売春等を犯す可能性も指摘されている。

表2-5は、15歳以上64歳以下の者の薬物使用の生涯経験率（1回でも経験した割合）を示している。いずれも2.0%程度で、主要先進国と比べて非常に低い水準である（大麻経験率はアメリカで44.2%、イギリスで29.2%）。日本の薬物乱用防止教育は、小学校から高等学校まで一貫して扱われ、一定の成果を挙げてきた。しかし、手軽に入手できる危険ドラッグの拡大や、大麻等から特定の成分のみを抽出した製品が注目される現状もあり、こうした流れが、薬物乱用防止の取り組みと逆行するものにならないよう注意が必要である。

課題1

健康問題というテーマは、社会の注目度が高く、各種メディアでも健康関連の記事やニュースが様々に報じられている。そうしたメディアからの情報により、現代の子どもたちの健康実態へのイメージがつくり出されている状況がある。

ここでは、本Chapterで扱う以下のようなキーワードに対応するメディアの情報（新聞記事、ネットニュース、SNSの投稿等）を2〜3種類収集し、その内容に対する自分自身の見解をまとめてみよう。収集した情報と本Chapterの内容とを関連づけて、現代の子どもたちの健康実態に対する認識を明確にもてるように学習を進めてほしい。

Keyword » 「肥満」、「むし歯」、「視力」、「睡眠習慣」、「食習慣」、「朝食」、「運動習慣」、「身体活動」、「スクリーンタイム」、「喫煙」、「飲酒」、「薬物乱用」等
※なるべく小学生、中学生、高校生等、子どもに関連する情報が望ましい

各種調査をもとに、児童生徒の健康状態や生活習慣の全国的な実態を確認したうえで、教員や運動指導者として子どもたちと関わる場合に、自分自身が勤務する自治体の児童生徒の健康実態を把握しておくことが重要である。特に、体育やスポーツを専攻し、教員採用試験を受験する場合、その自治体の子どもたちの健康実態・課題をどのようにとらえ、教員としていかなる指導・支援が可能かについて明確な考えをもっていることが望ましい。

そこで、自分自身の出身地や教員を志望する自治体等を1つ選び、インターネット

で「自治体名（都道府県や市町村）」と「学校保健統計調査」あるいは「体力・運動能力、運動習慣等調査」のキーワードを組み合わせて検索しよう。そして、各自治体が公表する調査結果や調査報告書にアクセスし、その要点をA4ページ1枚やスライド1枚にわかりやすくまとめてみよう。そのうえで、グループ等でお互いが調べた内容やそれに対する自分自身の意見を、1～2分間程度で報告し合おう。

参考文献

・厚生労働省「令和元年度国民健康・栄養調査報告」2020年
・文部科学省「令和元年度学校保健統計調査」2020年
・スポーツ庁「令和4年度全国体力・運動能力、運動習慣等調査報告書」2022年
・日本学校保健会『児童生徒の健康状態サーベイランス事業報告書』2006年、2012年、2020年
・文部科学省「令和3年度学校保健統計（確報値）の公表について」2022年
・文部科学省「薬物等に対する意識等調査報告書」2013年
・尾崎米厚「中高生の喫煙及び飲酒行動に関する全国調査」2017年
・国立精神・神経医療研究センター「薬物使用に関する全国住民調査」1995-2021年

Chapter 3

学校健康診断と健康評価

今日、私たち人は、誕生してから養育が必要な乳幼児、幼児期を経て学校に通う学童期そして、徐々に自立した生活へと向かう青年期を経験し、成人へとなっていく。成人となった人はやがて中年となり、高齢者へと年齢を重ねていくこととなる。このような現代社会に生きる私たち人のライフサイクルのなかで、様々な年代において健康問題に直面することがある。そのため、生涯にわたる健康の保持・増進のためには、生涯を通して自身の健康状態を把握し、健康問題を予防することが重要となる。

学校において、健康診断は健康問題の予防のために非常に重要な役割をもち、児童生徒が学校生活を健やかに過ごすために、その意味づけがなされている。学校健康診断の背景や意義を理解していくことで、保健体育分野の教育内容を充実することができる。

Section 1 学校健康診断の歴史

日本における学校健康診断は、これまで子どもの健康の保持増進に関わる教育的な支援と管理的な支援の両方の視点のもとで進められてきた。学校健康診断は、学業や発育・健康増進に影響する疾患の予防に役立てられているなか、図3-1のように、学校における健康問題もその時々の社会・生活環境などによって変化している。近年では子どもを取り巻く生活環境の変化に伴って健康問題が多様化しており[1)]、学校においても身体のみならず心の病や発達障害など気がつくことが難しい疾患や障害なども増えている。

時代における健康問題の変化とともに、日本の健康診断の内容も変遷を繰り返している。日本の学校における健康診断の歴史を示したものをみてみると、時代のなかでより複雑化・多様化する子どもの健康・安全に関する課題の解決に向けて、学校における健康診断は、法律のもと実施されており、1888（明治21）年から現在に至るまで変遷を繰り返し、子どもから教職員の健康の保持増進のために実施されている[2)] (Chapter 16 表16-1(271頁)参照)。

図 3-1　学校における健康問題の年次推移

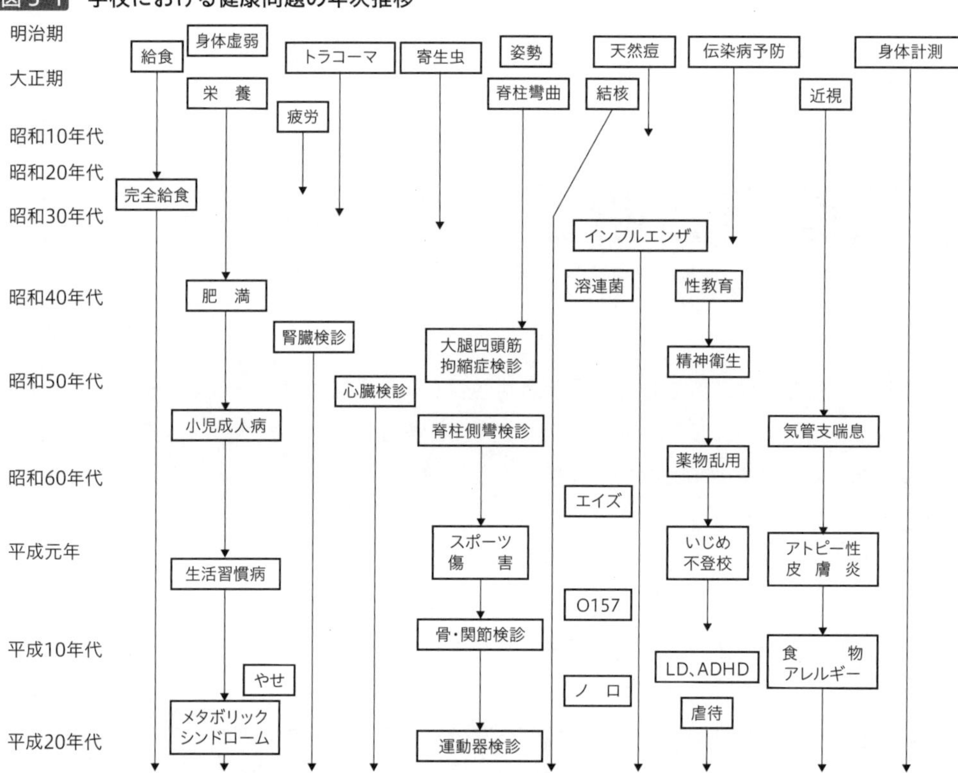

出典：福田潤「学校における健康診断の歴史と、運動器検診の意義」『臨床スポーツ医学』第 26 巻第 2 号 2009 年　pp.125-132

Section 2 学校健康診断の今日的意義

1 健康問題の予防

健康問題の予防は一次、二次、三次予防の３つに分類することができる。一次予防は疾患を有していない、健康な人々に対して行われるものであり、リスクファクターへの曝露を減少させることによって、疾患の発生を予防するものである。二次予防は健康問題が発生しているが疾患の徴候や症状が現れていない人々を早期に発見し、重篤化や合併症を予防するものである。三次予防は、すでに疾患の徴候や症状が現れ、診断が確定した者において、疾患の影響を低減するものである[3)]。

これらのなかでも、個人の健康状態を評価するために行われる健康診断は二次予防に該当し、疾患の早期発見・早期治療に結びつけられる。健康状態を把握することにより、健康に関連する状態や事象の分布、その要因を追求し、健康問題の解決策の構築に応用することが

表 3-1　予防の分類

予防のタイプ	定義	例
一次予防（Primary Prevention）	疾患を有していない、健康な人々に対して行われるもの	予防接種、健康的な生活習慣
二次予防（Secondary Prevention）	徴候や症状が現れていない人々を早期発見し、重篤化や合併症を予防するもの	健康診断、早期治療
三次予防（Tertiary Prevention）	すでに疾患の徴候や症状が現れ、診断が確定した者において、疾患の影響を低減するもの	リハビリテーション

※健康状態を把握することにより、健康に関連する状態や事象の分布、その要因を追求し、健康問題の解決策の構築に応用することができる。
出典：レオン・ゴルディス著、木原正博・木原雅子・加治正行訳『疫学―医学的研究と実践のサイエンス―メディカル・サイエンス・インターナショナル』2010年　pp.6-7 より作成

できる。

2 健康診断の位置づけと意義

健康診断は、学校保健のなかでも、保健管理の中核となる活動であり、教員の役割分担、実施時期、受益者、検査項目など、詳細な条件が法律等によって明示されている。

学校健康診断は、学習指導要領のなかの「特別活動」における学校行事の「健康安全・体育的行事」として位置づけられている。その目的は、子どもの成長状況の把握、病気の早期発見・早期治療のためのスクリーニング（ふるい分け）、保健教育への活用等が挙げられる。学校健康診断では、学校生活を健やかに過ごすために、児童生徒の発育発達や早期の健康問題の探知から健康状態の把握をする意義と、生涯にわたる心身の健康を支える環境づくりのために、発育期における健康問題の予防や健康に対する理解、実践力を育んでいくための教育的な意義が含まれている特徴があるといえる。

Section 3 健康診断の種類・内容（運動器検診含む）

1 健康診断の種類

学校健康診断は、管理面と教育面の２つの意義のもと、学校保健安全法施行規則で定期的に行うことが定められており、今日も乳幼児から大学にかけて実施されている。

学校定期健康診断の種類は、就学時健康診断、児童生徒等の健康診断、職員の健康診断の３つが挙げられる。それぞれ実施の体制が異なっており、実施時期や実施の主体となる責任者も異なる（表 3-2）。

表 3-2 健康診断の種類（学校保健安全法第 11・13・15 条）

種類	実施時期		実施主体
就学時の健康診断 （学校保健安全法第 11 条）	就学 3 か月前まで（12 月末まで） （学校保健安全法施行令第 1 条）		市（区）町村の教育委員会
児童生徒、学生および幼児健康診断 （学校教育法第 12 条） （学校保健安全法第 13 条）	定期	毎年 6 月 30 日まで （学校保健安全法施行規則第 5 条）	学校長
	臨時	必要があるとき （学校保健安全法施行規則第 10 条）	
職員の健康診断 （学校保健安全法第 15 条） （労働安全衛生法第 66 条）	定期	学校の設置者が適宜定める （学校保健安全法施行規則第 12 条）	学校の設置者
	臨時	必要があるとき （学校保健安全法施行規則第 10 条）	

出典：大澤清二・内田匡輔・内山有子・柿山哲治・加藤勇之助・小磯透・鈴木和弘・森口哲史共著『学校保健の世界　第 2 版』杏林書院　2016 年　p.108 を一部改変

2 健康診断の内容

（1）就学時健康診断

就学時健康診断は、次年度初めから、小学校、義務教育学校の前期課程または特別支援学校の小学部に就学し、当該市（区）町村の区域内に住所を有する者に対して行われる（学校保健安全法第 11 条）。

就学時の健康診断の目的は、「①学校教育を受けるにあたり、幼児等の健康上の課題について保護者及び本人の認識と関心を深めること。②疾病又は異常を有する就学予定者については、入学時までに必要な治療をし、あるいは生活規正を適正にする等により、健康な状態もしくは就学が可能となる心身の状態で入学するよう努めること。③就学時の健康診断は、学校生活や日常生活に支障となるような疾病等の疑いのある者及び視覚障害者、聴覚障害者、知的障害者、肢体不自由者、病弱者（身体虚弱者を含む。以下同じ）、その他心身の疾病及び異常の疑いのある者をスクリーニングし、適切な治療の勧告、保健上の助言及び就学支援等に結びつけること」[4]と示されており、就学予定者の心身の状況を的確に把握し、保健上適正な就学についての指導を行い、義務教育の円滑な実施に資するものであるとされている。実施項目は、学校保健安全法施行令第 2 条に定められており、①栄養状態、②脊柱および胸郭の疾病および異常の有無、③視力および聴力、④眼の疾病および異常の有無、⑤耳鼻咽頭疾患および皮膚疾患の有無、⑥歯および口腔の疾病および異常の有無、⑦その他の疾病および異常の有無、が行われる。

就学時の健康診断は、市（区）町村の教育委員会によって行われ、教育委員会が学齢簿を作成し、学齢簿が作成された後、翌学年の初めから 4 か月前（11 月 30 日）までに行われる（就学に関する手続の実施に支障がない場合は、3 か月前（12 月 31 日）までの間に行うことも可能）。

(2) 児童、生徒、学生および幼児の健康診断

児童、生徒、学生および幼児の定期健康診断は、毎学年6月30日までに実施するものとされており、検診項目と実施すべき学年が定められている。実施の主体は学校である（学校保健安全法第13条)。

健康診断の内容は、学校保健法施行規則第6条に親定されている定期の健康診断の検査の項目に基づいて設定する。健康診断の項目ならびに実施学年は表3-3に示す通りである。

(3) 健康診断の方法

これらの健康診断は校長、養護教諭や保健主事を中心に、学校医や学校歯科医の協力のもと、すべての教員が個々の役割と責任を果たし行う必要がある。したがって、教員は検査の方法を熟知しておくことが望ましい。ここでは、教員が測定の可能性のある身長と視力の検査方法を示す。そのほかの項目ついては、文部科学省から出されている最新の「児童生徒等の健康診断マニュアル」を参照されたい。

身長は、体重とともに身体の成長を評価するための基本的な指標であり、一人ひとりの児童生徒等の身長測定値を身長成長曲線として検討することにより、身長が正常に伸びていることの確認や、低身長になる児童生徒等の早期発見に役立てる。測定には身長計を用いるが、児童生徒の姿勢によって数値に影響が出るため、機器の状態を含めて測定方法を把握しておくことが重要である。まず、事前に尺柱は固定されているか、横規は滑らかに動くか点検しておく。次に、測定場所は水平な床を選び、尺柱が垂直に立つことを確認する。①必ず裸足で行い、身長計の踏み台に上がってもらい、両かかとをよくつけたまま、足先を開いて直立させる。②尺柱には、両かかと、臀部、背の一部が触れた姿勢となっているか確認する。③上肢は体側に垂れさせ、頭位を正位（眼耳水平位）に保つため、軽く顎を引かせ、測定する（図3-2)。

視力は、学校生活に支障のない見え方であるかどうかを検査するものである。測定には、視力表、指示棒、遮眼器を用いて行う。視力表（視標）から眼までの距離は5mとし、立たせるか椅子にかけさせる。次に、眼の高さと視標の高さをほぼ等しくし、視標は視線に対して垂直に提示する。最初に、左眼を遮眼器等で圧迫しないように、のぞき見していないかを注意しながら遮閉させる。右眼から眼を細めないで視標のランドルト環（図3-3）の切れ目を答えさせる。

左眼についても同様に行う。はじめに0.3の大きい指標から開始することが原則である。上下左右のうち4方向を任意に見させ、指標の提示時間は3~5秒間とする。同じ大きさで空いている方向の異なるランドルド環を指し、その正誤を確かめる。同じ大きさは最大3回確認し、判断の正誤により、見えている場合はランドルド環を小さくし、見えていない場合は、ひとつ上の視力を記録する（表3-4)。

視力検査の注意事項として、検査場所は、あまり狭くない明るい室内で行い、カーテンを使用し、直射日光が入らないように配慮する。目移りするような掲示物は片づけ、騒音や雑音の入らない落ち着いた環境で検査できるように努める。遮眼器は直接眼に触れることもあ

表 3-3　定期健康診断の検査項目および実施学年

平成 28 年 4 月 1 日現在

項目	検診・検査方法	幼稚園	小学校 1年	小学校 2年	小学校 3年	小学校 4年	小学校 5年	小学校 6年	中学校 1年	中学校 2年	中学校 3年	高等学校 1年	高等学校 2年	高等学校 3年	大学
保健調査	アンケート	○	◎	◎	◎	◎	◎	◎	◎	◎	◎	◎	◎	◎	○
身長		◎	◎	◎	◎	◎	◎	◎	◎	◎	◎	◎	◎	◎	◎
体重		◎	◎	◎	◎	◎	◎	◎	◎	◎	◎	◎	◎	◎	◎
栄養状態		◎	◎	◎	◎	◎	◎	◎	◎	◎	◎	◎	◎	◎	◎
脊柱・胸郭 四肢 骨・関節		◎	◎	◎	◎	◎	◎	◎	◎	◎	◎	◎	◎	◎	△
視力	視力表　裸眼の者　裸眼視力	◎	◎	◎	◎	◎	◎	◎	◎	◎	◎	◎	◎	◎	△
	視力表　眼鏡等をしている者　矯正視力	◎	◎	◎	◎	◎	◎	◎	◎	◎	◎	◎	◎	◎	△
	視力表　眼鏡等をしている者　裸眼視力	△	△	△	△	△	△	△	△	△	△	△	△	△	△
聴力	オージオメータ	◎	◎	◎	◎	△	◎	△	◎	△	◎	◎	△	◎	△
眼の疾病及び異常		◎	◎	◎	◎	◎	◎	◎	◎	◎	◎	◎	◎	◎	◎
耳鼻咽喉頭疾患		◎	◎	◎	◎	◎	◎	◎	◎	◎	◎	◎	◎	◎	◎
皮膚疾患		◎	◎	◎	◎	◎	◎	◎	◎	◎	◎	◎	◎	◎	◎
歯及び口腔の疾患及び異常		◎	◎	◎	◎	◎	◎	◎	◎	◎	◎	◎	◎	◎	△
結核	問診・学校医による診察		◎	◎	◎	◎	◎	◎	◎	◎	◎				
	エックス線撮影											◎			◎ 1 学年 （入学時）
	エックス線撮影 ツベルクリン反応検査 喀痰検査等		○	○	○	○	○	○	○	○	○				
	エックス線撮影 喀痰検査・聴診・打診											○			○
心臓の疾患及び異常	臨床医学的検査 その他の検査	◎	◎	◎	◎	◎	◎	◎	◎	◎	◎	◎	◎	◎	◎
	心電図検査	△	◎	△	△	△	△	△	◎	△	△	◎	△	△	△
尿	試験紙法　蛋白等	◎	◎	◎	◎	◎	◎	◎	◎	◎	◎	◎	◎	◎	△
	試験紙法　糖	△													△
その他の疾病及び異常	臨床医学的検査 その他の検査	◎	◎	◎	◎	◎	◎	◎	◎	◎	◎	◎	◎	◎	◎

（注）◎　ほぼ全員に実施されるもの
　　　○　必要時または必要者に実施されるもの
　　　△　検査項目から除くことができるもの

出典：文部科学省スポーツ・青少年局学校健康教育課監修『児童生徒等の健康診断マニュアル（平成 27 年度改訂）』日本学校保健会　2015 年　p.19

図 3-2 身長計測方法

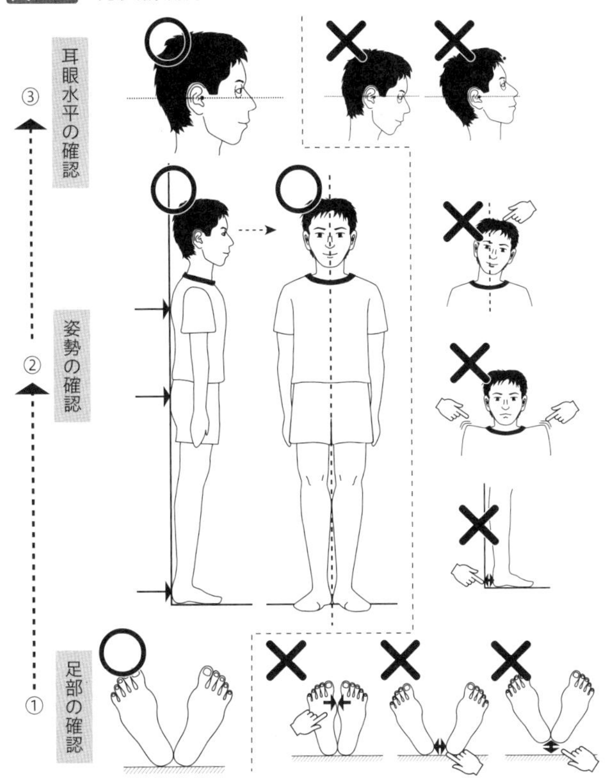

作成：國土将平

図 3-3 ランドルト環

円の直径：円弧の幅：輪の開いている幅＝5：1：1となる。視力は、日本では直径7.5 mm、太さ1.5 mm、円の一部が1.5 mm幅で切れている環を5 m離れたところから見て正確に切れている方向がわかる能力を「視力1.0」としている。

表 3-4 視力検査の方法

同じ大きさで空いている方向の異なるランドルト環を指しその正誤を確かめる。同じ大きさは最大3回確認する。

方向の正誤	判断	次の方法
○○	見えている	ランドルト環を小さくする
○×○	見えている	ランドルト環を小さくする
○××	見えていない	ひとつ上の視力を記録する
××	見えていない	ひとつ上の視力を記録する
×○○	見えている	ランドルト環を小さくする
×○×	見えていない	ひとつ上の視力を記録する

図 3-4 視力表

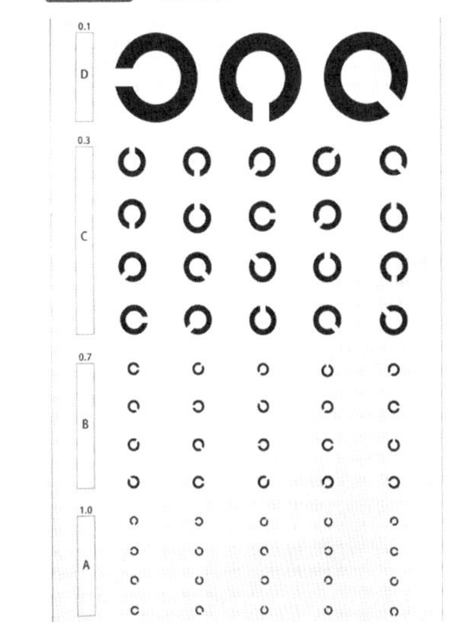

り、感染予防のため清潔に留意し、適宜アルコールなどで消毒する。小学校高学年の児童以上では、並列（字づまり）視力表を用いてもよく、ランドルト環の切れ目が斜め方向の視標を加える等の考慮も望ましい。単独（字ひとつ）視力表の視標の方向を変える時は、裏返してくるりと回しながら変えていく。判定はランドルト環の切れ目が上下左右のみとする。眼鏡やコンタクトレンズを常用している者については、裸眼視力の検査を省略することができる。ただし､眼鏡やコンタクトレンズでの視力を測定後､裸眼視力を測定するのが望ましい。コンタクトレンズ使用者の裸眼視力が必要な場合は、コンタクトレンズを外した後のかすみが残るために、正確な視力検査が困難なこと、取り外しによるコンタクトレンズの破損、汚染などの危険等が考えられるので、学校医の指導、指示に従って実施する。

(4) 職員の健康診断

職員の定期健康診断は、職員の健康保持増進を目的とし、教育活動の効率と成果の確保に寄与するために実施される。職員の健康診断は､学校保健安全法施行規則第 12 条に基づき、学校の設置者が実施主体となる。学校の設置者が毎年適切な時期に実施し、教職員の健康状態を評価する。また、診断結果に基づいて、健康に異常が認められる教職員には治療の指示や勤務の軽減などの適切な事後処置を行う。必要に応じて、学校の設置者は臨時の健康診断も実施することができる。検査項目は次の通りである（検査の詳細は学校保健安全法施行規則第 13 条を参照のこと)。

①身長、体重および腹囲	⑦貧血検査
②視力および聴力	⑧肝機能検査
③結核の有無	⑨血中脂質検査
④血圧	⑩血糖検査
⑤尿	⑪心電図異常
⑥胃の疾病および異常の有無	⑫その他の疾病および異常の有無

(5) 臨時健康診断

学校は職員や児童生徒等の集団生活の場であるため、感染症や食中毒の発生時など、集団への対応が必要である時には、素早く適切な対応ができるよう、職員、児童生徒等の健康診断を臨時に行うものと定められている（学校保健安全法第 13 条)。臨時の健康診断の必要性については、学校保健安全法施行規則 10 条に掲げられており、①感染症又は食中毒の発生したとき、②風水害等により感染症の発生のおそれのある時、③夏季における休業日の直前又は直後、④結核、寄生虫病その他の疾病の有無について検査を行う必要のある時、⑤卒業のときに実施するものと記載されている。

3 運動器検診

(1) 検診導入の背景

「運動器」とは、身体活動を担う筋・骨格・神経系の総称であり、身体活動を介して日常生活や体育実技、スポーツ活動を行うための器官として重要な役割を担っている。

学校における健康診断のなかで、運動器に関する項目は、1979（昭和54）年から脊柱検診に始まり、1994（平成6）年には、学校保健法施行規則の一部に関して、文部省体育局通知が出され、「四肢の状態にも注意すること」が通知された[5)]。しかしながら、この通知は法的拘束力がない局長通知の形での指示・連絡であったことから、健康診断における「運動器」の項目に関する具体的な実施基準が示されず、これまでの学校現場においては、十分な検診が行われてこなかった[6)]。

近年、学校において、脊柱や四肢などの運動器に関する健康問題が注意・喚起されるようになってきた[7)]。このような背景をもとに、「運動器の10年」日本委員会による運動器検診モデル事業が2005（平成17）年度から開始され、学校保健安全法施行規則は2014（同26）年4月に「四肢の状態を必要項目に追加する」と改正され、2016（同28）年度より運動器検診が学校において実施されている。

(2) 運動器検診の目的と意義

運動器検診の目的には、脊柱、四肢に関する先天性の疾患をはじめする運動器の健全な発

図 3-5 運動器検診の流れ

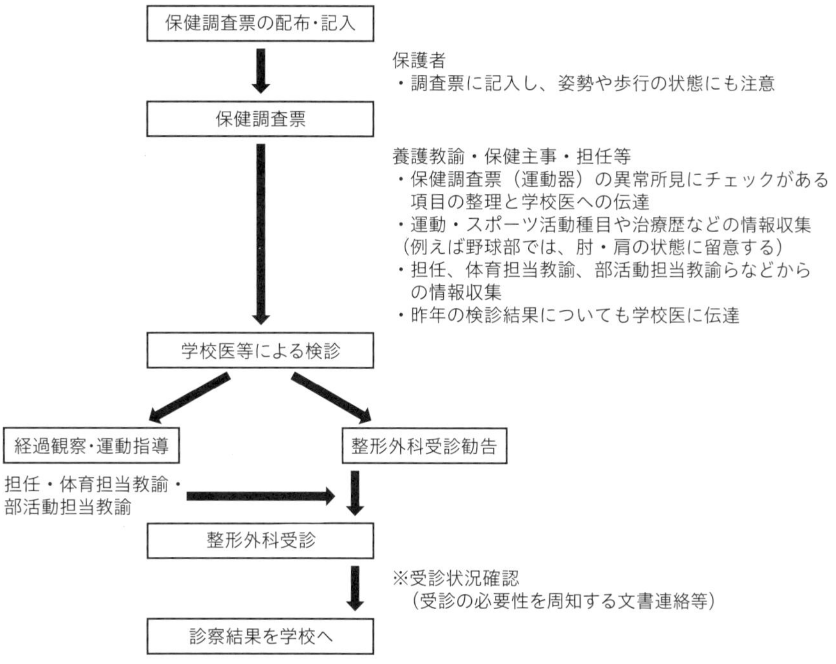

保健調査票の配布・記入

↓ 保護者
・調査票に記入し、姿勢や歩行の状態にも注意

保健調査票

↓ 養護教諭・保健主事・担任等
・保健調査票（運動器）の異常所見にチェックがある項目の整理と学校医への伝達
・運動・スポーツ活動種目や治療歴などの情報収集（例えば野球部では、肘・肩の状態に留意する）
・担任、体育担当教諭、部活動担当教諭らなどからの情報収集
・昨年の検診結果についても学校医に伝達

学校医等による検診

↙ 経過観察・運動指導　↘ 整形外科受診勧告

担任・体育担当教諭・部活動担当教諭 → 整形外科受診勧告 ↓

整形外科受診

↓ ※受診状況確認（受診の必要性を周知する文書連絡等）

診察結果を学校へ

出典：日本学校保健会『子供の運動器の健康―学校における運動器検診の手引―』2022年　p.7

育発達に影響のある疾病、および学校生活において運動等に支障のある疾病や異常の有無を早期発見し、早期治療に結びつけることが挙げられる。また、児童生徒の運動器には、運動のしすぎによる健康問題と運動が不足していることによる健康問題が指摘されている。発育期の運動器は成長軟骨の存在により、力学的なストレスに弱い特徴がある。また、発育の性差や個人差を考慮しなければならない。そのため、保健体育における実技指導において影響がないかどうかを把握するうえでも重要な検診といえる。

Section 4 事後指導

1 健康診断の事後措置

健康診断の実施後、市（区）町村の教育委員会や学校はその結果に基づき、疾病の予防措置、または治療を指示し、ならびに運動および作業を軽減する等適切な措置をとる必要がある（学校保健安全法第 12 条、第 14 条、第 16 条）。健康診断の結果は、学校生活を健やかに過ごすために、児童生徒の健康状態の把握だけでなく、生涯にわたる心身の健康を育むために、健康問題の予防や健康に対する理解など、個人や集団に対する保健教育・指導への活用が期待される。

ただし、健康診断結果は個人情報に該当するため、保護者への通知や、教育活動において情報共有する際は、学校外漏えいが生じないように十分な配慮が必要である。

(1) 就学時健康診断の事後措置

市（区）町村の教育委員会は、就学時の健康診断を行った時、就学時健康診断票（第 1 号様式）により、就学時健康診断票を作成する（学校保健安全法施行令第 4 条第 1 項および学校保健安全法施行規則第 4 条）。

さらに、市（区）町村の教育委員会は、就学時の健康診断の結果に基づき、疾病や異常の疑いがある者には速やかに治療を勧告する。発育が順調でない者、栄養状態で注意が必要である者等には、その状態に応じて保健上必要な助言を行う。また、全身の状況や保護者と幼児との様子から児童虐待などが疑われる場合には、速やかに児童相談所等に通告する必要がある。

視覚障害者、聴覚障害者、知的障害者、肢体不自由者、病弱者、発達障害等の疑いがある場合は、その者の障害の状態や教育上必要な支援内容、地域の教育体制等を考慮し、市（区）町村の教育委員会は特別支援学校への就学を都道府県の教育委員会に通知しなければならない。

(2) 児童生徒等の健康診断の事後措置

学校は、健康診断の結果記録をまとめ、21 日以内に通知しなければならない。結果の通知は、児童生徒または幼児については本人およびその保護者に、学生の場合には本人に対して行う。学校医の所見を含めて検診項目全体の結果をまとめ、児童生徒等および保護者に対して、健康状態や日常生活における留意点、医療を受ける必要性等について十分な理解が得られるよう考慮する。

また、学校は健康診断結果を通知するとともに、下記に示すような措置をとらなければならない（学校保健安全法施行規則第９条）。

①疾病の予防処置を行うこと
②必要な医療を受けるよう指示すること
③必要な検査、予防接種等を受けるよう指示すること
④療養のため必要な期間、学校において学習しないよう指示すること
⑤特別支援学校への編入について指導および助言を行うこと
⑥学習または運動・作業の軽減、停止、変更等を行うこと
⑦修学旅行、対外運動競技等への参加を制限すること
⑧机または椅子の調整、座席の変更および学級の編成の適性を図ること
⑨その他発育、健康状態等に応じて適当な保健指導を行うこと

これらの措置は、その内容から医学的措置と教育的措置に分けられる。医学的措置としては、健康状態により医療機関での受診や精密検査の指示を行い、学習に関する指導や助言、運動、作業の軽減や行事参加の制限等を行う。一方、教育的措置としては、必要に応じて机・椅子の調整や、教室内での座席の位置等の調整を行う。いずれも、教職員同士の連携だけでなく、家庭との協力のもと、事後措置を進めていくことが重要である。

(3) 職員の健康診断の事後措置

学校の設置者は、健康診断の結果に基づき、健康に異常が認められる職員には治療の指示や勤務の軽減などの適切な事後処置を行わなければならない。健康診断に当たった医師は、健康に異常があると認めた職員について、検査結果を総合的に評価し、その職員の職務内容および勤務の強度を考慮して、表 3-5 に定める生活規正の面および医療の面の区分を組み合

表 3-5　職員の健康診断事後措置における医師の指導区分

区分	内容
A	休暇または休職等の方法で療養のため必要な期間勤務させないこと
B	勤務場所または職務の変更、休暇による勤務時間の短縮等の方法で勤務を軽減し、 かつ、深夜勤務、超過勤務、休日勤務および宿日直勤務をさせないこと
C	超過勤務、休日勤務および宿日直勤務をさせないかまたはこれらの勤務を制限すること
D	勤務に制限を加えないこと
1	必要な医療を受けるよう指示すること
2	必要な検査、予防接種等を受けるよう指示すること
3	医療または検査等の措置を必要としないこと

出典：学校保健安全法施行規則第 16 条第 2 項より作成

わせて指導区分を決定する（学校保健安全法施行規則第 16 条）。

2 健康診断結果の活用方法

健康診断の結果は、児童生徒の成長状況の把握や病気の早期発見・早期治療のためのスクリーニングだけでなく、在校生の健康問題の現状や傾向を把握することができ、学校行事や対策を検討するなど、対人・対物管理に活用することも重要である。また、自分の身体の発育状態や健康状態の理解を通じて、心身の健康に関する知識を向上させる教育的な活動の機会となる。養護教諭と連携し、保健教育として具体的なプログラムや取り組みを導入・展開していくことで、児童生徒が心身の健康に関する知識を深め、実践力を高めることが期待される。

Section 5 健康相談と保健指導

1 健康相談と保健指導の重要性

近年、児童生徒の心身の健康問題は多様化しており、医療の支援を必要とする事例も増えている。これに対応するため、2008（平成 20）年に学校保健法（現：学校保健安全法）が一部改正（2009（同 21）年 4 月 1 日施行）され、養護教諭やその他の職員が連携した、健康観察、健康相談、保健指導を行うとともに、学校内関係者と地域の関係機関等が連携し、組織的に対応することが新たに位置づけられた。

健康相談は、学校保健安全法第 8 条に「学校においては、児童生徒等の心身の健康に関し、健康相談を行うものとする」と定められており、健康相談の目的は、児童生徒の心身の健康に関する問題について、児童生徒や保護者等に対して、関係者が連携し相談等を通して問題の解決を図り、学校生活によりよく適応していけるように支援していくことである。このような目的により、児童生徒の発達に即して共に心身の健康問題を解決していく過程で、児童生徒が自身の身体と心への理解を深め、健康問題を解決しようとするための知識・思考・判断力を養う機会となることから、健康の保持増進だけではなく、人間的な成長を促す教育的意義が大きく、学校教育において重要な役割を担っている。

保健指導については、学校保健安全法第 9 条に「養護教諭その他の職員は、相互に連携して、健康相談又は児童生徒等の健康状態の日常的な観察により、児童生徒等の心身の状況を把握し、健康上の問題があると認めるときは、遅滞なく、当該児童生徒等に対して必要な指導を行うとともに、必要に応じ、その保護者（学校教育法第 16 条に規定する保護者をいう。第 24 条及び第 30 条において同じ。）に対して必要な助言を行うものとする」と定められており、特別活動等で行われる多数を対象とした集団的な指導と個別的な指導がある。

このように、健康相談と保健指導は、明確に切り分けられるものではなく、相互に関連して展開されている。

2 健康相談のプロセス

(1) 健康相談対象者の把握（相談の必要性の判断）

健康相談の主な対象者は図3-6に示すようなプロセスから把握していく。

健康相談は、単発で終わるものもあれば、継続的な支援が必要と判断されるものもある。児童生徒の訴え（腹痛や頭痛等）に対しては、病気や障害があるかないかを確かめることが大切である。養護教諭や学校医と相談し、心の問題の有無についても見極めていくことが大切である。

(2) 問題の背景の把握

児童生徒の心身の健康問題の背景は多様化しており、健康問題について多面的・総合的に理解したうえで、問題の本質（医学的・心理社会的・環境要因）をとらえていく必要がある。そのため、職員一人ひとりが、健康問題の本質について多面的・総合的にとらえることのできる知識や理解を深めていき、目の前の児童生徒の問題に対して、客観的かつ的確に状況を把握することが前提となる。実際の問題の把握に当たっては、学級担任や養護教諭をはじめとする関係者との情報交換により、的確に問題の背景を把握するとともに、学校内の支援活動で解決できるものか、医療や関係機関等の連携が必要かを見極めることが大切である。

(3) 支援方針・支援方法の検討

校内組織で、支援方針・支援方法を検討し、関係者で支援チームを構成し共通理解を図り、役割分担をして組織的に支援していくことが大切である。1人の職員のみで抱え込んで対応するのではなく、関係職員、管理職等と連携して行う。これは、児童生徒の心身の健康問題を把握するための情報が不足し、問題の本質を十分にとらえきれないことを防ぐためである。

(4) 実施・評価

定期的に校内委員会を開催し、情報交換や支援検討会議（事例検討会）を行い、その経過から支援方針・方法を見直し、改善・評価を行う。また、必要に応じて関係機関等と連携していく。

3 健康相談における各関係者の役割

(1) 健康相談における連携と協力

健康相談は、従来、学校医・学校歯科医が行うものとされてきたが、先に述べたように、健康相談は、養護教諭、学校医・学校歯科医・学校薬剤師、学級担任等の関係者が連携しながら行うものと法に明確に規定された。これは、児童生徒の心身の健康問題の多様化に伴い、課題解決に当たって組織的に対応していくことが必要であるためである。さらに、学校にお

図 3-6 学校における健康相談の基本的なプロセス

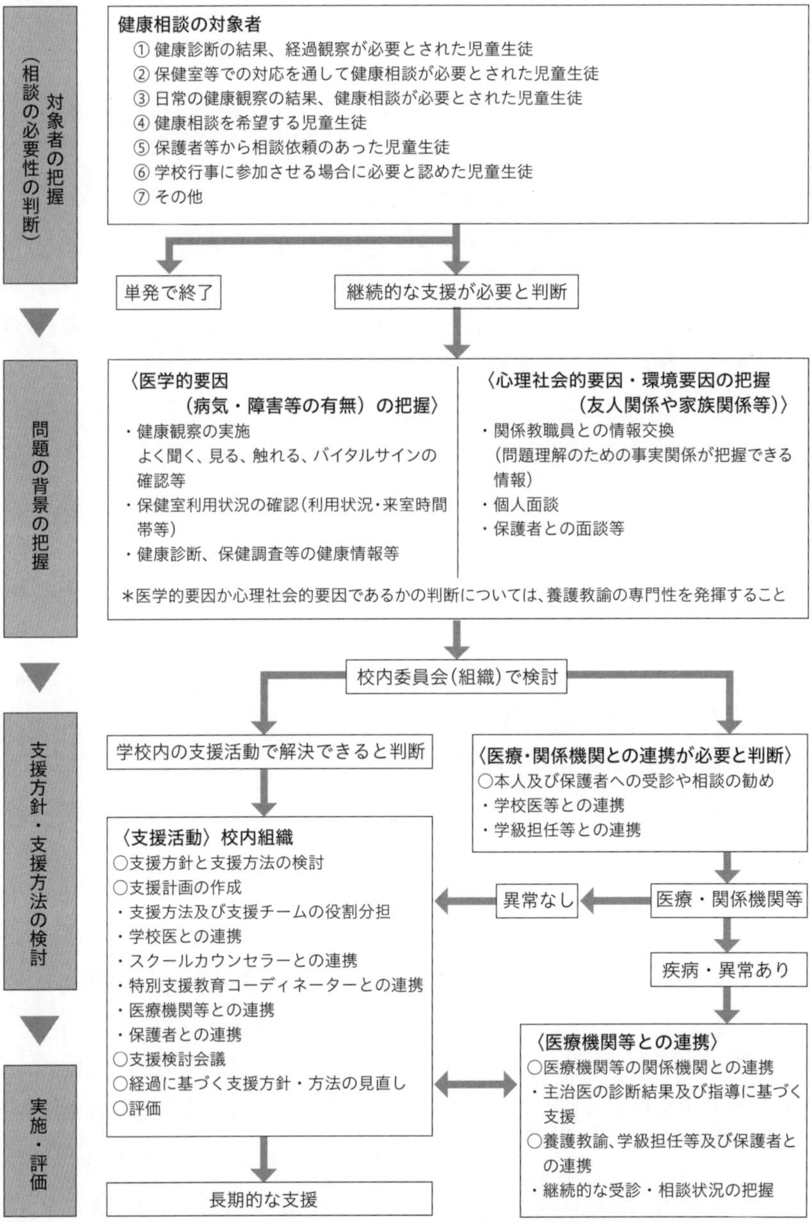

新養護概説　少年写真新聞社2009　一部改変

出典：文部科学省『教職員のための子どもの健康相談及び保健指導の手引』2011 年　p.17

いて救急処置、健康相談または保健指導を行うに当たっては、必要に応じて地域の医療機関そのほかの関係機関との連携を図るよう努めることが規定されるなど、健康相談・保健指導の充実が図られている。このように、養護教諭や学級担任等が行う健康相談や保健指導が教員の役割として学校保健安全法に明確に規定されたことは、重要な意味をもつことからも、各関係者の専門性の特徴を理解しながら、協力して健康相談を行うことが望ましい。

(2) 養護教諭と保健体育教員の役割と連携

健康相談は養護教諭の職務のなかでも大きな位置を占めているとともに、期待されている役割でもあり、個々の児童生徒の健康管理だけでなく、自己解決能力の育成や児童生徒の健全な発育発達に大きく寄与している。

養護教諭の行う健康相談は、児童生徒の健康に関して専門的な観点から行われ、養護教諭を中心として学級担任や学校医、保護者が相互に連携して実施される。養護教諭は、保健室を中心に全校の子どもを対象にして活動しており、頻繁に来室する児童生徒や不登校傾向のある者への対応､性や非行に関する問題を扱う機会が多いことから､入学から経年的に成長・発達をみることや、心身の問題を早期発見しやすい職務の特質がある。このことから、いじめや児童虐待などの早期発見、早期対応に果たす役割や、健康相談や保健指導の必要性の判断、受診の必要性の判断、医療機関などの地域の関係機関等との連携におけるコーディネーターとしての役割などが求められている。

保健室の利用状況の実態調査において、「ケガの手当て」を理由に来室する者は小学校35.7%、中学校21.8%を占め、来室理由の上位3項目に含まれている[8)]。養護教諭は、学校現場において、発育期の運動器の問題への対応を求められる機会は多い。しかし、養護教諭は外傷に対する救急処置の過程において、疾病や病態の重症度や緊急度を判断するためのフィジカルアセスメントの技術に対する自信度が低いとも報告されている[9)]。

保健体育教員は養護教諭と同様に、そのほかの教員と比べて運動器および運動器疾患に関連する語句の認知度が高い指導者であると報告されている[10)]。一方で、保健体育教員は、特に身体運動やスポーツに関連する語句については高い認知度であるものの、発育発達や医療・保健に関する語句については養護教諭の方が高いと示されている[11)]。このように、学校保健活動の要となる養護教諭や保健体育教員はそれぞれの専門性をもちながら児童生徒の健康管理・健康教育に努めている。双方が協力して健康教育指導を実践している例は少なく、児童生徒への運動器に関する健康教育について、さらなる有効な方法や体制の構築が期待される。様々な関連指導者と協力して活動し、包括的な指導体制を構築していくことにより、子どもの健全な発育発達を促す健康相談や保健指導を充実させる可能性がある。

Section 6 ユニバーサルデザイン

1 ユニバーサルデザインとは

ユニバーサルデザイン（Universal Design）は、あらかじめ、障害の有無、年齢、性別、人種等に関わらず多様な人々が利用しやすいよう都市や生活環境をデザインする考え方であり[12]、ノースカロライナ州立大学の建築家メイス（Ronald, L.Mace）により提唱された[13]。たとえば、公共の場で目にする自動ドアや歩道に設置された黄色い誘導ブロックなど、できるかぎり多くの人が利用できるようにデザインされている物や街、サービスはユニバーサルデザインの一例である。

一方、バリアフリー（barrier-free）は、障害のある人が社会生活をしていくうえで障壁（バリア）となるものを除去するという意味で、もともと住宅建築用語で登場し、段差等の物理的障壁の除去をいうことが多いが、より広く障害者の社会参加を困難にしている社会的、制度的、心理的なすべての障壁の除去という意味でも用いられる[14]。

バリアフリーとユニバーサルデザインは、根底にある考え方や思想は共通しているが、バリアフリーは、「障害によりもたらされるバリア（障壁）に対処する」考え方であるのに対し、ユニバーサルデザインは「初めから障壁がないように配慮されている」点に違いがある。

保健体育教員がユニバーサルデザインを学ぶ理由は多岐にわたる。たとえば、多くの子どもが活動しているなかで、思うように活動できない子どもがいた際、活動への参加、理解、知識・技能の習得、知識・技能の活用のどの段階でつまずきがあるかを把握する必要がある。異なる身体能力や特徴をもつ児童生徒に対し、ユニバーサルデザインの原則を理解し、授業において適切な指導法を選択・実践することで、異なる児童生徒の個性や特徴に対応できるだけでなく、より包括的で効果的な学習環境を提供できると期待される[15]。

●ユニバーサルデザイン７原則

原則１　誰にでも公平に利用できること
　誰にでも利用できるようにつくられており、かつ、容易に入手できる

原則２　使ううえで自由度が高いこと
　使う人の様々な好みや能力に合うようにつくられている

原則３　使い方が簡単ですぐわかること
　使う人の経験や知識、言語能力、集中力に関係なく、使い方がわかりやすくつくられている

原則４　必要な情報がすぐに理解できること
　使用状況や、使う人の視覚、聴覚などの感覚能力に関係なく、必要な情報が効果的に伝わるようにつくられている

原則５　うっかりミスや危険につながらないデザインであること

	ついうっかりしたり、意図しない行動が、危険や思わぬ結果につながらないようにつくられている
原則６	無理な姿勢をとることなく、少ない力でも楽に使用できること 効率よく、気持ちよく、疲れないで使えるようにする
原則７	アクセスしやすいスペースと大きさを確保すること どんな体格や、姿勢、移動能力の人にも、アクセスしやすく、操作がしやすいスペースや大きさにする

2 視覚情報のユニバーサルデザイン

（1）色覚異常

色の感じ方や見え方は、一人ひとり異なっている。人は目の網膜上の視細胞によって形・色を認識している。すべての色は、光の三原色といわれる赤、緑、青の３種類の光の組み合わせでつくられており、視細胞には、赤、緑、青の３種類の光（色）をそれぞれ主に感じる機能をもつ、３種類の円錐状の細胞（錐体）があり、光（色）を感じる度合いの違いにより様々な色を識別している。

色の感じ方がほかの大勢と比べて明らかに異なる人は、医学的に「色覚異常」と診断される。色覚異常には先天色覚異常と後天色覚異常がある。先天色覚異常とは、眼のスクリーン、網膜でつくられる視物質が正常と異なり、生まれつき、色の見え方（感じ方）が多くの人と違う状態をいう。性染色体のＸ染色体上に色覚に関係する遺伝子があり、母親からのＸ染色体のみを受け継ぐ男性は、およそ20人に１人程度の割合で色覚異常が発生し、女子は両親から１つずつＸ染色体を受け継ぐので、片方のＸ染色体に色覚異常の遺伝子があれば保因者に、両方のＸ染色体にあれば色覚異常になり、その割合は0.2％程度である。先天色覚異常は、錐体の状態により様々なタイプに分けられ、１型（赤色を感じる機能の異常）と２型（緑色を感じる機能の異常）が多い。一方、後天色覚異常は、眼の病気（白内障、緑内障、黄斑変性など）によって、色の感じ方が変化した状態をいう。

（2）学校健康診断における色覚検査の現状

色覚検査は1958（昭和33）年に制定された学校保健法（現：学校保健安全法）に基づき、児童生徒の健康診断の必須項目として実施されてきた。1994（平成6）年以降は、小学校4年生のみの対象となった。しかし、2002（同14）年の「学校保健法施行規則の一部を改正する省令」が文部科学省より公布され、2003（同15）年度より色覚検査が削除された。「色覚異常についての知見の蓄積により、色覚検査において異常と判別される者であっても、大半は支障なく学校生活を送ることが可能であることが明らかになってきていること」そして、「これまで、色覚異常を有する児童生徒への配慮を指導してきていること」を廃止の理由として挙げている[16)]。

色覚検査が必須項目から除外され、多くの小学校で色覚検査が行われなくなったことにより、自身の色覚異常の特性を知らず、就職時に初めて色覚による就業規制に直面するという実態の報告など、不利益を受ける事例が多く報告された[17)]。これを受けて、文部科学省は2014（平成26）年の「学校保健安全法施行規則の一部改正等について（通知）」において、事前の同意を得て個別に検査、指導を行うなどの色覚検査の再開を認めているが、あくまで任意での検査となっている。また、「教職員が、色覚異常に関する正確な知識を持ち、学習指導、生徒指導、進路指導等において、色覚異常について配慮を行うとともに、適切な指導を行うよう取り計らうこと等を推進すること」と記述された。学校は印刷物や掲示物が多くあり、パソコンやタブレット端末を用いて授業を行う機会も近年増えている。これらのことからも、すべての教職員が色覚異常を正しく理解し、当該児童生徒が学校生活や進学・就職等で不利益を受けないような学習環境を整えることが重要である。

(3) カラーユニバーサルデザイン

印刷物等の作成に当たり、見分けやすくするための色使いを工夫したはずが、色による情報を正確に受けとれず困っている人たち（色弱者）にとってはかえって見分けにくくなることがある。一般的な色覚の人も含め、誰に対しても正しく情報が伝わるように、色の使い方などにあらかじめ配慮することを「カラーユニバーサルデザイン」という。カラーユニバーサルデザインのポイントは、①できるだけ多くの人に見分けやすい配色を選ぶ、②色を見分けにくい人にも情報が伝わるようにする、③色の名前を用いたコミュニケーションを可能にする、の３つが挙げられる。近年は電子黒板やプレゼンテーション資料を用いて授業を行う機会が増えており、これらのポイントを押さえた資料づくりを心がけることも大切である。

一般色覚者が、色弱者の色の見分けにくさを確認するためには、シミュレーションツールを目的に応じて使用することが役立つ（有償・無償など様々なタイプがある）。なお、多くのシミュレーションソフトは、色弱者（強度）の色の見分けにくさを再現するものであり、色弱者が感じている色を完全に再現するものではないことに注意する。

(4) 教科書や印刷物等における文字とフォント

近年の教科書は、誰にでも見やすく使いやすいユニバーサルデザインへの取り組みがなされており、色覚の多様性に対する配慮だけでなく、文字の見やすさ、読みやすさなどが工夫されており、発達障害がある子どもにとっても読みやすいものとなっている。このような印刷物におけるユニバーサルデザインは、保健教育をするうえで有用なものとなる。

印刷物の主な作成のポイントを挙げると、A4用紙であれば、少なくとも10.5ポイントは確保し、12ポイント以上の大きさを使用するとよい。パンフレットやポスターなど、印刷物の形式を踏まえ、読みやすく適切な文字の大きさにする。

フォント（文字の形）については、明朝体かゴシック体を使用し、はっきりと読みやすい書体を選択する。明朝体は、文字の太さが均一ではないことから、文字を小さくする場合は、ゴシック体の方が読みやすくなるが、文字の大きさを小さくしすぎると、画数の多い漢字はかえって読みにくくなる。また、丸文字は柔らかい雰囲気を出すことができるが、長文で使うと読みにくくなる特徴がある。近年、ユニバーサルデザインのコンセプトに基づいて開発されている「ユニバーサルデザインフォント（UDフォント）」（本書はUDフォントを利用）を使用することも、見やすい印刷物を作成するうえで有効である。

現在の児童生徒の健康問題の実態について、健康診断の結果に基づき調査されている最新の「学校保健統計調査」の記録や『学校保健の動向』の内容などを参考に、現在の児童生徒の健康に関連する状態や推移を確認し、その実態と要因について考えてみよう。また、そのなかで特出すべき健康問題や自身の興味のある特定の健康問題について、統計調査等の結果より、健康問題の解決策や、保健教育で実践したらよいと思うことについても考えてみよう。

課題2

スポーツ外傷・障害を発症した児童生徒がいた場合、医学的・心理社会的・環境要因を把握するためにどのような情報を得る必要があるだろうか。さらに、要因を把握する際に、どのような点に留意しなければならないか、まとめてみよう。その際、児童生徒のケア、再発防止など、家庭やほかの教職員との連携などを踏まえ、保健体育教員として展開できる保健指導内容を考えてみよう。

引用文献

1) 福田潤「学校における健康診断の歴史と、運動器検診の意義」『臨床スポーツ医学』第26巻第2号 2009年 pp.125-132
2) 衛藤隆「わが国の学校の健康診断の歴史」『教育と医学』第66巻第6号 2018年 pp.56-63
3) レオン・ゴルディス著、木原正博・木原雅子・加治正行訳『疫学―医学的研究と実践のサイエンス―メディカル・サイエンス・インターナショナル』2010年 pp.6-7
4) 日本学校保健会『就学時の健康診断マニュアル（平成29年度改訂）』2018年 p.1
5) 「運動器の10年」日本委員会監修、武藤芳照・柏口新二・内尾祐司編集『学校における運動器検診ハンドブック―発育期のスポーツ傷害の予防―』南江堂 2007年 pp.63-73
6) 同上書5)
7) Hiroshi Fukuda Incorporating Musculoskeletal Examination in School Health Program of Japan: From the standpoint of a school physician, *Japan Medical Association Journal*. 53(3), 154-158, 2010.
8) 日本学校保健会『保健室利用状況に関する調査報告書（平成28年度調査結果）』2018年 p.22
9) 細丸陽加・三村由香里・松枝睦美・津島愛子・山内愛・上村弘子「養護教諭の救急処置過程における困難感について―外傷に対しての検討―」『学校保健研究』第57巻第5号 2015年 pp.238-245
10) 石川拓次「養護教諭および運動系部活動顧問における運動器疾患の意識についての一考察」『東海学校保健研究』第42巻第1号 2018年 pp.17-28
11) 同上書10)
12) 内閣府「障害者基本計画」2002年

https://www8.cao.go.jp/shougai/suishin/kihonkeikaku.html
13) Mace, R. Universal Design: Barrier Free Environments for Everyone, *Designers West*. 33 (1) , 147-152, 1985.
14) 前掲書 12)
15) 清水由『体育授業のユニバーサルデザイン』東洋館出版社　2019 年　pp.12-13
16) 文部科学省「学校保健法施行規則の一部改正等について（通知）」（平成 14 年 3 月 29 日文科ス第 489 号）
17) 宮浦徹・宇津見義一・柏井真理子 山岸直矢・高野繁「平成 22・23 年度における 先天色覚異常の受診者に関する実態調査」『日本の眼科』第 83 巻第 10 号　2012 年　p.1421
https://www.gankaikai.or.jp/colorvision/colorvision_2.pdf

参考資料

・文部科学省スポーツ・青少年局学校健康教育課監修『児童生徒等の健康診断マニュアル（平成 27 年度改訂）』日本学校保健会　2015 年
・大澤清二・内田匡輔・内山有子・柿山哲治・加藤勇之助・小磯透・鈴木和弘・森口哲史共著『学校保健の世界　第 2 版』杏林書院　2016 年
・文部科学省『教職員のための子どもの健康相談及び保健指導の手引』2011 年
・日本スポーツ振興センター『国立競技場・ナショナルトレーニングセンター（屋内トレーニングセンター・イースト）のユニバーサルデザイン』
・愛知県健康福祉部障害福祉課『視覚情報のユニバーサルデザインガイドブック』2018 年
・カラーユニバーサルデザイン機構
https://cudo.jp/
・日本学校保健会『子供の運動器の健康―学校における運動器検診の手引―』2022 年
・正岡さち・井上麻穂「学校現場における色覚異常児への対応のための基礎的研究」『島根大学教育臨床総合研究』第 11 巻　2012 年
・教育養成系大学保健協議会『学校保健ハンドブック（第 7 次改訂）』ぎょうせい　2019 年

Chapter 4

乳幼児の発育発達と健康

このChapterでは、学校保健の基礎である子どもの発育発達について学ぶ。学校保健の主な対象は発育発達しつつある児童生徒であり、児童生徒のよりよい発育発達を促進するためには、乳幼児の発育発達の一般的特徴を理解する必要がある。また、保健体育教員として、子どもと関わるうえで必要な胎児期から幼児期までの発育発達、乳幼児期の心身の成長の特徴を正しく理解することは、児童生徒の健やかな成長を知る手がかりとなり、疾病や虐待の早期発見にもつながる。

Section 1 身体の発育

1 発育発達の概念

発育発達は、人間の身体、精神、社会性などが成熟するまでの時間的変化としてとらえることができる。ここで、「発育」「発達」という言葉は、「発育発達」という一語で用いられることも多いが、専門的には、その内容によって明確な使い分けがされている。保健体育学的立場からは「発育」(growth)を身体の形態的な変化、「発達」(development)を身体の機能的変化としてとらえることが多い。また、教育学関係では、「発達」をその要因によってさらに細分化し、遺伝的要因に基づく発達を「成熟」、環境的条件に由来する発達を「学習」ということもある[1]。

マリーナ(Malina, R. M.)とブシャール(Bouchard, C.)[2]によれば、発育は身体全体や身体のある部分のサイズの変化を意味し、①細胞数の増加、すなわち増殖、②細胞サイズの増大、すなわち肥大、③細胞間物質の増加、すなわち負荷増大の3過程の結果であると説明されており、9か月の胎内生活と生後20年間における主要な生物学的活動である。一方、発達は、遺伝子や遺伝子群の活性と抑制に依存するものと、行動や環境、文化的背景に基づいて後天的に変化するものとに分けることができる。また、身体的発達の多くは生後20年程度が主要な時期であるのに対し、社会的能力や認知的能力、知的能力などの発達は、成人以降も続く。なお、「発育」「発達」の内容は図4-1のようにまとめることができる。

図 4-1　発育・発達の内容

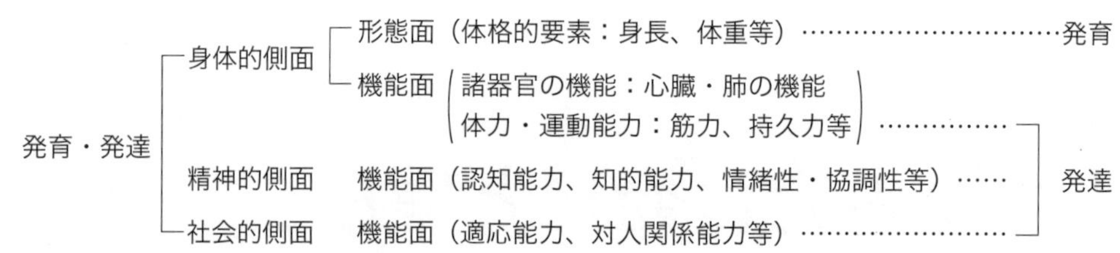

出典：大澤清二・森山剛一・上野純子・西岡光世・鈴木和弘『体育系学生のための学校保健』家政教育社 2005 年　p.22 を改変

2 身体発育の計測

ヒトの発育発達過程を把握するためには、様々な計測データがもとになっている。なかでも発育に関しては、4つの視点での計測が存在する。それは、長育、量育、幅育、周育の4種である。長育は、文字通り長さの計測である。項目としては身長や座高、下肢長、上肢長などが該当する。量育は体重や皮下脂肪などであり、重さを中心とした量を計測する。幅育は肩幅、腰幅、胸厚などであり、幅や厚みの計測である。最後に、周育は、頭囲、胸囲、腹囲などであり、各部位の周りの長さを測る項目である。これらの項目は、いずれもヒトの発育を把握するうえで重要であることはもちろん、ヒトの形態の把握などにも用いられている項目である。測定は、身長や体重、近年であれば体組成などは、専用の身長計や体組成計などが使用されるが、幅育や周育に関しては、古くからマルチン式人体計測器のような道具が使われてきており、正確な測定には一定程度の熟練が必要である。

Section 2 胎児から乳幼児の身体の発育発達

1 胎児の発育

(1) 胎児の発育の経過

胎児期の健康は母体の健康との関連で考える必要がある。なぜなら、母体内（子宮内）の胎児の発育は直接的には目に見えないが、様々な現象が起こっているからである。その目に見えない現象を理解することこそが、誕生後の発育を理解することにもつながるのである。

一般的な在胎期間は 40 週であるが、妊娠開始は妊娠前の月経初日から数える。母体内での身体の発育は、大きく卵期、胎芽期（主要器官形成期）、胎児期に分類される（表 4-1）。卵期（受精後２週間）は急激な細胞の分裂が進み、卵期の終わりには胎児へと成長を始める細胞層、臍帯（さいたい）や胎盤を形成する細胞層に分化する。

胎芽期（受精後２週から８週）は急激に発育しつつ、細胞の機能的分化が起こり、組織、

表 4-1 母体内での発育段階とその特徴

発育段階	期間	特徴
卵期	受精後 2 週間	急激な細胞分裂、胚盤胞の形成、着床
胎芽期	受精後 3〜8 週間	細胞分化、組織・器官、系統の形成
胎児期	受精後 9 週〜出生	大きさの発育、プロポーションの変化

出典：Moore K.L. and Persaud, T.V.N., *The Developing Human：Clinically Oriented Embryology* 7th ed. Saunders, 2003. より作成

表 4-2 胎芽期の発達の概観

年齢（日）	身長（mm）	概観
1		受精
6		着床開始
18		神経板
20		脳神経講
21	1.5-3.0	心筒の完成
22	2.0-3.5	心拍の開始、神経ヒダの癒合
23		目と耳の形成開始
26	3.0-5.0	上肢芽の出現
27		下肢芽の出現
30	4.0-6.0	目、鼻、口の形成
32	5.0-7.0	杓子状の手板出現
34	7.0-8.0	脳胞がはっきりする、足板の出現
36		口腔と鼻腔はまだ分かれていない
37	8.0-11.0	杓子状の足板出現
38		上唇形成
40		手板に指放線が生じる、口蓋の発達
45	13-17	鼻部がはっきりする、足板に指放線が生じる、骨化が始まる
47		生殖結節、泌尿生殖膜
48	16-18	体幹が長くなりかつまっすぐになる
50		上肢の伸長、指がはっきりする
51	18-22	精巣と卵巣が見分けられる
53	22-24	外性器の分化が始まる
55	27-31	主要な外部・内部の基本構造がはっきりし始める
64		顔がヒトらしくなる
68	61	生殖器が女性、男性の特徴をもつが、まだ完成はしない

出典：Moore K.L. and Persaud, T.V.N., *The Developing Human：Clinically Oriented Embryology* 7th ed. Saunders, 2003. より作成

器官、それらが複合的に機能するシステムを形成する時期である。また、組織や器官の形成時期（表 4-2）は明確な順序で起こり、心臓は 21 日目に心筒が完成し、翌日には鼓動を始める。手の形成に着目すると、受精後 26 日目に上肢芽が出現し、32 日目に杓子状の手板が出現する。さらに 40 日目に手板に指放線が入ることで細胞の自殺が起こり、5 本の指が形成される。発育現象の不思議なところは、単にサイズや形が大きく変化し、諸器官が形成されるだけでなく、指の形成のように一度大きくなったにもかかわらず、細胞が選択的に自

殺することで形成していくなど、逆方向への変化も起こっていることである。

胎児期は、受精後９週から出産までを指し、この時期は大きさの発育、プロポーションの変化が主であり、胎児期に機能を始めた組織・器官、システムなどの発達が起こる。卵期や胎芽期にみられる新しい解剖学的な構造は出現しない。すなわち、受精後８週の胎芽期までに機能が確立している。

胎芽期においては、様々な環境が諸器官、組織の正常な形成を阻害することが知られており、1960 年前後に日本でも問題になったサリドマイド（睡眠・胃腸薬）服用による奇形児出産の被害では、服用時期と形成異常に明確な関連性があることがわかっている（表 4-3）。また、妊娠初期（20 週以前）の風しん罹患は胎児に感染し、難聴・白内障・先天性心疾患を特徴とする先天性風しん症候群をもって生まれてくる可能性が高くなり、妊娠中の飲酒によっても、胎児アルコール症候群による小頭症がみられる。

(2) 日本の新生児死亡率

SDGs（Sustainable Development Goals：持続可能な開発目標）では、17 の目標のおのおのに紐づけられる 169 のターゲットを定めており、「3. すべての人に健康と福祉を」

表 4-3　サリドマイドによる発育の影響

服用時期 最終月経後	欠損のタイプ
35 日目	耳の欠損
40-42 日目	上肢の欠損
42-44 日目	下肢の欠損
50 日目	母指の 3 指節

出典：木田盈四郎『先天異常の医学―遺伝病・胎児異常の理解のために―』中央公論新社　1982 年 より作成

図 4-2　5 歳未満児死亡率（出生数 1,000 人当たり）

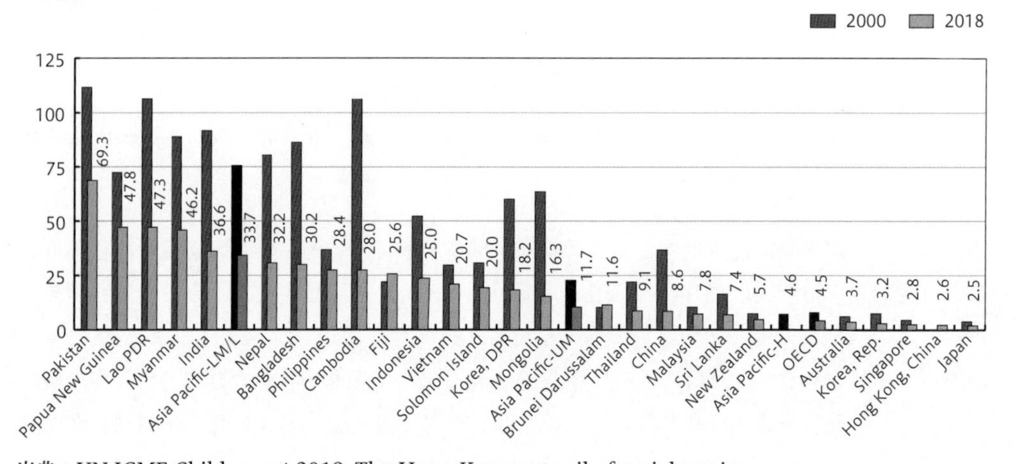

出典：UN IGME Child report 2019; The Hong Kong council of social service.

のターゲットの中に「3-2. の新生児および5歳未満児の予防可能な死亡の根絶」を挙げている。新生児死亡率はその国・地域の医療環境や衛生環境を表す重要な指標であり、その推移は改善傾向ではあるが、新興国を中心にまだまだ改善の余地が大きい状態である。世界銀行のデータによると2019年時点での日本の新生児死亡率（出生数1,000人当たり）は0.9人となっており、世界で最も死亡率が低く衛生的で安全な国といえる。また日本は、5歳未満児死亡率（出生数1,000人当たり）が2.5人と世界で最も低い値であるが、同じアジア圏でもラオスでは47.3人と東南アジアで最も高い値となっている（図4-2）。新生児および5歳未満児の死亡率の減少は発展途上国の目標であるため、日本は母子保健サービスを支援するなど様々な取り組みを行っている。

2 子どもの発育

(1) 身体発育の経過

身体・体重の一般的な発育パターン（図4-3の①）に示される発育現量値曲線からは、年齢に対応する身長や体重などの実測値から、どの程度大きいかを認識できる。身長は出生後急激に伸びるが、徐々にその傾きは小さくなる。女子では10歳前後、男子では12歳よりわずかながら傾きが大きくなり、その後、女子では14歳、男子では16歳頃から急激に伸びが少なくなり、成人身長170 cmとなる。

身長・体重の発育速度曲線（通常は年間発育量）[3]からは、発育の特徴を示す情報が得られる（図4-3の②③）。身長の最大発育は出生前後に現れ、その後、速度は急激に減速し、3歳以降は年間5～7 cmの発育速度に落ち着く。その後、女子では10歳から13歳、男子では13歳から15歳の間に、再び年間発育量が急激に増加し始め、この急激な増加開始を思春期発育スパートと呼ぶ。また、この時期を発育急進期と呼び、男女の性的成熟も進むことから第二次性徴と表現する。

発育急進期に現れる発育速度の最大値を最大発育速度（Peak Height Velocity：PHV）として、発育の指標とすることもある。最大発育速度出現後、発育速度は急激に減速を始め、およそ2～3年で速度が0に近づく。体重では、身長と類似した傾向としては、最大発育が出生前に出現し、出生後3歳頃までは速度低下、発育の思春期スパートがみられる。さらに、3歳から発育スパートまでの形状が身長とは異なり、発育速度は増加傾向であり、その後、発育スパートを示すがそのピークは身長に比べて若干遅くなる。

(2) 体格の変化

年齢別にみた体格の変化（図4-4）では、身長とともに四肢の長さが伸びることにより、頭部の割合が小さくなっていく。身長を頭部とそのほかに分け、その比率を頭身で表すと、2か月の胎児は2頭身であり、出生時は4頭身、2歳で5頭身、成人では7～8頭身になる。乳幼児は身長に対する頭部の比率が大きいため不安定で転倒しやすい。しかし近年、保育現場だけでなく学校現場においても、身のこなしが未熟なため転んだ時に手をつけず、顔面の

図 4-3　身体・体重の発育現量値曲線と発育速度曲線

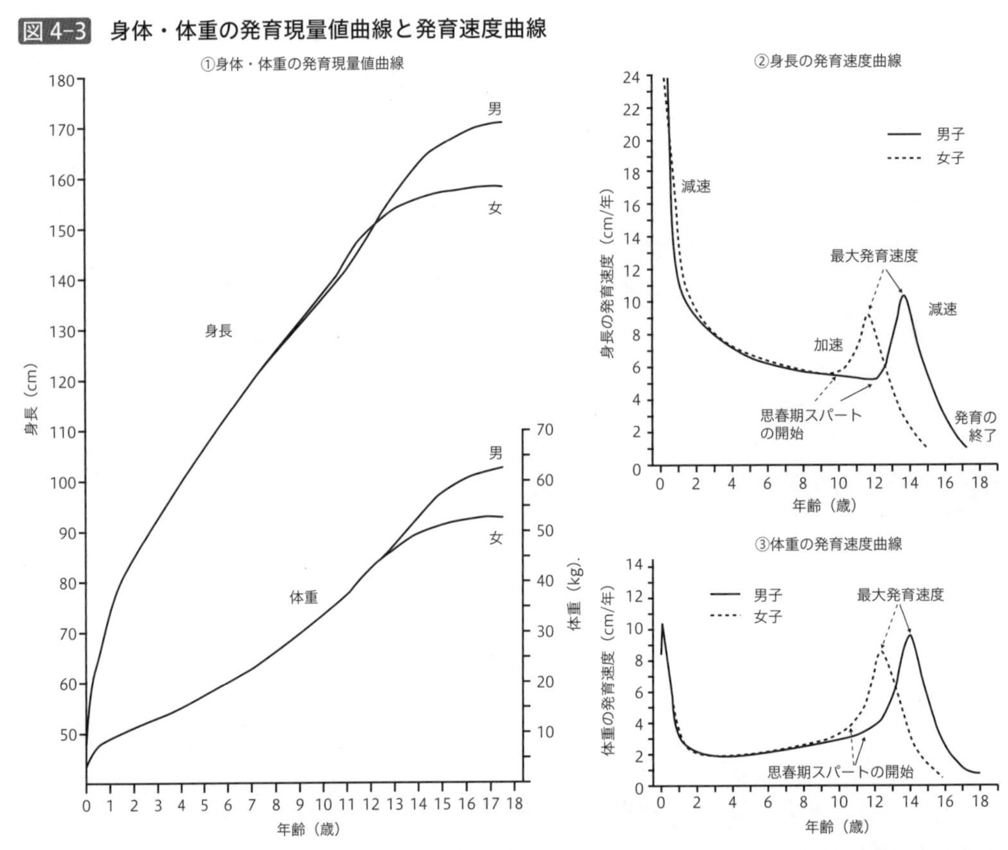

出典：Tanner, J.M., Whitehouse, R.H. and Takaishi, M., *Standards from Birth to Maturity for Height, Weight, Height Velocity, and Weight Velocity: British Children.* 1965. II. Arch. Dis. Child., 41 (220): 613-635, 1966. より作成

図 4-4　年齢別にみた体格の変化

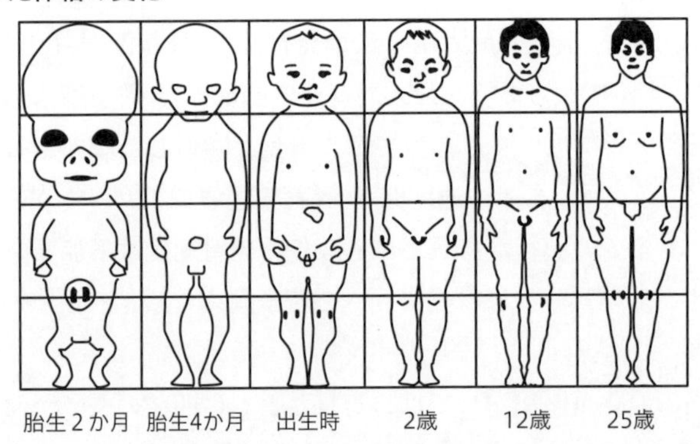

出典：Robbins, W.J., Brody, S. and Hogan, A.G., et al., *Growth*., New Haven: Yale University Press, 1928.

ケガの多いことなどが報告されており、危険回避能力の低下と考えられている。

3 発育チャートによる発育評価

(1) 個人の発育の特徴

ヒトの顔が一人ひとり異なるように、身体の大きさや発育のペース、発育のタイミングは子どもそれぞれで異なっている。しかし、そのような個人差があるものの、一般的な発育のパターンは一定の範囲をもって推移し、それから著しく異なることは少ない。著しく異なる場合には、何らかの疾病が隠れていたり、栄養状態が不良であったり、家庭環境に問題が生じたりしている場合がある。これらの問題を明らかにするため、身体の大きさを定期的に計測し、発育の一般的なパターンに照らし合わせ、順調に発育しているかを確認することは非常に重要である。

(2) 発育チャートとは

個人の発育の状態は、身長と体重の発育チャートを用いて評価することが多く、個人の発育を集団としてみた場合、どのあたりに位置するかを示す。発育チャートとは、年齢が進むにつれて、どのように身長や体重の値が変化するかを示したグラフであり、中央値の曲線のほか、大きさを順番に並べた時の、10、25、75、90%それぞれのパーセンタイル値を表示したものである。パーセンタイル値とは、全体を100とした計測値の分布を小さいほうから並べ、何%の所に位置するかを示す数値である。

(3) 発育チャートの活用

厚生労働省は10年ごとに「乳幼児身体発育調査」を実施し、乳幼児の身体発育値および発育曲線を報告している（図4-5）。出生時の平均身長は約50 cmであるが、満1歳で約1.5倍の75 cm、4歳で約2倍の100 cm、12歳で約3倍の150 cmとなる。身長の年間の伸びは、0歳から1歳までは約20～25 cm、1歳から3歳までは約10 cm、3歳から5歳では約5 cmとなる。また、出生時の平均体重は約3 kgであるが、4か月時には2倍の6 kg、1歳時には3倍の9 kg、4歳時には5倍の15 kgとなる。発育チャートを利用するに当たり、保護者は子どもの発育が平均値よりも低いことを問題にする傾向が強いが、乳幼児期は発達途中であり、発育の個人差が非常に大きいということを強調しておきたい。一方、乳幼児期の身体発達は心の発達とも密接に関係していることから、発育チャートの活用が重要となる。発育チャートをプロットすることで、遺伝子異常、低身長や栄養問題、そのほかの疾病や児童虐待などの影響をとらえることが可能となり、早期発見・早期治療につなげることが期待される。

図 4-5　乳幼児の身体発育曲線

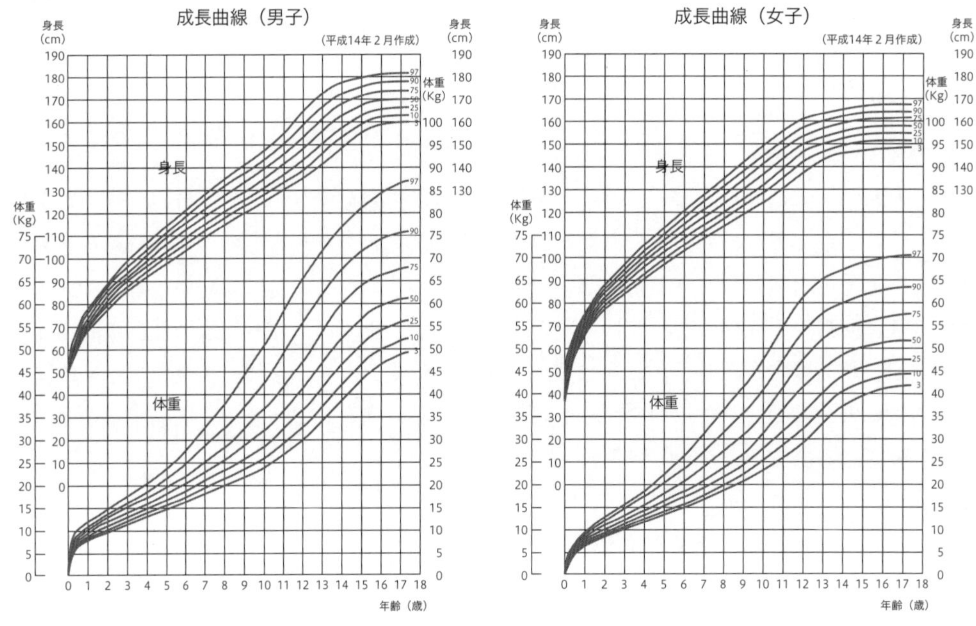

出典：厚生労働省「平成 22 年乳幼児身体発育調査報告書（概要）」2011 年
https://www.mhlw.go.jp/stf/shingi/2r9852000001tmct-att/2r9852000001tmea.pdf

Section 3　乳幼児期の運動発達

1　運動の生涯発達モデル

子どもは未成熟から成熟した状態へと、遺伝と環境の相互作用の影響により、すべての要素が複合的に作用しながら成長していく。乳幼児期の発育発達の過程は一定ではなく、各月齢や年齢において異なり、個人差が大きい。

ガラフュー（Gallahue,D.L.）[4]は、人間のライフサイクルを通した運動の生涯発達モデルを、重なり合う三角形の砂時計のモデルで示している（図 4-6）。運動課題要因は、我々が達成すべき社会的・文化的な教育を含む要因である。たとえば、走・跳・投の基礎的な運動は、私たちが獲得すべき運動課題といえる。この運動課題が豊富であることが、供給される砂が多いということになる。図中の 2 つの砂の入った容器は、環境と遺伝の両方が発達過程に影響を与えることを意味している。1 つは遺伝的な容器で、もう 1 つは環境的な容器である。遺伝の容器には蓋があり、私たちの遺伝的な構成は受胎時に決定され、容器の中の砂の量は決まっている。しかし、環境の容器には蓋がなく、環境がよくなることで環境から供給される砂が増加する。この砂が多く蓄積することが、運動制御と運動能力の発達を促進することになる。

図 4-6 運動の生涯発達モデル

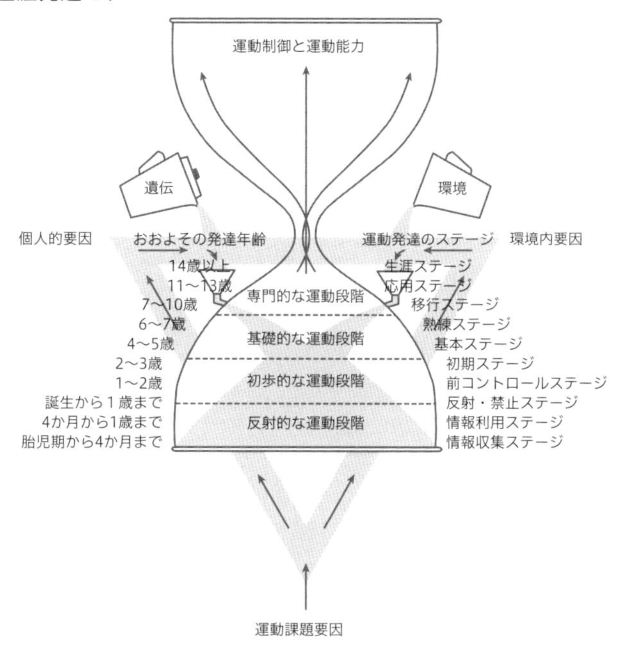

出典：Gallahue, D.L., Ozmun, J.C., and Goodway, J.D., *Understanding Motor Development: Infants, Children, Adolescents, Adults* 7th ed. McGraw-Hill Humanities Social, 57, 2012 を一部改変

生後１歳までは「反射的な運動段階」（図 4-7）、乳児期（1〜3 歳）は「初歩的な運動段階」、幼児期から児童期は「基礎的な運動段階」、児童期後半からは「専門的な運動段階」である。

新生児は大脳の機能が未熟なため、行動の大部分は反射的である。反射運動は生命を守るためであり、栄養を摂取できるとともに、外からの刺激に対して身体を守ることもできる。「原始反射」の多くは人間としての生活に必要なもので、運動機能の発達とともに消失していく。

原始反射

①探索反射：口のまわりに指または乳首が触れると、反射的に触れたものを探すようにその方向に顔を向けて口をとがらせ、乳首をとらえようとする運動。

②吸啜反射：口に指や乳首を入れると、そのまま吸いつく運動が起こる。

③モロー反射：仰向けに寝ている乳児に突然大きな音を聞かせたり、抱きかかえて支えている頭部の後ろの手を急に離すと、驚いたように両手を広げた後、両腕を曲げて抱きつこうとする。

④把握反射：乳児の手のひらに指などが触れると、それをしっかりと握りしめる。

⑤歩行反射：乳児の脇の下を支え、足の裏を軽く床につけるようにして体を前傾させると、足を交互に動かして歩行しているような運動をする。

⑥緊張性頸反射：仰向けに寝ている乳児の頭部を一方に向けると、顔を向けた側の手脚を伸ばして、反対側の手脚を曲げる。

図 4-7　原始反射の種類

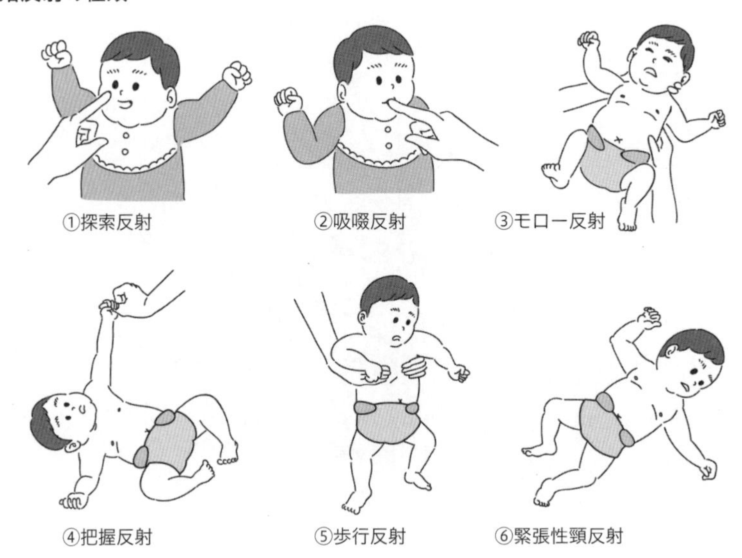

出典：秋田喜代美・三宅茂夫監修、國土将平・上田恵子編『子どもの姿からはじめる領域・健康』みらい 2020 年　p.103

2～7 歳の時期は、一般的に基礎的な運動段階であり、基礎的な運動技能を習得するために多様で豊富な運動経験が重要となる。そして、この段階における運動経験が少ない場合や偏っていた場合には、その後の新たな運動の習得が困難になり、習得するのにより多くの時間が必要となる。

①初期ステージ（2～3 歳）：投げる、蹴る、跳ぶなどの運動を行うことができる。しかし、まだ熟練した運動パターンの主要な構成要素が欠けている。
②基本ステージ（4～5 歳）：自分の動作をよりよくコントロールすることができるようになるが、この段階での運動はまだぎこちなく、円滑さに欠ける。
③熟練ステージ（6～7 歳）：1 つの運動パターンに含まれるすべての構成要素がよく協応し、無意識に修正され、効率的な動作に統合されるという特徴がある。このステージに到達した後は、より遠くに投げ、より速く走り、より高く跳ぶことができるようになる。基礎的な運動スキルが徐々に洗練され、ほかの運動スキルと組み合わされ、多様で専門的な運動に応用される。

2　発育発達の原則

発育発達は遺伝、発生、養育環境、教育等多くの要因に影響されるが、一般的な子どもの発育発達には 6 つの原則がある。

（1）連続性

発育発達は連続する現象であり、成熟に向かって少しずつ段階的に進む。原則として、ある段階から次の段階を飛び越えることはない。たとえば、言葉の獲得では、少しずつ言葉を覚えていき、徐々に話せるようになる。ある日突然、流暢に話せるようになるなど、ある段階から次の段階へと飛躍することはない。

(2) 方向性

発育発達には一定の方向性があり、代表的なものには、頭部から足部のほうへ（頭尾方向)、身体の中心（体幹）から手足の末梢のほう（近遠方向）へと進む（図 4-8)。また、運動機能も粗大な（gross）動きが発達するにしたがい、緻密な（fine）動きも発達する（粗大運動から微細運動)。そのため、急に指先を使った細かな作業ができるようになるということはない。

(3) 順序性

首のすわり→寝返り→おすわり→はいはい→つかまり立ち→ひとり歩きのように、遺伝的にほぼ一定の順序で段階的に進むが、それらができるようになる時期には個人差が大きい（図 4-9)。はいはいは歩行ができるようになるまでの移動手段の一つであり、その方法は個人差も大きい。そのため、たとえば腕とお尻で移動するなど、典型的なはいはいが発現しない場合もある。

(4) 速度の多様性

発育発達は連続している現象であるが、後述するスキャモンの発育曲線にみられるように、その速さは年齢や身体の各器官によって異なる。たとえば、身長の伸び率は胎児期と思春期に大きく、脳や神経系は出生直後から急激に発達する。

(5) 感受性期（臨界期）

発育発達過程には決定的な時期があり、この特定の時期に正常な発育発達が妨げられると、のちに機能障害が残ることがある。妊娠初期は、胎児の主要な臓器である心臓や脳がつくられる大切な時期である。前述したサリドマイド服用など、その時期に母体の健康が損なわれると、胎児の順調な発育発達が妨げられ、奇形などの先天的な疾患が発生することがある。

図 4-8 運動機能の発達の流れ

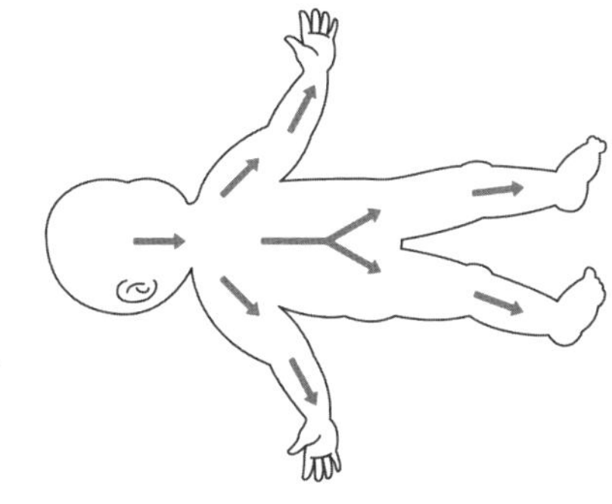

出典：秋田喜代美・三宅茂夫監修、國土将平・上田恵子編『子どもの姿からはじめる領域・健康』みらい　2020 年　p.104

図 4-9　運動発達の順序（Shirley.1961）

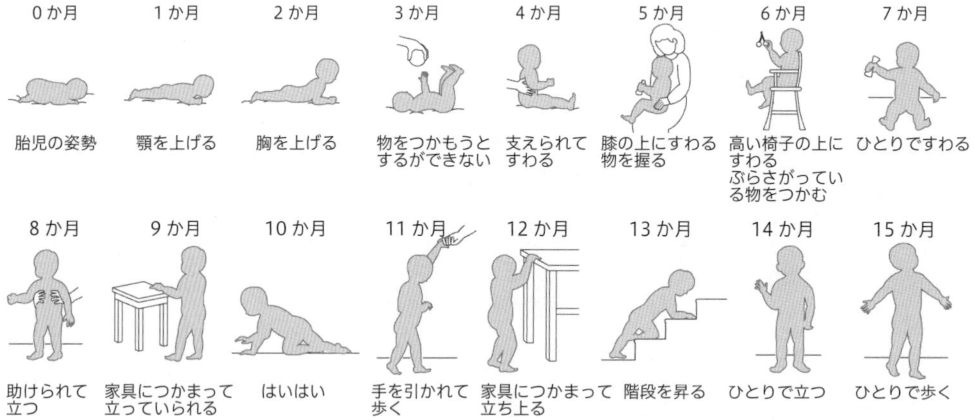

0 か月　胎児の姿勢
1 か月　顎を上げる
2 か月　胸を上げる
3 か月　物をつかもうとするができない
4 か月　支えられてすわる
5 か月　膝の上にすわる 物を握る
6 か月　高い椅子の上にすわる ぶらさがっている物をつかむ
7 か月　ひとりですわる
8 か月　助けられて立つ
9 か月　家具につかまって立っていられる
10 か月　はいはい
11 か月　手を引かれて歩く
12 か月　家具につかまって立ち上る
13 か月　階段を昇る
14 か月　ひとりで立つ
15 か月　ひとりで歩く

資料：高石昌弘・樋口満・小島武次『からだの発達 改訂版　―身体発達学へのアプローチ―』大修館書店 1981 年
出典：秋田喜代美・三宅茂夫監修、國土将平・上田恵子編『子どもの姿からはじめる領域・健康』みらい 2020 年　p.104

(6) 相互作用

子どもは、身体と環境（生活環境・人的環境）からの影響など、すべての要素が複合的に作用しながら発育発達していく。また、発育を促すためには、養育者の存在と愛情ある関わりが重要である。

3 発育の特徴

スキャモン（Scammon, R.E.）[5]の発育曲線では、身体各臓器や身長などを一般型として、神経型、リンパ型、生殖型に類型化し、出生時から 20 歳（成熟時）までの増加量を 100 とした場合の各年齢の発育状況を 100 分率で示している（図 4-10）。このグラフから、発育発達のパターンが年齢や身体の各器官によって異なることがわかる。

①一般型：身長、体重、呼吸器官、循環器官、筋骨格系組織、血液量などの発育を示す。幼児期までに急速に発達し、その後は緩やかになるが、思春期以降に再び発育スパートがみられ、成人と同じレベルとなる。

②神経型：脳、脊髄などの発育で出生直後から急激に発達し、4~5 歳で成人の約 80%、6~7 歳で約 90% に達し、12 歳頃までにほぼ完成する。運動能力、感覚器官などの発育を示す。

③リンパ型：胸腺、扁桃、リンパ節などの発育を示す。免疫に関する器官で、感染などから身体を守るため、大人より子どものほうがよく発育する。出生から 12~13 歳頃にかけて急激に成長して成人の 2 倍に達するが、思春期が終わる頃には成人と同じレベルに戻る。

④生殖型：生殖器（精巣、睾丸、卵巣、子宮など）の発育を示す。第二次性徴を迎える思春

図 4-10　スキャモンの発育曲線

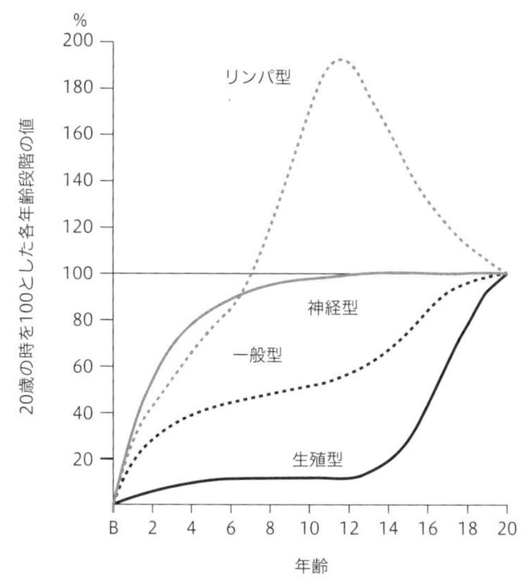

出典：Scammon, R.E., The measurement of the body in childhood. In Harris, J.A., Jackson, C.M., Paterson, D.G., and Scammon, R.E.(Eds). *The Measurement of Man*. Univ. of Minnesota Press, Minneapolis. 173-215, 1930

期頃から急激に発達し、男性ホルモンや女性ホルモンなどの性ホルモンの分泌も多くなる。

Section 4 乳幼児期の心の発達

1 母子の精神保健

(1) 社会環境の変化による孤立育児

近年、核家族化の進行や家庭・地域機能の脆弱化などによる子育て環境の変化から、子育てに悩み、不安を抱える親が増加している。児童相談所における児童虐待相談対応件数は、年々増加傾向にあり、深刻な社会問題となっている（図 4-11）。

厚生労働省は 2007（平成 19）年から母子保健法により、生後 4 か月までの乳児のいるすべての家庭を訪問する、乳児家庭全戸訪問事業（こんにちは赤ちゃん事業）を実施し、育児不安の相談や産後うつ、虐待の早期発見に取り組んでいる。さらに、母子健康手帳は 10 年ごとに見直しが行われているが、2023（令和 5）年 4 月の改訂では、産後うつなど母親の心のケアについての項目が追加された。産後うつは約 10 人に 1 人が経験するとされ、深刻化すれば虐待や育児放棄につながり、自殺を招く恐れもある。厚生労働省は 2017（平成 29）年度から健診を受ける際の費用を助成し、不調の兆しを早期に発見して、行政の相談窓口など適切なケアにつなげることを狙いとしている。

図 4-11　令和 4 年度 児童相談所における児童虐待相談対応件数（速報値）

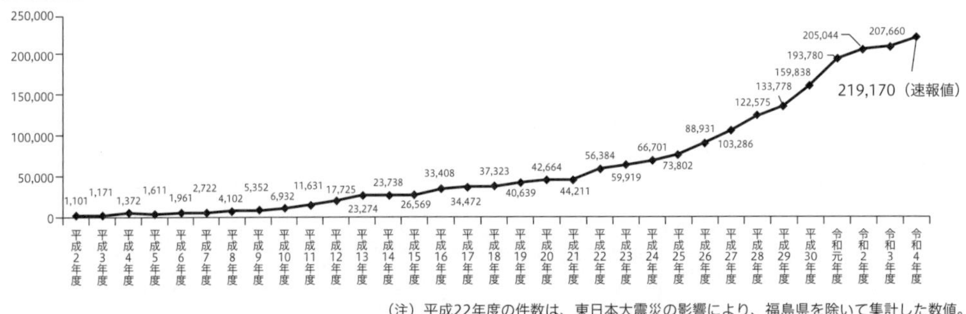

（注）平成22年度の件数は、東日本大震災の影響により、福島県を除いて集計した数値。

出典：こども家庭庁「令和 4 年度児童相談所における児童虐待相談対応件数（速報値）2022 年」
https：//www.cfa.go.jp/assets/contents/node/basic_page/field_ref_resources/a176de99-390e-4065-a7fb-fe569ab2450c/12d7a89f/20230401_policies_jidougyakutai_19.pdf

(2) 愛着形成の重要性

乳幼児の心の発達には、愛着形成が大切である。愛着（アタッチメント）とは、子どもが特定の他者に対してもつ愛情的な絆のことである。ボウルビィ（Bowlby,J.）の愛着理論では、乳幼児期における養育者との間に形成される安定的な愛情の絆を前提とした愛着関係が、その後の人間関係の基盤になるとしている。

新生児は、初めは特定の他者を区別することはないが、徐々に特定の他者に対して微笑み、発声するなど、自ら働きかけるようになる。その後、特定の他者に対して後追い、抱きつくといった愛着行動がみられるようになる。生後 8 か月頃からは養育者とそれ以外の人を区別するようになることで、人見知りや後追いが始まる。また、指差し行動（共同注意）により、他者と経験や感覚を共有する相互作用の行為も始まり、愛着の対象者の表情や行動から、自分の行動を調節するようにもなる（社会的参照）。このような愛情ある関わりによる特定の他者との強い安心感や信頼関係が、子どもにとっての「安全基地」となるのである。そして、次第に愛着の対象者がいなくても愛着を維持できるようになることから、行動範囲を広げるようになり、社会的自立へとつながる。

(3) 子育てにおける身体接触の重要性

近年の脳科学の研究により、親子間の身体接触を伴う関わりの経験が、養育者と乳児双方の脳の活動を高めることが明らかとなっている。身体接触は親の体内のオキシトシンの分泌を促進し、乳児だけでなく養育者のストレス軽減にもつながる。また、言語発達では、乳児が養育者に身体を触れられながら話しかけられる経験が、学習や予期に関わる脳活動を促進する。このことから、親子間の関わりにおける身体接触は、乳幼児のみならず、親に与える影響も大きいことがわかる。

近年では、ハーロウ（Harlow,H.F.）によるアカゲザルの母子関係に強く影響を受けたボウルビィの愛着理論が再考され、特定の他者だけでなく、子どもが複数の人と愛着を形成し、その多様な経験を統合していくことこそが、より安定した心理社会的適応を可能にすると考えられるようになった。加えて、母親の孤立育児を防ぐためにも、社会全体で子育てを支援していくことが求められている。

2 子どもにとっての「遊び」

乳幼児期は、愛着に基づいた人間関係と遊びを通して様々なことを学び、自己肯定感を獲得し、道徳性や社会性が発達する時期である。また、環境との相互作用により、運動能力が著しく発達する時期でもある。

子どもは遊ぶことが仕事といわれるように、遊びを通して様々なことを学び、心理や社会性が発達していく。幼児期は心や身体の発達にとって、将来にわたる重要な時期であり、多様な運動刺激を与えることが重要である。

(1) 幼児期における運動の意義

スキャモンの発育曲線で示されるように、神経型の発達は生後から急速に伸び、6歳頃には約90%に達する。このように、幼児期は脳の可塑性(かそせい)が高く、神経回路の形成には知覚運動刺激が大きく関連し、運動依存的にネットワークが構築されていく。環境からの入力刺激が神経系の構造形式と機能獲得に重要な働きを果たすことから、幼児期に多様な動きを経験することが望ましいとされている。

幼児期において、遊びを中心とする身体活動を十分に行うことは、多様な動きを身につけるだけでなく、心肺機能や骨形成にも寄与するなど、生涯にわたる健康を維持することにつながる。さらに、何ごとにも積極的に取り組む意欲を育むなど、豊かな人生を送るための基盤づくりとなる。

(2) 幼児期運動指針

2012(平成24)年に文部科学省から「毎日、合計60分以上、楽しく体を動かす」という、「幼児期運動指針」が発表された。その背景には、子ども(青少年を含む)の体力・運動能力低下の問題があり、小学校に入学した児童が、かつては幼児期にできていた運動内容ができないなど、学習指導要領にある運動課題の達成にも問題が生じてきたことがある。

幼児期は、生涯にわたる運動全般の基本的な動きを身につけやすい時期である。また、体を動かす遊びを通して、動き方が多様に獲得されるとともに、動きを繰り返し実施することによって動き方が上手になり、動きの洗練化にもつながる。したがって、この時期に習得すべき運動をもれなく、子どもたちに経験させる環境が必要である。

(3) 幼児期運動指針のポイント

幼児期運動指針で大切なポイントは以下の3つである[6]。

①多様な動きが経験できるように様々な遊びを取り入れること

幼児期には様々な遊びを楽しく行うことで、結果的に多様な動きを経験し、それらを獲得することが期待される。多様な運動刺激を与えることで体内の様々な神経回路が発達し、普段の生活で必要な動きをはじめ、とっさの時に身を守る動きや将来的にスポーツに結びつく動きなど、多様な動きを身につけやすくなる「動きの引き出し」ができる。

②楽しく体を動かす時間を確保すること

多様な動きの獲得のためには、量（時間）的な保障も大切である。一般的に幼児は、興味をもった遊びに熱中して取り組むが、ほかの遊びにも興味をもち、遊びを次々に変えていく場合も多い。そのため、ある程度の時間を確保すると、そのなかで様々な遊びを行うので、結果として多様な動きを経験し、それらを獲得することになる。多くの幼児が体を動かす実現可能な時間として「毎日、合計 60 分以上」が示されている。

②発達の特性に応じた遊びを提供すること

幼児の興味や関心、意欲など運動に取り組んでいく過程を大切にしながら、幼児期に早急な結果を求めるのではなく、小学校以降の運動や生涯にわたってスポーツを楽しむための基盤を育成することをめざすことが重要である。

これらのポイントに配慮しながら、幼児が自発的に楽しく体を動かすことができる環境を整えることが大切である。

乳幼児の発育発達の一般的な特徴について説明してみよう。

母子健康手帳を参考に、自分自身の乳幼児期の身体発育（年齢ごとの身長・体重）について調べ、それらをグラフ化してみよう。

自身の小学校入学以降の身長と体重の記録を集め、グラフを描き、発育チャートなどに照らし合わせて発育を評価してみよう。

保護者や祖父母、親戚縁者など、自分の幼少期からの生活をよく知る人に自身の成長や生活の様子についてインタビューしてみよう。自身の発達過程（エピソードや写真）や子どもの頃の遊び経験（遊びの種類や場所）の変化、食事の好き嫌いの変遷、起床・就寝時間の変遷など、インタビューした内容を項目ごとに整理し、その変化・変遷をまとめて幼少期からの自分の成長を振り返ってみよう。

引用文献

1）高石昌弘・樋口満・小島武次『からだの発達―身体発達学へのアプローチ―』大修館書店　2005 年

2）ロバート・M. マリーナ・クロード ブシャール著、高石昌弘・小林寛道監訳『事典　発育・成熟・運動』大修館書店　1995 年

3）Tanner, J.M., Whitehouse, R.H. and Takaishi, M. *Standards from Birth to Maturity for Height,*

Weight, Height Velocity, and Weight Velocity: British Children. 1965. II. Arch. Dis. Child., 41(220), 613-635, 1966.
4) Gallahue, D.L., Ozmun, J.C., and Goodway, J.D. *Understanding Motor Development: Infants, Children, Adolescents, Adults* 7th ed. McGraw-Hill Humanities Social, 50, 2012.
5) Scammon, R.E. The measurement of the body in childhood, In Harris, J.A., Jackson, C.M., Paterson, D.G., and Scammon, R.E. (Eds.) *The Measurement of Man*. Univ. of Minnesota Press, Minneapolis. 173-215, 1930.
6) 日本発育発達学会編『幼児期運動指針実践ガイド』杏林書院　2014 年

参考文献

・木田盈四郎『先天異常の医学—遺伝病・胎児異常の理解のために—』中央公論新社　1982 年
・厚生労働省「平成 22 年乳幼児身体発育調査報告書（概要）」2011 年
https：//www.mhlw.go.jp/stf/shingi/2r9852000001tmct-att/2r9852000001tmea.pdf
・OECD and World Health Organization　UN IGME Child report 2019; The Hong Kong council of social service. Health at a Glance: Asia/Pacific 2018
・秋田喜代美・三宅茂夫監修、國土将平・上田恵子編『子どもの姿からはじめる領域・健康』みらい 2020 年
・こども家庭庁「令和 4 年度児童相談所における児童虐待相談対応件数（速報値）」2022 年
https：//www.cfa.go.jp/assets/contents/node/basic_page/field_ref_resources/a176de99-390e-4065-a7fb-fe569ab2450c/12d7a89f/20230401_policies_jidougyakutai_19.pdf
・J・ボウルビィ、黒田実郎・大羽蓁・岡田洋子訳『母子関係の理論①愛着行動』岩崎学術出版社 1976 年
・J・ピアジェ、E・H・エリクソン他、赤塚徳郎・森楙監訳『遊びと発達の心理学』黎明書房　2000 年
・明和政子『ヒトの発達の謎を解く—胎児期から人類の未来まで—』筑摩書房　2019 年
・田中友香理『発達科学から読み解く親と子の心—身体・脳・環境から探る親子の関わり—』ミネルヴァ書房　2020 年
・Moore K.L. and Persaud, T.V.N. *The Developing Human: Clinically Oriented Embryology* 7th ed. Saunders, *2003*.
・Robbins, W.J., Brody, S. and Hogan, A.G., et al. *Growth*. New Haven：Yale University Press, 1928.

Chapter 5

児童生徒の発育発達と体力・運動能力

このChapterでは、児童生徒の発育発達および、近年、課題も多い体力・運動能力について学習する。発育速度曲線の理解や各種指標による発育の評価などを学ぶことを通して、ヒトの発育の概要を理解する。さらに、発達では神経機能、呼吸・循環機能、筋機能、性機能について順に学習する。

続いて、体力・運動能力に関しては、その評価方法と発達過程、さらには、影響要因として、基本的生活習慣との関係や二極化問題の実態などを学ぶ。最後に、発達の至適時期や思春期不器用などの問題を理解することで、実際に子どもに指導を行う際に配慮すべき事柄や適切な指導の時期などについて理解を深める。

Section 1 発育の評価

1 標準身長・体重曲線

発育の評価に関しては、標準的な発育過程を示した標準身長・体重曲線を用いた方法が多く用いられている。子どもたちの身長や体重がどこに位置しているのかで、発育の相対的な評価を行うことができる。また、身長と体重のプロットされる位置の違いや、経年的にプロットした際の位置の変化にも注目し、子どもたちの健康状態の評価を行わなければならない。たとえば、図5-1は、ある女子生徒の0～17.5歳までの身長、体重のプロットである。このケースでは、身長はほぼ平均に近い値で推移しているが、体重は13歳時点を境に急激にプロットが下方に移動しており、極端な痩せへと移行していることが推察される。これはいわゆる、思春期やせ症が疑われるケースであり、過度なダイエットや家庭の事情など様々な健康に影響を与える要因の変化を想定し、養護教諭らと協力して適切な生活指導や栄養指導をすることが求められる。

図 5-1 思春期やせが疑われるケースの身長・体重曲線

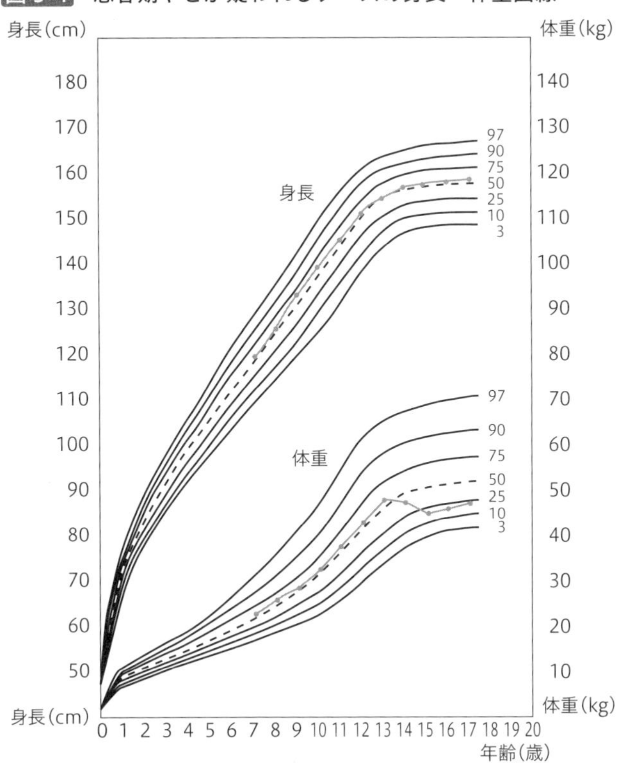

出典：山縣然太朗・松浦賢長・山崎嘉久 編著『学校における思春期やせ症への対応マニュアル』少年写真新聞社　2011 年　p.36

2 発育（体格）の指標

ここでは、指標の値を算出し、各指標の評価基準と比較することで評価を行う方法を学習する。これまでに多く使われてきている指標には、**表 5-1** のようなものがある。これらの指標は、いずれも身長と体重から簡便に算出できるため利便性は高いが、加齢に伴い標準的な値に変化が生じるため、発育期の子どもの評価に用いる際には特に注意が必要である。たとえば BMI（Body Mass Index）は、成人では 22 前後が最も良好な値とされるが、発育期では、そもそも平均値が 15～18 程度であり、この基準を用いることはできない。また、年齢によっては性別で BMI の基準値も変わってしまうことがあるため、性、年齢ごとに基準値を示さなければ適切な評価をするには至らない。海外の研究では **図 5-2** のような基準値も示されている。この図では BMI25 以上を過体重、30 以上を肥満として、性、年齢別にカットオフ値が示されている。海外の研究データであるため BMI の基準値は、日本人のそれとは若干異なるかもしれないが、香港やシンガポールなどアジアのデータも含まれているため、目安としては十分に活用できる。このように、性、年齢ごとの基準値を参考にして、発育の状態を評価していくことが重要である。

表 5-1　主な発育の評価指標

指　　数	算出式	基　準	
ローレル指数（Rohrer Index） ＊学齢期の子ども、約 6〜11 歳頃を対象	$\frac{体重（kg）}{身長（cm）^3} \times 10^7$	160〜	太りすぎ
		145〜159	太りぎみ
		116〜144	普　通
		101〜115	痩せぎみ
		100 以下	痩せすぎ
BMI（ Body Mass Index） ＊指数 22 が最も疾病の少ない体重であり、またこの値が標準体重である	$\frac{体重（kg）}{身長（m）^2}$ 標準体重＝BMI 値 22	18.5 未満	低体重
		18.5〜25 未満	普通体重
		25〜30 未満	肥満度 I
		30〜35 未満	肥満度 II
		35〜40 未満	肥満度 III
		40 以上	肥満度 IV

出典：大澤清二・森山剛一・上野純子・西岡光世・鈴木和弘『体育系学生のための学校保健』家政教育社 2005 年　p.30 を一部改変

図 5-2　性・年齢別の BMI による過体重および肥満の国際的なカットオフポイント（ブラジル、イギリス、香港、オランダ、シンガポール、アメリカ人のデータに基づいて）

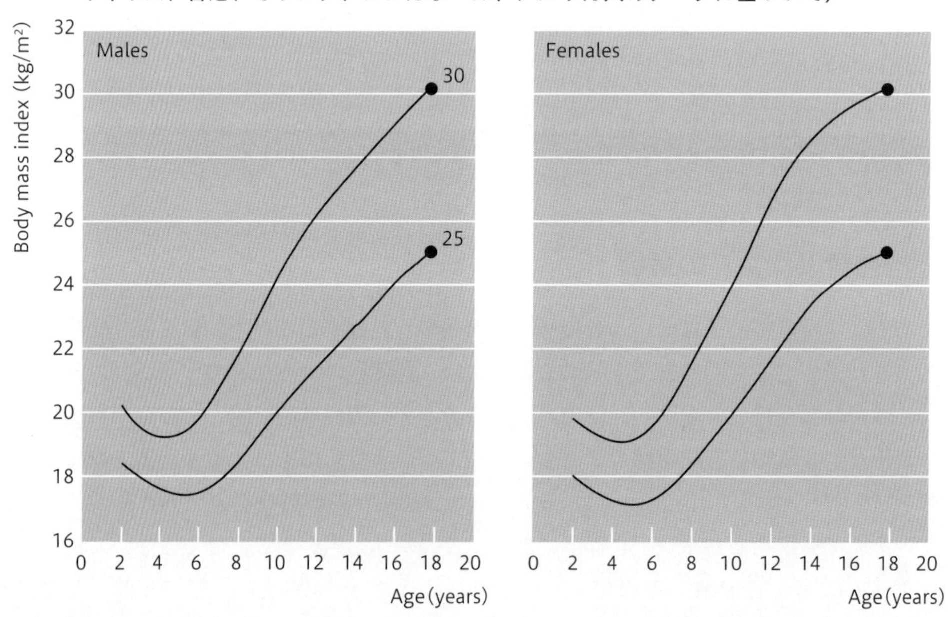

出典：Cole TJ, Bellizzi MC, Flegal KM, et al. Establishing a standard definition for child overweight and obesity worldwide: International survey. BMJ, 320: 1-6, 2000.

また、我が国では、児童生徒においては文部科学省監修の『児童生徒等の健康診断マニュアル（平成 27 年度改訂）』に記載されている、性別、年齢別、身長別標準体重計算式から求めた身長別標準体重を用いた肥満度法により算出した肥満度に基づく判定基準を用いるの

表 5-2 児童生徒の身長別標準体重計算式と肥満およびやせの判定

年齢	男子		年齢	女子	
	a	b		a	b
5	0.386	23.699	5	0.377	22.750
6	0.461	32.382	6	0.458	32.079
7	0.513	38.878	7	0.508	38.367
8	0.592	48.804	8	0.561	45.006
9	0.687	61.390	9	0.652	56.992
10	0.752	70.461	10	0.730	68.091
11	0.782	75.106	11	0.803	78.846
12	0.783	75.642	12	0.796	76.934
13	0.815	81.348	13	0.655	54.234
14	0.832	83.695	14	0.594	43.264
15	0.766	70.989	15	0.560	37.002
16	0.656	51.822	16	0.578	39.057
17	0.672	53.642	17	0.598	42.339

身長別標準体重(kg)＝a×実測身長(cm)－b

肥満度に基づく判定
肥満度(%)＝
(実測体重－身長別標準体重)／身長別標準体重×100

軽度肥満：20%以上 30%未満
中等度肥満：30%以上 50%未満
高度肥満：50%以上

普通：－20%超～＋20%未満

やせ：－30%超 －20%以下
高度のやせ：－30%以下

学校保健においては、この方式で肥満傾向児と痩身傾向児の判定を行う。

出典：文部科学省スポーツ・青少年局学校健康教育課監修『児童生徒等の健康診断マニュアル（平成 27 年度改訂）』日本学校保健会　2015 年　p.22 より作成

が一般的になっている[1)]。表 5-2 に児童生徒の身長別標準体重計算式と肥満およびやせの判定目安を示す。

Section 2 身体の諸機能の発達

1 神経機能の発達

神経機能の発達は、Chapter 4 図 4-10（81 頁）で示したスキャモンの発育曲線の神経型が、その概要を示しているといえる。神経に関しては、神経の生成がすなわち機能を有することになるため、発育と発達が両立するような感じになるが、ここでは発達という表現で統一する。神経の形成は前述の通り、生後 4～5 年で成人の約 80%、6 歳では約 93%にまで達する。神経回路は、様々な刺激を繰り返し受けるなかで形成されていくが、特に乳幼児期においては、神経の過増殖という特徴的な現象がある。これは、この時期の脳細胞は、成熟した脳細胞と比較すると多様な神経支配をしていることを指す。そして、過増殖に続いて、細胞死や軸索の投射、シナプスの消失といった退行現象が起こる。これは、効率的な神経回路の形成過程であり、回路の剪定（刈り込み）などといった表現で示されることも多く、使用頻度の高い回路は強化されて不必要な回路が消失していくことで、より効率的で洗練された回路網が形成されていく。このような神経の過増殖から退行現象、剪定の過程は、たとえば、運動動作でいえば、より効率的でスムースな動きへと洗練されていく過程と考えることができる。また、神経発達に関しては、ある特定の経験や刺激に対して特に敏感になる臨界期が存在することもわかっており、この時期の経験を大切にすることが、発達上、きわめて重要であるといえる。

2 呼吸・循環機能の発達

呼吸とは、エネルギー需要に見合った酸素を体内に取り込み、代謝によって生産された二酸化炭素を体外に排出するガス交換である。また、循環とは、血流によって身体の各器官、組織に必要な酸素を運んで不必要となった代謝産物を運び去る活動のことである。

呼吸器は、鼻腔、咽頭、気管、気管支、肺などの器官で構成されるが、なかでも呼吸機能の中心的役割を果たすのは肺である。肺重量は、出生直後は50～60 g程度であるが、成人に達するまでには約20倍の重量になる。肺重量はすなわち肺の大きさを示すため、その増加は呼吸機能の増加につながる。肺重量に関しては、思春期以降に性差が大きくなることがわかっている。呼吸機能の発達には、肺胞数も強く影響する。出生直後の肺胞数は約2,000万個であるが、8歳頃には約3億個に達し、この数は成人の値と変わらない。肺胞数の増加は、つまり肺胞表面積の増加と毛細血管数の増加を意味するため、ガス交換の効率性の改善につながる。

呼吸機能を示す指標としては毎分換気量がある。これは1分間当たりの換気量であり、

表5-3　呼吸数の変化

年　齢	呼吸数（毎分）
新生児	40～50
乳　児	30～40
2～3歳	25～30
5～6歳	20～25
10～11歳	18～22
14歳	19
成　人	16～17

出典：江口篤寿編、渡辺悌吉・内山源・大津一義・浅香昭雄・石原昌江『新版　学校保健』医歯薬出版　1996年　p.20

表5-4　心拍数の変化

年　齢	正常下限		中央値		正常上限	
新生児	70		120		170	
1～11か月	80		120		160	
2歳	80		110		160	
4歳	80		100		120	
6歳	75		100		115	
8歳	70		90		110	
10歳	70		90		110	
	男	女	男	女	男	女
12歳	65	70	85	90	105	100
14歳	60	65	80	85	100	105
16歳	55	60	75	80	95	100
18歳	50	55	70	75	90	95

出典：江口篤寿編、渡辺悌吉・内山源・大津一義・浅香昭雄・石原昌江『新版　学校保健』医歯薬出版　1996年　p.22

毎分の呼吸数と 1 回換気量の積である。新生児の呼吸数は 40〜50 回であるが、成人では 16〜17 回である（表 5-3）。一方、1 回換気量は、新生児では 25 mL 程度であるが、成人では約 500 mL である。結果的に、毎分の換気量は、成人に至るまでに約 7 倍に達する。しかしながら、相対的には形態の発育に伴う毎分換気量は減少することがわかっている。

次に循環機能は、主に心臓と血管に依存する。なかでも心臓の形態的変化を理解することが、循環機能の発達を理解することに役立つ。心臓の重量は新生児では約 20 g であるが、成人では約 15 倍になる。発育に伴う心臓重量の変化に最も影響するのは、心臓のポンプ機能の主役である左心室の形態的な変化である。また、思春期以降は、心臓重量に明らかな性差がみられるようになる。

循環機能の重要な指標は毎分の心拍出量であり、これは、毎分の心拍数と 1 回拍出量の積である。発育に伴う 1 回拍出量の増大は心拍数の減少を上回るため、心拍出量は子ども期から思春期にかけて増加する。結果的に、新生児の心拍出量は 0.5 L/ 分であるが、成人では 5 L/ 分に達する。

3 筋機能の発達

新生児の筋量（筋肉重量）は体重の約 25%、成人においては男性で 40〜45%、女性で 30〜35%になると推定されている。このことから、体重を考慮すると、成人男性では出生時の 30〜40 倍、成人女性では 20〜30 倍に達することがわかる。この男女の割合の違いは、思春期における筋量の増加量の違いが大きく影響している。

図 5-3 は、四肢の筋断面積の発育に伴う変化を男女別にみたものである。男子においては、いずれも 11 歳もしくは 12 歳以降の増加が著しいが、女子では、むしろ 12 歳頃までが増加のピークであり、13 歳もしくは 14 歳以降の増加はわずかである。さらに、男子では、18 歳に達するまで明確な増加傾向が確認される。これらのことから筋機能の性差が 14 歳頃から急激に大きくなることが確認できる。

また、筋繊維に着目すると、出生時の ST 繊維（遅筋）と FT 繊維（速筋）の比率は、40%と 45%程度であることがわかっており、未分化の筋繊維は約 15%である。これら未分化の筋繊維は徐々に分化し、出生後約 1 年で大人と同様の割合になる。

4 性機能の発達

性機能の発達は、スキャモンの発育曲線の生殖型が該当する。個人差はあるが、児童期後半まではほぼ発達しないといっても過言ではない。しかしながら、思春期を境に急激な発達を示し、形態や機能面での性差が明確になるのも、この時期からである。性機能の発達は性ホルモンの影響を強く受けるため、男性であれば主にテストステロン、女性ではエストロゲンやプロゲステロンの分泌量が大きく影響を及ぼす。これらは下垂体の支配下にある精巣およ

図 5-3　筋断面積の性・年齢別変化

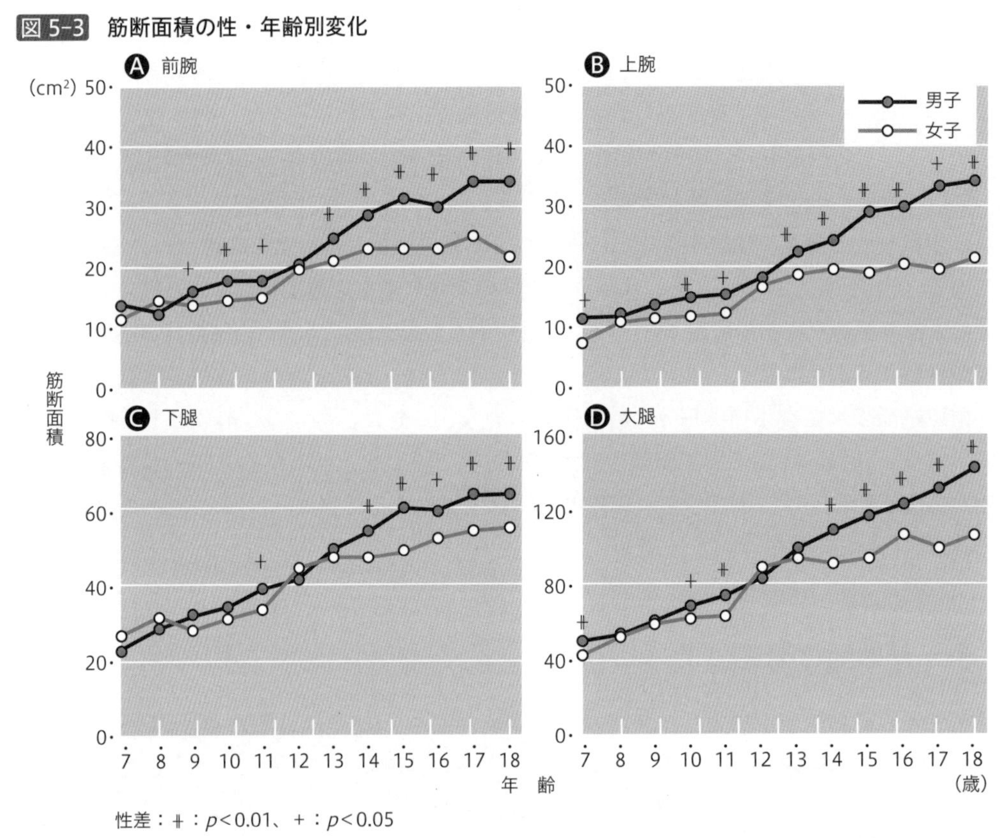

資料：福永哲夫・金久博昭・角田直也・池川繁樹「発育期青少年の体肢組成」『人類学雑誌』第 97 巻 1 号 pp. 51-62　1989 年より一部改変
出典：髙石昌弘 監修、樋口満・佐竹隆 編著『からだの発達と加齢の科学』大修館書店　2012 年　p.61

び卵巣から分泌される。また、性ホルモンの分泌は性腺刺激ホルモン（LH：黄体形成ホルモン、FSH：卵胞刺激ホルモン）というホルモンの分泌によって促進されることがわかっている。この性腺刺激ホルモンの分泌は女性が男性よりも 2 年ほど早く増加するため、いわゆる第二次性徴や思春期発現なども、女性のほうが早くなる傾向にある。結果的に、性ホルモンは女性では 8～9 歳、男性では 11～12 歳頃に分泌の増加がみられる。

身体に現れる変化としては、生殖器が一気に発達、成熟して働き始める。これ以外にも女性であれば 14～17 歳頃には脂肪の増加が顕著になるなどの性徴が発現する。また、前述の通り、男性では筋機能の発達がこの時期も継続されるが、女性ではわずかになる。このような性徴の出現は、肩幅の変化や骨盤幅の変化なども含めた形態の性差として、外見からも確認できるようになる。

Section 3 体力・運動能力の発達

1 体力・運動能力の評価

児童生徒の体力・運動能力の評価において最も一般的に用いられているのは文部科学省の「新体力テスト」である。ほぼすべての学校教育現場で活用されており、スポーツ庁や文部科学省が継続的にデータを収集している重要な測定といえる。表 5-5 は各年齢階級別の新体力テスト項目である。すべての年齢階級で握力、上体起こし、長座体前屈が設定され、経年的な体力・運動能力の変化が観察できるようになっている。児童生徒では、それ以外に 5 項目があり、両者の違いはソフトボール投げがハンドバール投げになることと、生徒では 20 m シャトルラン（全身持久力）の代わりに持久走でもよい点である。また、各項目には年齢階級別に 10 段階の得点基準があり、これらの合計点（体力得点）に基づく A~E の総合評価基準が示されている。

新体力テストによるデータが収集され始めた 1998（平成 10）年からは、体力合計点は維持もしくは若干の改善もみられていたが、直近、令和に入ってからは低下傾向が続いている（図 5-4）。新体力テストの合計得点は、1998（同 10）年からしかデータが存在しないが、一部の項目ではそれ以前のデータが存在する。図 5-5 は 50 m 走とボール投げ（小学生：ソフトボール投げ、中学生：ハンドボール投げ）の 1965（昭和 40）年からの経年変化を示している。この図を見ると、走能力や投能力は 1980（同 55）年から 1985（同 60）年頃をピークに、長期的な低下傾向が続いていることがわかる。ちなみに、これらの記録を 1985（同 60）年と 2022（令和 4）年で比較すると、ボール投げでは 11 歳の男女でそれぞれ 8.59 m と 5.30 m、13 歳の男女でそれぞれ 1.07 m と 2.04 m、50 m 走では 11 歳の男女でそれぞれ 0.19 秒と 0.26 秒、13 歳の男女でそれぞれ −0.07 秒（若干の改善）と 0.19 秒悪化している。当時は、現在の新体力テストとは若干異なる項目で体力評価が実施されていたが、上記のような共通項目で比較してみると長期的な低下傾向が確認できる。これら

表 5-5 年齢階級別の新体力テストの項目

年齢階級	共通項目	測定項目
6~11 歳	握力 上体起こし 長座体前屈	反復横とび・20 m シャトルラン・50 m 走 立ち幅とび・ソフトボール投げ
12~19 歳		反復横とび・50 m 走・立ち幅とび・ハンドボール投げ 持久走（または 20 m シャトルラン）
20~64 歳		反復横とび・立ち幅とび・急歩（または 20 m シャトルラン）
65~79 歳		開眼片足立ち・10 m 障害物歩行・6 分間歩行

図 5-4　児童生徒の体力得点の経年変化

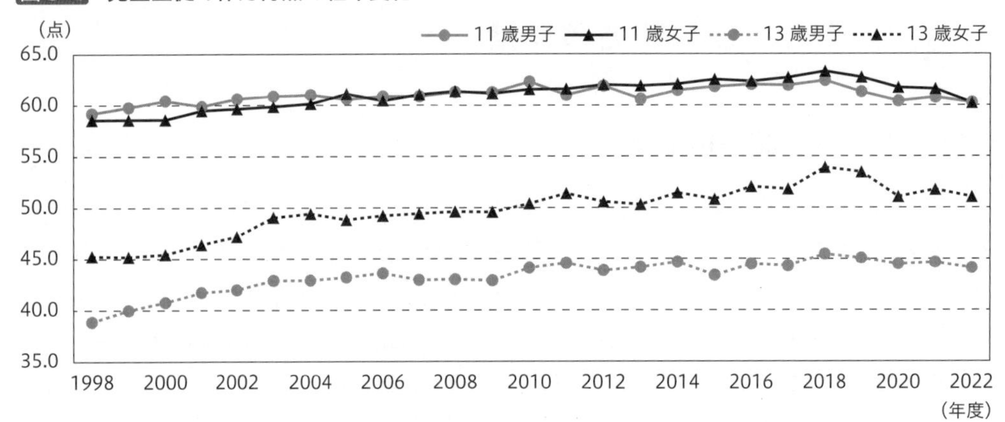

出典：スポーツ庁「令和 4 年度全国体力・運動能力調査」2022 年より作成

図 5-5　児童生徒の 50 m 走（上段）、ボール投げ（下段）の経年変化

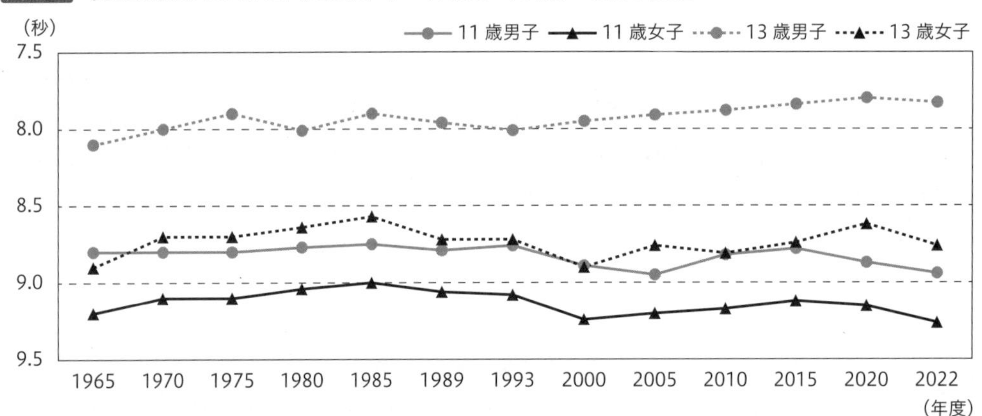

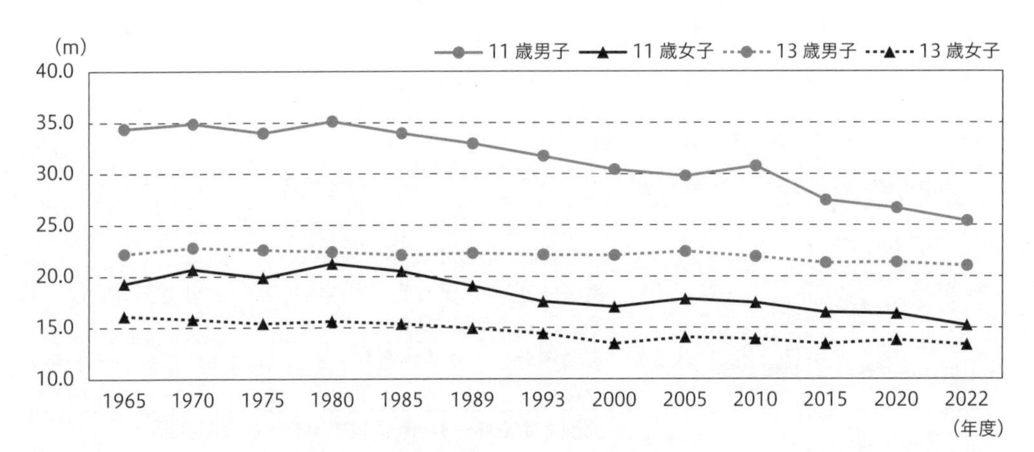

出典：スポーツ庁「令和 4 年度体力・運動能力調査」2022 年より作成

のことから、児童生徒の体力はピークであった1985（昭和60）年頃から1998（平成10）年頃まで長期的な低下傾向が続き、その後、一部の項目で維持、改善の局面を迎えるが、全体的には、長期的な低下傾向が続いているといえる。

2 体力・運動能力の要素別発達過程

図5-6に、握力（筋力）、立ち幅とび（瞬発力／跳能力）、20 mシャトルラン（全身持久力）の加齢に伴う記録変化を示す。この図では成人以降の変化も示されているが、ここでは、発育発達期の20歳頃までに着目する。最初に、筋力の指標である握力の変化をみると、男女ともに11歳頃から発達の速度が上がるが、速度には明らかな性差があり、特に、男子で急激な発達を示す。そのため、これ以降は性差が拡大していく。さらに、男子では18～20歳頃にかけても発達が続くが、女子では、この時期はほぼ横ばいであり、性差はさらに拡大する。次に、瞬発力と跳能力の指標である立ち幅とびでは、11歳頃までは男女ともに同程度の傾きで良好な発達過程を示す。しかしながら、12～13歳頃を境に男子では、さらに加速度的に発達するのに対し、女子では若干の低下傾向となるため、性差が一気に大きくなる。最後に、全身持久力の指標である20 mシャトルランの変化をみると、13歳頃までは立ち幅とびと類似の傾向を示す。ただし、発達の性差という面では初期の段階から男子の方が発達の速度が速いことが観察される。その後、男子は15歳頃まで記録の向上がみられるが女子では13歳を境に記録が悪化する。そのため、14～15歳の段階では性差はきわめて大きくなる。また、男子においても15～16歳頃からは記録の低下がみられる。

図5-6 握力（筋力）、立ち幅とび（瞬発力／跳能力）、20 mシャトルラン（全身持久力）の加齢に伴う記録変化

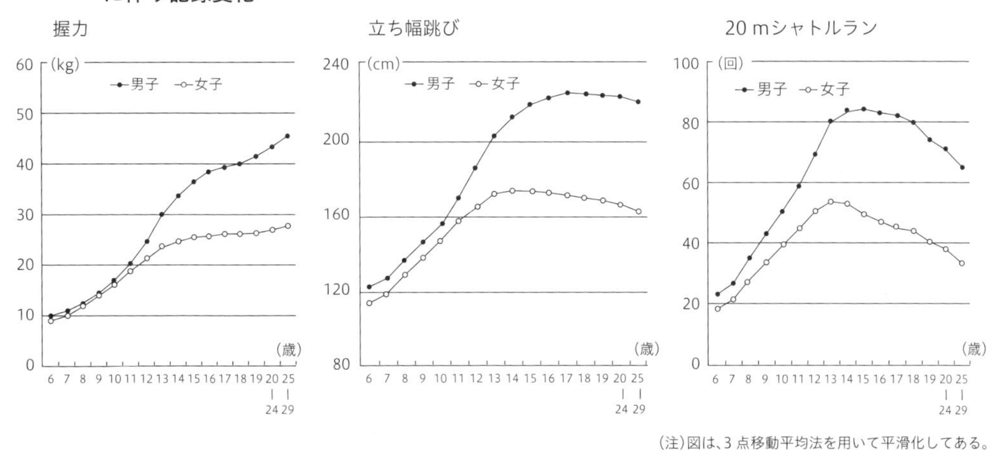

出典：スポーツ庁「令和4年度体力・運動能力調査告書」2023年　p.12・14を改変
https://www.mext.go.jp/sports/content/20231008-spt_kensport01-000032198_3.pdf

Section 4 体力・運動能力に影響を与える要因

1 基本的生活習慣と体力・運動能力

体力・運動能力への影響要因として最初に挙げたいのは日々の基本的生活習慣である。運動習慣自体も生活習慣の一部であり、様々な生活習慣が円滑に営まれることで、初めて良好な運動習慣も可能になる。たとえば、毎日の朝食摂取は日々の活動的な生活習慣の基本となるし、同様に安定した睡眠時間の確保も、翌日の元気や活力に大きく影響する。これらの証拠として、スポーツ庁の「全国体力・運動能力、運動習慣等調査」では、毎年、新体力テスト結果と朝食摂取や睡眠時間との関係が示され、強い関連があることが明記されている（図 5-7）。図 5-7 は児童の結果であるが、生徒でも同様の傾向が確認されている（ただし、睡眠時間は 7 時間以上 8 時間未満の群で体力合計点が最高となる）。また、良好な生活習慣や生活リズムは、健康維持の基本であり、日々の活動の準備であるともいえる。この意味からも、体力・運動能力を獲得したり、運動や遊びを楽しんだりするためにも、良好な生活習慣は欠かすことができない。

さらに、近年では体力・運動能力に強い影響を及ぼす要因としてスクリーンタイムが示されている。図 5-8 は筆者が小学校 2・4・6 年生の児童 2,305 名のスクリーンタイムを調査

図 5-7 児童（小学校 5 年生）の朝食摂取（上段）と睡眠時間（下段）と体力得点の関係

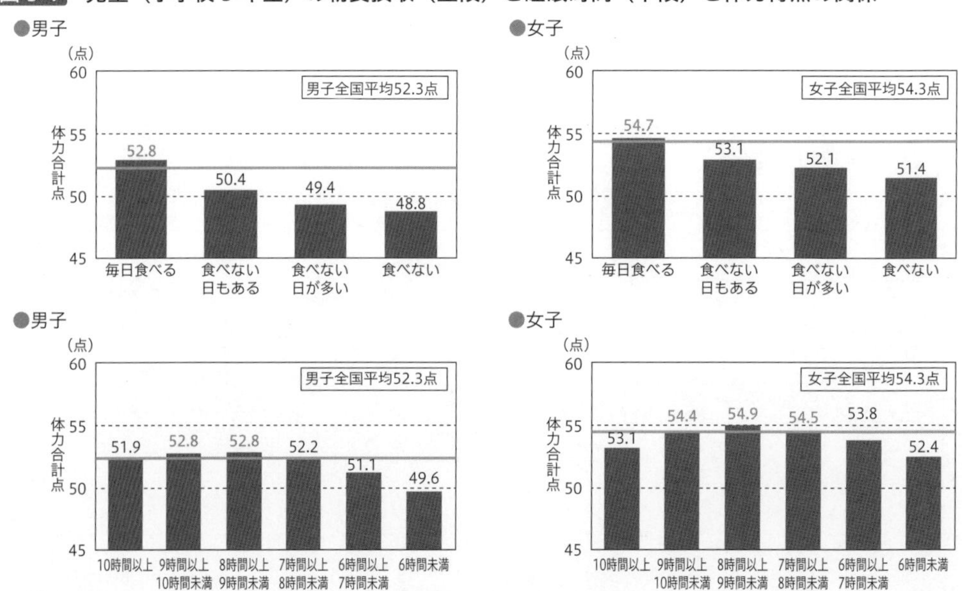

出典：スポーツ庁「令和 4 年度全国体力・運動能力、運動習慣等調査報告書」2022 年　p.37
https://www.mext.go.jp/sports/content/20221215-spt_sseisaku02-000026462_5.pdf

図 5-8 児童のスクリーンタイムと体力・運動能力の関係

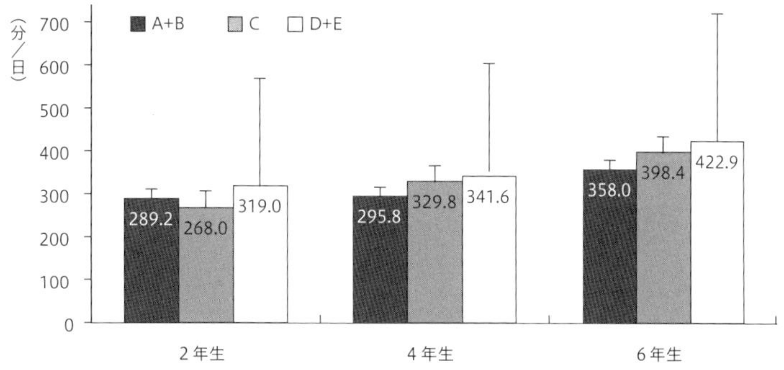

※凡例の A〜E は文部科学省の新体力テストにおける 5 段階評価（A が最も優れている）
作成：著者

し、新体力テストの総合評価との関係を示した結果である。2 年生の結果で多少のデコボコはみられるが、学年が上がるにつれて明確な傾向として現れるようになり、新体力テストの総合評価が悪い児童ほど、スクリーンタイムが長くなることが確認できる。類似の傾向は、前述のスポーツ庁の調査でも示されている。このことから、近年の子どもの生活においては、スクリーンタイムが子どもの運動時間を奪い、最終的に体力・運動能力の記録へと影響を及ぼすに至っていると推察することができる。

2 体力・運動能力の二極化

子どもの体力・運動能力については、それらの低下とともに二極化の問題が多く指摘されている。運動時間の二極化は、2000（平成 12）年頃の高校生男子の運動時間から出現・継続しており、その後は中学生の男女ともに運動時間の二極化がみられるようになった（Chapter 2 Section 2「4　運動習慣」（40 頁）参照）。運動能力については、1980 年代後半から低下傾向となっており[2)]、運動時間の二極化が顕著になるよりも早くから観察されていた。

その一方で、競技スポーツの世界はスポーツ科学の発展もあり、以前より競技水準が上がっている。言い換えれば、各世代のトップの体力・運動能力は以前より高くなっていることが推察される。これを解釈すると、以前に比べると運動をしない子どもの割合が大幅に増加していると考えられる。当然であるが、運動をよくする子どもの体力・運動能力の水準が上がっても、運動をしない子どもの割合が圧倒的に増加してしまえば、全体の平均値は低下する。これが、現在の子どもの体力・運動能力の実態であるように思われる。

図 5-9 は、スポーツ庁の「令和 4 年度全国体力・運動能力、運動習慣等調査報告書」で示された中学生の 1 週間の総運動時間の分布である。上の図では男女ともに明らかな二極

図 5-9　1 週間の総運動時間の分布・内訳（中学校）

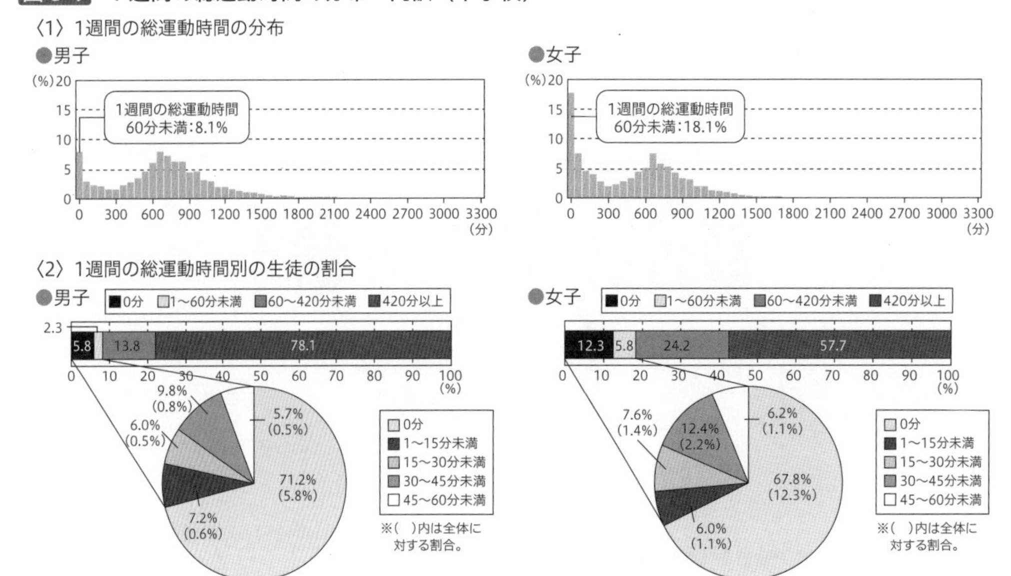

出典：スポーツ庁「令和 4 年度全国体力・運動能力、運動習慣等調査報告書」2022 年　p.31
https://www.mext.go.jp/sports/content/20221215-spt_sseisaku02-000026462_5.pdf

化が読み取れる。また、女子では運動をほとんどしない生徒の割合が顕著に高いことも確認できる。さらに、下の図では、円グラフで 1 週間の総運動時間が 60 分未満の生徒の詳細な内訳が示されている。このカテゴリーに属する生徒の 7 割近く（男子：71.2%、女子：67.8%）が 0 分と回答している。まさしく、運動をしない子の圧倒的な増加が確認できる。このような、運動の二極化、特に、運動をまったくしない子の極端な増加が社会全体の体力・運動能力の低下を引き起こしていると考えられる。

運動をしない子が増えるということは、体力や健康問題はもちろんだが、子どもの頃に運動を通して学ぶ様々な学びの機会の減少を意味する。指導や教育に当たる大人や教員は、このような実態を鑑み、1 人でも多くの子どもが親しみやすい運動実施や環境の提供に努めていく必要がある。

Section 5　運動能力の発達至適時期と思春期不器用

1　運動能力の発達至適時期

スキャモンの発育曲線にあるように子どもの身体の発育は一定の速さで発育せず、それぞれの器官で発育のタイミングは異なる。それと同様に運動能力も直線的には発達しない。

運動諸能力がいつどのようなタイミングで向上するのか、その発達速度が最大を迎えるのはいつか、トレーニング効果が最も高いのはいつか、などは発達至適時期に関わる課題である。スポーツ指導者や体育の教員にとって、スポーツのトレーニング開始時期は昨今を問わず、大きな関心がもたれている。たとえば、飛躍的に運動の能力を伸ばすために思春期の発育急進期以前に動作の獲得が行われることがある。サッカーではこの時期をゴールデンエイジという。また、タレント発掘に関わる調査研究や育成プログラムといったプロジェクトは様々な方面で実施されている。相反する事象としては、早期トレーニングの問題やトレーニングに伴う障害の発生なども課題として挙げられる。

運動能力や体力の発達時期について、宮下は運動諸能力の発達至適時期を図 5-10のように示している。このトレーニングの最適時期を示唆した一般的な体力発達モデルは体育人の渇望するところでもあったので、体育教育や子どものスポーツに関わる人々に大きな影響を与え、保健体育の教科書で紹介されるなど、広く知られるようになった。しかし、このモデルは明確な論拠（エビデンス）によって示されたものではなく根拠に乏しい。

宮下の示したモデルに対して、大澤[3)]は性差を考慮しなければならないこと、身長の発育をはじめとして発育発達曲線は年々の時代的、時間経過に伴って少しずつ変化するために、その時代を反映させた資料とする必要があることを指摘した。大澤は、握力の発達を比較検討し、筋力の発達至適年齢を男子 10.6～14.6 歳、女子 7.65～13.55 歳として、宮下のモデ

図 5-10　年齢に応じたスポーツに必要な能力の発達と目的

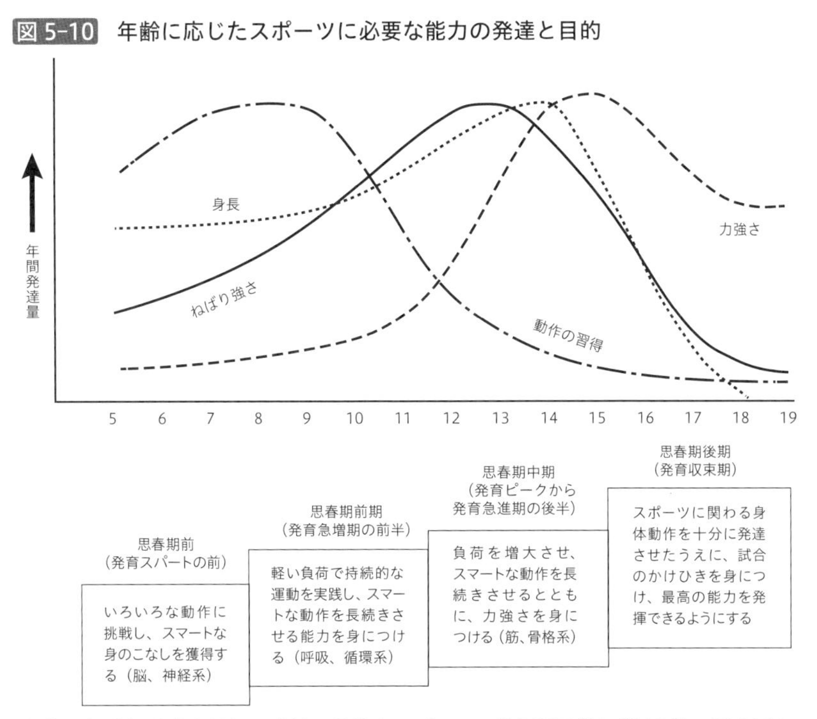

出典：宮下充正「子どもの成長・発達とスポーツ」『小児医学』第 19 巻　1986 年 pp.879-899 を改変

図 5-11　筋力の発達曲線、年間発達増加量曲線と発達年齢

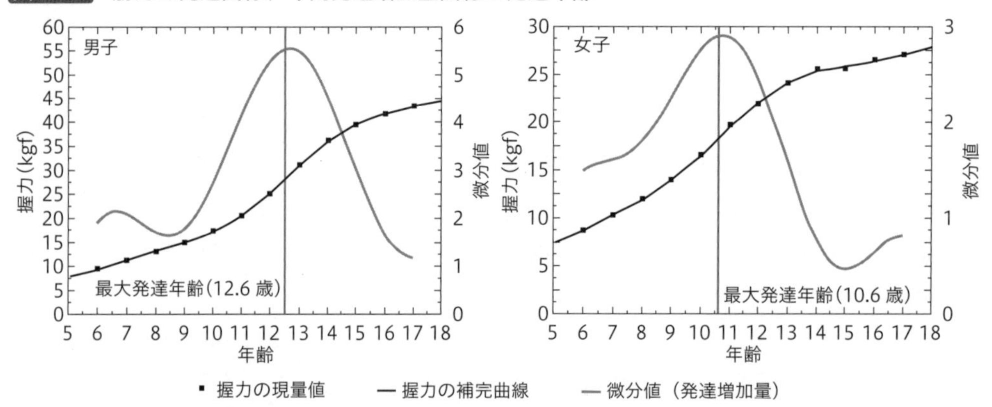

出典：大澤清二「最適な体力トレーニングの開始年齢：文部科学省新体力テストデータの解析から」『発育発達研究』第 69 巻　2015 年　p.30

図 5-12　文部科学省新体力テストの結果からみた運動能力の発達速度曲線

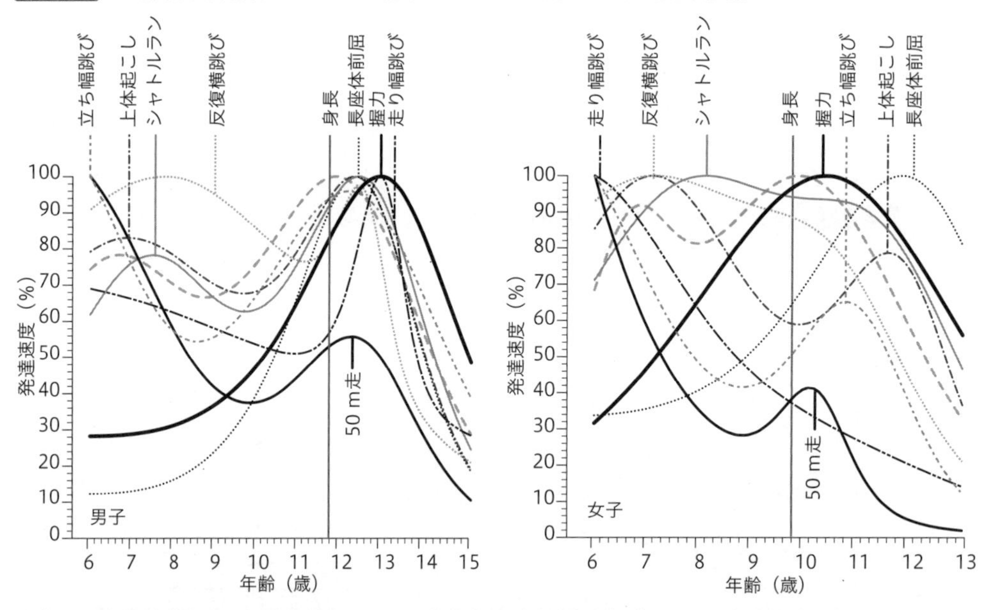

出典：國土将平「最近の計量諸科学からみた発育発達研究の課題」『子どもと発育発達』第 14 巻第 1 号　2016 年　p.35

ルより大幅に早期であることを示した（図 5-11）。

國土は文部科学省の新体力テストの結果から、運動能力の発達速度の特徴を分析した（図 5-12）。

その分析の結果、次のことが明らかになった。

- 多くの運動能力の発達は身長の最大発育速度出現後にそのピークが出現し、男子では 12〜14 歳に女子では 10〜12 歳に集中する。
- 握力などの筋力は発達時期が身長の最大発育速度出現の後に出現する 1 つの発達のピークをもつ。
- 多くの運動能力は最大発育年齢出現の 2 年前までに 1 回目のピークを迎え、最大発育年齢出現後に 2 回目のピークを迎える、いわゆる二峰性の特徴をもつ。
- そのピークの高さは運動能力により異なり、特に走能力と跳能力は最大発育年齢出現以前のピークが高い。

二峰性の特徴は、幼稚園から小学校の中学年までに動作の獲得をして発達する時期と、思春期急増期以降の体成熟や筋力の向上による発達の 2 つの局面を示すと考えられる。

2 思春期不器用

体力や運動能力は、発達速度のゆらぎをもって、発達至適時期を検討してきた。これを個人レベルについてみると異なる様相を示す。思春期急増期において、運動が一時的にうまく行うことができなくなる時期があることを運動指導に携わる人は経験的に知覚しているであろう。思春期不器用（adolescent Awkwardness）については、サッカー指導者の間ではクラムジー（Clumsy：不器用な、ぎこちない）として認識されているが、Clumsy は海外での学術用語として、発達障害に伴う運動不器用を指す。

Beunen & Malina[4]は、走運動では男子において 25％の子どもが疾走速度の一時的な低下を示すが、女子ではそのような速度低下がないことを報告している。また、Philippaerts et.al.[5]はジュニアサッカー選手の縦断的な研究において、最大発育年齢の 12 か月前に、30 m ダッシュの疾走速度発達が－0.6 秒 / 年の低下を示すことを明らかにした。

また、國土は、小学校 5・6 年生では走動作得点の向上が停滞し（図 5-13）、その原因が思春期不器用による動きの調整不全であることが疑われることを明らかにした。

図 5-14 は筆者の現役時代の陸上競技走り高跳びの身長の変化と記録の変化を示したものである。中学校 1 年生の間は、小学校 6 年生時と比較しても記録の伸びが認められず、「自分は運動が得意でない」と自覚できるほどであった。その後、中学校 2 年生になると急激に記録が伸びるが、このタイミングは発育のピークを過ぎてからである。

体育やスポーツの指導者においては、このようにまったく記録が伸びない時期をもつ子どもがいることを強く認識するとともに、子どもの発育状況や記録の変化を縦断的に追跡し、思春期不器用が発生していないかを注視しなければならない。もし、思春期不器用が発生している場合にはその時期のトレーニングやメンタル面にも気を配る必要がある。また、特に中学生の指導では、子どもによって、思春期急増期を境にトレーニングや指導内容を別のものにするなどの工夫が必要である可能性もある。

発達至適時期や思春期不器用については、十分に解明ができていない領域である。したがっ

図 5-13　小学生の走スピードならびに走動作の学年進行による変化

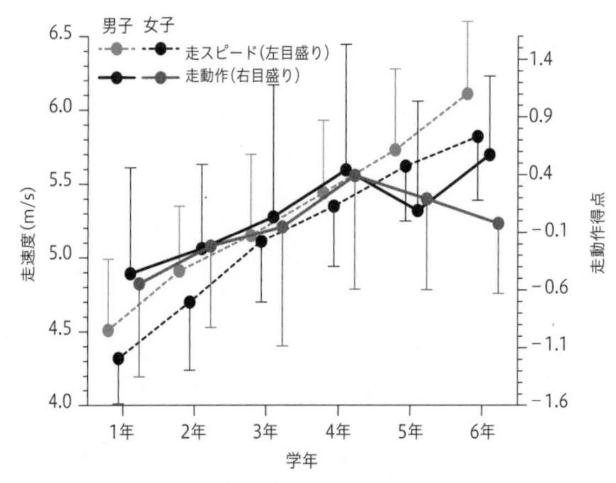

出典：國土将平「小学生の 50m 走中間疾走局面における学年進行による動作の難しさの変化」『日本体育学会第 66 回大会』2015 年

図 5-14　身長発育と走り高跳び記録の変化ならびに速度

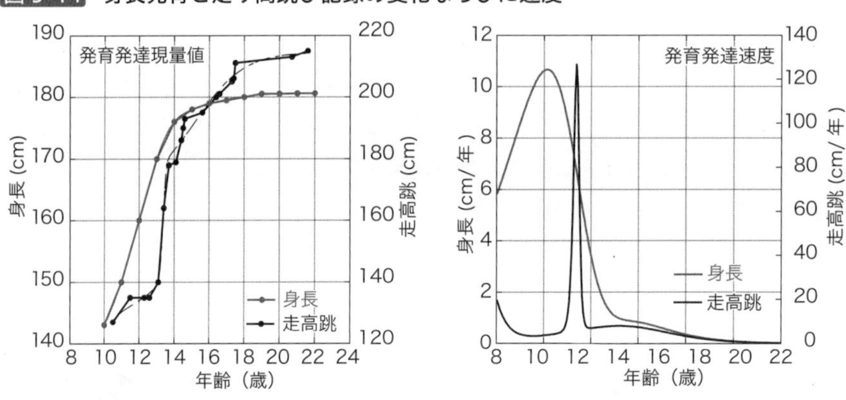

作成：著者

て、体育やスポーツの指導者にとっても試行錯誤の必要な領域である。子どもたちをよく観察し、適切な指導ができることを願っている。

自分の身長の発育過程を調べて（母子健康手帳や通知表などで確認）、発育速度曲線を作成し、自分が最も身長が伸びた PHV（Peak Height Velocity：最大成長速度）は何歳頃かを確認してみよう。また、自身の PHV 年齢とほかの人の PHV 年齢を比較し、個人差、性差などによる違いがあることも確認してみよう。

運動発達にはゴールデンエイジと呼ばれる時期がある。ゴールデンエイジはこのChapterで示した、運動発達や神経機能の発達と密接に関係している。そこで、ゴールデンエイジとはどのような時期なのか、そういわれる根拠は何かなどについて調べ、このChapterで学習した発育発達と体力・運動能力の内容を踏まえながら説明をしてみよう。

自分の身長発育と運動発達を考えてみよう。小学校から高校生までの健康診断記録から身長のグラフを作成してみよう。また、1年間の発育速度も計算してみよう。自分が行っていたスポーツ種目について、記録が伸びなかった時期や急に伸びた時期はいつか思い出してみよう。それらの時期と身長の発育速度はどのような関係になるのかを考察してみよう。

引用文献

1) 岡田知雄編著『よくわかる子どもの肥満』永井書店　2008年
2) 文部科学省「子どもの体力向上のための総合的な方策について（答申）」2002年 https://www.mext.go.jp/b_menu/shingi/chukyo/chukyo0/toushin/021001.htm
3) 大澤清二「体力トレーニング開始の最適年齢を求めて」『体育の科学』第63巻3月号　2013年 pp. 181-186
4) Beunen, G. and Malina, R.M. Growth and Physical Performance Relative to the Timing of the Adolescent Spurt, *Exercise and Sport Sciences Reviews*. 16, 503-540, 1988.
5) Philippearts, R.M., Et. al. The relationship between peak height velocity and physical performance in youth soccer players, *Journal of Sports Sciences*. 24(3), 221-230, 2006.

参考文献

・吉田邦久『好きになる人間生物学』講談社　2004年
・Grumbach, M. M. (Berenberg, S. R ed) Onset of puberty. Puberty, Biologic and Social Components, H. E. Stenfert Kroese, 1975.
・Brown, B., How kids develop skills. USA Today Sep, 1990.
・髙石昌弘監修、樋口満・佐竹隆編著『からだの発達と加齢の科学』大修館書店　2012年
・高石昌弘・宮下充正編『スポーツと年齢』大修館書店　1977年
・T. Isojima, N. Kato, Y. Ito, S. Kanzaki, M. Murata, Growth standard charts for Japanese children with mean and standard deviation (SD) values based on the year 2000 national survey, *Clinical Pediatric Endocrinology*. 25 (2), 71-76, 2016.
・大澤清二・森山剛一・上野純子・西岡光世・鈴木和弘『体育系学生のための学校保健』家政教育社　2005年
・Scammon, R. E. The measurement of body in childhood, In Harris, J. A., Jackson, C. M., Paterson, D. G. & Scammon, R. E. (eds.) *The measurement of man*. Univ. of Minnesota Press, Minneapolis. 173-215, 1930.

・山縣然太朗・松浦賢長・山崎嘉久編著『学校における思春期やせ症への対応マニュアル』少年写真新聞社　2011年
・江口篤寿編、渡辺悌吉・内山源・大津一義・浅香昭雄・石原昌江『新版学校保健』医歯薬出版　1996年
・保志宏『ヒトのからだをめぐる12章』裳華房　1993年
・スポーツ庁「令和4年度全国体力・運動能力、運動習慣等調査報告書」2022年
・文部科学省「幼児期運動指針ガイドブック―毎日、楽しく体を動かすために―」2012年
・スポーツ庁「令和4年度体力・運動能力調査結果の概要及び報告書」2023年
・宮下充正『子どもに「体力」をとりもどそう―まずはからだづくりだ！―』杏林書院　2007年
・大澤清二「最適な体力トレーニングの開始年齢：文部科学省新体力テストデータの解析から」『発育発達研究』第69巻　2015年
・國土将平「最近の計量諸科学からみた発育発達研究の課題」『子どもと発育発達』第14巻第1号　2016年
・國土将平「小学生の50m走中間疾走局面における学年進行による動作の難しさの変化」『日本体育学会第66回大会』2015年

Chapter 6

学校環境衛生

2019（令和元）年の冬に発生した新型コロナウイルス感染症（COVID–19）によって我々の生活は一変した。このように、我々の生活は様々な事象に大きく影響を受けている。現代社会においては、人々を取り巻く社会環境の大きな変化や生活環境の汚染、感染症の流行等、人々の健康に悪影響を及ぼす課題が山積している。とりわけ子どもたちの生活の中心を占める学校の環境衛生の悪化は、発育発達期における子どもたちの心身に大きな影響を及ぼすことが考えられるため、適切な環境整備が行われている。このChapterでは、学校環境衛生における意義や衛生基準を学ぶとともに、教職員としての役割を理解したい。

Section 1 学校環境衛生とは

1 学校環境衛生の目的と重要性

学校環境衛生は、健康的で快適な学校環境をめざすための環境衛生活動であり、必要に応じて定期検査・臨時検査・日常点検を行うなど、衛生に関する学校環境の維持・改善を図る保健管理活動である。学校環境衛生に関わる保健管理活動の目的は以下の３点である。

①児童生徒等の健康を保護し、心身の発育発達を促し、健康の増進を図ること
②児童生徒等の学習能率の向上を図ること
③児童生徒等の豊かな情操の陶冶を図ること

この目標達成のために、国、教育委員会等の学校設置者および学校のそれぞれが重要な役割を担っている[1)]。また、学校における管理活動として行われる環境衛生活動の内容のなかには、子どもたちの環境教育や保健教育に密接に関わる事柄があり、自分たちの生活環境を衛生的に保つことの重要性を認識させるきっかけとして、教育内容の一つとして取り扱うこともできる。

2 今日の学校環境衛生活動

今日の学校環境衛生は、2008(平成 20)年に改正された「学校保健安全法」に基づく。また、「学校環境衛生基準」(平成 21 年文部科学省告示第 60 号) が策定され、これに基づいた定期的な環境衛生検査が行われるようになった。また、臨時検査や日常点検においても規定が示され、検査項目が明確となった。学校環境衛生基準は、2018(平成 30)年、2020(令和 2)年、2022 (同4) 年と基準値が見直され、一部改正を重ねている。さらに文部科学省は、学校での環境衛生活動の円滑な実施を図るために 2018(平成 30)年に『学校環境衛生管理マニュアル「学校環境衛生基準」の理論と実践 [平成 30 年度改訂版]』を発表した。

なお、「学校保健安全法」および「学校保健安全法施行規則」では、学校における保健および安全に係る取り組みが確実かつ効果的に実施されるようにするために、国、地方公共団体、学校の設置者、学校または校長の責務が定められている。また、学校環境衛生基準に関しては、国、学校の設置者、学校の責務が示されている(学校の設置者：教育基本法第 6 条に、法律に定める学校は、公の性質を有するものであって、国、地方公共団体および法律に定める法人のみがこれを設置できると示されている)。

学校環境衛生活動と関連法令の関係を図 6-1 に示す。

Section 2 学校環境衛生活動の進め方

1 学校環境衛生活動

学校においては環境衛生検査の計画 (学校保健計画) を策定し、実施しなければならない。環境衛生検査は、毎年定期および臨時に学校環境衛生基準に照らして行うことになっている。

校長は、環境衛生検査の結果、適正を欠く事項があった場合は、速やかにその改善に必要な措置を講じなければならない。また、その措置を学校で実施できない場合は、学校の設置者に対応を申し出る必要がある。

また、学校は環境衛生検査のほか、日常的な点検を行って環境維持または改善を図らなければならないとされている。学校保健安全法施行規則に定められている環境衛生検査は、以下それぞれ「定期検査」および「臨時検査」といい、日常的な点検は、以下「日常点検」という (図 6-1)。

2 学校環境衛生活動の進め方と関係教職員等の役割

学校環境衛生活動は校長の責任のもと、学校の教職員 (学校医および学校薬剤師を含む) が児童生徒等および職員の心身の健康の保持増進を図るために必要な活動であることを共通

図 6-1 学校環境衛生活動と関連法令

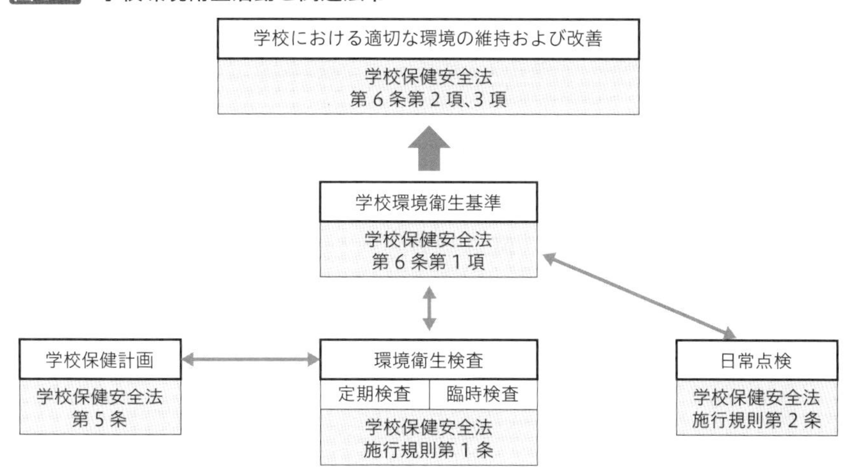

注：法令の詳細は Chapter 16 参照
出典：文部科学省『学校環境衛生管理マニュアル「学校環境衛生基準」の理論と実践［平成 30 年度改訂版］』2018 年　p.11

図 6-2 学校環境衛生活動の進め方

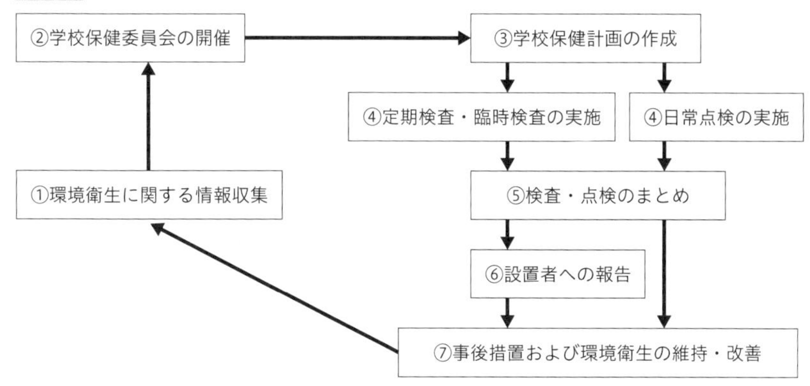

出典：文部科学省『学校環境衛生管理マニュアル「学校環境衛生基準」の理論と実践［平成 30 年度改訂版］』2018 年　p.12 を改変

理解し、計画的に進めることが必要である（図 6-2）。また、それぞれの役割は学校保健計画や校務分掌等により明確にする必要がある（表 6-1）。

表 6-1　学校環境衛生活動における関係教職員等の役割

学校保健委員会	園長・校長・学長、副園長・副校長・教頭等、学校医、学校歯科医、学校薬剤師、保健主事、養護教諭、栄養教諭（学校栄養職員）、学年主任、PTA、地域の保健関係者等
学校保健計画の作成	園長・校長・学長、副園長・副校長・教頭等、保健主事、養護教諭、栄養教諭（学校栄養職員）、学校薬剤師、学校医等
検査事前打ち合わせ	保健主事、養護教諭、施設管理実務担当者、学校薬剤師等
定期・臨時検査	学校薬剤師、検査機関、保健主事や養護教諭等
日常点検	学級担任、教科担任、園長・校長・学長、副園長・副校長・教頭等、養護教諭、栄養教諭（学校栄養職員）等
定期・臨時検査後の報告	園長・校長・学長、副園長・副校長・教頭等、保健主事、養護教諭、学校薬剤師、検査機関、学校医等
設置者への報告	園長・校長・学長、副園長・副校長・教頭、学校の設置者等
事後措置	園長・校長・学長、副園長・副校長・教頭、学校の設置者等

出典：文部科学省『学校環境衛生管理マニュアル「学校環境衛生基準」の理論と実践［平成 30 年度改訂版］』2018 年　pp.12-13 より作成

Section 3　学校環境衛生活動の内容について

1　学校環境衛生活動の対象

学校環境衛生基準は、学校教育法に規定する学校である幼稚園（幼稚園型認定こども園を含む）、小学校、中学校、義務教育学校、高等学校、中等教育学校、特別支援学校、大学および高等専門学校に適応される。また、学校環境衛生基準は、専修学校および幼保連携型認定こども園に準用される。

2　学校保健計画について

学校保健安全法において、学校は環境衛生検査についての計画を策定し、実施しなければならないとされている。そのため、地域や各学校の実情に応じた適切な学校保健計画の立案が求められる。学校における 1 年間の学校環境衛生活動の一例を表 6-2 に示す。また、環境の維持または改善のために実施されている環境衛生検査および日常的な点検の関係図を図 6-3 に示す。

表 6-2 学校環境衛生活動の一年間（例）

月	活動内容（主に定期検査）
4月 ∫ 6月	・学校保健計画の確認および修正 ・黒板面の色彩の検査 ・照度、まぶしさ、騒音レベルの検査 ・飲料水等の水質および施設・設備の検査 ・水泳プールの水質および施設・設備の衛生状態の検査 ・雑用水の水質および施設・設備の検査 ・一酸化炭および二酸化窒素の検査
7月 ∫ 9月	・換気、温度、相対湿度、浮遊粉じんおよび気流の検査 ・ネズミ、衛生害虫等の検査 ・水泳プールの水質の検査 ・大掃除の実施の検査 ・揮発性有機化合物の検査 ・ダニまたはダニアレルゲンの検査
10月 ∫ 12月	・照度、まぶしさ、騒音レベルの検査 ・雑用水の水質および施設・設備の検査 ・大掃除の実施の検査
1月 ∫ 3月	・換気、温度、相対湿度、浮遊粉じん、気流、一酸化炭および二酸化窒素の検査 ・大掃除の実施の検査 ・雨水の排水溝等、排水の施設・設備の検査 ・学校保健委員会（定期検査の報告および評価） ・学校保健計画案の作成（学校環境衛生活動に関する計画立案）

出典：文部科学省『学校環境衛生管理マニュアル「学校環境衛生基準」の理論と実践［平成 30 年度改訂版］』2018 年　p.18 を改変

図 6-3 定期検査・臨時検査および日常点検

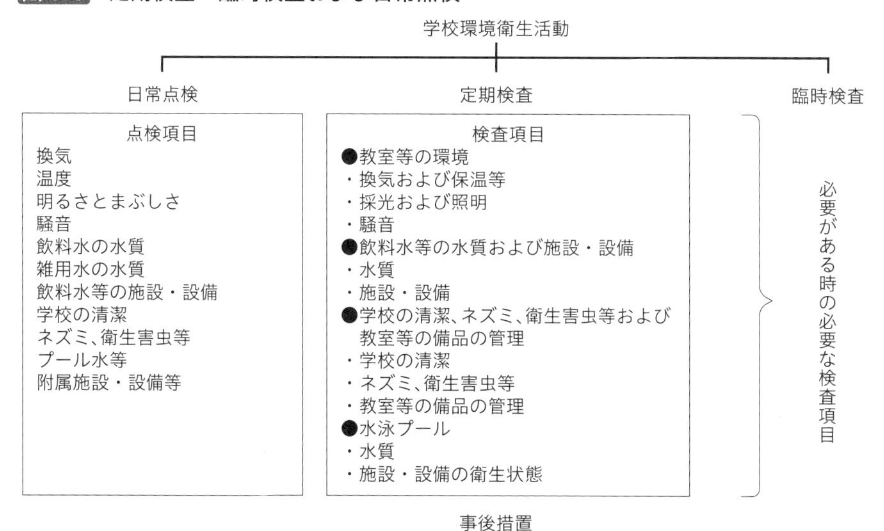

出典：文部科学省『学校環境衛生管理マニュアル「学校環境衛生基準」の理論と実践［平成 30 年度改訂版］』2018 年　p.19 を改変

3 定期検査

定期検査は、検査項目についてその状態を客観的、科学的な方法で定期的に検査し、その結果に基づいて環境の維持や改善に必要な事後措置を行うために実施するものである。そのため、定期検査に使用する測定機器は、適正なものでなくてはならない。検査の実施は、内容により、学校薬剤師が行うもの、学校薬剤師の指導助言のもとに教職員が行うもの、学校薬剤師と相談のうえで外部の検査機関に依頼するものなどがある。

いずれの定期検査も学校保健計画に位置づけて、実施時期や担当者を明確にし、校長の責任のもとに確実かつ適切に実施しなければならない。

4 臨時検査

臨時検査は、下記に示すような場合、必要に応じて検査を行うものである。なお、臨時検査は、定期検査に準じた方法で行うことになっている。

①感染症または食中毒の発生のおそれがあり、また、発生した時
②風水害等により環境が不潔になりまたは汚染され、感染症の発生のおそれがある時
③新築、改築、改修等および机、いす、コンピュータ等新たな学校用備品の搬入等により揮発性有機化合物の発生のおそれがある時
④その他必要な時

5 日常点検

日常点検は、点検すべき事項を毎授業日の授業開始時、授業中、または授業終了時等において、主として感覚的にその環境を点検し、問題があった場合は、事後措置を講じたりするためのものである。その際、校務分掌等に基づき教職員の役割を明確にしたうえで、確実に実施する必要がある。また、それらの結果は定期検査や臨時検査の実施に活用されるものである。

学校環境衛生活動は、身の回りの環境がどのように維持されているかを知る保健教育の一環として、児童生徒等が学校環境衛生活動を行うことも考えられるものである。

第３項に示した定期検査と第４項に示した臨時検査の結果に関する記録は、５年間保存することになっている。また、第５項に示した日常点検は記録することに努めるとともに、３年間保存するよう努めることとなっている。これらの事柄は、「学校環境衛生基準」の「第６　雑則」に明記されている。

Section 4 学校環境衛生基準

1 学校環境衛生の基準

(1) 学校環境衛生の基準と管理

学校保健安全法第6条(学校環境衛生基準)に「文部科学大臣は、学校における換気、採光、照明、保温、清潔保持その他環境衛生に係る事項について、児童生徒等及び職員の健康を保護する上で維持されることが望ましい基準を定めるものとする」と規定されている。この規定を受け、文部科学省は、「学校環境衛生基準」(表6-3)を告示し、これに基づいた定期的な環境衛生検査が行われるようになった。さらに文部科学省は、学校環境衛生活動の円滑な実施の一助を目的に『学校環境衛生管理マニュアル 「学校環境衛生基準」の理論と実践[平成30年度改訂版]』を作成して、検査方法の詳細や留意点をまとめている。

(2) 教室等の環境に係る学校環境衛生基準

「教室等」とは、普通教室、音楽室、図工室、コンピュータ室、体育館、職員室等の児童生徒等および職員が通常使用する部屋である。教室等の環境とは、換気、保温、採光、照明、騒音等の環境のことである。表6-4は教室等の環境における検査項目ごとの基準値である。検査項目(1)~(7)および(10)~(12)については毎学年2回、検査項目(8)および(9)については毎学年1回定期に検査を行うものとされている。

(3) 飲料水等の水質および施設・設備に係る学校環境衛生基準

学校環境衛生基準では、飲料水に関係する検査対象を以下の3種類に分類している。

①水道水を水源とする飲料水(専用水道を除く)
②専用水道に該当しない井戸水等を水源とする飲料水
③専用水道(水道水を水源とする場合を除く)および専用水道に該当しない井戸水等を水源とする飲料水の原水

①の水道水を水源とする飲料水(専用水道を除く)の学校衛生基準は、基本的には水質基準に関する省令に掲げる基準であり、遊離残留塩素については、水道法施行規則に規定する遊離残留塩素の基準とされている。しかし、上水道等からの直接水の提供を受ける直接給水と、貯水槽を経由し給水される専用水道については、水道法により検査管理されている、あるいは飲料水の供給者によって水質検査が行われているので検査の対象とはならない。表6-5は水道水を水源とする飲料水(専用水道を除く)の検査項目および基準値であり、毎学年1回定期に検査を行うものとされている。②の飲料水の検査項目は、①の飲料水の検査項目に加え、多くの化学物質の項目が含まれており、50項目を超える検査が行われる。③の飲料水の原水の検査項目は、①の飲料水の検査項目から遊離残留塩素の項目を除いたも

表 6-3　学校環境衛生基準（文部科学省告示第 60 号）の目次と主な内容

第 1　教室等の環境に係る学校環境衛生基準
▷換気及び保温等、採光及び照明、騒音
第 2　飲料水等の水質及び施設・設備に係る学校環境衛生基準
▷水質、施設・設備
第 3　学校の清潔、ネズミ、衛生害虫等及び教室等の備品の管理に係る学校環境衛生基準
▷学校の清潔、ネズミ、衛生害虫等、教室等の備品の管理
第 4　水泳プールに係る学校環境衛生基準
▷水質、施設・設備の衛生状態
第 5　日常における環境衛生に係る学校環境衛生基準
▷教室等の環境、飲料水等の水質及び施設・設備、学校清潔及びネズミ、衛生害虫等、水泳プールの管理
第 6　雑則
▷臨時検査の在り方、定期検査及び臨時検査・日常点検の記録

表 6-4　教室等の環境に係る学校環境衛生基準

検査項目		基準
換気および保温等	(1) 換気	換気の基準として、二酸化炭素は、1500 ppm 以下であることが望ましい。
	(2) 温度	18℃以上、28℃以下であることが望ましい。
	(3) 相対湿度	30%以上、80%以下であることが望ましい。
	(4) 浮遊粉じん	0.10 mg/m^3 以下であること
	(5) 気流	0.5 m/ 秒以下であることが望ましい。
	(6) 一酸化炭素	6 ppm 以下であること
	(7) 二酸化窒素	0.06 ppm 以下であることが望ましい。
	(8) 揮発性有機化合物	
	ア. ホルムアルデヒド	100 μg/m^3 以下であること
	イ. トルエン	260 μg/m^3 以下であること
	ウ. キシレン	200 μg/m^3 以下であること
	エ. パラジクロロベンゼン	240 μg/m^3 以下であること
	オ. エチルベンゼン	3800 μg/m^3 以下であること
	カ. スチレン	220 μg/m^3 以下であること
	(9) ダニまたはダニアレルゲン	100 匹 /m^2 以下またはこれと同等のアレルゲン量以下であること
採光および照明	(10) 照度	(ア) 教室およびそれに準ずる場所の照度の下限値は、300 lx（ルクス）とする。また、教室および黒板の照度は、500 lx 以上であることが望ましい。 (イ) 教室および黒板のそれぞれの最大照度と最小照度の比は、20：1 を超えないこと。また、10：1 を超えないことが望ましい。 (ウ) コンピュータを使用する教室等の机上の照度は、500～1000 lx 程度が望ましい。 (エ) テレビやコンピュータ等の画面の垂直面照度は、100～500 lx 程度が望ましい。 (オ) その他の場所における照度は、工業標準化法に基づく日本工業規格 Z9110 に規定する学校施設の人工照明の照度基準に適合すること。
	(11) まぶしさ	(ア) 児童生徒等から見て、黒板の外側 15° 以内の範囲に輝きの強い光源（昼光の場合は窓）がないこと (イ) 見え方を妨害するような光沢が、黒板面および机上面にないこと。 (ウ) 見え方を妨害するような電灯や明るい窓等が、テレビおよびコンピュータ等の画面に映じていないこと
騒音	(12) 騒音レベル	教室内の等価騒音レベルは、窓を閉じている時は LAeq 50 dB（デシベル）以下、窓を開けている時は LAeq 55 dB 以下であることが望ましい。

表 6-5 水道水を水源とする飲料水（専用水道を除く）の学校環境衛生基準

検査項目	基準
ア．一般細菌	1 mL の検水で形成される集落数が 100 以下であること
イ．大腸菌	検出されないこと
ウ．塩化物イオン	200 mg/L 以下であること
エ．有機物（全有機炭素(TOC)の量）	3 mg/L 以下であること
オ．pH 値	5.8 以上 8.6 以下であること
カ．味	異常でないこと
キ．臭気	異常でないこと
ク．色度	5 度以下であること
ケ．濁度	2 度以下であること
コ．遊離残留塩素	給水における水が、遊離残留塩素を 0.1 mg/L 以上保持するように塩素消毒すること。ただし、供給する水が病原生物に著しく汚染されるおそれがある場合または病原生物に汚染されたことを疑わせるような生物もしくは物質を多量に含むおそれがある場合の給水栓における水の遊離残留塩素は、0.2 mg/L 以上とする。

※専用水道の検査項目は「コ．遊離残留塩素」を除いたものである。

表 6-6 学校の清潔、ネズミ、衛生害虫等および教室等の備品の管理に係る学校環境衛生基準

検査項目		基準
学校の清掃	(1) 大掃除の実施	清掃方法および結果を記録等により調べる。
	(2) 雨水の排水溝等	雨水の排水溝等からの排水状況を調べる。
	(3) 排水の施設・設備	汚水槽、雑排水槽等の施設・設備からの排水状況を調べる。
ネズミ、衛生害虫等	(4) ネズミ、衛生害虫等	ネズミ、衛生害虫等の生態に応じて、その生息、活動の有無およびその程度等を調べる。
教室等の備品の管理	(5) 黒板面の色彩	明度、彩度の検査は、黒板検査用色票を用いて行う。

のである。

(4) 学校の清潔、ネズミ、衛生害虫等および教室等の備品の管理に係る学校環境衛生基準

表 6-6 は学校の清潔、ネズミ、衛生害虫等および教室等の備品の管理に係る検査項目および基準値である。検査項目（1）については、毎学年 3 回、検査項目（2）～(5) については、毎学年 1 回定期に検査を行うものとされている。

(5) 水泳プールに係る学校環境衛生基準

表 6-7 は水泳プールに係る検査項目および基準値である。

表 6-7 水泳プールに係る学校環境衛生基準

	検査項目	方法
水質	(1) 遊離残留塩素	0.4 mg/L 以上であること。また、1.0 mg/L 以下であることが望ましい。
	(2) pH 値	5.8 以上 8.6 以下であること
	(3) 大腸菌	検出されないこと
	(4) 一般細菌	1 mL 中 200 コロニー以下であること
	(5) 有機物（過マンガン酸カリウム消費量）	12 mg/L 以下であること
	(6) 濁度	2 度以下であること
	(7) 総トリハロメタン	0.2 mg/L 以下であることが望ましい。
	(8) 循環ろ過装置の処理水	循環ろ過装置の出口における濁度は、0.5 度以下であること。また、0.1 度以下であることが望ましい。
施設・設備の衛生状態	(9) プール本体の衛生状況等	(ア) プール水は、定期的に全換水するとともに、清掃が行われていること (イ) 水位調整槽または還水槽を設ける場合は、点検および清掃を定期的に行うこと
	(10) 浄化設備およびその管理状況	(ア) 循環浄化式の場合は、ろ材の種類、ろ過装置の容量およびその運転時間が、プール容積および利用者数に比して十分であり、その管理が確実に行われていること (イ) オゾン処理設備または紫外線処理設備を設ける場合は、その管理が確実に行われていること
	(11) 消毒設備およびその管理状況	(ア) 塩素剤の種類は、次亜塩素酸ナトリウム液、次亜塩素酸カルシウムまたは塩素化イソシアヌル酸のいずれかであること (イ) 塩素剤の注入が連続注入式である場合は、その管理が確実に行われていること
	(12) 屋内プール	
	ア．空気中の二酸化炭素	1500 ppm 以下が望ましい。
	イ．空気中の塩素ガス	0.5 ppm 以下が望ましい。
	ウ．水平面照度	200 lx 以上が望ましい。
	備考 検査項目(9)については、浄化設備がない場合には、汚染を防止するため、1 週間に 1 回以上換水し、換水時に清掃が行われていること。この場合、腰洗い槽を設置することが望ましい。 また、プール水等を排水する際には、事前に残留塩素を低濃度にし、その確認を行う等、適切な処理が行われていること	

検査項目（7）については、使用期間中の適切な時期に 1 回以上、検査項目（8）～(9）については、毎学年 1 回定期に検査を行うものとされている。

なお、(1）の遊離残留塩素については、プールの使用期間中は、日常点検として、毎日のプール利用前後および利用中の定時ごとに点検し、管理日誌に記録する（文部科学省「プールの安全標準指針」2007 年)。

(6) 日常における環境衛生に係る学校環境衛生基準

学校環境衛生を良好に保つために前述した４つの基準（「教室等の環境に係る学校環境衛生基準」「飲料水等の水質及び施設・設備に係る学校環境衛生基準」「学校の清潔、ネズミ、衛生害虫等及び教室等の備品の管理に係る学校環境衛生基準」「水泳プールに係る学校環境衛生基準」）の検査項目の定期的な環境衛生検査等のほかに、教室においては、図 6-4 の日常点検のポイントに示す項目について、毎授業日に点検を行うものとされている。

図 6-4　日常点検のポイント（教室）

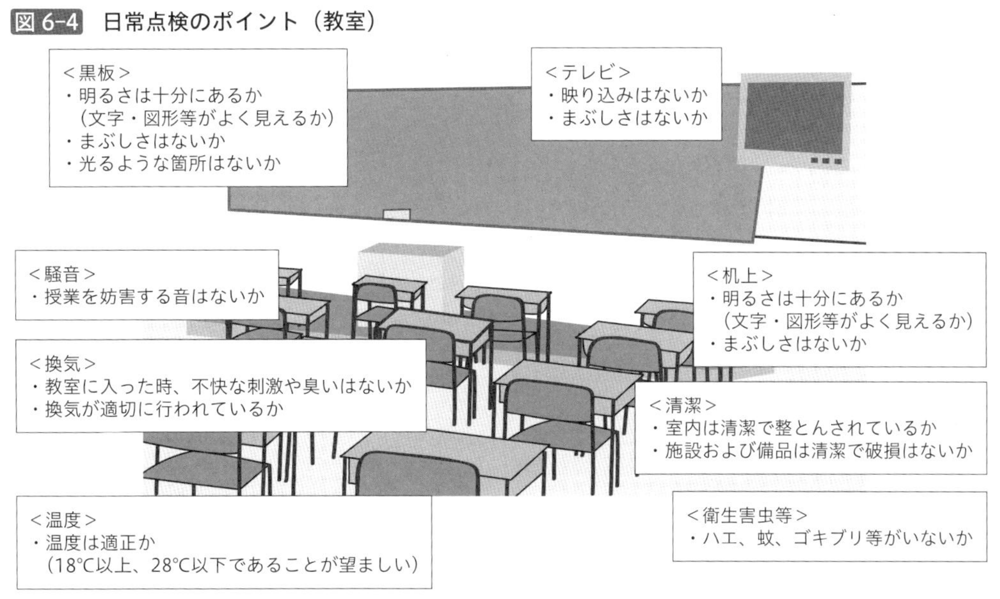

出典：文部科学省『学校環境衛生管理マニュアル「学校環境衛生基準」の理論と実践［平成 30 年度改訂版］』2018 年　p.144 を改変

2 現代社会と学校環境衛生

(1) 学校のトイレ事情

近年の住宅は洋式トイレが主流であり、学校で和式トイレを使用することができない子どもたちが増えている。多くの子どもたちは学校で排便することに抵抗感をもっているが、和式トイレであることが排便を我慢する一要因であることも報告されている[2)]。学校においてもそのような現状を踏まえ、大きくトイレの整備を実施している。国は、公立の小学校、中学校、義務教育学校、中等教育学校の前期課程、特別支援学校、幼稚園を対象に、国庫補助を使い、大規模改造（トイレ改修）事業を実施している。公立小中学校におけるトイレの全便器数は約 133 万個あるが、そのうち洋式便器は約 91 万個、洋便器率は 68.3%となっている。また、小・中学校のうち、各学校で和便器よりも洋便器を多く設置する方針の学校設置者は全体の 92%にまでのぼっている（図 6-5）。

現在、トイレを改修したり、校舎を新築したりしている学校によっては、和便器が 1 つもないというところもある。また、男子児童生徒が周りの目を気にして排便することを避ける傾向があるため、小便器を撤廃し、すべて個室トイレにする学校などもでてきている。さらに、日本では、性的マイノリティーに対する理解を広めるための法律「性的指向及びジェンダーアイデンティティの多様性に関する国民の理解の増進に関する法律」（LGBT 理解増進法）が 2023（令和 5）年に成立・施行され、男女共用トイレの設置が今まで以上に進むことであろう。

図 6-5　トイレの設置状況について

・公立小中学校のトイレの洋便器率の推移

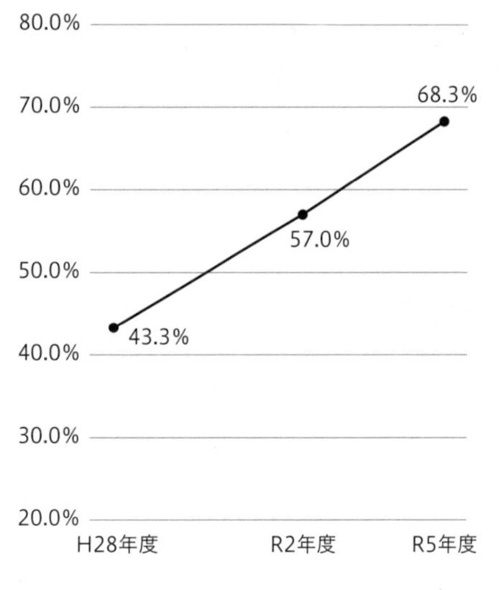

・トイレの整備方針

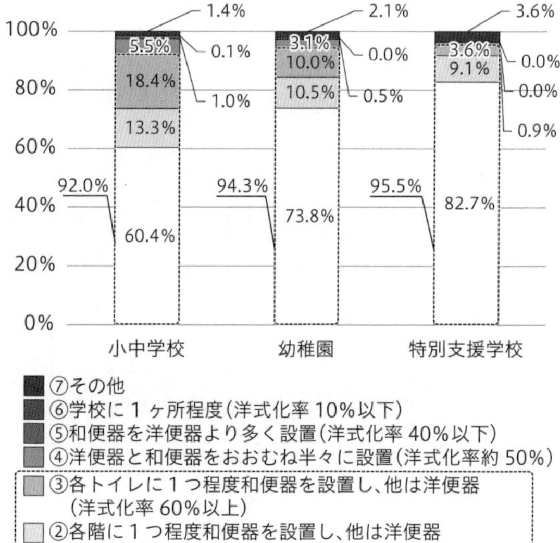

出典：文部科学省「公立学校施設のトイレの状況について（令和 5 年 9 月 1 日現在）結果調査」2023 年　p.2

(2) ICT 機器の利用と目の健康

学校現場では、GIGA スクール構想による児童生徒 1 人 1 台の PC またはタブレット端末の配置、デジタル教科書の導入、大型提示装置の普通教室と特別教室に常設など、ICT 教育の推進と共に学習環境が激変している。教室において ICT 機器を活用する時間が非常に多くなってきており、子どもたちの視力や目の疲労等の健康問題に念頭に環境改善が望まれている。

教室の照度については表 6-4 内の「採光および照明」の項目でも触れたが、「教室及びそれに準ずる場所は、明るいとよく見えるが、明るすぎるとまぶしさの原因となる場合が多い。また教室及びそれに準ずる場所の照度については、晴天の日でも雨の日でも常に 300 ルクス以上必要であり、500 ルクス以上であることが望ましい」[3] とされている。また、「コンピュータ教室及びコンピュータを使用する教室等においては、机上の照度は 500～1,000 ルクス程度が望ましい。また、コンピュータを使用する場合、背後からの光はコンピュータの画面に映り込むので、画面上の反射や影が少なくなるように留意する必要がある」[4] とされており、教室とコンピュータ教室では少し環境基準に差がある。

教室において ICT 機器を使用する機会が非常に増えた現代においては、ICT 機器を使用する教室の環境整備や点検に力を注がなければいけない状況である。また、体育では、体育

表 6-8 ICT 機器の利用環境のチェックリスト

大分類	小分類	チェック項目
教室の明るさ	カーテンによる映り込みの防止	□通常のカーテンと太陽光を通しづらい厚手のカーテンや遮光カーテンを設置して、教室内の明るさを調整できるようにしていますか。 □廊下側からの光が電子黒板の画面へ映り込む場合は、廊下側にもカーテンを設置していますか。 □児童生徒自身が自らの判断でカーテンを開け閉めして、明るさの調整ができるように指導していますか。
	照明環境への配慮	□照明を点けて電子黒板やタブレット PC を利用していますか。 □状況に応じて電子黒板付近の照明を消すことで、電子黒板への光の反射を軽減していますか。 □照明設備を改修する際には、拡散パネル、プリズムパネル、ルーバなどにより電子黒板への映り込みを軽減することを考慮していますか。
電子黒板	画面への映り込みの防止	□電子黒板を窓に背を向けるように角度をつける、電子黒板の設置位置を窓から離すように移動するなど、配置場所に配慮していますか。 □児童生徒に、電子黒板が見やすい位置に机や椅子を移動するよう促していますか。 □照明を点けた状態でも十分な明るさを確保できるように、電子黒板の画面の明るさを調整していますか。
	文字の見やすさへの配慮	□明るい背景に濃い文字で表示するポジティブ表示をしていますか。 □教室の最後部に座る児童生徒にも見やすいように、電子黒板に表示する情報量を最小限に絞り、拡大機能を利用するなどして、文字の大きさに配慮していますか。 □電子黒板と最前列の児童生徒の机の距離を一定程度離していますか。
タブレットPC	姿勢に関する指導	□児童生徒の姿勢がよくなるように指導していますか。 □授業の進行に応じて、利用しない教材・教具を随時片づけるように指導していますか。
	画面への映り込みの防止	□視線とタブレット PC の画面が直交するように、児童生徒にタブレット PC の角度を調節するよう指導していますか。 □タブレット PC の画面に照明が反射してしまう場合は、画面の角度を調整して照明が反射しないように指導していますか。
	使いやすさへの配慮	□児童生徒自身で画面の明るさを設定して画面を見やすくできるよう指導していますか。 □学校内で発表したり、グループ作業をしたりして、児童生徒が同じ姿勢を長時間続けないように工夫していますか。 □長時間、電子黒板やタブレット PC の画面を児童生徒が注視しないように工夫していますか。

出典：文部科学省『児童生徒の健康に留意して ICT を活用するためのガイドブック（令和 4 年 3 月改訂版）』より作成

館で ICT 機器を活用したり、音楽では音楽室で ICT 機器を活用したりと、特別教室での環境整備・点検も求められる状況となっている。これらのことは、児童生徒の健康に直結する事柄であり、ICT 機器活用とともに使用する環境の改善に留意していかなければいけないことになる。

文部科学省は『児童生徒の健康に留意して ICT を活用するためのガイドブック』において、ICT 機器の利用環境について表 6-8 に示すような改善対策(チェックリスト)を示した。

また、同ガイドブックには、教室の環境に関する内容だけではなく、電子黒板の配置や画面に映す文字のコントラストの配慮、タブレットPCの画面の明るさや使用角度、太陽光や照明の光が反射することを防止・軽減するために、画面に反射防止用の専用フィルタの取りつけをするなどの改善方策ポイントが挙げられている。教室環境だけでなく、子どもたちが使用する機器の環境整備も求められることとなる。

さらに、近年ではタブレットPCを使った課題等も出されており、1日のスクリーンタイムが長くなっている。タブレットを使用した課題をどの程度課しているのかを各教科担当者間で確認することや、授業等でもタブレットPCや電子黒板を長時間集中して見続けることがないように配慮する必要が求められている。

(3) 空調（冷房）設備の設置

児童生徒や教職員の安全・安心の確保の取り組みとして、教室等の空調（冷房）設備の設置が急速に進められている。2022（令和4）年9月1日現在では、全国の公立小中学校等における普通教室の空調（冷房）設備の設置率は95.7%となったが、特別教室の空調（冷房）設備の設置率は63.3%、体育館等の空調（冷房）設備の設置率は15.3%となっており[5)]、今後の教育環境の改善が望まれている。

空調（冷房）設備の設置に伴い、室内温度と外気温度の差を無視した冷房の使用は体調を崩す要因となる。温熱環境は、温度、相対湿度、気流や個人の状態等の影響を受けるので、教室等の環境維持に当たっては、温度のみで判断せず、そのほかの環境条件や児童生徒等の健康状態を加味することに留意したい。

照度計を用いて教室の明るさを測定してみよう。測定方法は「学校環境衛生管理マニュアル『学校環境衛生基準』の理論と実践［平成30年度改訂版］」内の「採光及び照明」で確認し、正しい方法で測定を行う。測定した数値をもとに学習環境に適した明るさを確認・体感してみよう。測定した教室の照度が不適だった場合にはどのような事後措置が検討できるかを考えてみよう。

小・中学校の児童生徒が学校環境衛生活動に関心をもったり、自分たちの学校での生活空間をより快適に保つように行動したりするようになるためにはどのような教育や指導が有効的であるか考えてみよう。対象とする児童生徒（学年）や教育・指導をする時期（通年、季節ごと）、状況と方法（健康診断時、授業、学校行事に絡めて）など、条件を絞り込んで具体的に考えてみるとよい。

引用文献

1）学校保健・安全実務研究会編著『新訂版　学校保健実務必携（第 5 次改訂版）』第一法規　2020 年　p.82
2）福士章子「最近の学校のトイレ事情について」『東北女子大学紀要』57 巻　2018 年　p.67
3）文部科学省『学校環境衛生管理マニュアル　「学校環境衛生基準」の理論と実践［平成 30 年度改訂版]』2018 年　p.57
4）同上書　p.58
5）文部科学省「公立学校施設の空調（冷房）設備の設置状況について（令和 4 年 9 月 1 日現在）」2022 年
https://www.mext.go.jp/content/20220928-mxt_sisetujo-000013462_01.pdf

参考文献

・文部科学省『学校環境衛生管理マニュアル　「学校環境衛生基準」の理論と実践［平成 30 年度改訂版］』2018 年
・森田健宏・田爪宏二監修、柳園順子編著『よくわかる！教職エクササイズ 8　学校保健』ミネルヴァ書房　2019 年
・日本スポーツ協会『スポーツ活動中の熱中症予防ガイドブック』2019 年
・日本学校保健会『学校保健の動向　令和 3 年度版』2021 年
・環境省・文部科学省「学校における熱中症対策ガイドライン作成の手引き」2021 年
・竜田奈々子・立松麻衣子「トランスジェンダー当事者とともに考える学校トイレのデザイン：FtM の抱える困難の実態を通して（第 2 報）」『奈良教育大学紀要』71 巻 1 号　2022 年
・文部科学省「公立学校施設のトイレの状況について（令和 5 年 9 月 1 日現在）結果調査」 2023 年
https://www.mext.go.jp/content/000254995.pdf
・文部科学省『児童生徒の健康に留意して ICT を活用するためのガイドブック（令和 4 年 3 月改訂版）』2022 年
https://www.mext.go.jp/a_menu/shotou/zyouhou/detail/20220329-mxt_kouhou02-1.pdf

Chapter 7

児童生徒の生活習慣が関係する疾患

生活習慣病は日本人の主な死因であり、健康寿命を伸ばすために生活習慣の改善を図ることは、今や常識である。生活習慣病には、悪性新生物（がん）や心疾患、糖尿病等の病気が思い浮かぶが、生活習慣が関係する疾患はほかにもある。食習慣に関連した貧血やアレルギー、睡眠習慣の乱れによる自律神経の失調、不十分な歯磨きによるむし歯等、学童期や思春期における疾病・異常にも、生活習慣は深く結びついている。このChapterでは、児童生徒の生活習慣が関係する疾患のいくつかを紹介し、①どのような疾患か、②疾患の現状、③予防・対策と学校現場での留意点から整理する。将来の病気予防だけでなく、教員として目の前の児童生徒の生活習慣の課題とどう向き合い、その疾患や体調不良にいかに対処するかを意識して学習を進めてほしい。

Section 1 生活習慣病の現状

2021（令和3）年の日本人の主な死因（図7-1）は、悪性新生物（がん）、心疾患、脳血管疾患が5割近くを占めている。これらの病気は、食事、運動、睡眠、喫煙、飲酒等と関わりが深く、生活習慣病と呼ばれる。不適切な生活習慣は、様々な疾患と関連し、活動的な生活を送ることの妨げとなる。食行動の乱れや運動不足は思春期頃に始まり、年月とともにより習慣が強化されるため、早期からの望ましい習慣の形成・継続が重要となる。生活習慣と関連する疾患（表7-1）は、年齢とともに被患率が高まるものが多いが、なかには、中高生年代で被患率が急激に増加するものや、幼少期に多く、年齢とともに被患率が低下するものもあり、実に様々である。

図 7-1 日本人の主な死因

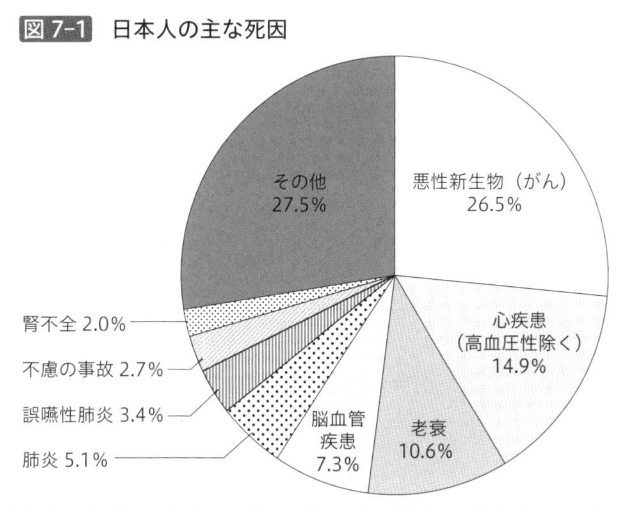

出典：厚生労働省「令和３年人口動態統計月報年計（概数）の概況」2021 年　p.10 を改変

表 7-1 生活習慣と関連疾患

関連疾患等	生活習慣	関連疾患等	生活習慣
肥満	食習慣、運動不足など	近視	画面の視聴など
2 型糖尿病	食習慣、運動不足など	鉄欠乏性貧血	食習慣など
高脂血症	食習慣など	起立性調節障害	睡眠、朝食など
肺がん	喫煙など	むし歯	食習慣、歯磨きなど
慢性気管支炎	喫煙など	歯周病	歯磨き、喫煙など
肝障害	飲酒など	便秘	食習慣、朝食など

Section 2 生活習慣が関係する疾患とその現状・対策

1 貧　血

(1) どのような疾患か

貧血とは、血液中のヘモグロビン量が正常より少なくなった状態をいう。診断基準は、成人男性で 13 g/dL 未満、成人女性で 12 g/dL 未満である。ヘモグロビンは酸素を全身に運搬する役割を果たしているため、ヘモグロビン量の低下は体に様々な不調をもたらす。貧血の症状は多岐にわたり、めまいや立ちくらみ、動悸・息切れ、蒼白、頭痛や眠気等がある。

貧血の種類はその原因により分類できる（表 7-2）。栄養性貧血は、ヘモグロビンの材料不足が原因で、鉄不足による鉄欠乏性貧血、ビタミン B12 や葉酸の欠乏による巨赤芽球性貧血がある。溶血性貧血は、赤血球の破壊が原因で、免疫系が正常な赤血球を壊す自己免疫性溶血性貧血、激しい運動の衝撃で赤血球が壊されるスポーツ貧血がある。また、骨髄の造

表 7-2　貧血の種類

分類	種類	概要
栄養性貧血（材料の不足）	鉄欠乏性貧血	体内の鉄分が不足して、赤血球中のヘモグロビンが生成できなくなることで起こる貧血
	巨赤芽球性貧血	ビタミン B12 や葉酸が不足して、赤血球の成熟が進まず、巨赤芽球（赤血球になる前の若い細胞）ができる貧血
溶血性貧血（赤血球の破壊）	自己免疫性溶血性貧血	免疫系が、自己の正常な赤血球を破壊してしまうことで起こる貧血
	スポーツ貧血	激しい運動で踵を打ちつける等の衝撃により赤血球が破壊され、ヘモグロビンが血球外に溶出することで起こる貧血
無形成性貧血（工場の機能不全）	再生不良性貧血	骨髄の造血幹細胞が機能せず、赤血球、白血球、血小板のすべてが減少して起こる貧血
	赤芽球減少性貧血	骨髄の造血幹細胞が機能せず、赤芽球や網赤血球等が減少して起こる貧血

図 7-2　貧血の患者数

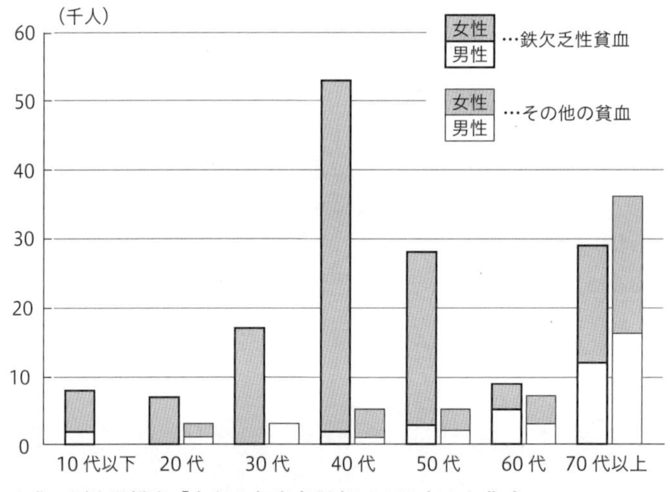

出典：厚生労働省「令和 2 年患者調査」2020 年より作成

血幹細胞が機能せず、必要なヘモグロビンを生成できないことによる無形成性貧血もある。

(2) 疾患の現状

図 7-2 は、2020（令和 2）年の貧血患者数である。貧血の種類は、50 歳代までの大半が鉄欠乏性貧血であり、女性の割合が圧倒的に高い。人間は男女とも 1 日 1 mg 未満の鉄を便、尿、汗から失うが、閉経前の女性は月に一度、月経として出血し（健常女性の場合、5 日前後で約 150 mL の出血）、15～20 mg の鉄分を失う。さらに、妊娠・授乳中は月経が止まるものの、月経で失う量以上の鉄を胎児・乳児の成長に費やしている。これらのことが、女性が貧血になりやすいことの背景にある。また近年、「かくれ貧血」と呼ばれる症状も注目されている。これは、血中のヘモグロビンは基準値を超えるものの、体内の貯蔵鉄（フェリ

チン）が不足し、潜在的な貧血に陥っている状態を指す。厚生労働省の「平成21年国民健康・栄養調査」では、20～40歳代女性の約65%がかくれ貧血である報告もなされている。ヘモグロビンが基準値を満たすのに、調子が悪い、疲労感がとれない等の症状が続く場合は、かくれ貧血の可能性がある。

(3) 予防・対策と学校現場での留意事項

対策方法は貧血の種類で異なるが、ここでは鉄欠乏性貧血を中心に述べる。鉄欠乏性貧血は、体内の鉄が不足している状態のため食事等で補うこととなる。ポイントを以下に示す。

①3食きちんと食べる：欠食や偏食は、鉄分摂取の機会を減らす。無理なダイエットや食事制限も禁物である。
②良質なタンパク質を含む食品をとる：体の発育に伴い、血液や筋肉が増加するため、その分、良質なタンパク質が必要となる。
③鉄の多い食事を充分にとる：人間は体内で鉄をつくれないため、鉄は主に食べ物から補う。
④ビタミンCを充分にとる：ビタミンCには、鉄の吸収を助ける働きがある。
⑤ビタミンB12と葉酸もとる：これらの栄養素も、血液をつくる際に重要な役割を果たす。
⑥食事中や食後のタンニンの摂取は控える：緑茶、コーヒー、紅茶等に含まれるタンニンは、鉄の吸収を妨げる。

貧血のリスクが高い者には、スポーツ選手も含まれる。選手が行う過度な食事制限やオーバーワークは鉄欠乏性貧血の要因となるとともに、競技中の足裏の衝撃でスポーツ貧血となる可能性がある。また、鉄分サプリメントの過量使用や鉄剤の静脈内注射が行われる事例もあるが、過剰摂取された鉄は、肝臓、心臓等の臓器に蓄積し、悪影響を及ぼす恐れもある。

2 起立性調節障害

(1) どのような疾患か

起立性調節障害（Orthostatic Dysregulation：OD）は、脳貧血を主症状とする疾患で、自律神経の失調のために起きる。自律神経は、内臓や代謝、体温といった全身の機能を調節しているが、その役割の一つが血流の調節である。自律神経が体の位置や姿勢（特に起立時）によってうまく調節されず、脳に流れる血液が急に少なくなる。これにより、倦怠感、集中できない、気分が重い等の症状が現れる。これらの症状は午前中に現れることが多いため、授業に遅刻したり、集中できなかったりすることで、学業に支障をきたす場合も少なくない。

これらの症状は、貧血と類似する点も多いが、その原因は大きく異なる。貧血は、血中のヘモグロビン量が少なくなった状態であり、基準に従い明確な診断が可能である。しかし、起立性調節障害は、自律神経の失調により生じるため、血液検査や画像検査（頭部CT）では、異常が見つからないことが多い。診断は、図7-3の手順に従い、身体症状の有無と、各種検査による基礎疾患の確認、新起立試験によるサブタイプの判定等を経て確定する。

図 7-3 起立性調節障害の診断の手順

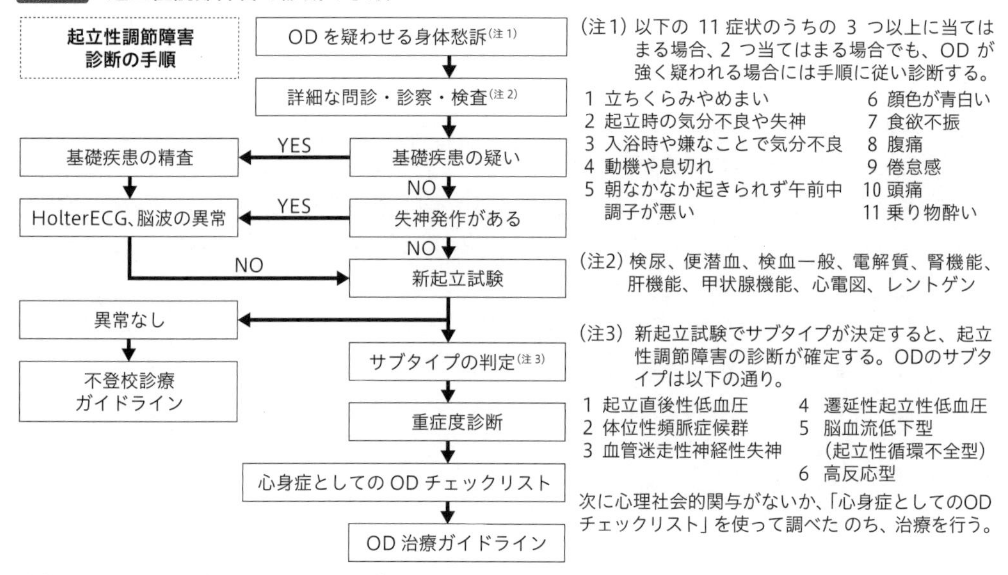

出典：起立性調節障害 Support Group「起立性調節障害診断の手順」より作成
https://www.od-support.com/%E8%A8%BA%E6%96%AD-%E6%B2%BB%E7%99%82/

図 7-4 起立性調節障害の陽性率（左）と中高生の症状別の頻度（右）

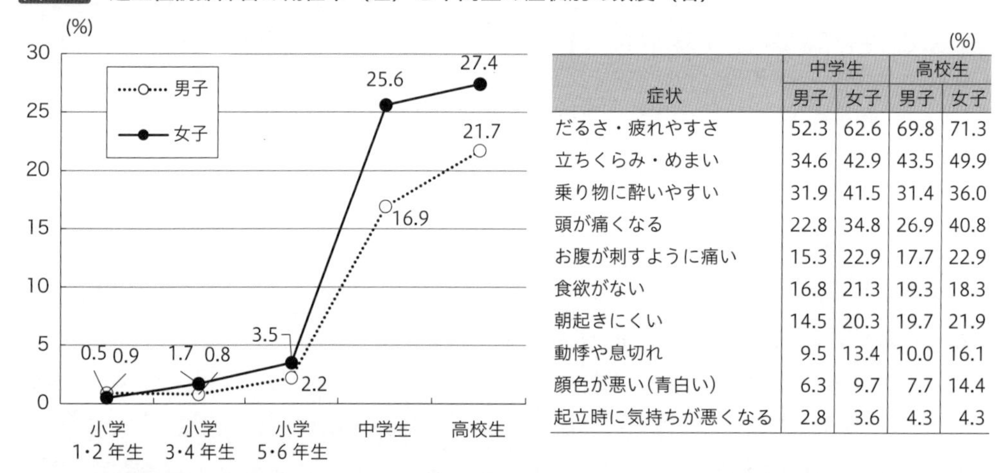

(%)

症状	中学生		高校生	
	男子	女子	男子	女子
だるさ・疲れやすさ	52.3	62.6	69.8	71.3
立ちくらみ・めまい	34.6	42.9	43.5	49.9
乗り物に酔いやすい	31.9	41.5	31.4	36.0
頭が痛くなる	22.8	34.8	26.9	40.8
お腹が刺すように痛い	15.3	22.9	17.7	22.9
食欲がない	16.8	21.3	19.3	18.3
朝起きにくい	14.5	20.3	19.7	21.9
動悸や息切れ	9.5	13.4	10.0	16.1
顔色が悪い(青白い)	6.3	9.7	7.7	14.4
起立時に気持ちが悪くなる	2.8	3.6	4.3	4.3

出典：日本学校保健会『平成 22 年度 児童生徒の健康状態サーベイランス事業報告書』2012 年 pp.80-81 より作成

(2) 疾患の現状

図 7-4 は、2010（平成 22）年度に報告された起立性調節障害の陽性率と症状別頻度である。これをみると、陽性率は中学生以降で大きく増加し、男子に比べて女子で陽性率が高く、症状では「だるさ・疲れやすさ」や「立ちくらみ・めまい」「乗り物酔い」「頭痛」が多い。

起立性調節障害が、主に思春期と呼ばれる時期に多い背景は様々に考えられる。まず、第二次性徴では、身体のあらゆる機能が大人へと変化し、その変化において循環器系の調節がうまくいかなくなることがある、また、急速な発育により、脳と心臓との距離が急に離れ、心臓から出た血液が脳に到達しづらくなる。さらに、中高生は、人間関係や学業でストレスを感じやすい時期であり、ストレスの高さと起立性調節障害との関連も指摘されている。

(3) 予防・対策と学校現場での留意事項

まず重要なのは、規則正しい生活を送ることである。下肢を中心とした適度な運動は、心肺機能、筋力、自律神経機能を向上させる。水分を十分にとること（目安は 1 日 1.5～2.0 L）は、体内の水分量を増やし血圧を安定させ、少し塩分の多い食事も有効とされる。夜更かしや朝寝坊をせず、睡眠リズムを一定に保つことも、自律神経を整えるうえで非常に重要である。また、昇圧剤の服用や、腹部バンド等の着用で、血圧低下を防ぐという対策方法もある。

教員の立場からの対応として、本人の生活習慣の見直しや助言を行うことは可能であるが、本人の不安や周囲の反応に気を配る必要もあるだろう。起立性調節障害の子どもは、朝に起床困難があり遅刻・欠席を繰り返すが、夕方には症状が改善される場合も多い。そのため、周囲から単に「怠け者」ととらえられる可能性があり、反抗期と重なり、親子関係が悪化する例もある。この障害は身体疾患であり、根性や気持ちではどうにもならないことを踏まえ、本人への言葉かけに配慮し、登校時の不安や学習の遅れを減らす工夫が必要である。また、保護者の悩みやストレスに対して、適切なコミュニケーションを図ることも重要である。

3 むし歯（う歯）・歯周病

(1) どのような疾患か

むし歯（う歯）は、むし歯の原因菌が出す酸により歯が溶かされ、進行すると穴が空いてしまう病気で、「歯の質」「食物（糖質）」「細菌」の 3 条件が重なり、時間経過とともに進行する。原因菌の感染ルートの認知拡大や歯磨き習慣の定着を背景として、児童生徒のむし歯の被患率は低下している。学校健康診断では、健全歯とむし歯（C）に加えて、「要観察歯（CO）」が診査される。CO は、ただちに治療の必要はないが、今の手入れではいずれむし歯になる可能性があることを示すため、適切な保健指導によるむし歯予防が重要になる。

歯周病とむし歯は歯科の二大疾患で、成人が歯を失う原因の大半を占めている。歯周病は、歯と歯ぐきの間から細菌が侵入し、歯肉に炎症が起こる歯肉炎と、歯を支える骨が溶かされグラグラになる歯周炎を合わせたものをいう。歯周病は歯肉炎から始まり、痛みがほとんどなく放置していると、進行して歯周炎になる。子どもの歯周病の大半は歯肉炎で、幼児から中高生まで広くみられるが、適切な歯磨きで赤みや出血は改善する。学校健康診断では、歯肉炎（G）と歯周炎（P）に加え、効果的な歯磨きで改善する歯肉炎が「GO」と診査される。

(2) 疾患の現状

図 7-5 は、2019（令和元）年度のむし歯の被患率である。被患率は 8 歳頃をピークとして、歯の生え替わりに合わせて 12 歳頃まで低下し、その後増加する。また、むし歯のある者の

図 7-5　むし歯の被患率

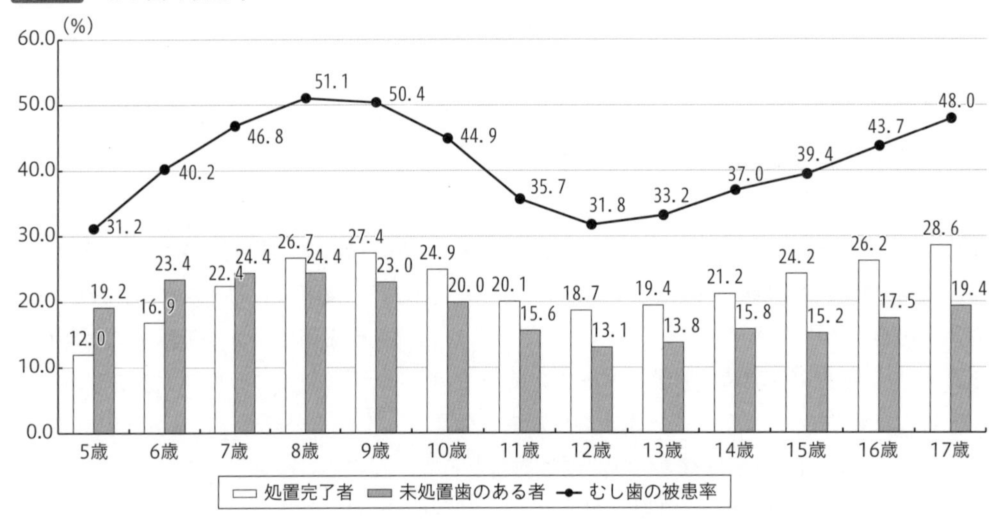

出典：文部科学省「令和元年度学校保健統計調査」2020 年　p.17 を改変

図 7-6　歯周ポケット（4 mm 以上）を有する者の割合の年次推移

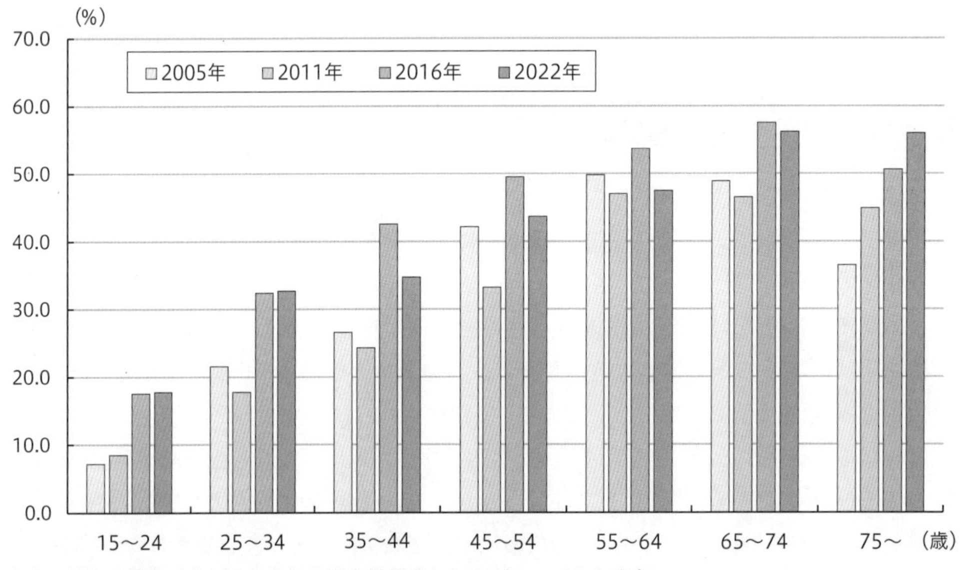

出典：厚生労働省「令和 4 年歯科疾患実態調査」2023 年　p.23 を改変

うち、8 歳以降は、処置完了者の割合が未処置歯のある者の割合を上回っている。

図 7-6 は、初期の歯周病と診断される歯周ポケット 4 mm 以上の割合の推移である。15～24 歳の区分は、ほかの区分と比較して低いものの、2022（令和 4）年度では、2005（平成 17）年度と比べて 10%程度増加している。むし歯の被患率が低下する一方で、歯周病が増加傾向にある現状は、学校関係者も認識しておくべきであり、早期からの対策が必要である。

（3）予防・対策と学校現場での留意事項

歯・口の健康づくりは、歯の生え替わりを体験できる、行動の結果が評価しやすい、話題の共通性が高い等、健康教育題材としての有効性は高いとされている。児童生徒の口腔環境改善への学校の役割は大きく、年齢段階に合わせた教育・指導を行う必要がある。

ここでは、歯科保健指導の例として、健康診断の事前・事後措置の方法を確認する。まず、事前措置では、子どもが主体的に健康診断を受けるため、教育活動全体での働きかけや意識づけを行うことが大切である。たとえば、健康診断のねらいや心構え、昨年度の結果の伝達、掲示板に専門用語の解説や歯・口腔の清掃の資料を掲示し、意識向上を図るのも有効である。また、健康診断は、事後措置が十分に行われてはじめて意義あるものとなる。結果をただ配布するのでなく、子どもが自身の健康課題に気づき、それを解決しようとする態度を大切にしたい。子どもへの指導の多くは学級担任等が行うが、養護教諭や学校歯科医と連携し、昼休みや放課後等の適当な時間に、個別あるいは同じ課題をもつ小集団での指導が有効となる。

4 アレルギー

（1）どのような疾患か

私たちの体には、細菌やウイルス等の異物から身を守るための「免疫」というシステムが備わっている。この免疫が、特定の異物に対して過剰に反応し、体に様々な症状が起こる状態を「アレルギー」という。主な症状は、涙目や目のかゆみ、鼻水、発疹、くしゃみ等があるが、重篤な場合、呼吸困難や血圧低下、意識障害を伴うこともある。アレルギー反応における重篤な症状の発生は、アナフィラキシーショックと呼ばれ、命に関わる場合もある。また、アレルギーは年齢により症状が異なるケースが多い。子どもの成長に伴い発症しやすいアレルギーが変化することは、「アレルギーマーチ」と呼ばれている。典型例は、乳幼児期のアトピー性皮膚炎から、食物アレルギー、ぜん息、アレルギー性鼻炎が順に出現するパターンである。当然、疾患の現れ方の個人差は大きく、ぜん息や花粉症がより低年齢で発症する場合もある。

（2）疾患の現状

アレルギーの被患率（図 7-7）は、2022（令和 4）年度で、小中高生を合わせてアレルギー性鼻炎が 17.5%、アレルギー性結膜炎が 6.5%、食物アレルギーが 6.3%で、特に、アレルギー性鼻炎の増加が顕著である。アレルギー性鼻炎には、ダニやホコリ等で年間を通して鼻炎症状がある通年性アレルギー性鼻炎と、スギやヒノキの花粉等の飛散時期だけに鼻炎症状がある季節性アレルギー性鼻炎がある。アレルギー性鼻炎の児童生徒には、症状により授業に集中できない、花粉を避けるために運動場の遊びを控えるといった影響もみられる。

食物アレルギーは、特定の食物を食べたり、触れたりした後にアレルギー反応が現れる疾患である。表 7-3 は、学校が把握している食物アレルギーの児童生徒の原因食物（アレルゲン）の割合だが、鶏卵や果物類の割合が高い。木の実類やピーナッツは、年齢とともに割

図 7-7　アレルギーの被患率

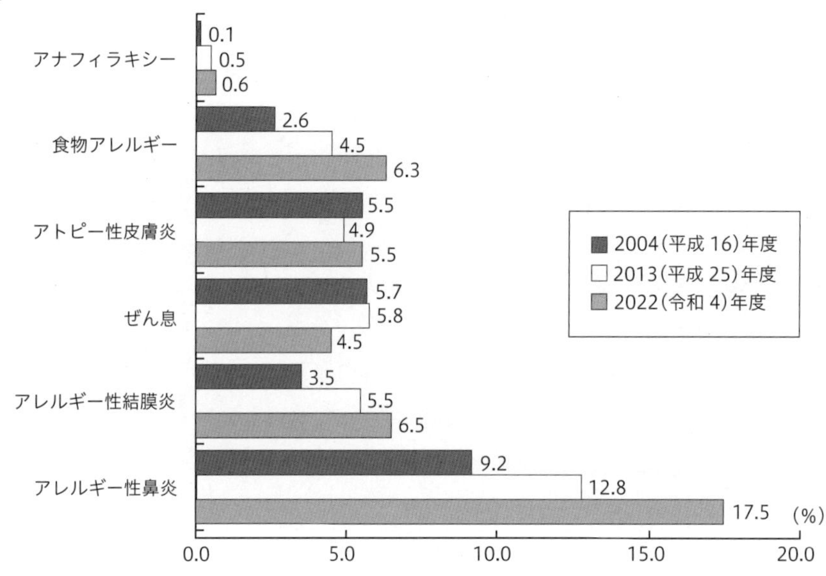

出典：日本学校保健会『令和 4 年度　アレルギー疾患に関する調査報告書』2023 年　p.16 を改変

表 7-3　食物アレルギーの原因食物（アレルゲン）の割合

(%)

原因食物	小学校	中学校	高等学校
鶏卵	29.7	22.0	20.0
牛乳・乳製品	13.0	10.3	6.9
小麦	3.3	2.8	2.8
ピーナッツ	13.0	9.9	7.7
甲殻類	11.6	16.9	20.5
木の実類	16.2	9.1	7.2
果物類	20.3	29.7	31.1

出典：日本学校保健会『令和 4 年度　アレルギー疾患に関する調査報告書』2023 年　p.18 より作成

合が下がる一方、甲殻類は年齢とともに上昇する。牛乳・乳製品は、小中学生で 10% を超えるが、給食ではほぼ毎日牛乳が出されることが多く、日常的に対策を行う必要がある。

(3) 予防・対策と学校現場での留意事項

多くの学校では、年度初めに各家庭に保健調査票の提出を求めるが、調査票にはアレルギー記入欄があり、食物アレルギーは原因食物（アレルゲン）の回答も求めている。また、学校生活で特別な配慮や管理が必要な児童生徒については、主治医や学校医が「学校生活管理指導表」(図 7-8) を作成し、保護者が学校に提出する。これにより、児童生徒のアレルギーを事前把握し、組織的・計画的な対応が行われる。さらに、家庭訪問や個人面談等、保護者とのコミュニケーションの機会に改めて情報を確認し、信頼関係を築くことも重要である。

図 7-8 学校生活管理指導表（アレルギー疾患用）

【表】学校生活管理指導表（アレルギー疾患用）

名前＿＿＿＿＿＿（男・女）＿＿年＿＿月＿＿日生　＿＿年＿＿組　提出日＿＿年＿＿月＿＿日

※この生活管理指導表は、学校の生活において特別な配慮や管理が必要となった場合に医師が作成するものです。

アナフィラキシー（あり・なし）／食物アレルギー（あり・なし）

病型・治療

A　食物アレルギー病型（食物アレルギーありの場合のみ記載）
1．即時型
2．口腔アレルギー症候群
3．食物依存性運動誘発アナフィラキシー

B　アナフィラキシー病型（アナフィラキシーの既往ありの場合のみ記載）
1．食物　（原因　）
2．食物依存性運動誘発アナフィラキシー
3．運動誘発アナフィラキシー
4．昆虫　（　）
5．医薬品　（　）
6．その他　（　）

C　原因食物・除去根拠　該当する食品の番号に○をし、かつ《　》内に除去根拠を記載
1．鶏卵　《　》
2．牛乳・乳製品《　》
3．小麦　《　》
4．ソバ　《　》
5．ピーナッツ《　》
6．甲殻類　《　》（すべて・エビ・カニ　）
7．木の実類　《　》（すべて・クルミ・カシュー・アーモンド　）
8．果物類　《　》（　）
9．魚類　《　》（　）
10．肉類　《　》（　）
11．その他1　《　》（　）
12．その他2　《　》（　）

[除去根拠]　該当するもの全てを《　》内に記載
①明らかな症状の既往　②食物経口負荷試験陽性
③IgE抗体等検査結果陽性　④未摂取
（　）に具体的な食品名を記載

D　緊急時に備えた処方薬
1．内服薬（抗ヒスタミン薬、ステロイド薬）
2．アドレナリン自己注射薬（「エピペン®」）
3．その他　（　）

学校生活上の留意点

A　給食
1．管理不要　2．管理必要

B　食物・食材を扱う授業・活動
1．管理不要　2．管理必要

C　運動（体育・部活動等）
1．管理不要　2．管理必要

D　宿泊を伴う校外活動
1．管理不要　2．管理必要

E　原因食物を除去する場合により厳しい除去が必要なもの
※本欄に○がついた場合、該当する食品を使用した料理については、給食対応が困難となる場合があります。
鶏卵：卵殻カルシウム
牛乳：乳糖・乳清焼成カルシウム
小麦：醤油・酢・味噌
大豆：大豆油・醤油・味噌
ゴマ：ゴマ油
魚類：かつおだし・いりこだし・魚醤
肉類：エキス

F　その他の配慮・管理事項（自由記述）

【緊急時連絡先】
★保護者
電話：
★連絡医療機関
医療機関名：
電話：

記載日　年　月　日
医師名　㊞
医療機関名

気管支ぜん息（あり・なし）

病型・治療

A　症状のコントロール状態
1．良好　2．比較的良好　3．不良

B-1　長期管理薬（吸入）　薬剤名　投与量／日
1．ステロイド吸入薬　（　）（　）
2．ステロイド吸入薬／長時間作用性吸入ベータ刺激薬配合剤　（　）（　）
3．その他　（　）（　）

B-2　長期管理薬（内服）　薬剤名
1．ロイコトリエン受容体拮抗薬　（　）
2．その他　（　）

B-3　長期管理薬（注射）　薬剤名
1．生物学的製剤　（　）

C　発作時の対応　薬剤名　投与量／日
1．ベータ刺激薬吸入　（　）（　）
2．ベータ刺激薬内服　（　）（　）

学校生活上の留意点

A　運動（体育・部活動等）
1．管理不要　2．管理必要

B　動物との接触やホコリ等の舞う環境での活動
1．管理不要　2．管理必要

C　宿泊を伴う校外活動
1．管理不要　2．管理必要

D　その他の配慮・管理事項（自由記述）

【緊急時連絡先】
★保護者
電話：
★連絡医療機関
医療機関名：
電話：

記載日　年　月　日
医師名　㊞
医療機関名

（公財）日本学校保健会 作成

【裏】学校生活管理指導表（アレルギー疾患用）

名前＿＿＿＿＿＿（男・女）＿＿年＿＿月＿＿日生　＿＿年＿＿組　提出日＿＿年＿＿月＿＿日

アトピー性皮膚炎（あり・なし）

病型・治療

A　重症度のめやす（厚生労働科学研究班）
1．軽症：面積に関わらず、軽度の皮疹のみ見られる。
2．中等症：強い炎症を伴う皮疹が体表面積の10%未満に見られる。
3．重症：強い炎症を伴う皮疹が体表面積の10%以上、30%未満に見られる。
4．最重症：強い炎症を伴う皮疹が体表面積の30%以上に見られる。
*軽度の皮疹：軽度の紅斑、乾燥、落屑主体の病変
*強い炎症を伴う皮疹：紅斑、丘疹、びらん、浸潤、苔癬化などを伴う病変

B-1　常用する外用薬
1．ステロイド軟膏
2．タクロリムス軟膏（「プロトピック®」）
3．保湿剤
4．その他　（　）

B-2　常用する内服薬
1．抗ヒスタミン薬
2．その他
[　]

B-3　常用する注射薬
1．生物学的製剤

学校生活上の留意点

A　プール指導及び長時間の紫外線下での活動
1．管理不要　2．管理必要

B　動物との接触
1．管理不要　2．管理必要

C　発汗後
1．管理不要　2．管理必要

D　その他の配慮・管理事項（自由記述）

記載日　年　月　日
医師名　㊞
医療機関名

アレルギー性結膜炎（あり・なし）

病型・治療

A　病型
1．通年性アレルギー性結膜炎
2．季節性アレルギー性結膜炎（花粉症）
3．春季カタル
4．アトピー性角結膜炎
5．その他　（　）

B　治療
1．抗アレルギー点眼薬
2．ステロイド点眼薬
3．免疫抑制点眼薬
4．その他　（　）

学校生活上の留意点

A　プール指導
1．管理不要　2．管理必要

B　屋外活動
1．管理不要　2．管理必要

C　その他の配慮・管理事項（自由記載）

記載日　年　月　日
医師名　㊞
医療機関名

アレルギー性鼻炎（あり・なし）

病型・治療

A　病型
1．通年性アレルギー性鼻炎
2．季節性アレルギー性鼻炎（花粉症）
主な症状の時期：　春、夏、秋、冬

B　治療
1．抗ヒスタミン薬・抗アレルギー薬（内服）
2．鼻噴霧用ステロイド薬
3．舌下免疫療法（ダニ・スギ）
4．その他　（　）

学校生活上の留意点

A　屋外活動
1．管理不要　2．管理必要

B　その他の配慮・管理事項（自由記載）

記載日　年　月　日
医師名　㊞
医療機関名

学校における日常の取組及び緊急時の対応に活用するため、本票に記載された内容を学校の全教職員及び関係機関等で共有することに同意します。

保護者氏名＿＿＿＿＿＿

（公財）日本学校保健会 作成

出典：文部科学省初等中等教育局健康教育・食育課監修『学校のアレルギー疾患に対する取り組みガイドライン（令和元年度改訂）』日本学校保健会　2020 年　pp.12-13

食物アレルギー対応は、文部科学省が2015（平成27）年に「学校給食における食物アレルギー対応指針」で、具体的な対応内容を示している。また、家庭科の調理実習、宿泊を伴う校外学習等でも、食物アレルギーの配慮と対応が必要となる。さらに、保健体育教員は、アレルゲンの食物をとるだけでは起こらず、その後の運動によって出現する「食物依存性運動誘発アナフィラキシー」に留意すべきである。中高校生から青年期に多く、通常食後2時間以内に運動した場合に発症する。保健体育の授業だけで生徒と顔を合わせる場合でも、学級担任や養護教諭と情報を共有し、緊急時の対応への準備が必要である。

エピペン®は、アナフィラキシーの発症時、アドレナリンを注射するための注射針一体型自己注射用製剤で、医師の治療を受けるまでに、症状進行を一時的に緩和する目的で使用される。エピペン®は、処方可能登録医が既往歴やリスクに応じて処方するが、子どもの場合、緊急時に居合わせた教員等が代わりに注射することは許容される。衣服の上から打つことができ、太もも外側の筋肉（かつ太ももの付け根と膝の真ん中）に打つのが安全とされる。

5 熱中症

(1) どのような疾患か

熱中症とは、「暑熱環境下にある、あるいは運動等により体内で多くの熱を作るような条件下にある者が発症し、体温を維持するための生理的な反応より生じた失調状態から、全身の臓器の機能不全に至るまでの連続的な病態」とされる。表7-4には、熱中症の4つの病態を示しているが、各症状の重症度は連続的にとらえることができる。症状の種類や現れ方で重症度を判断し、対処方法や医療機関の受診を速やかに検討することが重要である。

(2) 疾患の現状

6~9月の熱中症による救急搬送者数では、5万人を超える状況が近年続いており

表7-4 熱中症の病態（左）と重症度（右）

熱失神	熱疲労
皮膚血管の拡張と下肢への血流貯留のために血圧が低下することが原因。脳血流が減少し、めまいや立ちくらみが起こる。	脱水により、全身倦怠感、脱力感、めまい、吐き気、嘔吐、頭痛などの症状が起こる。体温上昇は顕著ではない。
熱けいれん	**熱射病**
大量の発汗で血液の塩分濃度が低下することが原因。四肢や腹筋のけいれんと筋肉痛が起こる。	体温調節が破綻し、高体温と意識障害が起こるのが特徴。脳や内臓などの全身の多臓器障害を合併し、死亡率が高い。

分類	症状	処置
III度（重症）	意識不明、真っ直ぐ歩けない 体が異常に熱い	119番通報 入院
II度（中等症）	頭痛、吐き気、嘔吐、全身倦怠感 意識がなんとなくおかしい	速やかに医療機関を受診
I度（軽症）	めまい、立ちくらみ、足のけいれん 手足のしびれ、汗が止まらない	現場で応急処置 安静・冷却・水分補給

（図 7-9）、死亡者数は、2018（平成 30）年で 159 人、2019（令和元）年で 118 人、2020（同 2）年で 112 名となっている。また、救急搬送数の週別集計（図 7-10）では、7 月中旬～下旬に搬送数が急増している。悪天候の多い梅雨を避け、7 月に学校行事や校外学習を行う学校もあるが、この時期に熱中症のリスクが最も高まることを認識しておくことが重要である。

(3) 予防・対策と学校現場での留意事項

熱中症の手当の基本は、「休息（Rest）・冷却（Ice）・水分補給（Water）」である。熱中症が疑われる場合は、まず傷病者を安静が保てる環境に運び、衣服を緩めたり脱がせたりして、体を冷却しやすい状態にする。熱中症は重篤な場合、深部体温が 40.5 度を超えると、30 分程で臓器にダメージが出始めるとされる。そのため、救急車到着までに、いかに早く効率的に体を冷やすかが重要となる。さらに、傷病者が水を飲める状態であれば、吸収・浸透効率がよい経口補水液等を補給する。

熱中症発症時は上記の処置を行うが、教育活動を計画・実施する教員にとって、そもそも

図 7-9　熱中症の 6-9 月の救急搬送者数

（千人）

2014	2015	2016	2017	2018	2019	2020	2021	2022	2023（年）
40.0	52.9	47.6	49.6	92.7	66.9	64.9	46.3	68.4	87.8

出典：消防庁「令和 5 年（5 月から 9 月）の熱中症による救急搬送状況」2023 年を改変

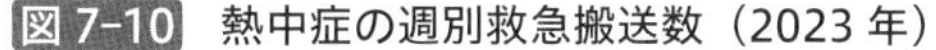
図 7-10　熱中症の週別救急搬送数（2023 年）

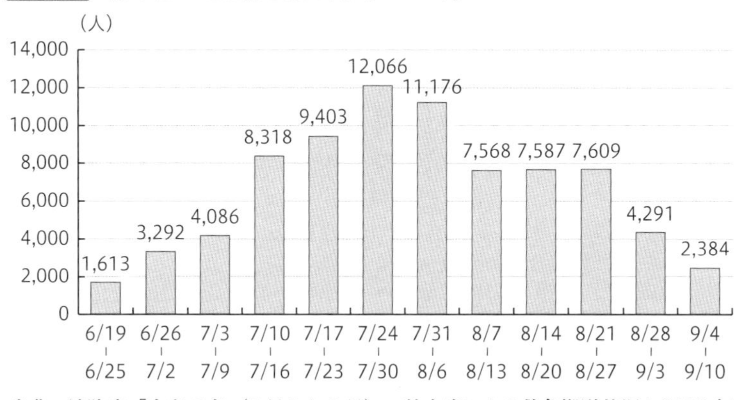

出典：消防庁「令和 5 年（5 月から 9 月）の熱中症による救急搬送状況」2023 年

図 7-11　WBGT 計

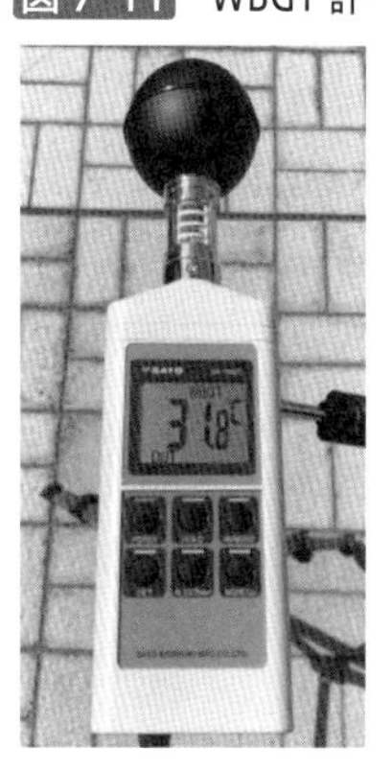

表 7-5　熱中症予防運動指針

WBGT	湿球温度	乾球温度		
▲	▲	▲	運動は原則中止	特別の場合以外は運動を中止する。特に子どもの場合には中止すべき。
31	27	35	厳重注意（激しい運動は中止）	激しい運動や持久走など体温が上昇しやすい運動は避ける。10〜20 分おきに休憩をとり水分・塩分を補給する。暑さに弱い人は運動を軽減または中止。
▲	▲	▲		
28	24	31	警戒（積極的に休憩）	積極的に休憩をとり、適宜水分・塩分を補給する。激しい運動は、30 分おきくらいに休憩をとる。
▲	▲	▲		
25	21	28	注意（積極的に水分補給）	熱中症の兆候に注意するとともに、運動の合間に積極的に水分・塩分を補給する。
▲	▲	▲		
21	18	24	ほぼ安全（適宜水分補給）	通常は熱中症の危険は小さいが、適宜水分・塩分の補給は必要である。市民マラソンなどでは、この条件でも熱中症が発生するので注意。
▲	▲	▲		

出典：日本スポーツ協会『スポーツ活動中の熱中症予防ガイドブック』2019 年を改変

熱中症を発症させない対策を行うことが何より重要である。表 7-5 は、日本スポーツ協会が示す熱中症予防運動指針である。このなかで、暑熱環境の評価には、WBGT（Wet Bulb Globe Temperature：湿球黒球温度、暑さ指数）が望ましいとされる。WBGT は、①湿度・②周辺の熱環境（日射、輻射等）・③気温を考慮した指標で、31 を超えると運動は原則中止となる。WBGT は、WBGT 計（図 7-11）で湿球温度、黒球温度、乾球温度から以下の式で求める。

屋外での算出式：WBGT ＝　0.7×湿球温度＋0.2×黒球温度＋0.1×乾球温度
屋内での算出式：WBGT ＝　0.7×湿球温度＋0.3×黒球温度

暑熱環境の評価に加え、「暑熱馴化」（体が暑さに慣れること）の視点も重要である。体が暑さに慣れていないと、体温調節が十分に機能せず、熱中症のリスクが高まる。本格的な暑さが始まる前に、暑さに慣れるための活動を、生活に意図的に組み込むことも有効である。

Section 3　運動やスポーツが健康に及ぼす影響

1　身体的な健康への効果

運動やスポーツの身体的な効果は、骨や筋肉、内臓、毛細血管の発達、体力向上、肥満防止、食欲の維持等、様々である。また、運動をよく行う者は、虚血性心疾患、高血圧、糖尿病、肥満等の罹患率が低いことが認められ、高齢者の歩行等の身体活動が生活習慣病の予防につながるとされている。ただし、過度な運動や不適切な方法での運動実施には注意すべきである。特に、発育急進期の子どもたちにとっては、ケガやオーバートレーニング症候群につながる危険性が高いため、適切な量と方法により運動を実施することが重要である。

2 精神的な健康への効果

運動・スポーツの実施には、緊張・ストレス軽減や気分転換等、精神面の効果も認められている。運動・スポーツ実施者は、日常生活に充実感を感じている割合が高く、実施頻度が上がれば、その割合が高まることが報告されている（表 7-6）。また、余暇の身体活動が抑うつのリスクを下げることや、青年期の運動部・スポーツクラブへの継続参加が慢性的なストレスを減らす可能性があること等が報告されている。

上記に加え、運動・スポーツがもたらす効果として、身体的・精神的な効果に加え、「人と人との交流」を挙げる者も多い（表 7-7）。そのため、運動やスポーツは、人と人とのつながりをつくり、交流を深める場として、人々の社会的な健康にも貢献していると考えられる。

表 7-6　運動の実施頻度と日常の充実感

「あなたは日常生活の中で、どの程度充実感を感じていますか。」　(%)

直近 1 年の運動頻度	感じている	感じていない	わからない
週 3 日以上	75.8	21.8	2.4
週に 1～2 日	70.9	27.1	2.1
週 1 日未満	61.4	35.8	2.8
運動・スポーツはしたが頻度はわからない	47.7	37.0	15.4
運動・スポーツはしなかった・わからない	44.3	42.0	13.6

出典：スポーツ庁「令和元年度スポーツの実施状況等に関する世論調査」2022 年　p.17 を改変

表 7-7　運動・スポーツの効果

(%)

	全体	男性	女性
健康・体力の保持増進	72.6	70.0	75.2
人と人との交流	43.4	40.5	46.3
精神的な充足感	42.1	40.3	43.8
リラックス、癒し、爽快感	29.8	26.7	32.9
達成感の獲得	28.8	26.0	31.5
豊かな人間性	28.0	26.6	29.4
フェアプレイ精神の醸成	27.5	27.3	27.7
他者を尊重し協同する精神	24.1	23.1	25.2
青少年の健全な発育	20.7	19.7	21.6

出典：スポーツ庁「令和元年度スポーツの実施状況等に関する世論調査」2022 年　p.7 を改変

自分の１週間の生活習慣を評価し、その課題を確認しよう。生活習慣は、保健学習の内容として、どの校種でも共通して扱われ、児童生徒が自分の生活習慣の記録・評価を行うことは、有効な学習活動となっている。

記録する項目は、①起床時刻と就寝時刻、②朝食を食べたかどうか、③その日の運動時間（分）を基本として、適宜項目を追加する。授業時に、この１週間の生活習慣を振り返り、自分自身の課題を明確にしたうえで、それをグループ等で共有しよう。

学校や運動実施場所での WBGT（暑さ指数）の活用は拡大し、教員や運動指導者には、WBGT に基づく活動の計画・実施が求められる。そこで、普段の活動場所の WBGT を測定し、暑熱環境を評価してみよう。活動場所は、屋内・屋外問わず、運動場、体育館、ボランティア先の施設、部活動の活動場所等、自由に設定しよう。WBGT 計は、運動場や体育館、学校内に設置されていることが多く、手持ちタイプの WBGT 計があれば、どこでも測定可能である。

測定・評価項目は、①日付と時刻、②場所（屋内・屋外も明記）、③天候、④体感の暑さ、⑤運動実施の可否、⑥全体的な暑熱環境の評価（運動の行い方や環境の改善方法等）とする。

参考文献

・甲斐裕子・永松俊哉・山口幸生・徳島了「余暇身体活動および通勤時の歩行が勤労者の抑うつに及ぼす影響」『体力研究』第 109 巻　2011 年　pp.1-8.
・厚生労働省「平成 21 年国民・健康栄養調査報告」2011 年
・文部科学省「『生きる力』をはぐくむ学校での歯・口の健康づくり」2011 年
・文部科学省「学校給食における食物アレルギー対応指針」2015 年
・文部科学省「令和元年度学校保健統計調査」2020 年
・日本学校保健会『平成 22 年度 児童生徒の健康状態サーベイランス事業報告書』2012 年
・文部科学省初等中等教育局健康教育・食育課監修『学校のアレルギー疾患に対する取り組みガイドライン（令和元年度改訂）』日本学校保健会　2020 年
・日本スポーツ協会『スポーツ活動中の熱中症予防ガイドブック』（第 5 版）　2019 年
・永松俊哉・鈴川一宏・甲斐裕子・須山靖男・松原功・植木貴頼・小山内弘和・越智英輔・若松健太・青山健太「青年期における運動部・スポーツクラブ活動がストレスおよびメンタルヘルスに及ぼす影響—高校生を対象とした 15 か月間の縦断研究—」『体力研究』第 108 巻　2010 年
・厚生労働省「令和 3 年（2021）人口動態統計月報年計（概数）の概況」2021 年
・厚生労働省「令和 2 年（2020）患者調査」2020 年
・厚生労働省「令和 4 年歯科疾患実態調査」2023 年
・日本学校保健会『令和 4 年度 アレルギー疾患に関する調査報告書』2023 年
・消防庁「令和 5 年（5 月から 9 月）の熱中症による救急搬送状況」2023 年
・スポーツ庁「令和元年度スポーツの実施状況等に関する世論調査」2022 年

Chapter 8

感染性疾患

感染症は細菌やウイルスなどの微生物の侵入により発症し、感染経路や感染力、症状、治癒期間により分類されている。児童生徒や教職員が集団生活をする学校では感染症予防が重要であり、感染症の種類によっては出席停止や臨時休業が行われる。予防接種は感染症予防の一環として重要であり、種類や時期に応じた接種が定められている。

食中毒などの感染症ではウイルスによって除去方法が異なるので、教職員はそれぞれの感染症の予防方法や感染後の行動などを正しく理解し、法令に基づいた手順で対処する必要がある。

高校生になると性感染症の問題も浮上してくる。性感染症は症状が局所的であったり、潜伏期間が長かったりして表面化しにくく、また相互に感染させる可能性もありうる。教員は、基礎知識とともに感染防止行動や対処法を理解する必要がある。

Section 1 感染症

1 感染症とは

感染症とは、病原微生物（病原体）が人間をはじめとする動植物の体内に定着、増殖することによって生じる病気である。病原微生物の種類はその大きさや種類によって、表8-1に示すように分類されている。

原虫や真菌は、細胞内に遺伝子を格納する核が存在し、真核細胞になる。原虫は単細胞生物である寄生虫といってもよい。有性（オスとメス）生殖により増殖するものと、無性生殖により増殖するものがある。真菌はカビの仲間であり、無性生殖の一つである胞子などで増殖する。細菌は細胞核をもたない原核細胞であり、無性生殖である細胞分裂により増殖する。ウイルスの特徴として、その構造は核酸とそれを取り囲むタンパク質でできている。細菌などのように細胞壁や核などをもたない。そのため、乾燥させると「もの」としての性質、水分があると活動可能であり、生物と物質の中間的な存在である。また、ウイルスの増殖は細胞内に入って自己のDNAやRNAを複製して増殖する。

表 8-1 病原体の種類と特徴

病原体	特徴	大きさ	症状例
原虫	単細胞（真核細胞）の寄生虫	1～20 μm	マラリア
真菌	菌糸が成長と分枝（枝分かれ）によって発育する真核（核をもつ）細胞、カビの一種	3～40 μm	アスペルギルス、カンジタ
細菌	自己複製能力をもった原核（核をもたない）細胞	0.5～10 μm	サルモネラ、カンピロバクター
ウイルス	タンパクの外殻、内部に遺伝子（DNA、RNA）をもった非細胞性粒子	20～300 nm	インフルエンザ、コロナ、ノロ、ロタ

病原微生物の体内への侵入の仕方にはそれぞれ特徴があり、いずれも細胞内に侵入して細胞を破壊することにより症状を引き起こす。たとえば、原虫で最も有名なマラリア原虫は赤血球に寄生し、無性生殖を繰り返して、この時に赤血球が破壊されるために発熱や貧血といった症状が出る。インフルエンザは飛沫感染で呼吸器官に吸い込むことで、呼吸器官の細胞で増殖することが多い。

2 感染症の推移

図 8-1 は、主要死因別死亡率（人口 10 万人対）の長期推移を示す。第二次世界大戦前では、肺炎や胃腸炎、結核などの感染性疾患の死亡率が高かった。特に 1920（大正 9）年頃の肺炎の急増はインフルエンザであるスペイン風邪の流行によるものである。これらは 2019（令和元）年から始まった新型コロナウイルス感染症（COVID-19）の世界的大流行のちょうど 100 年前に当たる。また、結核は戦前・戦後の死因の第 1 位であった。結核の治療は自然治癒力を助長し、それを妨害するものを防ぐという原則に基づき、大気、安静、栄養療法が主な柱となっていた。1944（昭和 19）年に結核の有効な治療薬であるストレプトマイシンの開発により急激にその死亡率を低下させていった。近年では悪性新生物（がん）や心疾患が死因の第 1 位、2 位であり、肺炎が 3 位あるいは 4 位となっている。治療薬や抗生剤の開発により、感染性疾患による死亡率は低くなったが、インフルエンザや新型コロナウイルス感染症、またノロウイルスによる食中毒はいまだに毎年多くの感染者を発生させている。

3 感染症の予防

感染症は、病原体（感染源）、感染経路、感受性宿主の 3 つの要因が揃うことで感染する。したがって、これらの要因のうち、1 つでも取り除くことが有効である。具体的には、以下の感染症対策が重要な手段となる。

①感染源対策

消毒や殺菌等により感染源をなくす。多くの人の手が触れるドアノブ、手すり、ボタン、

図 8-1 主要死因別死亡率（人口 10 万人対）の長期推移

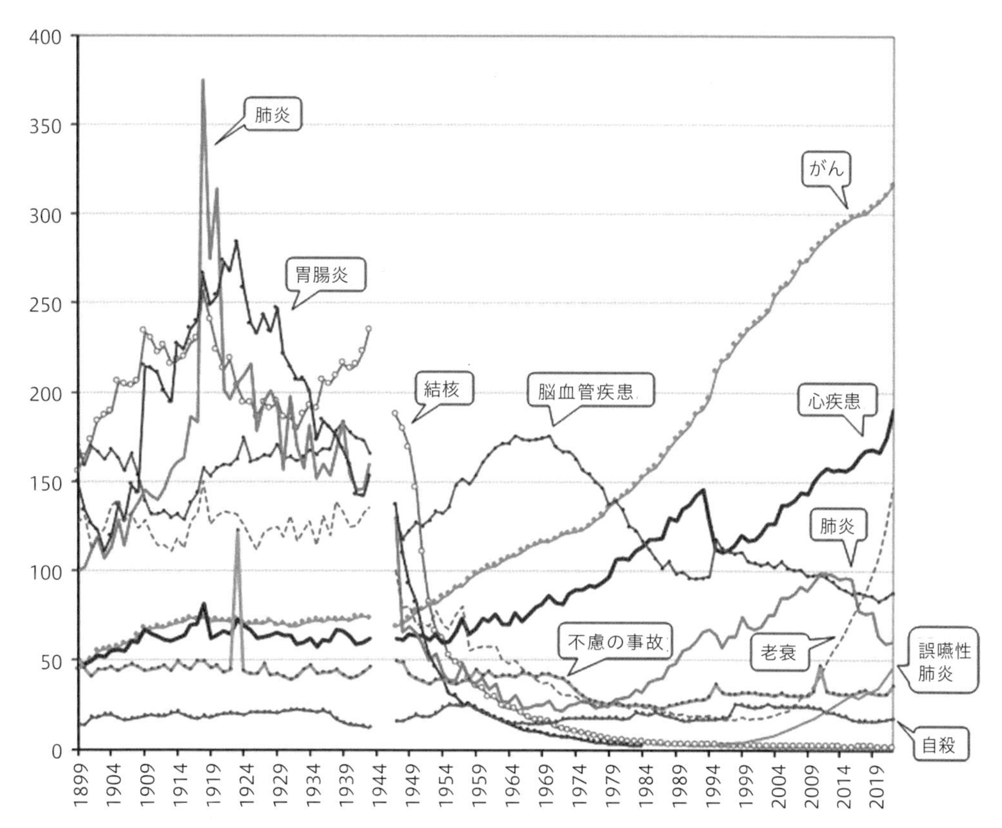

注：災害、事故などによる病気外の死因は「自殺」を除いて略。1994 年の心疾患の減少は、新しい死亡診断書（死体検案書）（1995 年 1 月 1 日施行）における「死亡の原因欄には、疾患の終末期の状態としての心不全、呼吸不全等は書かないでください」という注意書きの事前周知の影響によるものと考えられる。2017 年の「肺炎」の低下の主な要因は、ICD-10（2013 年版）（平成 29 年 1 月適用）による原死因選択ルールの明確化によるものと考えられる。最新年は概数

資料：厚生労働省「人口動態統計」

出典：社会実情データ図録　https://honkawa2.sakura.ne.jp/2080.html

スイッチなどは、水拭きした後、1 日 1 回、消毒用エタノール等で消毒する。ノロウイルス感染症発生時は 0.02%（200ppm）次亜塩素酸ナトリウム消毒液を使用するなど、流行している感染症によって、その病原体に応じた清掃を行う必要がある。

②感染経路対策

手洗いや食品の衛生管理など周囲の環境を衛生的に保つことにより、感染経路を遮断する。主な感染経路には、表 8-2 に示すように、空気感染（飛沫核感染、エアゾル感染）、飛沫感染、接触感染、経口感染、節足動物媒介感染がある。感染経路対策は、それぞれの病原体が有する感染経路を遮断することになる。

③感受性対策

規則正しい生活習慣、栄養のバランスがとれた食事、適度な運動、予防接種などにより体

表 8-2 主な感染経路

空気感染 （飛沫核感染）	空気中のちりや飛沫核（5 μm 以下の微粒子で空中を浮遊）を介する感染。感染している人が咳やくしゃみ、会話をした際に、口や鼻から飛散した病原体がエアロゾル化し、感染性を保ったまま空気の流れによって拡散し、人がそれを吸い込んで感染する。
飛沫感染	唾液の水分など 5 μm より大きい粒子を介する感染。この粒子は比較的早く落下し、空中を浮遊し続けることはない。感染している人が咳やくしゃみ、会話をした際に、口や鼻から病原体が多く含まれた小さな水滴が放出され、それを近くにいる人が吸い込んで感染する。
接触感染	感染している人との接触や汚染された物との接触による感染。感染している人に触れることで伝播が起こる直接接触感染と、汚染された物を介して伝播が起こる間接接触感染がある。傷口や医療行為を介した血液媒介感染も直接接触感染の一種である。傷の処置を行う場合は特に注意が必要である。
経口感染	病原体に汚染された食物などによる感染。病原体に汚染された物を触った手で調理を行うなどにより感染が拡大する。また、便中に排出される病原体が、便器やトイレのドアノブ等を触った手を通して経口感染することもある。
節足動物媒介感染	病原体を保有する昆虫（蚊やダニなど）を介して感染する。これらの昆虫が人の血を吸うことにより、昆虫体内の病原体が人の体内に侵入する。

の抵抗力を高める。感受性のある人とは、感染を受ける可能性のある人であり、特に抵抗力の弱い人のことをいう。新型コロナウイルスについては、人類は今まで感染の経験がなかったため、すべての人が抗体をもたず感受性があったといえる。感受性がある者に対しては、あらかじめ予防接種によって免疫を与えて未然に感染症を防ぐことが重要である。

4 学校保健安全法に定める学校感染症と出席停止等の措置

学校は多くの児童生徒や教職員が一緒に生活する場であり、1872（明治５）年の学制の発布以降、学校での感染症の予防は重要な事項であった。特に「学校において予防すべき感染症」（学校感染症）は、表 8-3 に示すように学校保健安全法施行規則に規定されている。

第一種は「感染症の予防及び感染症の患者に対する医療に関する法律」（感染症法）の一類感染症と結核を除く二類感染症であり、特に感染により死亡のリスクが高いものである。

表 8-3 学校感染症の種類（学校保健安全法施行規則第 18 条）

第一種	エボラ出血熱、クリミア・コンゴ出血熱、痘そう、南米出血熱、ペスト、マールブルグ病、ラッサ熱、急性灰白髄炎、ジフテリア、重症急性呼吸器症候群（SARS）、中東呼吸器症候群（MERS）および特定鳥インフルエンザ
第二種	インフルエンザ（特定鳥インフルエンザを除く）、百日咳せき、麻しん、流行性耳下腺炎、風しん、水痘、咽頭結膜熱、新型コロナウイルス感染症、結核および髄膜炎菌性髄膜炎
第三種	コレラ、細菌性赤痢、腸管出血性大腸菌感染症、腸チフス、パラチフス、流行性角結膜炎、急性出血性結膜炎その他の感染症

注：第 18 条の条文にはウイルスの種類を明確にするために詳細な説明がある。

表 8-4　学校感染症における出席停止期間（学校保健安全法施行規則第 19 条）

第一種	治癒するまで
第二種	
・インフルエンザ（特定鳥インフルエンザおよび新型インフルエンザ等感染症を除く）	発症した後 5 日を経過し、かつ、解熱した後 2 日（幼児にあつては、3 日）を経過するまで
・百日咳	特有の咳が消失するまで
・麻しん（はしか）	解熱した後 3 日を経過するまで
・水痘（水ぼうそう）	すべての発しんが痂皮化するまで
・風しん（三日ばしか）	発しんが消失するまで
・流行性耳下腺炎（おたふくかぜ）	耳下腺、顎下腺または舌下腺の腫脹が発現した後 5 日を経過し、全身状態が良好になるまで
・咽頭結膜熱	主要症状が消退した後 2 日を経過するまで
・新型コロナウイルス感染症	発症した後 5 日を経過し、かつ、症状が軽快した後 1 日を経過するまで
第三種と結核、髄膜炎菌性髄膜炎	病状により学校医その他の医師において感染のおそれがないと認めるまで
第一種もしくは第二種の感染症患者のある家に居住する者またはこれらの感染症にかかつている疑いがある者	予防処置の施行の状況その他の事情により学校医その他の医師において感染のおそれがないと認めるまで
第一種または第二種の感染症が発生した地域から通学する者	その発生状況により必要と認めた時、学校医の意見を聞いて適当と認める期間
第一種または第二種の感染症の流行地を旅行した者	その状況により必要と認めた時、学校医の意見を聞いて適当と認める期間

第二種は空気感染もしくは飛沫感染するもので、児童生徒の感染率が高く、学校において流行の可能性の高い感染症である。第三種は学校教育活動を通じて学校で流行する可能性が高い感染症を規定している。加えて、感染症法に規定する新型インフルエンザ等感染症、指定感染症および新感染症は、この規定に関わらず第一種の感染症とみなされている。

これらの学校感染症に感染した場合は、校長が出席停止の指示を行うこととなる（学校保健安全法施行令第 6 条）。具体的な日数は表 8-4 の通りである。第一種は治癒するまで、第三種は感染のおそれがないと認められるまでとなっている。第二種については、感染症ごとに出席停止の期間が定められている。また、感染者と接触した可能性のある場合も、学校医の意見に基づき、出席停止とすることができる。出席停止は、学校への出席停止期間であり欠席ではない。すなわち登校すべき日数からは除外される。出席停止となった場合には、学校長は以下の点について保健所に報告を行わなければならない。

①学校の名称
②出席を停止させた理由および期間
③出席停止を指示した年月日
④出席を停止させた児童生徒等の学年別人員数
⑤その他参考となる事項

なお、出席停止の日数は、感染症に関わる規程の現象がみられた翌日を第1日目として算出する。たとえば、インフルエンザの場合、「解熱した後2日を経過するまで」とあるが、解熱した翌日が1日目、その翌日が2日目となる。この2日間に発熱がない場合に、翌日から出席可能となる。

月曜日に解熱 → 火曜日（1日目）→ 水曜日（2日目）→ 発熱がないと木曜日から出席可能

また、学校において感染症が広く流行した場合には、クラスや学校の休業を行うことも可能である。学校保健安全法第20条には「学校の設置者は、感染症の予防上必要があるときは、臨時に、学校の全部又は一部の休業を行うことができる」とあり、これが臨時休業の法的根拠となっている。

休業は教育行政に関わるため、学校の設置者が行うこととされている。実際に感染症が発生した場合には、校長の判断と申し出によって、学校の設置者が臨時休業の措置を決定することが多い。法令的には学級閉鎖についての明確な基準は定められておらず、一般的には欠席率が20～30%位を超えると学級閉鎖が検討されることが多い。また、感染力がより強い新型インフルエンザでは、たとえば東京都では、当該学級の児童生徒のおおむね10%以上がインフルエンザ様疾患で欠席した場合に学級閉鎖を検討している。休業期間は感染の把握状況、感染の拡大状況、児童生徒への影響などを踏まえて判断するが4日間を原則とする自治体もある。

5 予防接種について

予防接種法は「伝染のおそれがある疾病の発生及びまん延を予防するために公衆衛生の見地から予防接種の実施その他必要な措置を講ずることにより、国民の健康の保持に寄与するとともに、予防接種による健康被害の迅速な救済を図ること」（第1条）を目的として制定された。予防接種法は1948（昭和23）年に公布され、痘そう（天然痘）、百日咳、腸チフスなどの12疾病を対象とした予防接種が「義務接種」として導入された。結果として1960年代以降は感染症の感染数と死亡者数は減少していった。

1994（平成6）年6月に行われた改正では、予防接種制度に対する基本的な考え方が変わり、社会防衛重視から個人の疾病予防対策を基本とし、個人（保護者）が接種の意義とリスクを理解したうえで接種に同意する「個別接種」へと大きく転換した。また、大部分の予防接種が従来の義務接種から勧奨接種に変更された。予防接種は、市町村長による勧奨接種と医療行為の1つとして医療機関が行う任意接種の2つとなり、学校側は要請により協力する立場となった。

2013（平成25）年の改正では、先進諸国と比べて公的に接種するワクチンの種類が少ない、いわゆるワクチン・ギャップの問題の解消や、予防接種施策を総合的かつ継続的に評価・

表 8-5 予防接種で用いられるワクチン

不活化ワクチン	ウイルスを不活化し（＝殺し）、免疫をつくるのに 必要な成分を取り出して病原性をなくしてつくったもの。自然感染や生ワクチンに比べて生み出される免疫力が弱いため、1 回の接種では十分ではなく、何回か追加接種が必要
生ワクチン	病原体となるウイルスや細菌の毒性を弱めて病原性をなくしたものを原材料としてつくられる。
インフルエンザ菌 b 型感染症	多くの子どもがこの菌を鼻やのどにもっているが、まれに血液の中に入って、細菌性髄膜炎等の重い病気を起こすことがある。
4 種混合（DPT−IPV）	ジフテリア（D）、百日せき（P）、破傷風（T）、ポリオ（不活化ワクチン）の 4 種類
3 種混合（DPT）	ジフテリア（D）、百日せき（P）、破傷風（T）の 3 種類
2 種混合（DT）	2 種混合：ジフテリア（D）、破傷風（T）の 2 種類
BCG	結核の予防接種
ヒトパピローマウイルス（HPV）	性的接触のある女性であれば 50% 以上が生涯で一度は感染するとされている一般的なウイルスであり、子宮頸がんをはじめ、肛門がん、膣がんなどのがんや尖圭コンジローマ等多くの病気の発生に関わる。特に、年若い女性の子宮頸がん罹患が増えている。2013（平成 25）年 6 月から、積極的な勧奨を一時的に差し控えていたが、2021（令和 3）年 11 月に、専門家の評価により「HPV ワクチンの積極的勧奨を差し控えている状態を終了させることが妥当」となり、2022（同 4）年 4 月より個別の奨励を行うこととなった。
麻しん（mea‘sles）風しん（rube‘lla）混合ワクチン	免疫のない女性が妊娠初期に風しんに罹患すると、風しんウイルスが胎児に感染し、先天性風しん症候群となる。3 大症状は、先天性心疾患、難聴、白内障である。発育遅滞、精神発達遅滞などの場合もある。予防接種率が低い 30〜50 歳代の男性に患者が多い。児童生徒、教職員ともに風しんに罹患したことがなく、かつ必要回数である 2 回の予防接種を受けていない場合は、任意接種として麻しん風しん混合ワクチン（MR ワクチン）の接種を受けておくことが推奨される。2007（平成 19）年に、麻しんの全国流行が発生し、多数の大学や高等学校が麻しんによる休校となった。国公立大学では抗体検査ならびに接種が義務づけられている場合が多い。

検討する仕組みの構築のための見直しを行った。そこでは、主に集団予防、重篤な疾患の予防に重点を置き、本人に努力義務、接種勧奨する A 類疾病と、個人予防に重点を置き、努力義務のない個人の判断で接種する B 類疾病（インフルエンザ）に分類した。

A 類疾病は実施母体が市（区）町村であり、費用も市（区）町村の負担となるが、B 類疾病は個人での負担となる。また、日本小児科学会では接種の回数やタイミングを推奨しており、スケジュールとしてまとめている。A 類疾病については多くが小学校入学前までに予防接種を済ませている。なお、予防接種で用いるワクチンの詳細については**表 8-5** に示す。

日本小児科学会が推奨する予防接種スケジュール

市（区）町村の教育委員会は就学時の健康診断を行い、就学時健康診断表を作成するとともに、健康診断を受けた者の入学する学校の校長に送付しなければならない。就学時の健康診断票には、予防接種法に規定されている定期の予防接種の接種状況を確認する欄がある。したがって、就学時の健康診断の際に、母子健康手帳や市（区）町村が発行する予防接種済証等を確認するなどの方法で、予防接種歴を確実に把握し、未接種者に対しては就学前の接種を勧奨することが望ましい。また、学校において感染症の発生防止および集団発生の際の措置を行う場合にも個々の予防接種歴は重要な情報となるため、入学予定の児童の予防接種歴を把握しておき、未接種の場合は接種の勧奨などに活用することが望ましい。

Section 2 食中毒

1 食中毒の種類と原因

食中毒には、表 8-6 に示すように病原体や寄生虫による感染症に関わるもののほか、自然毒、あるいは化学物質などの要因もある。食中毒は軽度のものは腹痛や下痢など、一過性の軽症状で終わることもあるが、症状が重篤化し、場合によっては死に至ることもある。

厚生労働省は 1996（平成 8）年から毎年度の食中毒発生状況の統計資料を公表している。この資料は、発生事件数、患者数、死者数、原因食品、病因物質、原因施設、月別発生状況などを取りまとめたものである。近年の傾向では、全体の 9 割が細菌、ウイルス、寄生虫が原因となっている（図 8-2）。魚介類や肉類などに生息する微生物や人間の食品管理や調理により、感染が広がっていることがわかる。

表 8-6 食中毒の原因

細菌	カンピロバクターやウェルシュ菌など
ウイルス	ノロウイルスなど
寄生虫	魚介類に寄生するアニサキスなど
自然毒	きのこ、野草、ふぐなどに含まれる天然の毒
化学物質	ヒスタミン、薬品（漂白剤）など

図 8-2 原因物質別の食中毒の発生件数（%）（2018～2022 年の 5 か年）

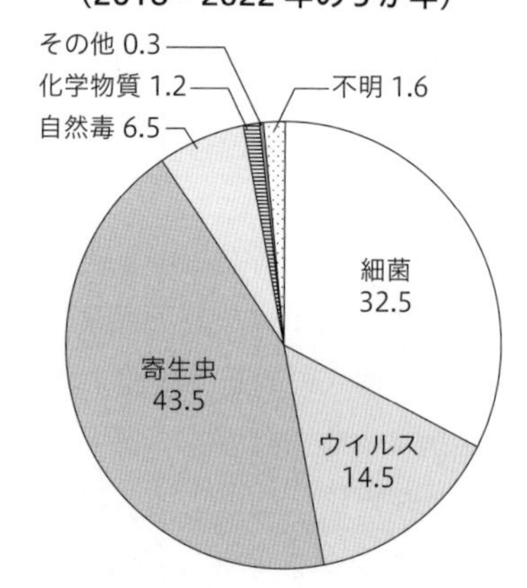

2 食中毒の予防

食中毒を予防するための 3 原則は次の通りである。この 3 原則はすべての食中毒菌による食中毒の予防に共通する。

①細菌をつけない（清潔、洗浄）
②細菌を増やさない（迅速な調理、調理後速やか摂取、冷却）
③細菌を殺す（加熱、殺菌）

調理方法や調理器具の衛生管理、我々の手洗い等による感染源の除去は当然であり、加えて、それぞれの病原体の特徴に合わせた食品の管理や予防方法（表 8-7）を行うことで食中毒の発生を予防する必要がある。

3 学校における食中毒の予防と対策

食中毒は個人の食事によって起こることも多いが、食堂や調理サービスによって食中毒が発生することもある。食品衛生法では、食中毒の定義ならびに行政の管理責任、事業所が発生源となる食中毒を予防するために、衛生管理の制度化、「営業許可制度」「営業届出制度」等を定めている。

学校における食中毒に関して、最も重点的に予防と対策に取り組むべきは学校給食についてである。学校給食は、学校の児童生徒全員、給食センターがある場合には地域の児童生徒が同一の食事をとるため、食品に食中毒菌が混在した場合には、その健康被害は甚大なものとなる。1996（平成 8）年 7 月、学校給食に起因する腸管出血性大腸菌 O157 による集団下痢症が発生し、児童 7,892 人を含む 9,523 人が感染し、3 人の児童が尊い命を失った（堺市学童集団下痢症）。また当時、溶血性尿毒症症候群を発症した児童が、19 年を経過した 2015（同 27）年 10 月にその後遺症が原因となり亡くなった。

このような食中毒を二度と起こさないため、食品衛生法に加えて、学校給食法や学校給食衛生管理基準によって、給食の衛生管理方法として、HACCP（Hazard Analysis and Critical Control Points：危害分析重要管理点）に沿った衛生管理が実施されている。HACCP とは危害分析（HA）・重要管理点（CCP）と呼ばれる衛生管理の手法であり、最終製品の検査によって安全性を保証しようとするのではなく、製造における重要な工程を連続的に管理することによって、一つひとつの製品の安全性を保証しようとする衛生管理の手法である。このなかでは食品の購入、保管、調理過程、配送・配食、検食や保存食についての基準、衛生管理体制、学校給食従事者の衛生管理、学校給食従事者の健康管理および食中毒の集団発生の際の措置に関する基準が定められている。

4 学校給食の衛生管理体制

学校給食衛生管理基準では、「学校給食調理場においては、栄養教諭等を衛生管理責任者として定めること。ただし、栄養教諭等が現にいない場合は、調理師資格を有する学校給食

表 8-7 細菌、ウイルス、寄生虫による主な食中毒

原因		特徴	症状	予防方法
細菌	カンピロバクター	家畜の流産、胃腸炎、肝炎等の原因菌、生の鶏肉や加熱不十分な鶏料理、鶏肉や調理器具の不適切な取扱いにより感染する。比較的少ない菌量を摂取でもヒトへ感染する。冷凍・冷蔵庫の中で長期間生存するが、加熱には弱い。	食後、平均2～3日の比較的長い時間を経て発症する。腹痛、下痢、発熱、頭痛、嘔吐等を起こす。	生または加熱不十分な鶏肉や鶏レバーを食べない。鶏肉を調理する場合、ほかの食材と接触させない。
	ウェルシュ菌	芽胞が加熱にも耐えるために、カレーやシチューなどの煮込み料理、魚の煮つけや野菜の煮物などで、保存方法が不適切な場合に繁殖し、それを食することにより感染する。	食後6～18時間（平均10時間）で腹痛、下痢などを起こす。嘔吐や発熱はまれ。多くは軽症に経過し、1両日で治癒する。	衛生的に調理し、調理後はすぐ食べる。調理後に冷却し、または再加熱する食品は、急速冷却するか、浅い容器に小分けし、あら熱を取って、冷蔵保管する。
	ぶどう球菌食中毒	黄色ブドウ球菌は、ヒトを取り巻く環境や各種の哺乳動物、鳥類等に広く分布している。特に、健康者の鼻、咽頭、腸管等に分布し、健康者の本菌保有率は20～30%であるとされている。ブドウ球菌食中毒は、黄色ブドウ球菌が食品中で増殖する時に産生するエンテロトキシンを、食品とともに摂取することによって起こる毒素型食中毒である。調理する人の手指から、この細菌が食品につくことが原因であることが多い。おにぎりなどでの感染が多かったが、近年の感染例は減少している。	約3時間後に激しい嘔気・嘔吐、疝痛性腹痛、下痢を伴う急激な急性胃腸炎症状を発する。毒素量などの違いにより症状には個人差がみられるが、まれに発熱やショック症状を伴うこともある。重症例では入院を要する。一般には予後は良好で、死亡することはほとんどなく、通常1日か2日間で治る。	調理前にはよく手を洗う。手指に傷がある時には、できる限り調理しない。傷口を覆って使い捨てゴム手袋を装着する。調理中に髪の毛や顔などに触らない（顔にかかる髪の毛はまとめる、三角巾等装着）。下ごしらえから、調理、食べるまでの時間はなるべく短時間にする。
	サルモネラ属菌	鶏・豚・牛等の動物の腸管や河川・下水道等の自然界に広く生息する。卵とその加工品、鶏肉・食肉・内臓肉、スッポン・ウナギ等の淡水養殖魚介などが原因となり感染することがある。少量の菌数で感染がする場合もあり、症状に個人差があることもある。抵抗力の弱い幼児や高齢者では注意が必要である。	食後12～48時間で腹痛、下痢、発熱、嘔吐を起こす。やや高い熱が出るのが特徴である。無症状での保菌、症状がなくなっても保菌の状態になる場合も多い。	卵を生食する時は、新鮮で殻にヒビがないものを冷蔵庫に保管し、表示期限内に食べる（鶏卵、ウズラ卵、アヒル卵を含む）。日本では卵の衛生管理が進んでおり、サルモネラ菌の汚染は少ないが、外国では不十分な場合が多く、卵の生食はしない。
	腸管出血性大腸菌	家畜や人の腸内にも存在し、大部分は人に無害であるが、人に病気を起こすものとして5つの種類がある。このなかで、腸管出血性大腸菌は強い病原性をもつ。代表的なものは「O157」である。食肉類・内臓肉等の生や加熱不十分なものの喫食、汚染された生野菜、汚染された使用水等が原因となり感染する。10～100個程度の少量の菌で人に食中毒を起こす。他の人やトイレなどから感染することもある。	腹痛、下痢（水様便・血便になることがある）などを起こす。症状が出てから数%の患者が、2週間以内に溶血性尿毒症症候群を起こして、重症化・死亡することもある。3類感染症に該当し、診察医は届出義務がある。保菌状態となる場合もあり、検便から検出された場合は陰性が確認できるまで調理に従事できない。	食肉類の生または加熱不十分な状態で喫食しない。バーベキューや焼肉では十分な（中心温度75℃で1分間以上、完全に煮肉色となるまで）加熱をする。
ウイルス	ノロウイルス	11月～3月の寒い時期に特に多く、ウイルスを含む二枚貝（カキ等）を生や十分加熱せずに食べた場合、あるいは感染している人の手・調理器具などで調理した食品を食べた場合に感染する。加熱不十分な二枚貝の喫食による場合が2割、調理する人の手指などを介して、ノロウイルスが食品についたことが原因となる場合が8割程度といわれている。乾燥にも強く、ノロウイルスによる食中毒にかかった人の便や吐いたものを通じて感染する場合もある。10～100個と、非常に少量のウイルス量で人に食中毒を起こす。	食後1～2日で、嘔吐や激しい下痢、腹痛などを起こす。幼児や抵抗力が落ちている人では、重症化することもある。	日頃から衛生的な手洗いを行う。特にトイレ使用後や調理前には十分な手洗いを行う。食品の中心部が85～90℃で90秒間以上の加熱する。吐物処理やトイレ清掃は使い捨ての手袋、マスクを着用して行い、吐物・使用済み資材はビニール袋に入れて密封して捨てる。0.1～0.2%の次亜塩素酸ナトリウムによる清拭消毒を行い、使用済み資材は同じ袋に入れて捨てる。アルコール消毒は効果がない。
寄生虫	アニサキス	サバ、サンマ、アジ、イワシ、ヒラメ、サケ、カツオ、イカ等の海産魚介類の刺身、冷凍処理をしていないシメサバなどの加工品において、アニサキス（幼虫）が寄生していることがあり、これが生きたまま体内に入ってしまうと、食中毒の原因になる可能性がある。ワサビなどの調味料では、アニサキス幼虫は死なない。	食後、数時間～10数時間で、みぞおちの激しい腹痛、吐き気、嘔吐を起こす。10数時間～数日後に、激しい下腹部痛、腹膜炎症状を起こすこともある。	十分に冷凍（－20℃で24時間以上または－18℃で48時間以上）された生鮮魚介類、もしくは加熱調理（中心温度60℃で1分以上）でアニサキス幼虫は死亡する。

出典：日本食品衛生協会「食品衛生情報」より作成
https://www.n-shokuei.jp/eisei/sfs_index_s10.html

調理員等を衛生管理責任者として定めること」としている。また、学校給食従事者の衛生管理、健康管理についての規程も定められている。食中毒の集団発生の際の措置については、以下の事項が定められている。

①教育委員会等、学校医、保健所等に連絡するとともに、患者の措置に万全を期すこと。また、二次感染の防止に努めること
②学校医および保健所等と相談のうえ、医療機関を受診させるとともに、給食の停止、当該児童生徒の出席停止および必要に応じて臨時休業、消毒その他の事後措置の計画を立て、これに基づいて食中毒の拡大防止の措置を講じること
③校長の指導のもと養護教諭等が児童生徒の症状の把握に努める等関係職員の役割を明確にし、校内組織等に基づいて学校内外の取組体制を整備すること
④保護者に対しては、できるだけ速やかに患者の集団発生の状況を周知させ、協力を求めること。その際、プライバシー等人権の侵害がないよう配慮すること
⑤食中毒の発生原因については、保健所等に協力し、速やかに明らかとなるように努め、その原因の除去、予防に努めること

食中毒の集団発生の際には、教員は学級の担任としての責任のほか、保健主事である場合には養護教諭やその他の教員と協力して対処する必要がある。

Section 3 性感染症

1 性感染症の現状

性感染症（Sexually Transmitted Diseases：STD）は、現在、若い人たちを中心に流行している。性器クラミジア感染症など、最近の性感染症は感染した本人でさえ気づかないことがある。症状が現れないからといって放置しておいてよいわけではない。たとえば、性器クラミジア感染症を感染したまま放置していると、最悪の場合には女性は不妊症になることさえある。また、感染に気づいていないと、知らない間に他人にうつしてしまう可能性がある。実際、最近の性感染症の増加は、この無症状性が背景にあると考えられている。

ヒト免疫不全ウイルス（Human Immunodeficiency Virus：HIV）感染者・エイズ（Acquired Immunodeficiency Syndrome（後天性免疫不全症候群）：AIDS）患者の発生動向をみると、HIV 感染者については 2008（平成 20）年までは新規感染者は増加傾向であったが、2008（同 20）年から 2016（同 28）年までは横ばい、それ以降は減少傾向になった。エイズ患者については 2013（同 25）年までは増加傾向であったが、以降減少傾向を示している（図 8-3）。

図 8-3 新規 HIV 感染者ならびにエイズ 患者の報告者数

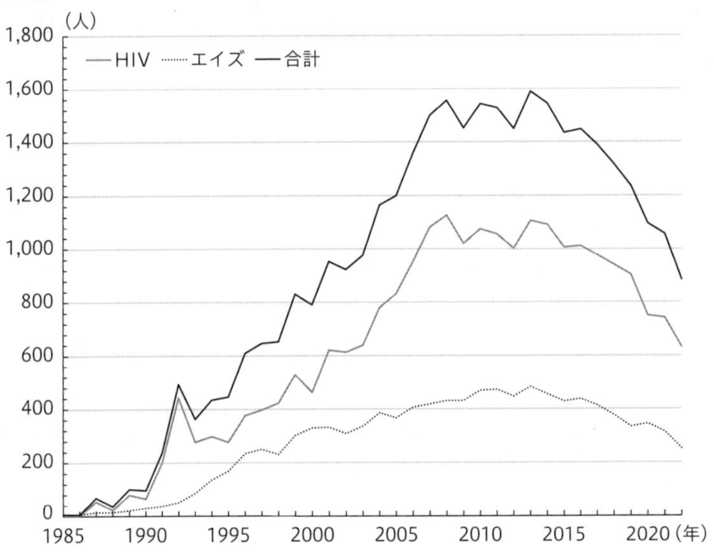

出典：エイズ予防情報ネット「日本の状況：エイズ動向委員会：令和 4（2022）年エイズ発生動向年報（1 月 1 日～12 月 31 日）」の資料より作成
https://api-net.jfap.or.jp/status/japan/nenpo.html

図 8-4 梅毒の感染者数の推移

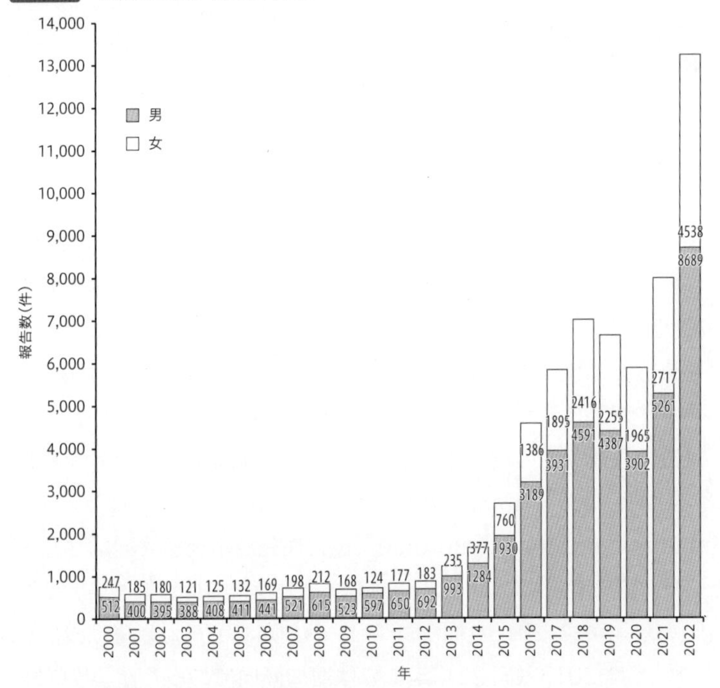

出典：国立感染症研究所「日本の梅毒症例の動向について」より作成
https://www.niid.go.jp/niid/ja/syphilis-m-3/syphilis-idwrs/7816-syphilis-data-20180105.html

エイズは「不治であり死に至る病気」と考えられていたが、治療薬の進歩により、治療を続けることで体内のウイルスの増殖を抑制することができるようになり、病気の進行を止めることができるため、HIVに感染してもほかの人とほぼ変わらない生活を送ることが可能となった。適切な治療を受ければ、基本的に他者にHIVを感染させることもなくなる。そのためには、エイズ発症前に検査等で早期発見して治療を開始することが重要である。

性感染症に関して、近年大きな問題となっているのは梅毒の増加である。2016（平成28）年頃から増加を始め、2020（令和2）年頃には少し減少したが、2022（同4）年には急激に増加している。男性が感染の多くを占めるが、特に20歳代の若年女性で患者の増加が目立っている。また10歳代の患者数増加も認められる。そのほかの性感染症については、減少傾向はなく、近年はほぼ横ばいで推移している（図8-4）。

2 主な性感染症の種類と特徴

主な性感染症の種類とその特徴は、表8-8に示す通りである。

性感染症の特徴をまとめると以下のようになる。

①粘膜の炎症によりHIVにも感染しやすい。
②HPVのように子宮頸がんの原因になるものがある。
③性感染症は自然に治ることは少ない。放置することで一時的に症状が緩和／消えることがあったとしても、治療をしなければ病原菌は体の中に残ったままになってしまうので病気が進行する。
④性器ヘルペスなど、ウイルス性のものは再発しやすい。
⑤卵管炎などにより不妊症になる恐れがある。
⑥産道感染によって新生児にも感染するものがある。

3 性感染症に関わる教育的意義

学校におけるエイズおよび性感染症に関する指導は、児童生徒たちに正しい知識を身につけさせ、適切な意思決定や行動選択ができる能力を育成するために重要な意味をもっている。したがって、性感染症やエイズに関する内容は、学習指導要領において、重要な学習課題の1つとして位置づけられている。

性感染症やエイズを取り巻く状況は徐々に変化しているため、指導に当たる教職員は正しい知識をもつことが求められ、その知識も変化に対応するために常に更新し続けることが必要とされる。また、感染症によっては10歳代での感染もあることから、集団指導、個別指導の保健教育のみならず、学校において健康相談等の保健管理の側面から支援が必要となる場合があることを教職員が理解しておく必要がある。

表 8-8　主な性感染症の種類と特徴

感染症名	病原体	感染経路	症状
性器クラミジア感染症	クラミジア・トラコマチス	性行為、口唇性交	・男女とも症状が現れないことがある。特に、咽頭や直腸に感染した場合は症状がほとんど現れない。 ・男性の場合潜伏期は 1～3 週間、ペニスから異常な分泌液がある。この分泌液は最初は薄く、次第に濃くクリーム状になる。また、頻尿になり、排尿痛がある。 ・女性の場合はほとんど症状はない。おりものが少し増えるとか、軽い生理痛のような痛みが現れる程度である。 ・放置すると、男女とも不妊症になることがある。 ・男性の場合はクラミジアが精管に炎症を起こし、精管が詰まって不妊の原因となる。 ・女性の場合は骨盤内に感染が広がって卵管炎となり、卵管が詰まって不妊の原因となる。
性器ヘルペスウイルス感染症	単純ヘルペスウイルス 1 型・2 型	・性行為、口唇性交 ・無症状でも性器の粘膜や分泌液中にウイルスが存在する場合には感染する。 ・唾液中に HSV が排出されている場合には、口唇性交によっても感染する。	・性器やその周辺に水疱や潰瘍等の病変が形成される。 ・抗ヘルペスウイルス剤を服用すれば病変はいったんは治癒するが、ウイルスは神経節に潜伏し、時に再活性化し、その後、長年にわたって再発する。
淋菌感染症	淋菌	・性行為、口唇性交 ・母子感染（出産時）	・潜伏期間は 3 日から 3 週間。感染しても症状が現れるとは限らない。 ・特に、咽頭や直腸に感染した場合は症状がほとんど現れない。 ・男性の場合ペニスから白色の分泌物が出る。この分泌物は時間の経過とともに濃いクリーム状になる。排尿時に熱感や痛みがある。放置すると男性の場合は最初はペニスが痛くなり、次に足の付け根に痛みが広がる。精子の経路が詰まって不妊となる。 ・女性の場合は膣からの分泌物が増える。排尿時に熱感や痛みがある。月経の異常や腹痛が起こることがある。症状が軽く本人が気づかないこともある。卵管、卵巣、骨盤内に広がり、骨盤内感染症を起こす。 ・赤ちゃんの場合は結膜炎を起こし、失明することがある。
梅毒	梅毒トレポネーマ	・性行為、口唇性交 ・母子感染（出産時） ・キスや皮膚に傷があるとその部位から感染することもある。	・第 1 期（性的接触後 1～12 週）：赤みを帯びた腫れ物（「硬性下かん」という）が病原体の侵入した体の部分に現れる。この腫れ物は性器に出ることが多いが、口や肛門にも認められる。この状態が 1～5 週間続くが痛みはない。 ・第 2 期（性的接触後 1～6 か月）：胸や背中、手足に赤い斑点ができる。足の付け根や脇の下、首などのリンパ節が膨大する。発熱、喉頭痛、全身不快、倦怠感などがみられる。やがてこれらの症状は消えるが、後で赤い斑点や痛みが再発することもある。 ・第 3 期(性的接触後 3 年)：皮膚や内臓にゴム腫と呼ばれる病気が起こる。関節炎が起こり、手足の感覚が喪失する。心臓や血管、脳、脊髄が侵され、身体各部の機能不全や痛みが起こる。 ・放置すると心臓や血管が侵されて心不全を起こし死に至る。脳や脊髄が侵され、麻痺や精神錯乱を起こして死亡する。 ・先天梅毒では、赤ちゃんが死亡したり奇形になったりすることがある。

表 8-8 主な性感染症の種類と特徴（つづき）

感染症名	病原体	感染経路	症状
尖圭コンジローマ	・ヒトパピローマウイルス（Human papilloma Virus：HPV）	・性行為 ・生殖器やその周辺の粘膜のイボと接触することにより、感染することがある（この場合はコンドームを使用しても感染する）。	・潜伏期間は数週間から 2～3 か月であり、性器周辺や肛門周囲などにイボ状の先の尖った小さい腫瘍が多発する。 ・皮膚に感染する型と粘膜に感染する型があり 100 種類以上の型が発見されている。 ・HPV の一部の型において、子宮頸がん（扁平上皮がん、腺がん）およびその前駆病変、尖圭コンジローマ等の発症原因である。 ・尖圭コンジローマは低リスク型 HPV で、がん化するリスクは低い。 ・高リスク型 HPV には、十数種類の型がある。
トリコモナス症	膣トリコモナス原虫	・性行為 ・タオルや下着、シーツを介して感染することもある。 ・便器や浴槽等からも感染することがある。	・男性：排尿時の痛みや頻尿。ほとんど症状がない場合がある。前立腺炎になることもある。 ・女性：黄色から灰色の泡のようなおりものが大量に生じ、悪臭、かゆみや痛みを伴う。妊婦の場合は、早産や低体重児の危険がある。
エイズ（後天性免疫不全症候群）	ヒト免疫不全ウイルス（Human Immunodeficiency Virus：HIV）	・性行為（特に同性での性行為の感染が多い）。 ・母子感染（現在では約 0.4% 以下に抑えることが可能） ・血液（輸血、臓器移植、医療事故、麻薬等の静脈注射など）	・感染初期（急性期）：発熱、倦怠感、筋肉痛、リンパ節腫脹、発疹といったインフルエンザの様な症状がみられることがあるが、数週間で消失する。感染後 1～2 か月たった頃に、風邪に似たような症状が現れる。 ・無症候期：急性期症状の消失後もウイルスは増殖を続けるが、感染後の免疫応答により、ピークに達していたウイルス量は 6～8 か月後にある一定のレベルまで減少し、定常状態となる。この無症候期でも HIV は著しい速度（毎日 100 億個前後のウイルスが産生される）で増殖しており、骨髄から供給される CD4 陽性リンパ球は次々と HIV に感染して、平均 2.2 日で死滅するとされている。その後、数年～10 年間ほどの無症候期を過ぎると、発熱、倦怠感、リンパ節腫脹などが出現し、帯状疱疹などを発症しやすくなる。 ・AIDS 発症期：ウイルスの増殖と宿主の免疫応答による平衡状態がやがて破綻し、血中ウイルス量（HIVRNA 量）が増加、CD4 陽性リンパ球数も減少、免疫不全状態となって、感染者は AIDS を発症する。まず、カリニ肺炎などの日和見感染症を発症しやすくなり、さらに CD4 リンパ球数が減少すると、中枢神経系の悪性リンパ腫など、普通の免疫状態ではほとんどみられない日和見感染症や悪性腫瘍を発症する。

注：各感染症の予防や治療については国立感染症研究所のホームページ「性感染症（STD）」（https://www.niid.go.jp/niid/ja/route/std.html）などを参照

4 性感染症への感染防止の知識と行動

本書を使って学習している諸君は、自らが性感染症のハイリスクグループであるといえる。したがって、感染防止の方法は自らも実践が必要な場合がある。そのような状況を想定して、性感染症への感染防止の知識と行動を紹介する。

性感染症の 3 原則とは、「うつらず」「うつさず」「早く治す」である。性感染症は潜伏期間が長いものもあり、その期間でも感染の可能性がある。また、無症状であるために、感染に気づかず、ほかの人に感染させてしまう可能性もある。お互いにうつしたりうつされたりを繰り返す「ピンポン感染」となることもある。たとえば、カップルの片方が性感染症にかかった場合、性交渉によってパートナーにも病気をうつす可能性がある。その後、本人が治療して治っても、パートナーのほうが治療をしていなければ、性交渉によって再び感染することになる。このような場合には一緒に治療してもらうことが大切である。

性感染症の予防において、最も効果の高いものがコンドームの使用である。コンドームの利用はパートナーに対する責任でもある。その準備や利用方法について表 8-9 にまとめた。

性感染症に感染してしまったかもしれないと心当たりがあれば、恥ずかしがらずに泌尿器科か性病科、皮膚科、産婦人科にかかろう。「そんなの恥ずかしい」という気持ちはわかるが、放置していても治らないどころか、どんどん悪化する可能性がある。「症状が出ていないから大丈夫」と考える人もいるが、症状の現れない性感染症もある。

多くの自治体では、エイズや性感染症についての相談窓口を設けている。また、性感染症の相談は保健所でも受けつけている。保健所ではエイズの抗体検査を無料匿名で行っている「もしも」と思った場合には迷わず相談してみよう。

表 8-9 コンドームの使用方法

●コンドームの準備 ①コンドームは自分で買おう。 ホテルに置いてあるものや友人にもらったものは安心できない場合がある。自分で買うようにしよう。 ②自分にあったものを選ぼう。 コンドームにはいろいろなサイズや形がある。自分にあった形のものを選ぼう。 ③保存方法、携帯方法に気をつけよう。 コンドームのそばに防虫剤があると変質する可能性がある。防虫剤のない場所に、直射日光を避けて保存しよう。温度が高くならない場所に保存することも大切。コンドームを持ち運ぶ時に、財布にそのまま入れたりすると痛んでしまう。ハードケースに入れるとよい。 ④爪は短く切っておこう。 爪が伸びているとコンドームを傷つけてしまうことがある。
●コンドームの正しい使い方 ①最初から最後まできちんとつけよう。 精液の前に出る分泌液の中にも精液がわずかに含まれているので、途中からつけても避妊・感染予防ともに効果がない。 ②コンドームの表と裏を間違えないように。 ③間違えてつけてしまった時は、思い切って捨てて新しいものを使おう。 間違えてつけた時に精液がコンドームに付着していると、妊娠・性感染症の感染の可能性がある。
●コンドームのつけ方 ①コンドームを傷つけないように取り出す。 コンドームを端に寄せてから袋を開けるとよい。この時、袋の切れ端は完全に切り離そう。 ②先端の精液だまりを軽くつまみ、爪をたてずに空気を抜く。 ③ペニスの皮を根元まで寄せてから、コンドームを巻きおろす。 ④根元に余った皮をペニスの先のほうへたぐり上げ、さらにコンドームを巻きおろす。 ⑤射精後はペニスが小さくなる前にコンドームを押さえながら抜き取り、ティッシュなどに包んで捨てよう。使用済みのコンドームは生ごみとして処分する。

Section 4 感染症と悪性新生物

生活習慣や感染症が原因で悪性新生物（がん）に罹患する割合は、男性が43.4%、女性が25.3%である（図8-5）。そのなかでも感染症によるものは女性では第1位、男性でも第2位となっている。すなわち、感染症の予防は悪性新生物の予防にもつながるのである。

表8-10に主要な感染症が関係する悪性新生物を示す。すでに、ヒトパピローマウイルスは性感染症として、尖圭コンジローマを発症し、さらに子宮頸がんなどの発生にも関連することを述べた。そのほか、ヘリコバクター・ピロリ（ピロリ菌）は胃がんの原因となる感染症である。感染しても多くの人は自覚症状がないが、長期間の感染によって、慢性胃炎や潰瘍、その後は胃がんになるとされている。感染ルートは衛生的でない食事による経口感染や、幼児期に母親や家族が同じ箸を用いることで家族から感染することもある。B型・C型肝炎ウイルスは感染した人との血液と血液の直接接触や、注射器の使い回しによって感染する。また性行為によって感染することもある。急性感染期には、ほとんどの人は症状が現れない。

エプスタイン・バーウイルスはヘルペスウイルスの一種であり、俗称キスウイルスとも呼ばれ、キスにより感染する。感染症の初期は無症状であり、30～50日の潜伏期間を経て、倦怠感と発熱、喉の痛み、リンパ節の腫れといった症状を起こす。ヒトT細胞白血病ウイルスI型は性感染、母子感染が主な感染経路である。しかし、感染力はあまり強くない。この感染も大部分が無症状である。以上のように、悪性新生物と関連する感染症の多くは感染

図8-5 悪性新生物（がん）に罹患する原因

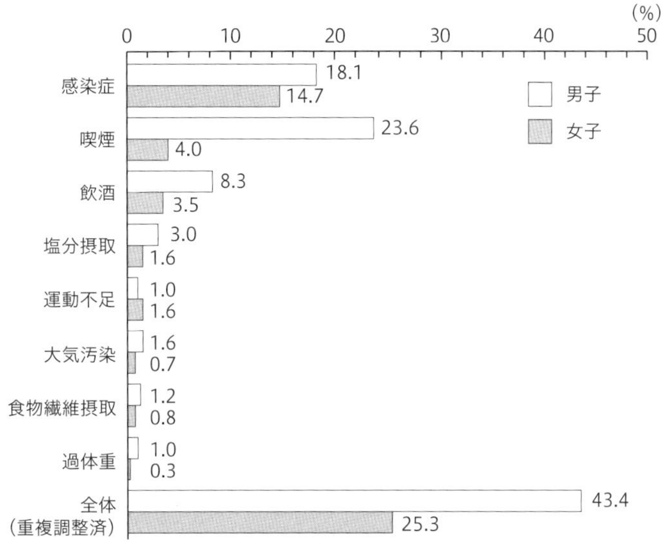

出典：Inoue, M. et al. Burden of cancer attributable to modifiable factors in Japan in 2015, *Glob Health Med.* 4(1), 26-36, 2022. より作成

表 8-10　悪性新生物に関係するウイルス・細菌

原因となるウイルス・細菌	悪性新生物の種類	主な感染経路
ヘリコバクター・ピロリ (Helicobacter pylori)	胃がん	食事、家族間
B 型・C 型肝炎ウイルス (Hepatitis B or C virus：HBV、HCV)	肝臓がん	血液感染
ヒトパピローマウイルス (Human papillomavirus type：HPV)	子宮頸がん、陰茎がん、外陰部がん、膣がん、肛門がん、口腔がん、中咽頭がん	性的接触
エプスタイン・バーウイルス (Epstein-Barr virus：EBV)	上咽頭がん、バーキットリンパ腫、ホジキンリンパ腫	キス
ヒト T 細胞白血病ウイルス I 型 (HTLV-1)	成人 T 細胞白血病 / リンパ腫	母子感染、性行為感染

後無症状であることが多い。現在ではワクチンが開発されているものも多く、予防接種により感染症の防止に貢献している。

感染症の分類として「新興感染症」と「復興感染症」という 2 つに分類する仕方がある。それぞれの定義や要因、特徴を 400 字程度で説明し、それぞれに該当する感染症を 3 つずつ挙げてみよう。

学校において学校給食が原因の集団食中毒が発生した。あなたが担任のクラスでも数名の生徒が体調不良で欠席している。担任教員として行うべき行動を時系列に 400 字程度でまとめてみよう。

参考文献

・愛知県健康福祉部健康担当局健康対策課「性感染症」
http://www.pref.aichi.jp/kenkotaisaku/aids/std/main.htm
・エイズ予防情報ネット「日本の状況：エイズ動向委員会：令和 4（2022）年エイズ発生動向年報（1 月 1 日～12 月 31 日）」
https://api-net.jfap.or.jp/status/japan/nenpo.html
・Inoue, M. et al. Burden of cancer attributable to modifiable factors in Japan in 2015, *Glob Health Med.* 4（1）, 26-36, 2022.
・国立感染症研究所「感染症発生動向調査事業年報」
https://www.niid.go.jp/niid/ja/allarticles/surveillance/2270-idwr/nenpou/11637-idwr-

nenpo2021.html
・国立感染症研究所「感染症情報」
https://www.niid.go.jp/niid/ja/diseases.html
・厚生労働省「HACCP（ハサップ）」
https://www.mhlw.go.jp/stf/seisakunitsuite/bunya/kenkou_iryou/shokuhin/haccp/index.html
・厚生労働省「令和 4 年度（2022）人口動態統計月報年計（概数）の概況」
https://www.mhlw.go.jp/toukei/saikin/hw/jinkou/geppo/nengai22/index.html
・厚生労働省「平成 23 年（2011）人口動態統計（確定数）の概況」
https://www.mhlw.go.jp/toukei/saikin/hw/jinkou/kakutei11/index.html
・厚生労働省政策統括官（統計・情報政策担当）「平成 30 年　我が国の人口動態―平成 28 年までの動向―」2018 年
https://www.mhlw.go.jp/toukei/list/dl/81-1a2.pdf
・厚生労働省「食中毒統計資料」
https://www.mhlw.go.jp/stf/seisakunitsuite/bunya/kenkou_iryou/shokuhin/syokuchu/04.html
・厚生労働省「性感染症報告数（2004 年～2021 年）」
https://www.mhlw.go.jp/topics/2005/04/tp0411-1.html
・日本エイズ学会 HIV 感染症治療委員会『HIV 感染症「治療の手引き」第 21 版』2017 年
・日本学校保健会『学校において予防すべき感染症の解説』2018 年
・日本学校保健会『職員のための指導の手引～UPDATE!　エイズ・性感染症～』2018 年
・日本食品衛生協会「食品衛生情報」
https://www.n-shokuei.jp/eisei/sfs_index_s10.html
・日本小児科学会「日本小児科学会が推奨する予防接種スケジュール」
https://www.jpeds.or.jp/modules/activity/index.php?content_id=138
・農林水産省「食中毒は年間を通じて発生しています」
https://www.maff.go.jp/j/syouan/seisaku/foodpoisoning/statistics.html
・社会実情データ図録
https://honkawa2.sakura.ne.jp/2080.htm
・国立感染症研究所「日本の梅毒症例の動向について」
https://www.niid.go.jp/niid/ja/syphilis-m-3/syphilis-idwrs/7816-syphilis-data-20180105.html

Chapter 9

学校生活に関わる慢性疾患

文部科学省は、2012（平成 24）年 7 月の中央教育審議会初等中等分科会において「共生社会の形成に向けたインクルーシブ教育システム構築のための特別支援教育の推進（報告）」を示した。そのなかで、障害を正しく理解した専門性の高い教職員が必要である点を強く強調している。

このChapterでは、外見からでは一見判断しにくい内部障害である慢性疾患を抱える子どものWell-being（ウェルビーイング）と共生社会の実現のために、教員として必要な実践力を習得するため、小児慢性特定疾病 16 疾患群 788 疾病のうち、通常の学級で生活する可能性が高く、「心疾患」「腎疾患」「糖尿病」について理解し、疾病の医学的基礎知識、教育的ニーズ、合理的配慮、基礎的環境整備について学ぶ。

Section 1 慢性疾患と学校生活

1 慢性疾患とは

慢性疾患は、人の健康に長期間にわたって影響を及ぼす疾患や健康上の問題を指す。急性（急激な）疾患が一過性で、短期的な症状が現れるのに対して、慢性疾患はしばしば数か月または数年にわたり、時には一生涯にわたって進行し、症状が持続的に現れたり、悪化したりすることが特徴である。

慢性疾患の例には、喘息、糖尿病、高血圧、心臓病、慢性腎臓病、関節炎、うつ病、潰瘍性大腸炎、クローン病、アレルギーなどがあり、その症状などは生活全体に影響を与えることがあるため、医師や医療専門家などが連携した適切な治療と管理が必要である。

2 慢性疾患を抱える子どもの学校生活

慢性疾患を抱える子どもの学校生活においては、その子どもの疾患による障害などを最小限に抑え、生活の質（Quality of life：QOL）を維持・向上させると同時に、学校生活を

表 9-1 慢性疾患を抱える児童生徒の学校での支援例

コミュニケーション	慢性疾患を抱える子どもは特別なケアや対応が必要なことがある。そのため子どもと保護者、学校、教員（担任、養護教諭）の密なコミュニケーションが重要である。疾患について正確な情報を提供し、学校側と連携をとり、子どもが学校で安全に生活・活動できるようにする。
教育計画	子どもの学校生活の現状を把握し、個別の教育支援計画を策定・提供する。これにより、個々の特別なニーズに対応できる。
医薬品管理	投薬などが必要な場合、薬物管理について学校と話し合い、学校で薬物を安全に管理し、子どもが服用することができるようにする。疾患に関する情報を提供し、緊急時の対応方法も共有する。
欠席と休学	慢性疾患の悪化や治療のために学校を休むことがあるかもしれない。学校と協力して、欠席や休学に関する方針を確認し、適切な手続きをとるようにする。
身体活動	体育の授業などで特別な配慮を必要とする場合、学校と調整を行い、代替の活動や免除を検討する。
栄養	適切な栄養は慢性疾患の管理に重要である。学校給食や弁当の選択の際には、疾患に対して適切な栄養・食事摂取ができるように支援する。
ストレスと精神的健康	学業や学校生活の緊張やプレッシャーが慢性疾患を悪化させる可能性があるため、子どもの精神的な健康に注意をはらう。心理的サポートやカウンセリングが行える団体や人材を準備する。
感染症予防策	風邪やインフルエンザなどの集団生活で感染しやすい疾患から子どもを守るための予防策を立てる。

安全かつ充実したものにするために支援や配慮が必要である。そうした支援や配慮は疾患の種類や症状によって異なるが、一般的な支援・考慮事項は表 9-1 のようにまとめることができるであろう。慢性疾患を抱える子どもが学校生活を送るうえで最も重要なのは、子ども本人と保護者、学校（特に養護教諭と担任教員）、医療専門家間との連携である。

体調管理などは適切な対応を怠ると病状を悪化させたり、時として生命に関わったりするような事態にもなりかねない。また、疾患や身体の状態だけではなく、多感な時期の子どもの精神面のケアやプライバシーへの配慮も忘れてはいけないだろう。

Section 2 心疾患の医学的基礎知識と教育的支援

1 心疾患の医学的基礎知識

（1）心臓形成のメカニズムと心疾患の原因

①形成過程の複雑さ

心臓は胚発生において機能する器官としては最初に形成される臓器である。受精後 3 週の終わりから 4 週の初め頃に心臓の拍動が開始し、受精後 7～8 週で完成する。心臓は 1 本のまっすぐな心臓管（原始心筒）から発生し、形成が進むと正中線上にあった心筒は体の右

図 9-1　心臓の形成としくみ

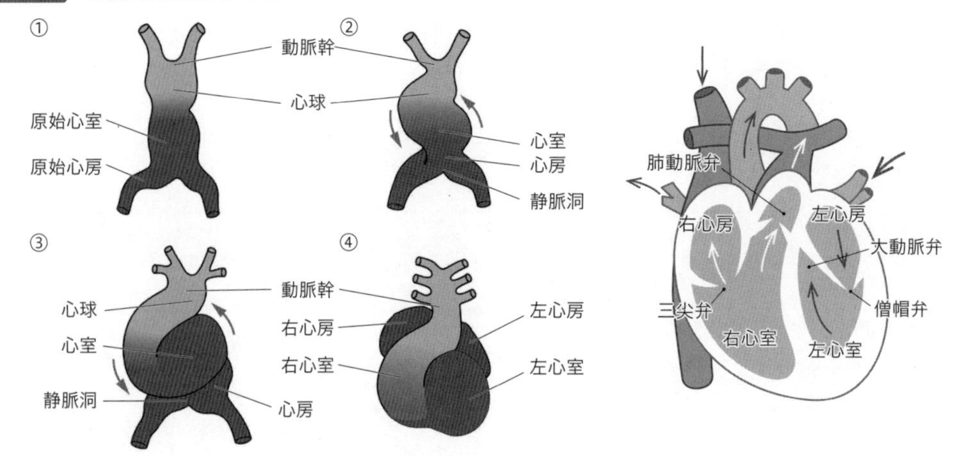

方向にループしＣ字型となり（Ｃルーピング）、この後、心臓の内部構造が発達して体循環と肺循環を分ける「２心房２心室」となる（図 9-1）。ほかの臓器と比べて心臓の形成過程は複雑である。この形成過程のどこかで形成不全が発生した場合が先天的心疾患であるが、その原因は染色体異常や、環境因子など様々な因子（たとえば風疹による先天性心疾患）が関係しており、いまだ不明な部分もある。

②胎児中の血液の流れ

胎児は肺で呼吸をしないため、肺動脈から大動脈へと肺を飛ばして血液を送る。この役割を果たすのが動脈管である。動脈管は出生後には不要となるため、通常は生後２～３週間で完全に閉じるが、閉鎖せず残っている場合が動脈管開存症である。

（2）心臓病の種類

1,000 人の新生児のうち、およそ８人の割合で先天性心疾患を抱える子どもが生まれてくる。異常が起こる場所や起こり方によって、まったく治療の必要がないほど軽く、自然治癒するものから、即座に手術が必要で手術の頻度も多くなるもの、また治癒困難な重症まで様々である。手術することなく思春期に達した先天性心疾患を抱える子どもには、心疾患が軽症で手術が不要な場合や、特に症状がなかったため手術をしなかった場合もある。これらの疾患を学校で管理するうえでは、疾患の経過を十分に理解し、発育発達段階に応じた対応が重要である。

日本で最も多い先天性心疾患は「心室中隔欠損症」であり、先天性心疾患の約３分の１を占める。心室中隔欠損症は、心臓の左心室と右心室の間の壁に欠損孔（孔が開く）が生じる疾患である。開いた孔が小さければ自然に塞がるが、大きい場合は手術で塞ぐ必要がある。欠損孔の自然閉鎖は傷口が自然に回復・治癒するようなイメージではなく、たとえば、大動脈弁に近い部分の孔であれば大動脈弁の弁尖の一部分が、その孔を覆うことで孔が閉鎖するといったように弁がかぶさり閉鎖するのである。成長とともに 50～60％は自然閉鎖するが、

表 9-2　心疾患の症状例

顔色不良・四肢冷感	心臓から血液が十分に送られていない時の症状。冷汗が出ることもある。
チアノーゼ	血液中のヘモグロビンが、血中の酸素不足によって十分酸化されず、酸素不足の血液は、赤色ではなく青みがかるので、皮膚や粘膜の色が紫色になる症状である。肺や心臓の重い疾患の多くは、血液中の酸素レベルを低下させるので、チアノーゼを引き起こす。
動悸・頻脈	心拍数が増えている時の症状であり、不整脈や心不全の存在が疑われる。
息切れ	通常は、呼吸時に意識はしないが、呼吸が苦しかったり不快感を感じたりする症状である。
胸痛	心臓の筋肉に、虚血が起こっている時の症状であり、冠動脈の異常が疑われる。
吐き気・嘔吐	心不全により、胃や腸のうっ血が起こると、消化器症状を起こすことがある。
無酸素発作	体中の酸素が、不足して意識がなくなる症状である。
不整脈	脈のリズムや頻度が、一定ではなくなる症状。脈が速くなる頻脈（1 分間に 100 以上）脈が遅くなる徐脈（1 分間に 50 以下）など、不規則に打つ。

学童期を過ぎても閉鎖しない場合は自然閉鎖の確率が下がるので、外科的手術の対象となることもある。心室中隔欠損症は欠損孔の大きさに関わらず、感染性心内膜炎予防、口腔内処置や皮膚・爪の外科的処置などの際の感染症予防への配慮が必要である。

次に多いものが「心房中隔欠損症」であり、学校検診で発見される心疾患の中で最も多い。心房中隔欠損症は、右心房と左心房の間の壁に欠損孔がある疾患である。自然に塞がることは少ないので、カテーテルによる閉鎖治療が行われるが、欠損孔の場所によっては容易に塞ぐことができない場合もある。本症の多くが学童期には無症状で経過する。症状がみられて手術した場合も、予後は必ずしもよいとはいえない。たとえ未治療であっても、20 歳までの自然な生活は比較的良好である。しかし、30 歳を過ぎると心不全が増加し、生存率は急速に低下する。このため治療の時期は小児期が理想であり、学童期の心臓検診で発見された場合は無症状であっても外科治療の対象となる。現在は、身体に負担が少ないカテーテルによる治療が導入されている。

次に多いのが「動脈管開存症」である。動脈管は胎児では必ず開存しているが、生まれた直後に閉鎖する。大動脈から動脈管を通る血液が肺動脈に流れる疾患であり、流れてしまう血液量が少なければ無症状のこともあり、心雑音が小さい時は発見されないこともある。

（3）心臓病の症状

子どもの心疾患の症状は、疾患や年齢によって異なる。よくみられる症状は表 9-2 の通りである。いずれにおいても、「いつもとどこか違う」という早期の気づきが重要である。

2 慢性心疾患を抱える子どもの学校での支援

心臓の病気ということで、学校側も子どもの身体や学校での活動に不安を抱くこともある。前述の通り、先天性心疾患は、軽いものから重いものまで様々であり、疾患の種類や治療の状況によって、ほとんど日常生活に支障がなく学校生活を送れる子どもいれば、多少の制約を受ける子どももいる。必ずしも「体育の授業を休まなければならない」「運動会・遠足などの学校行事は参加できない」ということではないのである。子どもの学校生活が充実したものになるためにも、教員は子どもや家族とよく相談し、病気や身体の状態、日常で注意しなければならないことなどの共通理解を図らなければならない。慢性心疾患を抱える子どもが学校生活を送るうえでの留意点や支援として下記のものがある。

①休学の対応
心疾患による治療や病状の変化に対応するために、休学に対しては柔軟な対応が必要となる。また、学業に追いつくための支援の計画・提供も行う。
②体育・部活への参加制約
医師からの制約に従い、子どもの体育活動や運動部に関するガイドラインを学校側と共有する。必要に応じて体育の代替オプション（レポートによる評価等）を提案する。
③緊急時の対応計画
チアノーゼや不整脈など、緊急時の対応を事前に計画し、迅速に対応できるように教員間で情報共有する。特に緊急時の対応は、養護教諭の専門的職務であるので十分連携する。
④気温・室温への注意
慢性心疾患を抱える子どもは極端な気温に対して敏感である。寒冷時には十分に温かくし、暑い日には過度な暴露を避ける。

Section 3 腎疾患の医学的基礎知識と教育的支援

1 腎疾患の医学的基礎知識

(1) 腎臓の構造と働き

腎臓は、横隔膜より下の後腹膜腔にあり、背骨を挟んで左右一対の、そら豆のような形の臓器である（図 9-2）。腎臓は、ネフロンという単位でできている。ネフロンは、主に糸球体と尿細管から成り立っている。体内で循環する血液は、腎臓に入り糸球体でろ過され尿細管に流れる。尿細管は、ろ過後の物質の中から必要なものを回収し、老廃物を尿として排泄する。腎臓を流れる血液は、およそ 1 分間に 1.2 L である。腎臓の働きが悪くなると、糸球体からの、ろ過量が極端に減少する。腎臓の働きは、以下のような 5 点である。

①老廃物を尿として体外へ排出する。
②体内の水分量を調節する。
③ホルモン（赤血球の生成、血圧の調節、カルシウム代謝の調節などのホルモン）を生成する。

④体内の電解質のバランスを保つ。
⑤血液を適度な弱アルカリ性に整える。

（2）腎疾患の種類

子どもの慢性腎疾患（小児 CKD（chronic kidney disease：慢性腎臓病））は、2000 年代に入り確立した新しい疾患の概念で、原因に関わらず、尿検査の結果、タンパク尿や血尿、腎臓の機能低下、腎臓の形の異常がある状態を指し、下記の 4 つに大別される。

①先天性腎尿路形成異常

生まれつき腎臓、尿管、膀胱、尿道などの腎尿路の機能や形態に異常があるため、腎盂腎炎などの尿路感染症を繰り返し、腎臓が障害される。あるいは、もともと腎機能が未熟であるところに、身体の成長に伴い腎機能障害が進行し、最終的には小児期に、高血圧や末期腎不全に至る疾患である。近年、日本においては、先天性腎尿路形成異常が小児期に末期腎不全になる原因疾患の半数以上を占める。

②ネフローゼ症候群

何らかの原因によって腎臓に異常が生ずると、血液中に 100 種類以上存在するタンパク質の中では最も多く 60%を占めるタンパク質であるアルブミンが尿中に大量に排出されてしまい、血液中のアルブミンが減少してしまう。このような状態をネフローゼ症候群といい、腎臓で血液中の老廃物をろ過する糸球体の機能に異常が生じていることを示している。全身のむくみ、体重増加、循環血液量低下によるショック、栄養障害、感染症等にかかりやすくなる。好発年齢は 2～6 歳であり、ほとんどは明らかな原因がなく発病する。このタイプには、ステロイド剤がよく効き、入院、投薬治療により、2～4 週間以内に改善することが多い。その後、半数以上の子どもが風邪などをきっかけに再発するが、思春期を過ぎると再発しな

図 9-2　腎臓の仕組みと働き

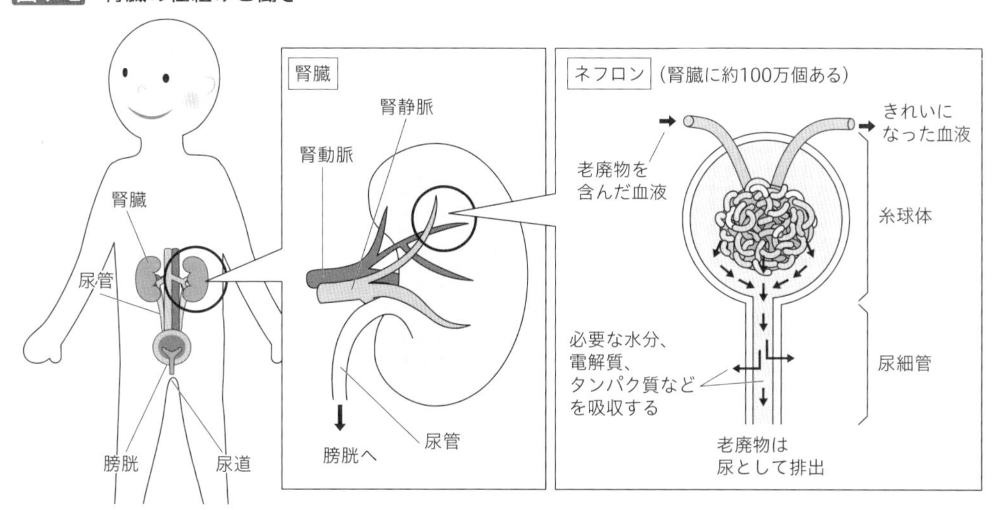

くなってくる。

③慢性糸球体腎炎

糸球体に免疫複合体が沈着し、腎臓の正常な働きを阻害するため、血尿とタンパク尿が6か月以上持続して出現する疾患である。日本の子どもの約9割は、免疫グロブリンAによるIgA腎症が占める。本症の多くは、思春期から壮年期にかけて発症する。小学校高学年から高校生頃に発症して、その後はゆっくりと進行し、適切に治療しないと30歳代から40歳代頃に末期腎不全に至る例が少なくない。

④尿細管機能異常症

尿細管に炎症が生じると尿細管機能が低下し、必要な電解質や蛋白質が尿に排泄されてしまうものである。やがて、体の水分や電解質のバランスが崩れ、体が酸性やアルカリ性に傾く。電解質異常に伴い、骨の異常や腎機能が悪化することもある。治療は、尿細管機能の原因を突き止め、体内の水分、電解質のバランスを保つために足りない物質を補給する。

(3) 腎疾患の症状

軽症の場合は、ほとんど自覚症状はないが、腎機能の低下が進むと様々な症状を呈する(表9-3)。

表9-3 腎機能が低下すると現れる症状

浮腫むくみ	腎臓から水分を十分排泄できず、体内に水分がたまる状態で、左右対称的なむくみを示す。むくみの部分を10秒間以上強く押さえると指の跡が残る。体重の2～3 kgの増加で、足首からむくみはじめ、5 kg以上の体重増加となると全身がむくむ。肺や心臓に水がたまり、利尿薬を用いてもむくみをコントロールできない場合は、透析治療が必要となる。ネフローゼ症候群や慢性腎不全（CKD）で多くみられる。
倦怠感	末期の腎不全でよく認められる。腎不全が原因で、尿毒症物質が蓄積することによるだるさである。腎機能の低下が大きく、だるさが出現する場合は、末期腎不全であることが多い。
尿量増加	腎臓でろ過されて最初にできる原尿は、1日に約150 Lつくられている。しかし、尿として排泄されるまでに99%が体内に吸収されるため、実際に排泄される尿量は約1.5 Lとなる。腎不全になって腎機能が低下すると、原尿の再吸収ができなくなるため尿量が増加する。
夜間尿	腎機能が低下すると、尿の濃縮機能も低下するために夜間多尿となる。また、摂取したナトリウムを日中に排泄しきれず、夜間に血圧を上昇させ、ナトリウムを排泄しようとして夜間多尿を引き起こす。
貧血	腎臓は、赤血球を作る働きを促進するエリスロポエチンというホルモンを分泌している。腎機能の低下によってこのホルモンを十分に分泌させることができず、赤血球の産生能力が低下することによって腎性貧血が起こる。腎性貧血が進行すると動悸、息切れとともに倦怠感も増強する。このような症状が継続すると合併症として、低身長、発達障害などの成長障害をもたらす。

2 慢性腎疾患を抱える子どもの学校での支援

腎臓病の特徴の一つとして再発を繰り返しやすいことがある。病状の悪化や再発による入院、定期的な検査などで、欠席、遅刻、早退が多くなることがあるので教育的支援は欠かせない。慢性腎疾患を抱える子どもが学校生活を送るうえでの留意点や支援として下記のものがある。

①体育活動の制限
一般に過度の過労、激しい運動、長時間の起立などは腎臓への血流を悪くするので、腎疾患を抱える子どもはこのようなことを避ける。
②給食への配慮
厳しい食事制限は必要ないが、時に慢性腎炎を抱える子どもでタンパク質の制限をすることがある。
③感染症への注意
腎疾患を抱える子どもの中には感染症によって重篤な状態になることがある。ネフローゼ症候群を抱える子どもがかぜ、風疹、流行性耳下腺炎（おたふく）など発熱を伴う病気にかかるとしばしば再発する。腎炎を抱える子どもは発熱とともに肉眼的血尿が出現したり、たんぱく尿が増えてむくみを生じることがある。
④トイレ休憩と水分摂取
子どもが頻繁にトイレに行く必要がある場合、学校側にそのニーズを通知し、教員はトイレ休憩を許可する。水分摂取に関しても、子どもが水分制限を受けている場合などは、学校側に通知し、教員は適切な水分管理を行う。

Section 4 糖尿病の医学的基礎知識と教育的支援

1 糖尿病の医学的基礎知識

(1) 血糖値とインスリン

インスリンは膵臓から分泌されるホルモンであり、血液中のブドウ糖の量を調節し、ブドウ糖が血液から細胞に取り込まれるよう機能する。

糖尿病とは、血糖をコントロールしているインスリンが何らかの原因により分泌されなかったり、分泌されていてもその量が少なかったり、働きが悪かったりすることによって起こる疾患である。インスリン分泌に異常があるため、血液中の糖（ブドウ糖）の量に問題が発生する（図 9-3）。

インスリンが欠乏すると、脂肪やタンパク質の分解が進む。その結果、ブドウ糖をうまく

図 9-3　インスリンのはたらき

正　常

膵臓

細胞

血管

インスリン

糖を取り込む

ブドウ糖

①膵臓からインスリンが分泌
②インスリンの作用により細胞が糖を取り込む

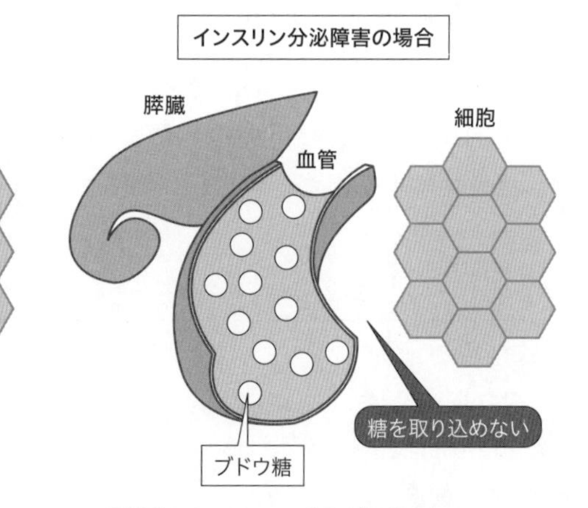

①膵臓からインスリン分泌が異常となる
②インスリンが少ないため、細胞は糖を正常に取り込めない
③血中にブドウ糖が蓄積

エネルギーとして利用できなくなり、体はエネルギー不足となる。

(2) 糖尿病の種類と症状

国際糖尿病連合（International Diabetes Federation）が、2021 年 12 月に『糖尿病アトラス　第 10 版』を発表した。そこでは、糖尿病有病率が世界的に増加し続け 5 億 3,700 万人に達し、成人 10 人に 1 人が糖尿病に罹患していることが示された。

また、日本の糖尿病患者数は 1,100 万人と推定され、世界第 9 位の糖尿病大国であると報告されている。

世界の糖尿病患者の 90%以上が 2 型糖尿病であり、生活習慣病とも呼ばれ、現在も増加し続けている。2 型糖尿病が増加する背景には、都市化、高齢化、運動不足、身体活動レベルの低下等がある。「1970 年代からの糖尿病患者数の延びは、自家用車の台数の延びとも一致している」[1)]。このことは、運動不足と糖尿病増加との相関性があることを裏づけている。糖尿病が個人や家族だけの問題ではなく、社会の健康と福祉に対する重要な世界的規模の課題となっていることがわかる。

①前糖尿病状態（Prediabetes）

血糖値が、正常値より高いものの、糖尿病とされるほど高くない状態である。多くは肥満の青年にみられる。そのうち半数は一時的なものとして解消されていくが、残り半数は糖尿病を発症する。特に体重増加との関連が深く、継続的に体重が増加した子どもに糖尿病を発症する傾向がみられる。

② 1 型糖尿病

1 型糖尿病は、インスリンをつくる膵臓の細胞（膵島細胞）が免疫系から攻撃を受け破壊され、インスリンをほとんどもしくは、まったくつくれない場合に起こる。免疫系からの攻撃は、糖尿病を発症しやすい特定の遺伝子を受け継いだ人が、様々な環境因子からの影響と複合的に関連し、誘発されることが多い。

1型糖尿病は、小児の糖尿病では最もよくみられるものであり、全症例の約3分の2が1型糖尿病である。18歳までに、小児350人に1人の割合で1型糖尿病が発生する。好発年齢は4~6歳または10~14歳であり、世界の1型糖尿病を抱える子どもの数は120万人以上で、その半数以上が15歳未満である。

1型糖尿病の場合、インスリン注射が最も子どもたちを悩ます問題となる。学校内でのインスリン注射は必須と考えなければならない。注射をする場所においては、教室内に限らずどこでも可能となるように、ほかの子どもから理解が得られるような学校側の配慮が必要となる（注射をする場所の選択は見解の分かれるところでもある）。

③2型糖尿病

2型糖尿病は、体の細胞がインスリンに十分に反応しない、インスリン抵抗性のために起こる。インスリンをつくることはできるが、インスリン抵抗性に対抗できるだけの量がない。この欠乏状態は、1型糖尿病でみられる絶対的欠乏に対し、相対的インスリン欠乏と呼ばれる。小児では多くが10~14歳の間に発症する。好発年齢は15~19歳の青年期後半である。肥満を伴う年少の小児において増加傾向にある。1990年代までは糖尿病を発症する小児の95%以上が1型糖尿病であったが、現在では3分の1は2型糖尿病である。

このような変化に伴い、学校教育において、早期に子どもの生活習慣の見直しや肥満指導等を健康教育や保健指導の目標にすることが必要となってきた。

(3) 糖尿病の症状

高血糖によって、様々な症状や合併症が引き起こされる（表9-4）。1型糖尿病は、通常は数日から数週間で症状が迅速に進行するが、2型糖尿病はゆっくり進行し、自覚症状はほぼ無く、健康診断の検尿の結果から診断されるケースがほとんどである。しかし、のどの渇きや尿量の増加、疲労感など保護者の観察で気づくことがある。2型糖尿病を抱える子どもが、ケトアシドーシスや重度の脱水症状を起こす可能性は、1型糖尿病を抱える子どもほどではない。

2 糖尿病を抱える子どもの学校での支援

糖尿病を抱える子どもは、ほかの慢性疾患を抱える子どもと同様、その病気（糖尿病）とともに成長していく。1型糖尿病を抱える子どもは、成長とともに自分自身で血糖測定やインスリン注射などを行うようになっていく。学校ではそうした子どもの成長に合わせて継続的に支援を行っていかなければならない。また、1型糖尿病に対しては「食生活の乱れや運動不足などが原因」「生活環境に問題がある」といった誤った理解をする人が少なからずいる。そうした誤解により、子どもが傷ついたりストレスを感じたりすることがないよう、疾患に対する正しい理解が得られるようにする。糖尿病を抱える子どもが学校生活を送るうえでの

表 9-4　糖尿病の症状

症状	説明
のどの渇き、尿量増加、夜尿症	尿量が増加し夜尿症を起こす。日中に膀胱をコントロールできなくなり、のどの渇きを訴えて飲み物の摂取量が増える。
脱水・筋力低下・疲労・頻脈	脱水症状が主原因となって生じる。
体重減少・成長障害	半数の患者でみられる。
ケトアシドーシス	長い間治療を行わないと、合併症である糖尿病性ケトアシドーシスが起こる。脂肪が分解される時の副産物である血中のケトン体により、血液が酸性になり吐き気、嘔吐、目のかすみ、疲労感、腹痛を訴える（ケトンとは、血中のブドウ糖がインスリン不足のために利用できず、代わりに脂肪を分解し、エネルギーをつくり出すようになるが、その時に産生される副産物）。ケトアシドーシスは進行すると昏睡に陥り、死亡することもある。
合併症	糖尿病は、万病のもとともいわれるように、多彩な合併症を引き起こす。なかでも多いのは微細小血管が障害されることで起こる「糖尿病神経障害」「糖尿病網膜症」「糖尿病腎症」があり、三大合併症と呼ばれる。子どもは、血管が弾力性に富んでいるため、すぐに合併症が起こるとはいえないが、高血糖期間が長いほど合併症のリスクが高くなる。したがって、日頃の血糖コントロールが大切になる。
感染症・その他	免疫機能が低下するため、感染症にかかりやすくなる。健康な子どもと比較し、肩関節の動きにくさや痛みを感じる子どもも多い。また、手指の関節、手首、ひじなどの関節が動きにくくなることもある。高血糖の期間が長かったり、糖尿病のコントロールが不良だったりすると、身長の伸びが悪かったり、二次性徴が遅れたりすることもある。「成長曲線」等で、年齢にあった成長をしているかどうかのチェックが必要である。
低血糖	インスリン注射や糖尿病内服薬を使用している場合に血糖値が下がりすぎることがある。誘因は、運動量の増加、食事量不足、食事時間の遅れ、インスリンの過剰注射である。特に運動中、直後だけではなく運動終了後しばらく経過してから、夜間や翌朝などに低血糖が起こることもあり注意を要する。 症状は、空腹感、頭痛、イライラから、意識障害、昏睡まで血糖値の低下具合で様々ある。砂糖、ジュース、クッキー等を補食後、保健室で休養、経過観察が必要である。重度の低血糖の場合は保護者や主治医に連絡し、救急搬送する。搬送を待つ間も、砂糖を口内の頬粘膜になすりつけるなどして糖分補給をする。

留意点、支援として下記のものがある。

①血糖値モニタリングとインスリン管理

子どもの血糖値モニタリングとインスリン管理に関して学校側と協力し、必要な措置を講じる。学校での安全な場所で血糖値をチェックし、必要な場合にインスリンを投与するための手順を確立する。

②食事計画

糖尿病管理のための食事制約を守るために子どもが食事を持参することなど、子どもの食事制約に関する情報を学校側と共有し、学校給食を調整する必要があるかどうか確認する。

③低血糖・高血糖症状と緊急対応計画
低血糖・高血糖症状の早期識別と対応、緊急時の対応計画などを準備し、教職員間で共有する。
④体育・部活動への参加
体育・部活動に参加する場合、血糖値の管理に注意を払い、部活や体育のスケジュールや活動内容を調整する。

Section 5 慢性疾患を抱える子どもの学校生活の QOL 向上に向けて

1 自己管理能力の養成

教員は、子どもから大人への橋渡しの重要性を十分に意識し、教育的支援の一つとして自己管理へのサポートや疾患の告知後のケアを行う必要がある。慢性疾患を抱える子どもは、生後早期より医療を受けている場合が多く、家族の管理下で生活をしているために疾病管理が家族任せになっていることが多い。そのため自分自身の疾患に無関心であったり、知識不足であったりする。学童期を経てやがて迎える思春期は、家族任せの管理から自己管理へと変わる通過点であり、自身の疾患について正しい理解が必要になる重要な時期である。

また、思春期以降は自身の将来についても具体的に考えていくことが多くなる。女子であれば将来の妊娠出産、男女共に重要となる職種の選択など、身体面だけでなく社会的な面も含めて疾患に向き合っていかなければならない。そうしたことから、慢性疾患を抱える子どもは「社会生活への不安」「自分の健康への不安」「死への恐怖感」などといった心理的な問題を抱えやすい。それゆえに、特に疾患の告知後の子どもには、十分な時間をかけたケアが必要であるし、家族以外の専門家からのサポートが必要となることもある。学校はそうしたサポートやケアの一端も担っているのである。このように発達段階に応じた適切な支援は、合併症予防や予後改善につながるだけではなく、子どもの自己管理能力と QOL を高めることにもつながるのである。

2 特殊教育から特別支援教育へ

慢性疾患を抱える子どもの学校教育は、子どもの病態により、特別支援学校、特別支援学級、通級指導教室（通級）等で行われてきた。しかし、2002（平成 14）年 4 月の学校教育法施行令の一部改正により、慢性疾患を抱える子どもの通常学級への就学が可能となった。

このように近年、医学や医療の進歩に伴い慢性疾患を抱える子どもの教育環境は大きく変化している。慢性疾患の病態の多様化だけではなく、小・中学校の通常の学級にも、慢性疾患を抱える子どもが多く在籍するようになってきており、慢性疾患のような内部障害は、外見からだけでは健康な子どもと区別がつかないことも多い。共に学ぶ（共生社会）ことは、慢性疾患を抱える子どもと健康な子ども、どちらの立場にとっても差別・偏見への向き合い方の学習であり、それは最大限の努力で実施されなければならない人権教育である。

文部科学省も、慢性疾患を抱える子どもを病弱・身体虚弱として、障害のある子どもに含めて教育支援対象としている。そして、子ども一人ひとりの教育的ニーズに応答すること、連続性ある多様な学びの場の充実および整備、共生社会の構成員の一人として、共に認め合い、支え合う社会の構築をめざすことを強調している。重要な点は、慢性疾患を抱える子どもたちに通常の学級、通級による指導、特別支援学級、特別支援学校等の多様な学びの場が用意され、差別偏見のない教育を受けることができるようにすることである。

3 教育的ニーズの把握

特別支援教育は、個々の子どもの教育的ニーズの把握からはじまる。教育的ニーズとは、「子ども一人一人の障害の状態や特性、及び心身の発達段階等を把握し、具体的にどのような特別な指導内容や、教育上の合理的配慮を含む支援の内容が必要とされるかということを検討することで整理されるもの」[2]である。教育的ニーズを整理する際、最も大切にすべき点は、障害のある子どもの自立と将来の社会参加を見据えて、その時点でその子どもに最も必要な教育を提供することである。教育的ニーズの整理には、3つの観点（障害の状態等、特別な指導内容、教育上の合理的配慮を含む必要な支援の内容）を踏まえることが大切である[3]。

(1) 障害の状態の把握

障害の状態や特性および心身の発達の段階等については、医学的側面（障害・病気の状態、医療的ケアの状況等）、心理学的側面（心身の状態、情緒の安定等）、教育的側面（自立の程度、介助の必要性等）から把握する。

障害の状態等を把握することは特別な指導・支援内容を検討するための必須事項である。そのため、子ども本人および保護者からの意見、医師や心理カウンセラー、学校教職員といった専門家からの所見や情報をもとに個々の障害の状態を正確に把握することが重要である。

(2) 特別な指導内容

病弱・身体虚弱の子どもの状態等を踏まえた特別な指導内容としては、表9-5のような内容が考えられる。なお、これらはあくまで例示であり、これ以外の指導内容も考えられる。子どもの個別性を十分に反映させた指導内容であることが重要である。

(3) 教育上の合理的配慮を含む必要な支援の内容

「合理的配慮」とは、障害者の権利に関する条約（略称：障害者権利条約）第2条で定義されている概念である。

合理的配慮とは、「障害のある子どもが、他の子どもと平等に『教育を受ける権利』を享有・行使することを確保するために、学校の設置者及び学校が必要かつ適当な変更・調整を行うことであり、障害のある子どもに対し、その状況に応じて、学校教育を受ける場合に個別に必要とされるもの」であり、「学校の設置者及び学校に対して、体制面、財政面において、均衡を失した又は過度の負担を課さないもの」[4]である。これにより、障害のある子どもへの教育の一層の充実が図られている。

合理的配慮の提供は、国の行政機関・地方公共団体・独立行政法人等では、法律上の義務となっている。つまり、合理的配慮の否定は、障害を理由とする差別であるとみなされる。慢性疾患のように病弱・身体虚弱の子どもの教育に当たっては、合理的配慮を含めた表 9-6のような支援体制を整えることができる。

表 9-5 特別な指導内容

病気の理解と生活管理	病気の自己管理能力を高めるために、病気の特性の正しい理解と生活の自己管理能力として、心身の状態にあわせて日常の諸活動の制限や、参加の判断をする自己選択と自己決定ができる力、必要な時には必要な支援や援助を求めて、声を上げることができる力の育成を行う。
情緒の安定	治療の副作用や、継続する症状により、情緒が不安定になることがあるため、悩みを打ち明けられるよう、自己表現力について指導する。また、学習の遅れに対する不安を軽減する。たとえば遠隔授業やビデオ学習等のシステムを活用することも重要である。
学習や日常生活上の困難を改善し、前向きに行動する意欲	疾患が進行性のものである場合は、特に自分の病状や将来について悲観的になり意欲を失いやすい。生きがいを感じることができるよう工夫し、困難に立ち向かう意欲の向上を図る指導を行う。
移動能力や移動手段の自己管理	心疾患を抱える子どもは、心臓への負担を軽減しなければならないので、移動能力や移動手段について医師の指導を理解し、適切に移動手段を選択し、心臓への負担をかけることなく、移動ができるように指導する。
コミュニケーションの手段の選択と活用	進行性の病気の場合、言葉による自己表出能力が衰えていくことがある。そのため自己肯定感の低下を招くこともあるが、別のコミュニケーション手段を子どもと一緒に考え、活用する力を養成する。
表現能力	文字を書く動作、コンピューター等の操作に支障がある場合は、ICT や AT 等の入出力装置を適宜活用し、主体的学習活動ができるような指導内容を工夫する。

表 9-6 整えるべき支援体制

専門性ある支援体制の整備	学校生活のなかで、病気等のために必要な生活規制や支援を明確にし、緊急時に対応できるように、主治医や保護者からの情報把握、保護者との日常的な連携、全教職員の共通理解による支援体制の構築等の校内体制の整備が不可欠である。また、医療的ケアが必要な場合は、看護師等、医療関係者との連携を図る。
子ども、教職員、保護者、地域の理解と啓発を図るための配慮	病状によっては特別な支援を必要とするという理解を広め、病状急変に備えて、理解と啓発に努める。たとえば、ペースメーカー使用時の運動制限などの外部からわかりにくい病気には、特に理解啓発が大切である。
災害時の支援体制の整備	心疾患を抱える子どもは、急いで逃げるということが困難である。緊急時における子どもの病気に応じた支援体制を、平常時以上に綿密に、整備しなければならない。

4 そのほかの教育的支援―学校生活管理指導表の利用と学校体育

(1) 学校生活管理指導表の利用

心疾患、腎臓疾患、糖尿病等、学校生活で管理しながらの学習が必要な場合には、医療機関と学校をつなぐ重要な役割をもつ「学校生活管理指導表」(表9-7) を活用し、適切な管理と指導を行う。

慢性疾患を抱える子どもは、必ずしも学校生活において配慮制限を必要とすることばかりではないので、学校生活管理指導表を学校へ提出する義務を課す必要はない。しかし、学校生活管理指導表の記述内容をみるとわかるように、主治医や学校医が、医学的側面から具体的に学校生活や体育の授業についての意見を記述しているので管理や支援を行ううえで活用することの利点は大きい。特に慢性疾患においては、子どもの活動に伴う危険や事故を未然に防ぐものとして積極的に活用し、子どもの安全を図らねばならない。さらに、糖尿病については、糖尿病患児の治療、緊急連絡方法等の連絡表も併わせて活用する。

指導区分の基本的な考え方と運動強度の定義については、表9-8・9の通りである。

(2) 慢性疾患を抱える子どもの学校体育における基本的考え方

慢性心疾患は病態に応じて、適切な運動制限を行う。運動強度の選択は、学校行事への参加の可否を含めて、学校生活管理指導表の運動強度区分と指導区分の基本に従い決定する。運動制限があるとしても、発育期における体力の低下、骨密度の低下、肥満を引き起こし、精神的成長を阻害することもある。したがって、過剰な制限は避けるべきである。また、体育の授業に参加できなくても評価はしなければならないので、レポート課題等で達成感を感じさせながら指導することが重要である。

慢性腎疾患は、かつては有効な治療法がなく、体育の授業を制限するしかなかった時代を経て、今は治療法が進歩し、体育の授業だけでなくプールや運動会、課外活動にも積極的に参加することができるようになった。疾患の状態には十分配慮しつつも過剰な制限は避けるべきであり、学校生活管理指導表を活用し主治医との連携を深め、適切な運動制限をしていくことが求められる。

糖尿病は、有酸素運動が有効な疾患であるので、体育や部活動の前は、低血糖の予防として、補食（ジュース、パン、ビスケット等）やインスリンの調整が必要である場合もあるが、基本的には運動制限は必要なく、積極的に運動を行う方がよい。むしろ、運動不足は糖尿病の悪化を招く恐れがある。

いずれも、学校体育の実施については、安全に行われる必要があり、そのためのリスク管理が重要である。特に、緊急時の対応策や体育授業前の健康観察において保健室、養護教諭と協働のうえ、子どもの健康と安全を確保しながら学校体育を進めていかなければならない。

表 9-7　学校生活管理指導表（中学・高校生用）

(2020 年度改訂)

学校生活管理指導表　（中学・高校生用）　　年　月　日

氏名＿＿＿＿＿　男・女　　年　月　日生（　）才　＿＿＿＿＿ 中学校 高等学校　＿年＿組

①診断名（所見名）	②指導区分 要管理：A・B・C・D・E 管理不要	③運動部活動 （　　　）部 可（ただし、　　）・禁	④次回受診 （　）年（　）カ月後 または異常があるとき

医療機関＿＿＿＿＿＿

医　師＿＿＿＿＿＿　印

【指導区分：A・・・在宅医療・入院が必要　B・・・登校はできるが運動は不可　C・・・軽い運動は可　D・・・中等度の運動まで可　E・・・強い運動も可】

体育活動 ＼ 運動強度			軽い運動（C・D・Eは "可"）	中等度の運動（D・Eは "可"）	強い運動（Eのみ "可"）
運動領域等	＊体つくり運動	体ほぐしの運動 体力を高める運動	仲間と交流するための手軽な運動、律動的な運動 基本の運動（投げる、打つ、捕る、蹴る、跳ぶ）	体の柔らかさおよび巧みな動きを高める運動、力強い動きを高める運動、動きを持続する能力を高める運動	最大限の持久運動、最大限のスピードでの運動、最大筋力での運動
	器械運動	（マット、跳び箱、鉄棒、平均台）	準備運動、簡単なマット運動、バランス運動、簡単な跳躍	簡単な技の練習、助走からの支持、ジャンプ・基本的な技（回転系の技を含む）	演技、競技会、発展的な技
	陸上競技	（競走、跳躍、投てき）	基本動作、立ち幅跳び、負荷の少ない投てき、 軽いジャンピング（走ることは不可）	ジョギング、短い助走での跳躍	長距離走、短距離走の競走、競技、タイムレース
	水泳	（クロール、平泳ぎ、背泳ぎ、バタフライ）	水慣れ、浮く、伏し浮き、け伸びなど	ゆっくりな泳ぎ	競泳、遠泳（長く泳ぐ）、タイムレース、スタート・ターン
	球技 ゴール型	バスケットボール ハンドボール サッカー ラグビー	ゆっくりな運動 ランニングのない 基本動作 （パス、シュート、ドリブル、フェイント、リフティング、トラッピング、スローイング、キッキング、ハンドリングなど）	（身体の強い接触を伴わないもの）フットワークを伴う運動 基本動作を生かした簡易ゲーム （ゲーム時間、コートの広さ、用具の工夫などを取り入れた連携プレー、攻撃・防御）	タイムレース・応用練習 簡易ゲーム・ゲーム・競技 試合・競技
	球技 ネット型	バレーボール 卓球 テニス バドミントン	基本動作 （パス、サービス、レシーブ、トス、フェイント、ストローク、ショットなど）		
	球技 ベースボール型	ソフトボール 野球	基本動作 （投球、捕球、打撃など）		
	球技	ゴルフ	基本動作（軽いスイングなど）	クラブで球を打つ練習	
	武道	柔道、剣道、相撲	礼儀作法、基本動作（受け身、素振り、さばきなど）	基本動作を生かした簡単な技・形の練習	応用練習、試合
	ダンス	創作ダンス、フォークダンス 現代的なリズムのダンス	基本動作（手ぶり、ステップ、表現など）	基本動作を生かした動きの激しさを伴わないダンスなど	各種のダンス発表会など
	野外活動	雪遊び、氷上遊び、スキー、スケート、キャンプ、登山、遠泳、水辺活動	水・雪・氷上遊び	スキー、スケートの歩行やゆっくりな滑走平地歩きのハイキング、水に浸かり遊ぶなど	登山、遠泳、潜水、カヌー、ボート、サーフィン、ウインドサーフィンなど
文化的活動			体力の必要な長時間の活動を除く文化活動	右の強い活動を除くほとんどの文化活動	体力を相当使って吹く楽器（トランペット、トロンボーン、オーボエ、バスーン、ホルンなど）、リズムのかなり速い曲の演奏や指揮、行進を伴うマーチングバンドなど
学校行事、その他の活動			▼運動会、体育祭、球技大会、新体力テスト などは上記の運動強度に準ずる。 ▼指導区分、"E" 以外の生徒の遠足、宿泊学習、修学旅行、林間学校、臨海学校などの参加について不明な場合は学校医・主治医と相談する。		

その他注意すること

定義
《軽い運動》　同年齢の平均的生徒にとって、ほとんど息がはずまない程度の運動。
《中等度の運動》　同年齢の平均的生徒にとって、少し息がはずむが息苦しくない程度の運動。パートナーがいれば楽に会話ができる程度の運動。
《強い運動》　同年齢の平均的生徒にとって、息がはずみ息苦しさを感じるほどの運動。心疾患では等尺運動の場合は、動作時に歯を食いしばったり、大きな掛け声を伴ったり、動作中や動作後に顔面の紅潮、呼吸促迫を伴うほどの運動。
＊新体力テストで行われるシャトルラン・持久走は強い運動に属することがある。

出典：学校保健協会「〔令和2年度（2020年度）改訂〕学校生活管理指導表（中学・高校生用）」https://www.hokenkai.or.jp/publication/guidance.html

表 9-8　学校生活管理指導表の指導区分の基本な考え方

指導区分	基本的な考え方
A	在宅医療・入院
B	登校はできるが運動不可
C	同年齢の平均児童生徒にとって軽い運動可
D	同年齢の平均児童生徒にとって中等度運動まで可
E	同年齢の平均児童生徒にとって強い運動も可
管理不要	運動制限、経過観察ともに不要

表 9-9　学校生活管理指導表の運動強度の定義

運動強度	定義
軽い運動	息が弾まない程度　球技のフットワーク、等尺運動は含まない
中等度の運動	息は弾むが、息苦しさを感じない程度　仲間と楽に会話が可能　強い身体接触を伴わない　強い運動程の力を込めない等尺運動
強い運動	息が弾み息苦しさも感じる運動　顔面の紅潮、呼吸促拍を伴う運動

Section 6　慢性疾患を抱える子どもの生きづらさの克服のために

1　学校におけるマイノリティ問題―慢性疾患を抱える子ども

子どもは、それだけで社会におけるマイノリティ（少数派）であり、保護すべき存在である。

学校には、健康な子どもと何らかの障害を抱えながら学ぶ子どもがいる。健康な子どもは、マジョリティ（多数派）であり、慢性疾患を抱える子どもは、学校教育のうえではマイノリティであるといえる。

「学校教育は、障害のある子供の自立と社会参加を目指した取り組みを含め、『共生社会』の形成に向けて、重要な役割を果たすことが求められている」[5]。つまり学校教育現場が、マジョリティの子どもとマイノリティの子どもが共に自立と社会参加が可能となる、共生社会の基盤形成の場にならなければならない。

これらの点から、学校における一つのマイノリティ問題として、慢性疾患を抱える子どもの問題を社会学的に考察してみる必要がある。現代社会の中で、マイノリティに対する差別・偏見は枚挙に暇がない。慢性疾患を抱える子どもも例外ではない。

現代人の望ましい特性として、「自律して主体的に判断し、科学的知見を有し、さらに経済発展に貢献し、国家の発展にも寄与する模範的人間像」[6]が浮かぶが、慢性疾患を抱える子どもの場合は、自律・自立した活動をするのが難しいことがある。

2　移行期医療

移行期医療とは、小児期医療と成人期医療をつなぐ架け橋となる新しい医療の形である。

医療の進歩により、小児期で発症した慢性疾患を抱える子どもの多くが、思春期や成人期を迎えられるまでになった。したがって、医療の面からも小児診療のみで治療に当たるだけでなく、医療そのものが途切れないようにしておく必要性も生まれてきた。小児期医療から成人期医療への移行期にある小児慢性特定疾患児童への適切な医療の提供に関する課題を解消するため、小児期と成人期それぞれの医療従事者間の連携支援に、連続性をもたせるような体制を整備しなければならない。学校教育のなかで教員は、慢性疾患を抱える子どもたちの成人期までの十分な見通しをもち、身体的、精神的支援を途切れさせることなく、連続した教育支援を行うことが求められる。

「健康」とは人類共通、普遍的価値を有する基本的人権である。しかし、個々の子どもによって、健康に関する実感は異なる。特に、慢性疾患を抱える子どもと健康な子どもとの間には、健康実感の相違が大きい。この相違を乗り越え、実効性ある健康教育とはどのような教育であるか。健康教育のアイデアをまとめ、具体的な実践計画を立案してみよう。

課題2

次の事例について体育授業計画を立案してみよう。

事例：心臓機能障害（心室中隔欠損症）のＡさんは、常時、酸素の供給が必要で、運動に関しては「着座で上肢のみを使う活動」程度と、かなりの制限がある。しかし、校内や地域で、ほかの健康な子どもと同じように遊び、思いっきり体を動かしたいという身体活動の欲求は、健康な子どもと同様である。このようなＡさんの願いを少しでも叶えられるように、次の点を手がかりにして、体育の授業計画を立案してみよう。

①保健室情報：保健情報の種類、体育の授業での活用

②体育授業の実施前：子どもの事故を未然に防ぐために行う事項

③体育授業の実施後：実施記録とその取扱い

④健康な子どもの理解と協力：必要な配慮と指導事項

⑤健全な発育、発達観の育成：情操教育

引用文献

1）洪尚樹・堀田饒「未病としての糖尿病」『日本未病システム学会』第4巻第1号　1998年　p.37

2）文部科学省「障害のある子供の教育支援の手引き～子供たち一人一人の教育的ニーズを踏まえた学びの充実に向けて～」2021年　p.3

3）同上 p.3

4）同上 p.12

5）同上 p.2
6）西原和久『マイノリティ問題から考える社会学・入門（西原・杉本編）』有斐閣　2021 年　p.8

参考文献

・満留昭久編『慢性疾患の子どもの学校生活』2014 年　慶応義塾大学出版会
・全国特別支援学校病弱教育校長会『病気の子どもの理解のために―糖尿病―』2009 年
・全国特別支援学校病弱教育校長会『病気の子どもの理解のために―腎臓病―』2009 年
・全国特別支援学校病弱教育校長会『病気の子どもの理解のために―心臓病―』2010 年
・国際糖尿病連盟「IDF Diabetes Atlas 第 10 版」
https://diabetes atlas.org
・日本学校保健会「学校保健」
https://www.gakkohoken.jp/
・日本学校保健会『心疾患児　学校生活管理指導のしおり（令和 2 年度改訂）』
https://www.gakkohoken.jp/books/archives/249
・日本学校保健会『腎疾患児　学校生活管理指導のしおり（令和 2 年度改訂）』
https://www.gakkohoken.jp/books/archives/250
・日本学校保健会「糖尿病患児の治療・緊急連絡法等の連絡表」
https://www.hokenkai.or.jp/publication/pdf/kanri_03.pdf
・国立特別支援教育総合研究所「インクルーシブ教育システム構築における慢性疾患のある児童生徒の教育的ニーズと合理的配慮及び基礎的環境整備に関する研究」
https://www.nise.go.jp/cms/resources/content/12409/saika7.pdf
・理化学研究所：研究成果（プレスリリース）2020「心臓が左右非対称になる仕組み―細胞集団運動によるダイナミックな形のリモデリング―」
https://www.riken.jp/press/2020/20200416_1/

Chapter 10

学校におけるメンタルヘルス

学校生活では、いじめだけでなく、SNSによる誹謗中傷などにより子どもたちが不登校になるケースがある。また、多忙な業務やストレス等が原因で教職員の精神疾患による休職が問題になっている。いずれも児童生徒および教職員のメンタルヘルス（心の健康）に関連することである。学校全体のメンタルヘルスを維持することや改善することは、学校生活をよりよくするうえでも重要な課題である。このChapterでは、主に児童生徒のメンタルヘルスについて取り上げる。

Section 1 メンタルヘルス

1 メンタルヘルスとは？

メンタルヘルスとは、「すべての個人が自らの可能性を認識し、生命の通常のストレスに対処し、生産的かつ効果的に働き、コミュニティに貢献することができる健全な状態」と、世界保健機関（WHO）は定義している[1)]。

メンタルヘルスは、日常生活での対人関係、仕事などに影響を及ぼす。健全なメンタルヘルスの状態では、ストレスや困難な状況に対して適切に対処する準備ができており、個人の能力が十分に発揮できる傾向がある。一方、メンタルヘルスに問題が生じると、日常生活に悪影響を及ぼし、その状態が継続すると、うつなどの症状が現れることがある。しかし、適切なケアやサポートを受けることで、メンタルヘルスの問題を軽減し、回復することは可能である。また、予防のための対策も重要であり、ストレス管理、適切な休息、健康なライフスタイルの維持などが健全なメンタルヘルスの維持につながる。

世界メンタルヘルスデーとは？

世界精神保健連盟が1992年より、メンタルヘルス問題に関する世間の意識を高め、偏見をなくし、正しい知識を普及することを目的として、10月10日を「世界メンタルヘルスデー」と定めた[2)]。

2 学校生活におけるメンタルヘルス

学校におけるメンタルヘルスは、児童生徒の健全な成長と学習に不可欠である。また、メンタルヘルスは感情やストレスのコントロール、人間関係の構築など、生活全般において重要な役割を果たす。そのため、学校には次のような児童生徒のメンタルヘルスを支えるための環境づくりと取り組みが求められる。

①学校内でのメンタルヘルスの重要性を教職員が理解し、意識を高めること
②児童生徒に対する感情コントロールやストレスへの対処法などを学ぶ機会を増やし、心の健康をサポートする
③児童生徒が悩みなどを安心して相談できる環境を整える

学校全体のメンタルヘルスに対する取り組みを通じて、児童生徒自身がメンタルヘルスの向上に努められる環境が必要である。

Section 2 思春期におけるアイデンティティの形成および混乱

思春期は個人の成長や発達において重要な段階であり、アイデンティティの形成が特に重要な時期である。学校はこのアイデンティティの形成に関わる場の一つであり、健全な心の発達を促進する場となる。この時期には、自己のアイデンティティを理解し、自己同一性の構築が始まる。クラスメイトや友人との交流、クラブ活動やスポーツなどへの参加を通じて、自己の特性や価値観を発見する機会がえられる。

図 10-1 は厚生労働省の「思春期のこころの発達と問題行動の理解」についてである。自我の形成には様々な要因が関係しており、帰属集団的な要素において学校生活が自我の形成に影響を与えることがわかる。

一方で、思春期にはアイデンティティの混乱が起こることもある。自己と向き合う過程で、自分の弱点や不安、自己評価に疑念を抱くことがある。これに伴い友人や家族関係の変化、

図 10-1　思春期における心の発達に関係する要因

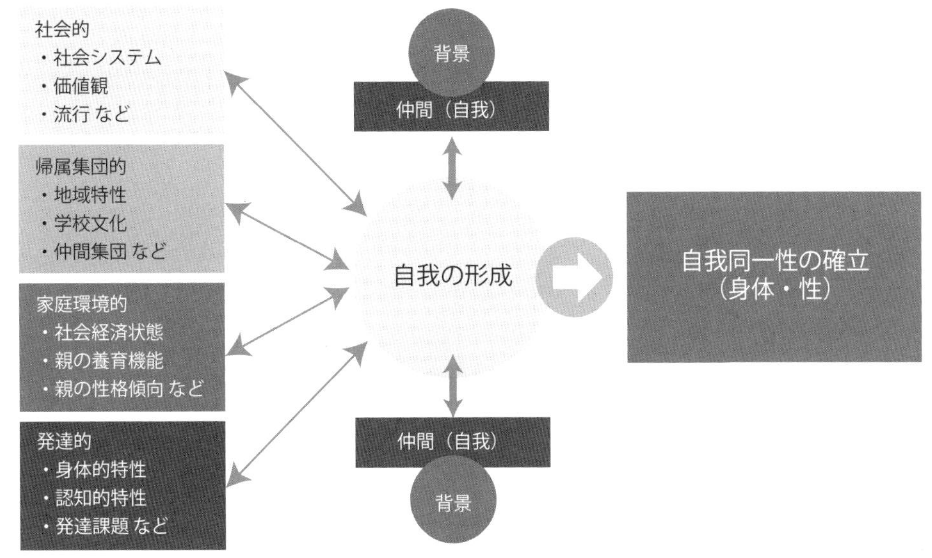

出典：厚生労働省「e-ヘルスネット：思春期のこころの発達と問題行動の理解」2023 年
https://www.e-healthnet.mhlw.go.jp/information/heart/k-03-002.html

将来の進路選択などに対する不安や混乱が生じることもある。学校はこうした思春期特有の感情や課題に対して、適切なサポートと指導を提供する必要がある。

そこで、教育現場では次の点に留意することが大切である。

①多様性の尊重：思春期は、他者と比較し、自己評価を行う時期でもある。多様な背景やアイデンティティを尊重し、「違い」を受け入れられる人格を形成させる。
②感情の理解と表現：児童生徒が自分の感情を理解し、適切に表現できるようにサポートする。感情教育プログラムなどを活用することで感情の受け入れや共有を促進させる。
③カウンセリングによるサポート：アイデンティティの混乱に直面している児童生徒に対して、学校内でカウンセリングによる適切なサポートを実施する。
④良好な人間関係モデルの提供：児童生徒が健全なアイデンティティを育てるために、教職員や地域住民との良好な関係を築きながら、より良い人間関係のロールモデルを提供する。

Section 3 不登校といじめ問題に関する現状と課題

1 不登校の現状と課題

不登校とは、学校に「通わない」「通えない」状態を指し、その背後には家庭環境や学業

図 10-2　不登校児童生徒の推移

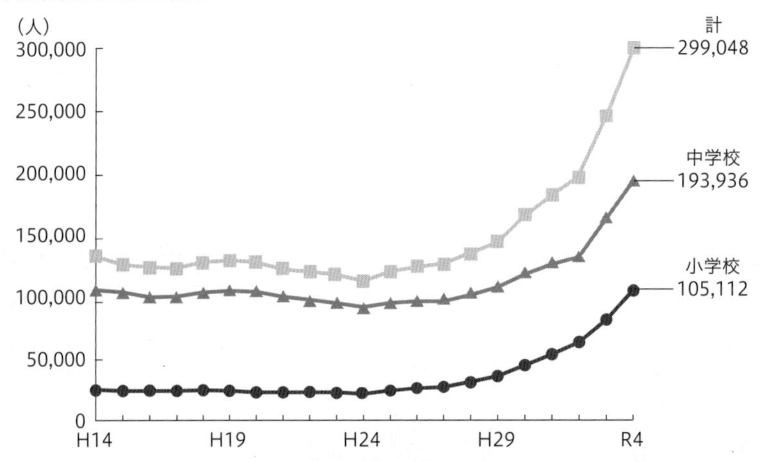

出典：文部科学省「令和 4 年度 児童生徒の問題行動・不登校等生徒指導上の諸課題に関する調査結果の概要」2023 年　p.20
https://www.mext.go.jp/content/20231004-mxt_jidou01-100002753_2.pdf

に対する不安、人間関係の問題などの要因が存在する。結果的に不登校になった場合、学習機会の喪失だけでなく、社会性や自己肯定感の低下、将来への不安などを抱える可能性がある。こうした状況に直面する児童生徒の支援および対策が求められる。

図 10-2 は文部科学省の報告であり、不登校児童生徒の推移を示している。2012（平成 24）年頃から増加傾向を示している。

不登校の対策には、早期発見と適切なサポートが不可欠である。早期発見には、教職員が児童生徒の様子を注意深く観察し、問題を察知する力が必要となる。また、不登校の児童生徒を発見した場合には、適切なサポート体制を整える必要がある。2023（令和 5）年の文部科学省から教育機関への通知には、不登校児童が学びたいと思った時に学べる環境として、不登校の特例校、校内教育支援センターの設置、柔軟な学級替えや転校等の対応などが記されている[3)]。さらに、保健室登校や、子どもの「学校に行きたくない」という気持ちを認めてあげるなど、学校だけでなく家庭との協力体制の構築が求められる。

2　いじめ問題の現状と課題

いじめは、被害者に深刻な心の負担をかけ、学校環境を悪化させる。いじめが長期化すると、被害者の自尊心が低下し、学習意欲や対人関係に影響を及ぼす可能性がある。また、加害者にもその後の人間関係に影響を及ぼすことがあり、いじめ問題をなくすことは学校全体にとって大きな課題である。図 10-3 は、いじめの認知率の推移を示している。2011（平成 23）年頃から増加傾向であり、2020（令和 2）年には減少している。減少の理由の一つとして、新型コロナウイルス感染症（COVID-19）のため学校に登校しない自粛期間があったこと

図 10-3　いじめの認知率の推移

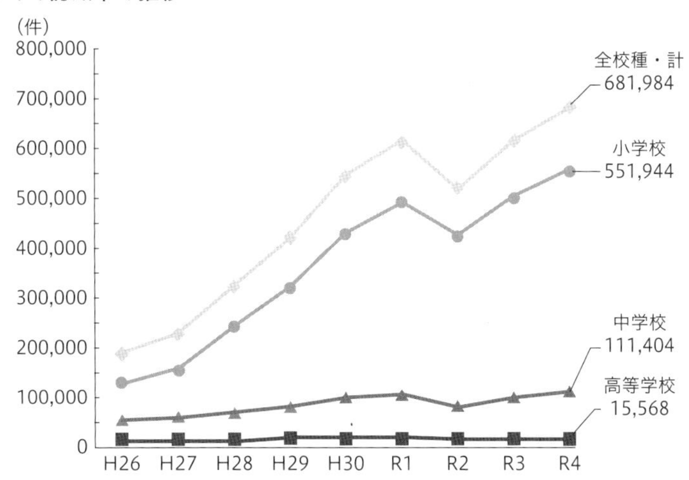

出典：文部科学省「令和 4 年度 児童生徒の問題行動・不登校等生徒指導上の諸課題に関する調査結果の概要」2023 年　p.5
https://www.mext.go.jp/content/20231004-mxt_jidou01-100002753_2.pdf

が考えられる。以前の生活に戻ることで再びいじめが増加傾向を示す可能性もあるため、今後も引き続き対策が必要となる。

いじめ問題への対応は、文部科学省が、「いじめの積極的な認知と早期の組織的な対応」「いじめ防止対策推進法等に基づく適切な重大事態対応」「いじめの未然防止」の３つを各教育機関に周知を図るよう指示している[4)]。

いじめの予防対策としては、児童生徒に対して、いじめの深刻さや他者を尊重する重要性をいじめ防止プログラムにおいて教えることが重要である。加えて、教師と児童生徒間のコミュニケーションを強化し、いじめの兆候を早期に察知する仕組みが求められる。もし、いじめが発生した場合には、被害者や加害者へのカウンセリング、保護者への連絡などの情報共有が迅速に行われるべきである。そして、いじめ発生後には被害者への継続的なサポート、加害者への適切な処分、学校全体でのいじめ再発防止の取り組みが必要である。なお、諸外国のいじめ対策については Section 6（182 頁）で紹介する。

Section 4　子どもの自殺や非行に関する問題

1　児童生徒の自殺の現状と課題

子どもの自殺は深刻な問題であり、その背後には様々な要因が存在する。学業や家庭からの圧力、いじめ、人間関係のトラブルなどが子どもたちの心に負担をかけ、深刻な結果とし

図 10-4 児童生徒および学生等の自殺者数の推移（男女計）

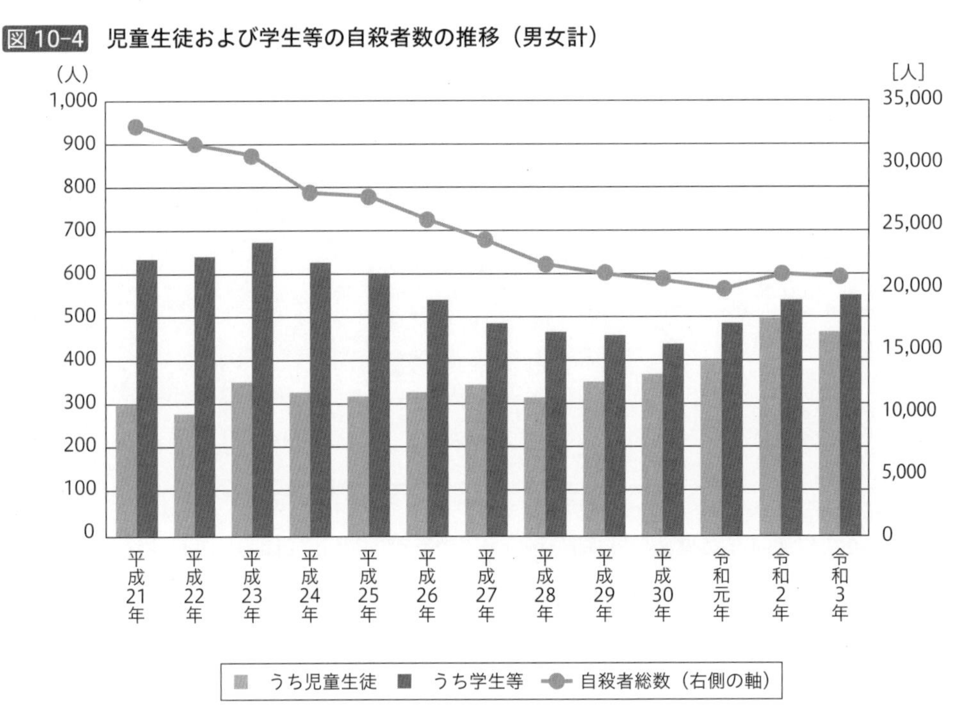

資料：警察庁「自殺統計」より自殺対策推進センター作成
出典：厚生労働省『令和 4 年版 自殺対策白書：学生・生徒等の自殺の分析』2022 年　p.79
https://www.mhlw.go.jp/content/r4h-2-3.pdf

て自殺につながることがある。図 10-4 は、児童生徒および学生等の自殺者数の推移である。日本の自殺者数は減少傾向だが、児童生徒の自殺者数は増加傾向にある。

厚生労働省の『自殺対策白書』には自殺の原因が報告されている[5]。自殺の原因が「学校問題」である順位は、小学生が第 3 位、中学生は第 2 位である。高校生は男子が第 1 位、女子は第 2 位が「学校問題」である。これらの情報から、児童生徒の自殺対策に学校生活での課題解決が重要であることがわかる。

児童生徒の中には、感情を上手くコントロールできず、自分を表現することが苦手な者もいる。そのために彼らの心の苦しみを解消する方法が見つけにくい場合もある。

児童生徒の自殺問題の課題は、早期のリスク評価と適切な支援体制の構築である。教職員が児童生徒の様子を注意深く観察し、何らかの変化が認められた際には、スクールカウンセラーとの情報共有を迅速に行い、対応することが重要である。また、児童生徒が安心して相談できる環境の整備、保護者との連携強化が求められる。

2 児童生徒の非行の現状と課題

非行は、子どもたちが法律や社会のルールに従わない行動である。家庭環境の不安定さや

図 10-5 暴力行為の状況について（学年別　加害児童生徒数）

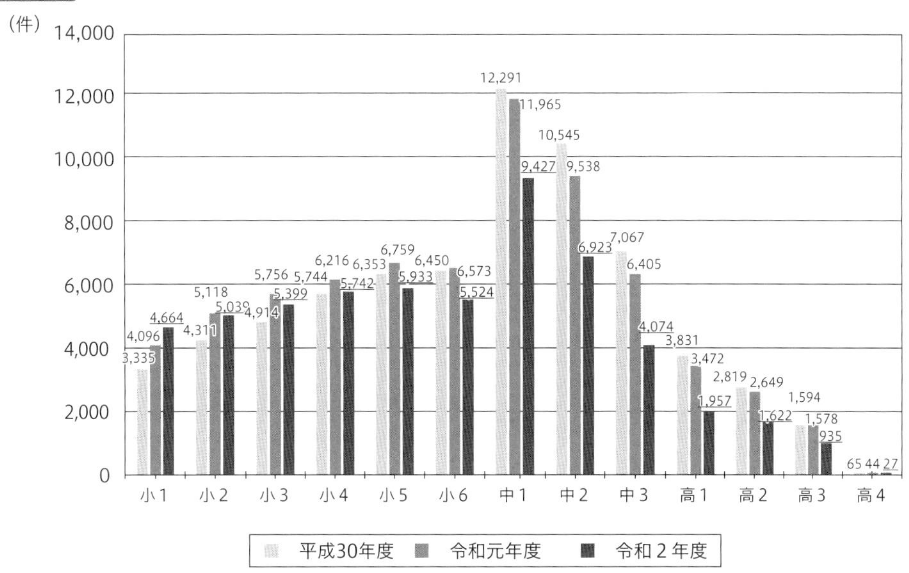

※　暴力行為の学年別加害児童生徒数は今回調査で定義の変更を行っているため、前年度と単純に比較することはできない。
令和元年度調査までは「対教師暴力」・「生徒間暴力」・「対人暴力」・「器物損壊」の類型別の加害児童生徒数実人数の合計により計上しており、一人の児童生徒が複数類型の暴力行為を行った場合には重複して計上されていたが、令和２年度調査からは実人数（一人の児童生徒が複数類型の暴力行為を行った場合も一人として計上）に変更している。
（例）令和元年度　A児が「生徒間暴力」２件と「器物損壊」１件を行った場合　→２人として計上
令和２年度　A児が「生徒間暴力」２件と「器物損壊」１件を行った場合　→１人として計上

出典：文部科学省「令和４年度 児童生徒の問題行動・不登校等生徒指導上の諸課題に関する調査結果の概要」2023年　p.12
https://www.mext.go.jp/content/20231004-mxt_jidou01-100002753_2.pdf

貧困、学業の不振などが非行の背後にある場合がある。非行は、学校内でのトラブルや暴力、窃盗、薬物乱用など様々な形で現れることがあり、児童生徒の将来に大きな影響を及ぼす可能性がある。図 10-5 は暴力行動の状況について示したものである。中学１～２年生にかけてピークがあり、その後は減少傾向となっている。また、図 10-6 では少年の大麻による検挙人数が近年増加傾向にあることがわかる。

非行問題は、予防と対応の両面において取り組むことが課題となる。学校内での適切な指導および教育、家庭との協力および連携により、非行を予防する環境づくりが重要である。また、非行を起こした児童生徒への適切な対応も欠かせない。個別のケアプランの策定や、再犯予防のための支援体制を整えることが重要である。

図 10-6 少年による覚醒剤取締法違反等 検挙人員の推移（罪名別）

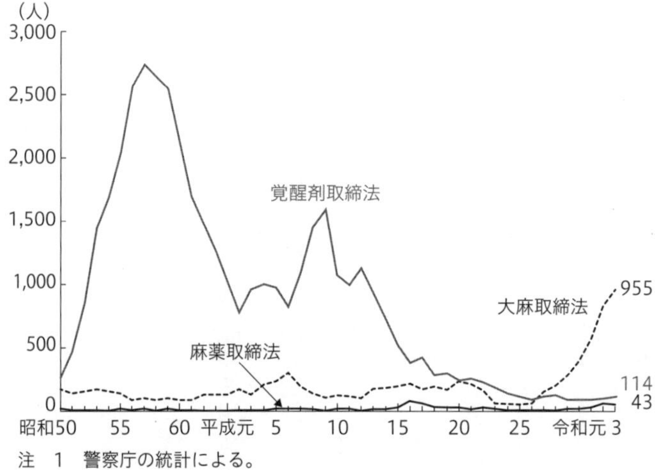

出典：法務省『令和 4 年版 犯罪白書：少年による特別法犯』2022 年 p.112
https://www.moj.go.jp/content/001387344.pdf

Section 5 現在の精神疾患の動向と学校における取り組み

1 現在の精神疾患の動向

近年、精神疾患の発症が増加しており、その背後には様々な要因が影響している。社会の高度な競争やストレス、デジタル機器の普及に伴う情報過多などが、精神疾患のリスクを高める一因であると考えられる。図 10-7 は、こころの病気の患者数の状況であり、精神疾患が増加傾向であることがわかる。

2 統合失調症に関する動向

厚生労働省は統合失調症について次のように説明している。

「統合失調症は、こころや考えなどがまとまりを欠いた状態になる病気です。そのため行動や気分、人間関係などに様々な影響が出ます。100 人に 1 人くらいがかかるといわれていて、それほど珍しい病気ではありません。早めに治療するほど症状が重くなりにくいといわれているので、早期発見と早期治療が大切です」[6]

また、統合失調症の主な症状は「幻覚や妄想、考えの混乱、食欲不振、無表情など」[7]である。

図 10-8 は、思春期に発病しやすい病気等を示しており、統合失調症は高校生の時期を好発期としている。

図 10-7 こころの病気の患者数の状況

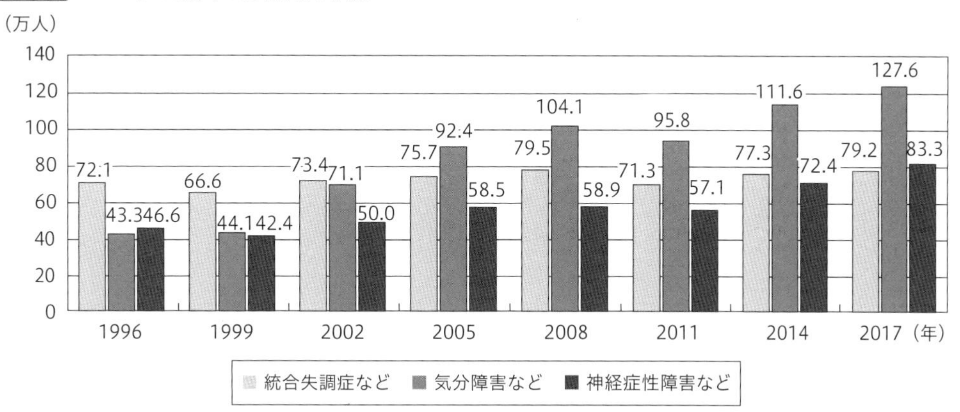

出典：厚生労働省『平成 30 年版 厚生労働白書：こころの病気の患者数の状況』2019 年
https://www.mhlw.go.jp/stf/wp/hakusyo/kousei/18/backdata/01-01-02-09.html

図 10-8 思春期好発病態の発現年齢

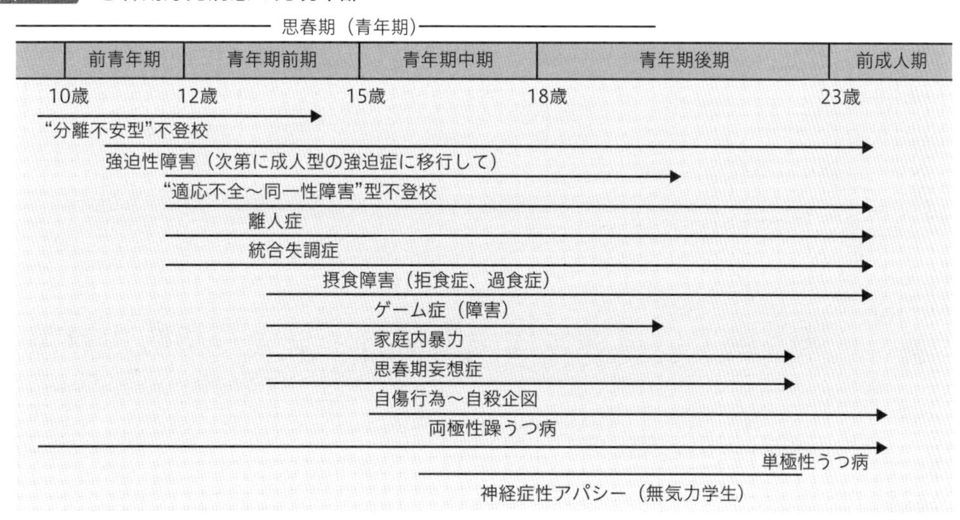

出典：日本精神保健福祉士協会『児童生徒のこころとからだの支援ハンドブック―メンタルヘルス課題の理解と支援―』2020 年 p.12
https://www.jamhsw.or.jp/ugoki/hokokusyo/20200324-ssw/all.pdf

3 学校における取り組み

学校はメンタルヘルスの重要性を理解し、精神疾患の動向に適切に対応するための取り組みを進める必要がある。まず、児童生徒に対して精神疾患やメンタルヘルスに関する正しい知識を提供し、スティグマ（精神疾患をもつ者への不当な扱い）の撤廃に努めることが大切である。また、学校生活におけるストレス軽減のための取り組みや、感情のコントロールやストレス管理のスキルを学習するプログラムの導入を検討すべきである。

統合失調症などの精神疾患を抱える児童生徒に対しては、個別のケアプランの策定や、学業や人間関係の課題に対する適切な支援を提供することが必要である。また、スクールカウンセラーや専門家との連携を強化し、児童生徒のメンタルヘルスを総合的にサポートする体制を整備することが重要である。

精神疾患の動向に対応しつつ、学校は児童生徒のメンタルヘルスの環境づくりとサポートを提供する役割を果たすべきである。統合失調症などの精神疾患に関しても、以下のような取り組みが重要である。

①正しい情報提供：スティグマの減少のために、教育プログラムやイベントを通じて啓発活動を行う。
②カウンセリングとサポート：学業や人間関係の課題に対して、専門家の指導を受けながら適切な対処方法を学べる環境を整える。
③予防プログラムの導入：ストレス管理や感情のコントロールなど、児童生徒が健康な心の状態を維持するための手段を学べるようにする。
④家庭との連携：学校と家庭とが連携することで、家庭内のサポートをより強化する。
⑤学業負担の配慮：学業に対する配慮や柔軟な対応を通じて、児童生徒の精神的負担を軽減できる環境を整える。
⑥感情表現とコミュニケーション：児童生徒が自分の感情を適切に表現し、他者とのコミュニケーションを円滑に行えるようなスキルを育む場を提供する。

Section 6 諸外国での精神保健の実情およびいじめ防止対策

1 精神保健制度の国際比較

図10-9は精神科病床数を国際比較したものである。チェコ共和国やオランダは突出しているが、そのほかの国々と比べると日本の精神科病床数は少なくはない。図10-10は一般精神科病床の平均在院日数、図10-11は人口10万人当たりの数精神科リハビリテーション病床数を示している。この2つの図において、いずれも日本は突出している。諸外国に比べると精神保健制度が日本は整備されているようにみられるが、諸外国との比較は文化や制度の違いから一律に比較することは困難である。

図 10-9　人口 10 万人当たりの一般精神科病床の数

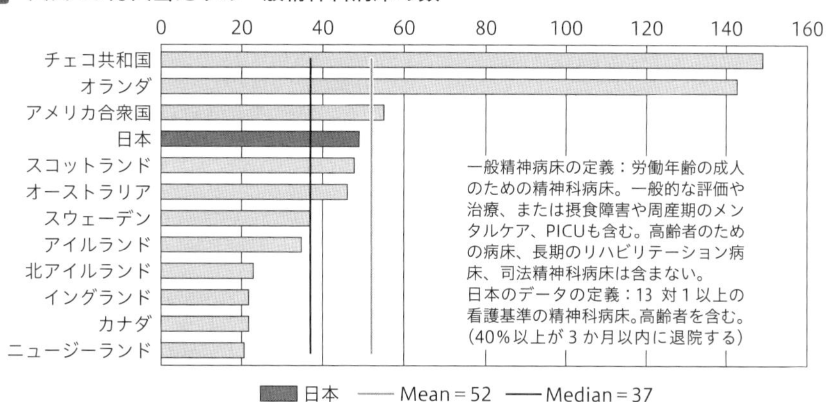

出典：菊池安希子「精神保健医療福祉制度の国際比較」『地域精神保健医療福祉体制の機能強化を推進する政策研究 令和元年度 総括・研究分担報告書（Web）』2020 年　p.292 を改変
https://mhlw-grants.niph.go.jp/system/files/2019/192131/201918036A_upload/201918036A0018.pdf

図 10-10　一般精神科病床の平均在院日数（外泊を含む）

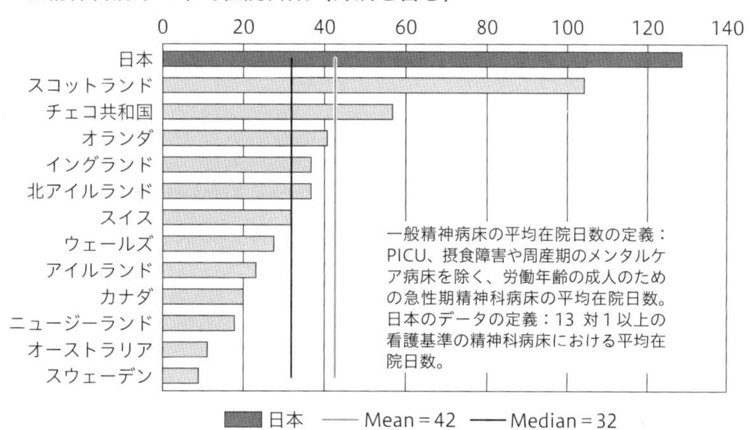

出典：菊池安希子「精神保健医療福祉制度の国際比較」『地域精神保健医療福祉体制の機能強化を推進する政策研究 令和元年度 総括・研究分担報告書（Web）』2020 年　p.292 を改変
https://mhlw-grants.niph.go.jp/system/files/2019/192131/201918036A_upload/201918036A0018.pdf

図 10-11　人口 10 万人当たりの精神科リハビリテーション病床の数

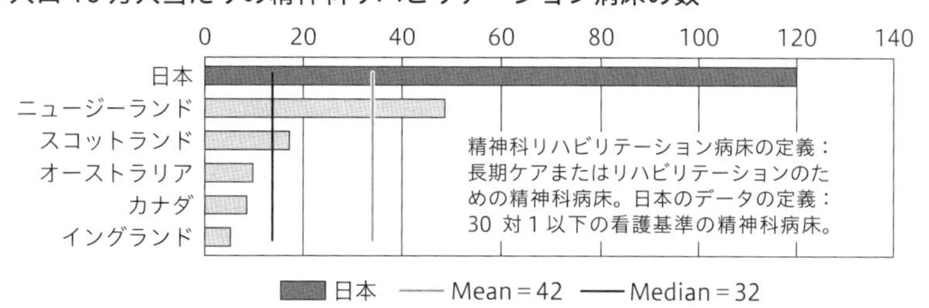

出典：菊池安希子「精神保健医療福祉制度の国際比較」『地域精神保健医療福祉体制の機能強化を推進する政策研究 令和元年度 総括・研究分担報告書（Web）』2020 年　p.293 を改変
https://mhlw-grants.niph.go.jp/system/files/2019/192131/201918036A_upload/201918036A0018.pdf

2 諸外国の精神保健およびいじめ防止対策

ここでは、諸外国の学校生活における精神保健の現状やいじめに対してどのような取り組みを行っているのかを紹介する。

(1) アメリカ

9つ以上の州において「メンタルヘルス休暇」[8]が導入されている。学校を休む正当な理由として、精神的あるいは身体的な不調が含まれている。州によっては学校に行かないことは違法[9]であり、不登校の続く家庭に対して罰金が命じられることもある。不登校児への対応は、心理カウンセラーなどの専門家が家庭や学校と連携をとり、自宅や学校でのサポートを可能にしている。

(2) オーストラリア

2021年に「国家メンタルヘルス・自殺防止計画」[10]を公表した。そのなかで、「大人、若者、子どものための学際的なメンタルヘルスセンターネットワークを創設する」と記しており、メンタルヘルスの強化を国家戦略の柱とした。さらに、ゲーミフィケーション（様々なゲームの要素をゲーム以外の物事に応用すること）を活用したデジタルメンタルヘルスを推し進めている。

(3) ノルウェー

いじめ予防に取り組むための学校の制度が整っており、学校がいじめ予防対策の費用を国に申請をすれば補助金がえられるようになっている。ノルウェーの心理学者であり、いじめ研究の第1人者でもあるダン・オルヴェウス著の『オルヴェウス・いじめ防止プログラム：学校と教師の道しるべ』は学校現場において、いじめ対策に活用されている。

(4) スウェーデン

子どもたちが受ける差別的な行為や嫌がらせに対して、各学校で対処方法などの計画を立てえることが義務づけられている。さらに、それらの計画をサポートしているNPO団体も存在する[11]。

(5) フランス

いじめ対策として2022年に法改正が行われた。嫌がらせを受けた被害者が自殺または自殺未遂をした場合に、加害者は最高で懲役10年、罰金15万ユーロが科される[12]。

このように、世界各国において学校におけるメンタルヘルスの重要性が認識され、精神保健の取り組みやいじめ防止対策などが行われている。国や文化によってアプローチは異なるが、児童生徒の健全な成長のために精神保健のサポートが不可欠であることは共通している。

Section 7 ネット依存・ゲーム依存

1 ネット依存の問題点

ネット依存は、インターネットやスマートフォンを過度に使用し、日常生活や学業に支障をきたす状態を指す。ソーシャルメディアの利用やオンラインコミュニケーションが容易になった一方で、常にネット上につながっていないとストレスや孤立感を引き起こすことがある。また、SNSなどを通じて承認欲求が満たされる一方で、否定的な評価に過度に反応し、メンタルヘルスに影響を受けることがある。2013年に米国精神医学会が作成したDSM-5（精神疾患の診断・統計マニュアル　第5版）にはインターネット・ゲーム障害として、2019年にはWHOが「ゲーム障害」を新たな依存症として認定している。

2 ゲーム依存の問題点

ゲーム依存は、ゲームを過度にプレイすることによって、現実社会から遮断され、学業や人間関係に支障をきたす状態を指す。ゲームの世界に没頭することで、時間の経過を感じなくなるため、日常生活のバランスを崩しやすくなる。特に競技性の高いオンラインゲームは、睡眠不足や対人関係の問題を引き起こすことがある。

表10-1は、ゲーム依存相談対応マニュアル作成委員会の作成したゲーム依存のチェック表である。

3 対策と取り組み

ネット依存とゲーム依存は学校における新たな課題である。学校は、デジタル環境に対し適切な教育と支援を通じて、バランスのよい生活を送る手助けを行うべきである。児童生徒のメンタルヘルスを確保するために、学校全体で連携した取り組みが不可欠である。学校は、ネット依存とゲーム依存の問題に対処するために、以下の取り組みを進めることが重要である。

①意識啓発と教育：児童生徒に対して、ネットとゲームの健康的な使用に関する正しい知識を提供する。メディアリテラシーやデジタルデトックスの重要性を教える。

②時間管理の指導：児童生徒に時間管理の重要性を教え、ネットとゲームの使用時間を制限する方法を指導する。学習や外での活動、リラックスの時間を含むバランスのとれた日常の構築を支援する。

③カウンセリングの提供：ネット依存やゲーム依存に悩む児童生徒に対して、スクールカウンセ

ラーや専門家によるカウンセリングを提供する。

④活動の多様性：児童生徒に未経験の分野へのクラブ活動などへの参加を奨励することで、児童生徒の興味を広げる。

⑤保護者との連携：児童生徒のネット依存やゲーム依存について、保護者と連携を強化する。家庭環境での適切なガイドラインやルール設定をサポートする。

表 10-1　ゲーム依存のチェック表

	質問項目	回答	
		はい	いいえ
1	ゲームを止めなければいけない時に、しばしばゲームを止められませんでしたか。	1	0
2	ゲームをする前に意図していたより、しばしばゲーム時間が延びましたか。	1	0
3	ゲームのために、スポーツ、趣味、友達や親せきと会うなどといった大切な活動に対する興味が著いちじるしく下がったと思いますか。	1	0
4	日々の生活で一番大切なのはゲームですか。	1	0
5	ゲームのために、学業成績や仕事のパフォーマンスが低下しましたか。	1	0
6	ゲームのために、昼夜逆転またはその傾向がありましたか（過去 12ヵ月で 30 日以上）。	1	0
7	ゲームのために、学業に悪影響がでたり、仕事を危うくしたり失ったりしても、ゲームを続けましたか。	1	0
8	ゲームにより、睡眠障害（朝起きれない、眠れないなど）や憂うつ、不安などといった心の問題が起きていても、ゲームを続けましたか。	1	0
9	平日、ゲームを 1 日にだいたい何時間していますか。	0　2 時間未満 1　2 時間以上 6 時間未満 2　6 時間以上	

評価方法：各質問項目に対する回答の数字を合計する。5 点以上の場合、ゲーム依存が疑われる。

出典：ゲーム依存相談対応マニュアル作成委員会「ゲーム依存相談対応マニュアル」2022 年　p.36
https://kurihama.hosp.go.jp/research/pdf/tool_book_gaming.pdf

Section 8　事故や傷害時の心のケア

1　心のケアの重要性

児童生徒が学校生活においてストレスを感じる場面は様々あり、対人関係や学業・部活、家庭生活、ケガや病気などの「日常生活の場面」だけでなく、事件・事故、犯罪や自然災害などの「危機発生時の場面」も挙げられる。災害や事件事故が発生し、危機に直面すると、いずれの児童生徒にも心身の健康問題が現れる。安全管理においても、事件・事故等が発生した後、児童生徒の心のケアが大切であり、当該児童生徒等や関係者の心身の健康を回復させるため、必要な支援を行う旨が学校保健安全法第29条に規定されている。発生防止のための環境点検、発生時の救急体制の整備、事後の心のケアの体制整備など各段階に応じた対策が求められる。

外傷や急病が生じた場合、身体的な影響に意識が傾きやすいが、自己や他者の身体的、精神的な安全が脅かされるような体験をしたことにより、心的外傷後ストレス障害（Post Traumatic Stress Disorder：PTSD）が生じることもある。アスリートの例では、スポーツ外傷・障害の受傷に伴って心理的なダメージを受けると報告されている[13]。また、受傷アスリートと接する時間の多いアスレティックトレーナーに対するアンケート調査では「47%の者が『怪我をしたすべてのアスリートが、心理的なトラウマを経験する』、24%が『アスリートが競技中の怪我に関して悩んでいるため、カウンセラーを紹介したことがある』」[14]と報告している。子どもにおいては、感情の変化や心理状況を訴えることが難しい場合もあり、外傷・障害後の心理的な影響についても注意が必要となる。

2 心のケアの基本的展開

(1) 基本的な考え方

学校では、心の問題に対処するために養護教諭を中心に、担任、生徒指導担当教員などが相談やカウンセリングを行い、問題解決を図ることが一般的である。また、スクールカウンセラーのような臨床心理の専門家が相談やカウンセリングを行うケースもある。近年の子どもの心の問題は複雑であり、校内組織だけの対応のみでは難しい場合があるため、精神状態や心身の不調が激しい場合は、校外機関との連携や精神科の受診が必要である。ただし、診断だけに頼るのではなく、学校と医療機関の連携が重要であり、子どもの抱える心の問題の性質を適切に見極め、個人の状況に基づいた配慮ある支援が必要である。

(2) 対処方法・留意点

児童生徒の心の健康問題への対処方法における主なポイントは「早期の気づき」「適切な関わりと組織的な対応」「家庭との連携」「校外機関との連携」である。教職員が心の問題に早期に気づくために重要なことは、日常的な健康観察を通じて子どもの様子の変化に気づくことが鍵となる。特に、子どもは感情を言葉で表現しにくいため、身体症状や異常な行動に現れる場合が多い。ゆえに、日々の健康観察においては、心の健康状態（メンタルヘルス）に問題がないかどうか注意を払い、普段の子どもの様子を教職員同士の連携のもとで把握しておく必要がある。また、子どもの気持ちを受け止め理解し、信頼関係を築き、問題行動にも教育的態度で接することが求められる。心の問題に気づいた場合は、担任や養護教諭を中心に組織的に情報を共有し、多角的な視点から対応する。さらに、早い段階で学校と家庭が連携することが問題解決に重要であり、同時に家庭への説明と適切なサポートが必要である。

図 10-12　場面別の観察ポイント

場面1　登校時、下校時	場面2　朝や帰りの会
●登下校を渋る ●遅刻や早退が増加する ●挨拶に元気がない ●友達と一緒に登下校したがらない	●体調不良をよく訴える ●朝夕の健康観察に変化がある ●朝から眠いと訴える ●表情や目つきがいつもと違う
場面3　授業場面	**場面4　休み時間**
●学習に取り組む意欲がない ●学習用具の忘れ物が多い ●教師の話が聞けない ●ぼんやりしている ●友達と関わる場面でも参加しない	●友達と遊びたがらない ●一人で過ごすことを好む ●外で遊ぶことを嫌がるようになる ●保健室に行きたがる ●他学年の子供とばかり遊ぶ
場面5　給食（昼食）時	**場面6　学校行事**
●食べる量が極端に減る ●食べる量が極端に増える ●食欲がないと訴える ●友達との会話が減る	●参加を拒む ●参加への不安を訴える ●行事が近づくと体調不良になる ●行事への欠席が多い
場面7　部活動	**場面8　その他**
●休みがちになる ●練習等への意欲が乏しい ●友達と関わろうとしない	●保健室への来室が増える ●今までできていたことができなくなる ●用事もないのに職員室に来る

出典：文部科学省「学校における子供の心のケア―サインを見逃さないために―」2014 年　p.5

そして、学校と校外機関との有効な連携のためには、適切な情報共有やネットワークづくりが重要である。個人情報の扱いに慎重かつ、本人・保護者の同意を得ながら情報共有を行うことが基本となる。

Section 9　積極的なメンタルヘルス：社会情動的スキル

1　社会情動的スキルの重要性

社会情動的スキルは、児童生徒が自己理解や他者とのコミュニケーションを効果的に行うための基盤となり、子どもや青年期の若者の発達において重要な役割を果たす。社会情動的スキルは否認知的スキルともいわれ、学力テストの結果などのように数値で図ることが難しいとされる。

経済協力開発機構（OECD）が行った国際的調査である「第 1 回 OECD 社会情動的スキルに関する調査」では、社会情動的スキルはビッグ・ファイブといわれる 5 つの性格特性（開放性、誠実性、外向性、協調性、神経症的傾向）の大領域と補助的指標をもとに分類され、さらに個人の能力の具体的な特徴を表すスキルに分類されている（表 10-2）。社会情動的

表 10-2　社会情動的スキル

領域	スキル
広い心（開放性）	好奇心、忍耐力、創造性
作業の成果（誠実性）	責任感、自制心、ねばり強さ
他者との関わり（外向性）	社交性、積極性、活発さ
協働（協調性）	共感、信頼、協同
感情抑制（神経症的傾向）	ストレス耐性、楽観主義、感情コントロール
補助的指標	達成動機、自己効力感

出典：経済協力開発機構（OECD）編著、矢倉美登里・松尾恵子訳『社会情動的スキルの国際比較－教科の学びを超える力〈第 1 回 OECD 社会情動的スキル調査（SSES）報告書〉』明石書店　2022 年より作成

スキルは、健康、市民参加、ウェル・ビーイングなどの社会的成果を推進するために、特に重要な役割を果たすことが研究により示されており[15]、学業だけでなく、将来のキャリアや社会での成功にも大きく影響を与える。

2　社会情動的スキルの育成方法

社会情動的スキルは家庭、学校、地域社会によって育成される[16]と、いわれている。また、家庭においては、親子関係の強化、テレビの視聴、親の学校への関わり、親のメンタルヘルスの重要性が指摘されている。学校においては、授業における指導、課外活動の活用、学校の風土の改善が重要であるとされている。地域社会においては、メンタルプログラム、ボランティア活動の経験、野外冒険プログラムなどが提案されている。

学校におけるメンタルヘルスには社会情動的スキルの育成が欠かせない。これらのスキルは児童生徒がより健康的な心の状態を維持し、幅広い人間関係を築くための基盤となる。学校は、社会情動的スキルの重要性を理解し、次のような教育と支援を提供することが求められる。

①感情教育の導入：学校では、感情教育を通じて児童生徒が自分の感情を理解し、他者の感情も尊重できるようになる取り組みの実施。感情の種類や表現方法、感情のコントロール法などを教えることで、児童生徒の感情スキルが向上する。

②コミュニケーションスキルの育成：児童生徒は他者との関わりを通じて多くの学びをえる。適切なコミュニケーションスキルを身につけることで、対人関係を円滑に進める能力が養われる。

③共感力の醸成：他者の感情や立場を理解し、共感する力は社会情動的スキルのなかでも重要である。学校内で他者との協力を通じて共感力を高める取り組みを行う。

④問題解決スキルの提供：社会情動的スキルには、問題解決能力も含まれる。児童生徒は学校内外で様々な課題や困難に直面するが、適切な問題解決スキルをもつことで、自信をもって対処でき

るようになる。
⑤社会情動的スキルの学校への適用：教育カリキュラムの一部として社会情動的スキルの育成を組み込む。授業や活動を通じて感情教育やコミュニケーションスキルを育む取り組みを行う。

自分自身のストレスの程度を把握し、メンタルヘルス不調を未然に防止するためにストレスチェックをしてみよう。

「ストレスチェック」などで検索をし、ストレスチェックシート（チェックシートは様々なものがある。職場用としては、厚生労働省が作成したサンプルシートがある）を準備して、実際に自分のストレスチェックを実施してみよう。

※もし、ストレスが高かった場合は学校の学生支援相談室や病院などに相談をする。

あなたの過去および現在の学校生活やスポーツ活動などで、ストレスと感じた出来事について、「ちょっとストレス」「まあまあストレス」「かなりストレス」の 3 段階に分けて整理してみよう。整理した内容から自分自身がどのような場面や体験にストレスを感じるのか考えてみよう。そうしたストレスを感じた際にどのようにストレスに対して向き合っていたのかも振り返ってみよう。

引用文献

1) World Health Organization「Mental health: strengthening our response」
https://www.who.int/news-room/fact-sheets/detail/mental-health-strengthening-our-response
2) 厚生労働省「世界メンタルヘルスデーとは」
https://www.mhlw.go.jp/kokoro/mental_health_day/about.html
3) 文部科学省「COCOLO プラン：誰一人取り残されない学びの保障に向けた不登校対策について（通知）」2023 年
https://www.mext.go.jp/content/20230418-mxt_jidou02-000028870-aa.pdf
4) 文部科学省初等中等教育局児童生徒課「いじめ防止対策推進法等に基づくいじめに関する対応について」2021 年
https://www.mext.go.jp/content/20210921-mxt_kouhou01-000018097_1.pdf
5) 厚生労働省『令和 4 年版 自殺対策白書：学生・生徒等の自殺の分析』2022 年　p.79
https://www.mhlw.go.jp/content/r4h-2-3.pdf
6) 厚生労働省「こころもメンテしよう：統合失調症」
https://www.mhlw.go.jp/kokoro/parent/mental/know/know_03.html
7) 前掲書 6)
8) Woman's Health「アメリカ、学生の「メンタルヘルス休暇」取得が可能に―他国もそれにならうとき？―」

https://www.womenshealthmag.com/jp/wellness/a37450878/some-us-states-have-passed-bills-allowing-kids-to-take-mental-health-days-off-from-school-20211009/
9) 小学館「みんなの教育技術：日米でこんなに違う！不登校に悩む子の救い方」
https://kyoiku.sho.jp/68014/
10) Australian Government「Prevention Compassion Care：National Mental Health and Suicide Prevention Plan」2021
https://www.health.gov.au/sites/default/files/documents/2021/05/the-australian-government-s-national-mental-health-and-suicide-prevention-plan-national-mental-health-and-suicide-prevention-plan.pdf
11) Eduwell Journal「スウェーデンの NPO が教える「いじめ」を撲滅する方法とは？（前編）―当事者がいじめ対策の計画を作り、PDCA サイクルをまわす！―」
https://eduwell.jp/article/sweden-npo-friends-teache-how-to-stop-bullying-part1/
12) 東洋経済オンライン「フランス、いじめ厳罰化『加害者を転校させる』背景」2023 年
https://toyokeizai.net/articles/-/699347?page=3
13) 鈴木敦・中込四郎「受傷アスリートのリハビリテーション過程におけるソーシャルサポート希求の変容」『スポーツ心理学研究』第 40 巻第 2 号　2013 年　pp.139-152
14) Larson, G.A., Starkey, C. and Zaichkowsky, L.D. Psychological aspects of athletic injuries as perceived by athletic trainers, The Sport Psychologist. 10（1), 37-47, 1996.
15) 池迫浩子・宮本晃司著、ベネッセ教育総合研究所訳『家庭、学校、地域社会における社会情動的スキルの育成―国際的エビデンスのまとめと日本の教育実践・研究に対する示唆―』ベネッセ教育総合研究所　2015 年　p.9
16) 同上書

参考文献

・厚生労働省「e- ヘルスネット：思春期のこころの発達と問題行動の理解」2023 年
https://www.e-healthnet.mhlw.go.jp/information/heart/k-03-002.html
・文部科学省「令和 4 年度 児童生徒の問題行動・不登校等生徒指導上の諸課題に関する調査結果の概要」2023 年
https://www.mext.go.jp/content/20231004-mxt_jidou01-100002753_2.pdf
・法務省『令和 4 年版 犯罪白書：少年による特別法犯』2022 年
https://www.moj.go.jp/content/001387344.pdf
・厚生労働省『平成 30 年版 厚生労働白書：こころの病気の患者数の状況』2019 年
https://www.mhlw.go.jp/stf/wp/hakusyo/kousei/18/backdata/01-01-02-09.html
・日本精神保健福祉士協会『児童生徒のこころとからだの支援ハンドブック―メンタルヘルス課題の理解と支援―』
https://www.jamhsw.or.jp/ugoki/hokokusyo/20200324-ssw/all.pdf
・菊池安希子「精神保健医療福祉制度の国際比較」『地域精神保健医療福祉体制の機能強化を推進する政策研究 令和元年度 総括・研究分担報告書（Web)』2020 年
https://mhlw-grants.niph.go.jp/system/files/2019/192131/201918036A_upload/201918036A0018.pdf
・ゲーム依存相談対応マニュアル作成委員会「ゲーム依存相談対応マニュアル」2020 年
https://kurihama.hosp.go.jp/research/pdf/tool_book_gaming.pdf
・経済協力開発機構（OECD）編著、矢倉美登里・松尾恵子訳『社会情動的スキルの国際比較－教科の学びを超える力〈第 1 回 OECD 社会情動的スキル調査（SSES）報告書〉』明石書店　2022 年
・文部科学省「学校における子供の心のケア―サインを見逃さないために―」2014 年
https://www.mext.go.jp/a_menu/kenko/hoken/__icsFiles/afieldfile/2014/05/23/1347830_01.pdf

Chapter 11

教職員の健康

学校生活では、多忙な業務やストレス等が原因で教員の精神疾患による休職が問題になっている。教育現場における教職員の健康は、児童生徒の教育と学校運営を支えるために不可欠である。教職員の心身の健康が維持されることで、質の高い教育が提供される。そのため、教育現場での労働安全衛生に関する取り組みが重要になる。このChapterでは、主に教職員のメンタルヘルスについて取り上げる。

Section 1 教育現場における労働安全衛生

1 労働安全衛生の重要性

教育現場は、教職員が多くの時間を過ごし、教育活動や学校運営に取り組む場である。しかし、児童生徒への教育および生活指導等からストレスや人間関係の問題などが教職員の健康に影響することがある。文部科学省によれば、2017（平成29）年度以降、教職員の精神疾患による休職は5,000人を超えている（図11-1）。こうした課題に対処し、労働環境を改善することは、教職員の働きやすさを向上させ、健康な状態を維持するために欠かせない。

文部科学省は、よりよい管理体制にするためには、環境の意識改革、既存の人材の活用、管理職のリーダーシップなどが重要であるとしている[1]。また、図11-2はストレスチェックの項目について示しており、公立学校における労働安全衛生管理体制等の整備状況は、小学校・中学校の整備率が低いと指摘している。

2 取り組みと対策

教職員の労働安全衛生の取り組みは、文部科学省の資料[2]に明示されている。教職員50人以上の学校においては、衛生管理者、産業医の選任および衛生委員会の設置が必要である。教職員10～49人の学校においては、衛生に係る業務を担当する衛生推進者の選任が必要である。上記の人材および組織を整備し、体制を整えることでそれぞれの教育現場に合致した

図 11-1 教育職員の精神疾患による病気休職者数の推移（平成 24 年度～令和 3 年度）

（年度）	H24	H25	H26	H27	H28	H29	H30	R元	R2	R3
精神疾患による休職者数（人）	4,960	5,079	5,045	5,009	4,891	5,077	5,212	5,478	5,203	5,897
在職者に占める精神疾患の割合（%）	0.54	0.55	0.55	0.54	0.53	0.55	0.57	0.59	0.57	0.64

注：ここでの教育職員とは、公立の小学校、中学校、義務教育学校、高等学校、中等教育学校、特別支援学校における校長、副校長、教頭、主幹教諭、指導教諭、教諭、養護教諭、栄養教諭、助教諭、講師、養護助教諭、実習助手および寄宿舎指導員（総計 919,922 人―令和 3 年 5 月 1 日現在―）
出典：文部科学省「令和 3 年度 公立学校教職員の人事行政状況調査について（概要）」2022 年　p.2
https://www.mext.go.jp/content/20230116-mxt-syoto01-000026693_01.pdf

図 11-2 ストレスチェックの実施状況

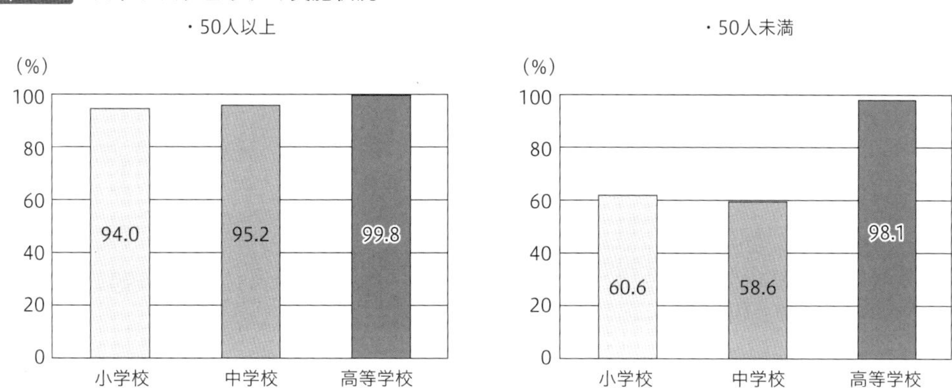

出典：文部科学省『学校における労働安全衛生管理体制の整備のために（第 3 版）～教職員が教育活動に専念できる適切な職場に向けて～』2019 年
https://www.mext.go.jp/component/a_menu/education/detail/__icsFiles/afieldfile/2019/03/29/1414486_1.pdf

労働安全衛生の対策を進めることができる。労働安全衛生の具体的な取り組みとしては、教職員に対する面接指導体制の整備やストレスチェックの実施である。また、次のような対策をする必要がある。

①ストレスマネジメント：教育現場は多忙であり、ストレスが蓄積される可能性がある。教職員に対してストレスの兆候を事前に認識する教育が必要である。
②適切な休息と休暇：長時間の勤務や様々なストレスを軽減するために、適切な休息と休暇が必要である。休日の確保だけでなく、労働時間内でもリフレッシュや休憩が取れる仕組みづくりを考えることが重要である。
③カウンセリングサポート：児童生徒だけでなく教職員もストレスや学校での問題に対して、気軽に相談できるカウンセリングを提供する。

Section 2 生活習慣病とメタボリックシンドローム

1 生活習慣病とは

生活習慣病とは、主に不健康な生活習慣が原因で発症する病気のことを指す。厚生労働省の健康寿命を延ばすためのスマート・ライフ・プロジェクトでは、「生活習慣病とは、食習慣、運動習慣、休養、喫煙、飲酒等の生活習慣が様々な疾患の発症・進行関与する疾患群」[3]としている。また図11-3では、生活習慣病の医療費に占める割合は約3割、死亡者数は約5割である。日本生活習慣病予防協会は、生活習慣の予防として「一無、二少、三多」[4]をスローガンに掲げている（図11-4）。一無とは禁煙、二少とは食事は腹八分目でアルコールはほどほどに、三多は運動・休養・人との交流などを増やそう、というものである。

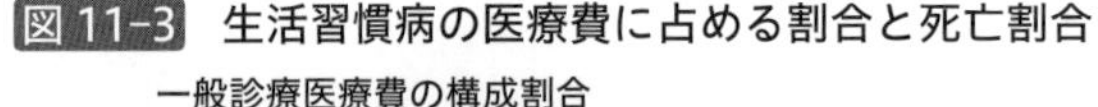
図11-3 生活習慣病の医療費に占める割合と死亡割合

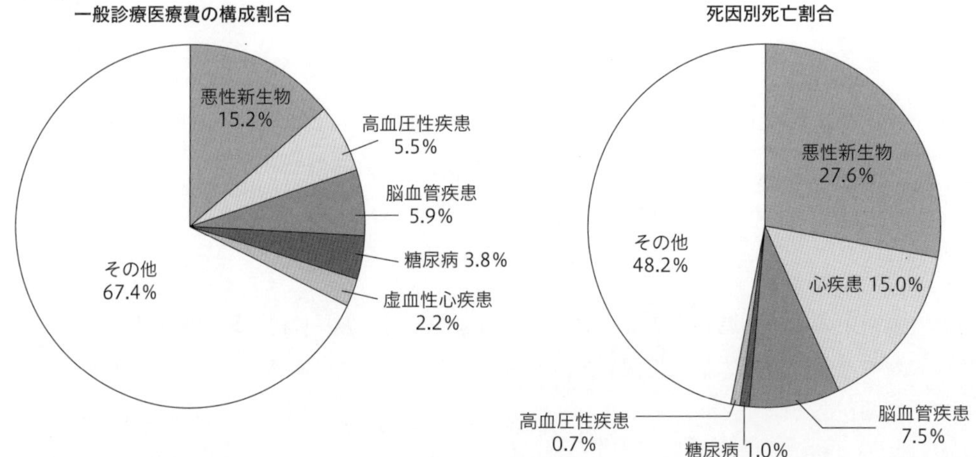

注：すべての悪性新生物が生活習慣病ではない。また、心疾患のなかでも生活習慣病と無関係の病気なども含む。
出典：厚生労働省「令和2（2020）年度 国民医療費の概況」「令和2年（2020）人口動態統計月報年計（概数）の概況」より作成

図 11-4　一無、二少、三多のピクトグラム

出典：日本生活習慣病予防協会「一無、二少、三多で生活習慣病を予防」
https://seikatsusyukanbyo.com/main/yobou/02.php

2 メタボリックシンドロームとは

メタボリックシンドロームは、内臓肥満に高血圧、高血糖、高脂血症などの複数の生活習慣病の要因が組み合わさり、心臓病や脳卒中のリスクが高まる状態を指す。図 11-5 のメタボリックシンドロームの診断基準では、必須項目としてウエストサイズが男性 85 cm、女性 90 cm 以上であり、高脂血、高血圧、高血糖の 3 つの項目中 2 つ以上が該当する場合にメタボリックシンドロームと診断される。メタボリックシンドロームの改善には内臓脂肪を減少させるために、適度な運動や食事制限が必要である。

図 11-5　メタボリックシンドロームの診断基準

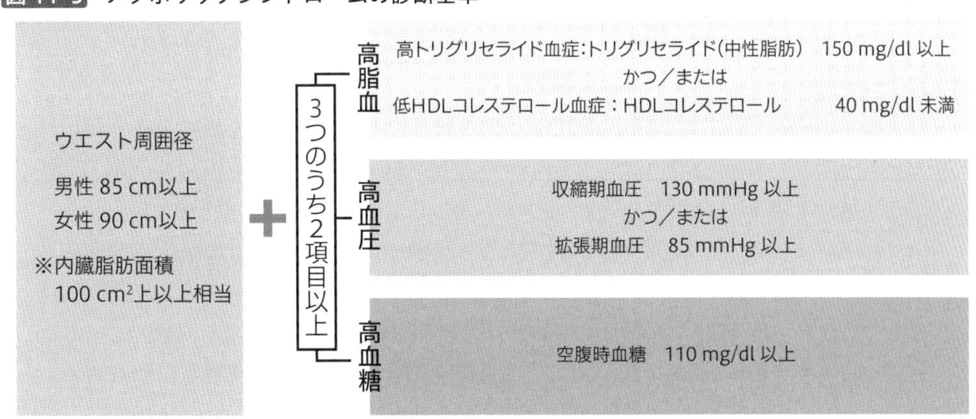

出典：厚生労働省「e-ヘルスネット：メタボリックシンドロームの診断基準」2021 年
https://www.e-healthnet.mhlw.go.jp/information/metabolic/m-01-003.html

3 教職員の生活習慣病対策

前項で取り上げた生活習慣病やメタボリックシンドロームの予防に対して教職員が取り組むべき項目は、以下の通りである。

①健康意識の向上：教職員自身が生活習慣病とメタボリックシンドロームのリスクについて正しい知識を獲得し、健康意識を高める取り組みが必要である。
②運動習慣の獲得：身体活動量が少ないという自覚のある教職員は適切な運動習慣を身につけることが大切である。
③バランスのよい食事の摂取：教職員に対して食事に関する情報提供を行い、健康的な食習慣を支援する。
④健康診断のフォローアップ：定期健康診断により異常値がみつかった場合に、適切なフォローアップおよび再検査などの早期の対応を行う。

教職員の健康は、学校の運営と児童生徒への教育に大きな影響を与える。生活習慣病とメタボリックシンドロームの対策を通じて、教職員の身体の健康を確保し、より健全な学校環境を築くための取り組みが大切である。

Section 3 教職員のメンタルヘルスの現状と課題

1 現状の課題

教職員のメンタルヘルスの現状は、このChapterの初めにも紹介したが、ここ数年は約5,000名の精神疾患による休職者がいる。また、精神疾患による休職教員の約半数が所属校への勤務後2年以内となっている（図11-6）。

教職員のメンタルヘルスに関する課題は、次の通りである。

①長時間労働：教職員は教育現場で児童生徒への指導に尽力する一方で、授業準備や評価など多くの負担を抱えている。その結果、長時間労働となり精神的なストレスを抱える可能性がある。
②対人関係の難しさ：教育現場では児童生徒や保護者、同僚とのコミュニケーションが必要となるが、一方で対人関係の難しさや意見の対立からストレスを抱えることもある。児童生徒および保護者のニーズへの対応が求められる場面で、教職員は心理的に大きな負担を感じることがある。
③働き方の変化への対応：近年、教育現場でもデジタル技術の活用やオンライン授業が進むなど、働き方が変化している。これらの変化に対応できない教職員は、新たなスキルの習得や適応が求められ、ストレスや不安を引き起こすことがある。

④自己ケアの難しさ：教職員は児童生徒に対する責任や職務への要求に追われるあまり、自己ケアが疎かになっていることがある。適切な休息や趣味の実施、ストレス解消の時間を確保することが難しく、メンタルヘルスの維持が困難になることがある。

図 11-6 精神疾患による休職発令時点の所属校での勤務年数（公立学校、平成 22 年度）

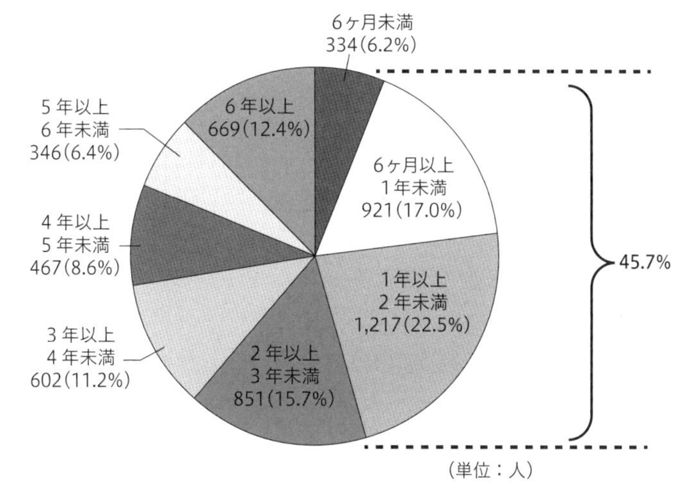

出典：文部科学省「教員のメンタルヘルスの現状」2012 年　p.6
https://www.mext.go.jp/b_menu/shingi/chousa/shotou/088/shiryo/__icsFiles/afieldfile/2012/03/16/1318684_001.pdf

2 対策と取り組み

文部科学省は、2013（平成 25）年に「教職員のメンタルヘルスの対策について（最終まとめ）」[5]を報告している。そのなかで、教職員のメンタルヘルスの対策には予防的取り組みおよび復職支援対策が必要であると述べている（図 11-7）。

図 11-7 教員のメンタルヘルスの予防的取り組みおよび復職支援対策の詳細

<予防的取組>	<復職支援>
1．セルフケアの促進	1．病気休暇の取得時点からの対応
2．小集団によるケアの充実	2．復職プログラムの実施前における対応
3．業務の縮減・効率化	3．復職プログラムの実施中における対応
4．相談体制等の充実	4．復職プログラムの実施後における対応
5．良好な職場環境・雰囲気の醸成	5．職場復帰後の対応

出典：文部科学省「教職員のメンタルヘルス対策について（最終まとめ）」2013 年　pp.3-4 より作成
https://www.mext.go.jp/component/b_menu/shingi/toushin/__icsFiles/afieldfile/2013/03/29/1332655_03.pdf

さらに、教職員のメンタルヘルスに対する具体的な取り組みとして、以下のような項目の実施が必要である。

①メンタルヘルス教育：教職員に対するメンタルヘルスに関する正しい知識の提供。ストレスの兆候や自己ケアの重要性を理解させる教育の実施。
②ストレスマネジメントスキルの獲得：教職員にストレスを効果的にコントロールするための研修会の実施。リラクゼーション技法やマインドフルネス、アンガーマネジメントなどの実施。
③リラックスタイムの導入：教職員がリフレッシュするための時間を強制的に設定する。
④気軽な相談所の設置：教職員がストレスや負担を感じた際に、気軽に相談できる専門のカウンセリングの場の提供。

教育現場における教職員のメンタルヘルスは、学校全体の運営と児童生徒への教育に大きな影響を及ぼす。過度の業務やストレスなどが引き起こすメンタルヘルスの課題に対処するために、適切なサポート体制と取り組みが重要である。教育機関は、教職員のメンタルヘルスを守るための対策を継続的に実施するとともに、メンタルヘルスを支える文化をつくり上げることが必要である。

これまでのあなた自身の健康診断の結果（母子健康手帳、学校健康診断など）で、検査項目ごとの自身の検査値と基準値を確認してみよう（過去の健康診断の結果がわからない場合は手に入れられる範囲の直近の検査結果を集める）。その検査を行う目的や検査結果からどのようなことがわかるのかを整理して、各検査項目で異常値を示した場合にはどのような病気や身体の機能低下につながる可能性があるかを調べてみよう。

教職員のメンタルヘルス対策検討会議がまとめた「教職員のメンタルヘルス対策について（最終まとめ）」（文部科学省）および、インターネットで「教員勤務実態調査」「学校の働き方改革に関する意識調査」などを検索し、そこで取り上げられているデータを用いて、おおよその教職員の労働時間を計算してみよう。

引用文献

1） 文部科学省『学校における労働安全衛生管理体制の整備のために（第３版）～教職員が教育活動に専念できる適切な職場に向けて～』2019 年
https://www.mext.go.jp/component/a_menu/education/detail/__icsFiles/afieldfile/2019/03/29/1414486_1.pdf

2）同上
3）厚生労働省「スマート・ライフ・プロジェクト実行委員会：スマート・ライフ・プロジェクト」2013 年
https://www.smartlife.mhlw.go.jp
4）日本生活習慣病予防協会「一無、二少、三多で生活習慣病を予防」
https://seikatsusyukanbyo.com/main/yobou/02.php
5）文部科学省　教職員のメンタルヘルス対策検討会議「教職員のメンタルヘルス対策について（最終まとめ）」2013 年
https://www.mext.go.jp/component/b_menu/shingi/toushin/__icsFiles/afieldfile/2013/03/29/1332655_03.pdf

参考文献

・日本生活習慣病予防協会「生活習慣病とは」
https://seikatsusyukanbyo.com/prevention/about.php
・厚生労働省「e ヘルスネット：メタボリックシンドロームの診断基準」2021 年
https://www.e-healthnet.mhlw.go.jp/information/metabolic/m-01-003.html
・文部科学省「教員のメンタルヘルスの現状」2012 年
https://www.mext.go.jp/b_menu/shingi/chousa/shotou/088/shiryo/__icsFiles/afieldfile/2012/03/16/1318684_001.pdf

Chapter 12

健康に係る行動変容の理論と方策

2020（令和２）年度から実施の学習指導要領の改訂では、「何を学ぶか、どのように学ぶか、何ができるようになるのか」といったキーワードが示されている。つまり、何を教えるのかといった指導内容だけでなく、どのように教えるのかといった指導方法や、それによって育まれる資質・能力は何なのかといったことを念頭に授業を行うように求めているのである。

健康関連の教育こそ、その有益性を理解させるだけでなく、何ができるようになったのか、どうしたら継続していけるのかを考えさせたいところではあるが、人々の行動を変容させていくには様々な課題が考えられる。そこでこの Chapter では、現代的な健康課題を取り上げながら、様々な立場からの研究成果を紹介しつつ、健康関連行動を変容させるための理論や方策を紹介していく。

Section 1 現代的な健康課題

1 児童生徒を取り巻く環境

Society 5.0 の実現をめざして社会が変化するなか、児童生徒を取り巻く環境は大きく変化している。それぞれの時代において経験してきた環境からは想像しがたいくらい日々の状況は変化しており、その状況はこの先も変化していくことが考えられる。

家庭をはじめとする生活基盤の環境や学校生活などの環境では、必ず人との関わり合いが存在している。さらに今日では、SNS などの普及により、これまでの生活範囲にはなかった広い世界の人たちとの交流が可能になってきた。様々な情報を簡単に入手できる時代においては、社会や将来に対する漠然とした不安、周りからの評価に対する不安などを抱きながら生活している児童生徒は多くいる。

文部科学省は、2022（令和４）年度の小・中学校における長期欠席のうちの不登校児童生徒数を 29 万 9,048 人と発表している（Chapter 10 図 10-2（176 頁）参照）。これは過去最多の人数であり、10 年連続で増え続けている。不登校の要因に目を向けてみると、いじめを

表 12-1 小・中学校における不登校の要因

	不登校児童生徒数	学校に係る状況								家庭に係る状況			本人に係る状況		左記に該当なし
		いじめ	いじめを除く友人関係をめぐる問題	教職員との関係をめぐる問題	学業の不振	進路に係る不安	クラブ活動、部活動等への不適応	学校のきまり等をめぐる問題	入学、転編入学、進級時の不適応	家庭の生活環境の急激な変化	親子の関わり方	家庭内の不和	生活リズムの乱れ、あそび、非行	無気力、不安	
小学校	105,112	318	6,912	1,901	3,376	277	30	786	1,914	3,379	12,746	1,599	13,209	53,472	5,193
		0.3%	6.6%	1.8%	3.2%	0.3%	0.0%	0.7%	1.8%	3.2%	12.1%	1.5%	12.6%	50.9%	4.9%
中学校	193,936	356	20,598	1,706	11,169	1,837	839	1,315	7,389	4,343	9,441	3,232	20,790	101,300	9,621
		0.2%	10.6%	0.9%	5.8%	0.9%	0.4%	0.7%	3.8%	2.2%	4.9%	1.7%	10.7%	52.2%	5.0%
合計	299,048	674	27,510	3,607	14,545	2,114	869	2,101	9,303	7,722	22,187	4,831	33,999	154,772	14,814
		0.2%	9.2%	1.2%	4.9%	0.7%	0.3%	0.7%	3.1%	2.6%	7.4%	1.6%	11.4%	51.8%	5.0%

※「長期欠席者の状況」で「不登校」と回答した児童生徒全員につき、主たる要因一つを選択。
※下段は、不登校児童生徒数に対する割合。

出典：文部科学省「令和 4 年度 児童生徒の問題行動・不登校等生徒指導上の諸課題に関する調査結果の概要」2023 年　p.23

除く友人関係をめぐる問題や、教職員との関係をめぐる問題、親子の関わり方などの人間関係を主とした要因や、学業の不振、生活リズムの乱れ、あそび、非行といった個人的な要因など多岐にわたる（表 12-1）。

実際には一つの要因にとどまらず、複数の要因が絡み合っているケースも少なくない。人間関係のトラブルから休みがちになった児童生徒が久しぶり登校してみると、授業の進度についていけず再び休みがちになってしまうケースなどがある。

こういった様々なケースから心身に不調をきたし、健康的な生活を送ることが困難な状況の児童生徒に対し、策を講じながら対処していくことが喫緊の課題である。

2 欲求と防衛機制

(1) 欲求

人は生まれながらにして欲求をもっている。生きていくために必要な食欲や睡眠欲、種の保存に必要な性欲などの一次的欲求としての生理的欲求や、社会的な環境のなかで芽生えてくる二次的欲求としての心理的欲求がある。

アブラハム・マズロー（Abraham Harold Maslow）は欲求の階層化説を唱えた。その解釈はいろいろとあり、様々に検討されてきたが、一般的に 5 段階のピラミッドの図で紹介されることが多い（図 12-1）。階層の土台となる最下層の「生理的欲求」から始まり、順に「安全欲求」「愛情と所属の欲求」「他者から重じられる欲求」「自己実現のための欲求」というように高次の欲求が現れることを説明した[1)]。

低次の欲求が満たされると新たな高次の欲求が現れるという概念に関しては、急に現れる

図 12-1　マズローの欲求の階層化

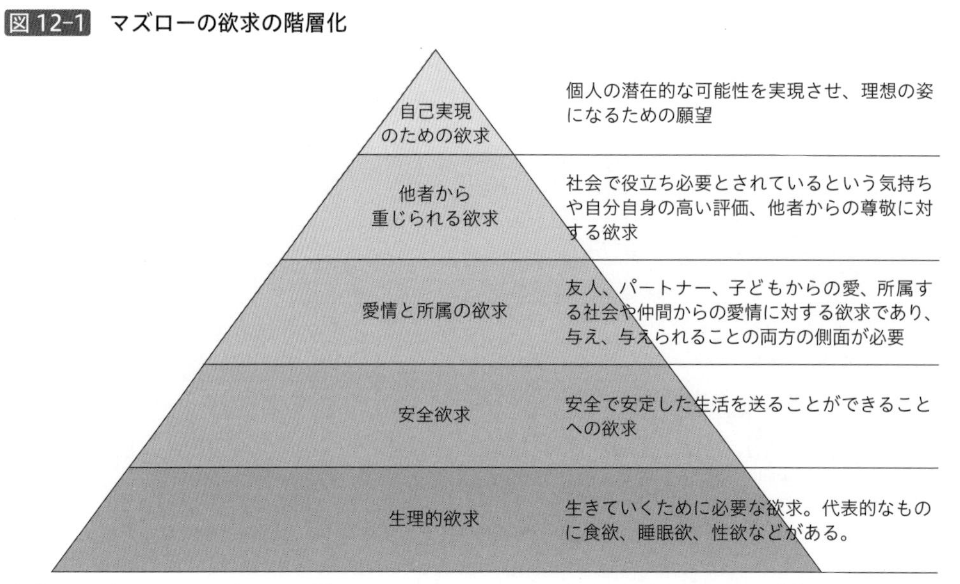

出典：Maslow, A. H. A theory of human motivation, *Psychological Review*. 50 (4), 370–96, 1943. より著者作成

ということではなく、無の状態からゆっくり現れるという表現があっているとも指摘している。また、それぞれの欲求が 100%満たされると、次の欲求が現れるという誤った印象を与えるかもしれないが、実際には、生理的欲求は 85%、安全欲求は 70%、愛情と所属の欲求は 50%、他者から重じられる欲求は 40%、自己実現のための欲求は 10%で充足されているようである、と任意の数字を当てはめて説明している。

(2) 防衛機制

欲求が満たされてない状態のことを欲求不満と呼び、欲求が同時に起こって思い悩むことを葛藤と呼ぶ。そして、欲求不満や葛藤の状態が続くと、精神はおろか身体にも影響が出てくる。精神的な安定を保つために、無意識下に行う自我の働きのことを防衛機制という。ジークムント・フロイト（Sigmund Freud）やアンナ・フロイト（Anna Freud）は、以下の 10 種類の防衛機制を挙げており、誰しもが一度や二度は経験したことがあったり、思い当たったりする行動があるのではないだろうか。

①退行：幼児期の言動や精神状態に戻ってしまうこと
②抑圧：無意識に情動や欲求を抑え込むこと
③反動形成：欲求が充足できないために裏腹な態度をとること
④分離：思考と感情が切り離されること
⑤打消し：前の行動を打ち消すように反対のことをすること
⑥投影：受け入れがたい事実を相手の中に見出し投影すること
⑦取り入れ：他者の外観や特徴などを自分のものとして変容すること

⑧自己自身への向き変え：相手に対する感情を自分に向き変えて抑うつ的になること
⑨逆転：愛情が憎しみに変わったりするなど、感情や欲望が逆転してしまうこと
⑩昇華あるいは置き換え：社会的に良しとされずに満たすことのできない欲求を、社会的に認められる目標に置き換えること

このような防衛機制は、あくまでも精神的な安定を保つための一時的な行動であり、根本の解決に至っているわけではないが、自我の安定を保つための健全な機能である。ただし、これらの働きは対人関係で表出することがしばしばあるため、相手によっては不快な感情を抱かせてしまったり、気分を害させてしまったりすることもある。

3 ストレスへの対処

(1) ストレスとは

ハンス・セリエ（Hanse Selye）は、工学の概念であったストレス（外から力が加えられた時に生じる物体の歪みのこと）を生物に当てはめて、刺激に対する生体反応をストレスと呼んだ。人が生きている間にストレスを感じないことはまずない。時にそれは精神的、身体的に不調をもたらすこともあり、その対処の仕方が求められる。一方で、ストレスのとらえ方によっては、その後の活力となったり、自己実現への向上につながったりすることもある。昨今では一般的にストレスを感じるとか、ストレスを解消させるなど、「ストレッサー」や「ストレス反応」という語を用いずに使われることが多いが、外的な刺激である「ストレッサー」と生体的な反応である「ストレス反応」のことをストレスと呼ぶ。

一般的にストレスは心理的、身体的に不調をきたすことが多いことからネガティブなイメージでとらえられることが多い。そのような悪い意味でのストレスを「ディストレス(distress)」という。一方で、心身によい緊張感をもたらし、目標を達成しようとする意欲につながるようなストレスも存在する。そのようなよい意味でのストレスを「ユーストレス（eustress)」という。また、個人にとって最適なストレスを「オプティマル・ストレス(optimal stress)」といい、オプティマル・ストレスを受けている状態であることが望まれる。

(2) ストレスコーピング（対処行動）

これらのストレスは、各個人によって受け止め方や反応は違う。同じストレッサーだとしても、人によってネガティブにとらえる人もいればポジティブにとらえる人もいる。一様にこうしたらよいという方法はないが、ストレスと上手に向き合うことなどのストレスコーピング（対処行動）やストレス耐性を向上させることが心身の健康の保持・増進には必要である。ストレスコーピングにはたとえば、運動やスポーツをする、音楽を聴く、自然と触れ合う活動をする、友達とおしゃべりをするなどがある。ストレスコーピングは、ストレッサーに対し直接的に働きかけるというものではなく、ストレッサーがどのように影響するのかを認識して対処することで、ストレスレベルを調整する対処行動のことである。

(3) レジリエンス

そのほかにもストレスへの対処能力として、近年、レジリエンスが注目されている。レジリエンスは、戦争や自然災害、DVといった虐待などを受けた人がPTSD（心的外傷後ストレス障害）のような精神疾患に陥ってしまう人とそうではない人との違いに着目したことをきっかけに研究されている領域である。レジリエンスは、一般的には「回復力」や「逆境力」などと訳されることが多い。精神的な逞しさや心理的ホメオスタシス（恒常性）などを含む概念とされ、国内外でも多くの研究が盛んに行われているが、国内での代表的なレジリエンス尺度としては精神的回復力尺度[2)]が挙げられる。この精神的回復力尺度は、「新寄性追求」「感情調整」「肯定的な未来志向」の３つの要素から成り立っている。

①新寄性追求：いろいろなことに興味や関心があり、挑戦することを示していること
②感情調整：動揺するようなことが起きても自分を落ち着かすことができたり、気分転換できたりすること
③肯定的な未来志向：将来の夢や目標をもっているかということ

レジリエンスを定義する一つの要因に思考の柔軟性が挙げられるが、厳しい状況のなかでもポジティブな面を見出すことができる人が逆境を乗り越えることができると考えるものである。これらの調査の結果として、「自尊心の高い人は、低い人と比較してレジリエンス力が高く、特に、苦痛経験が多いほどレジリエンス力が高い傾向がある」ということを指摘している点は非常に興味深い。

4 ストレス・マネジメント教育

(1) ストレス・マネジメント教育は

ストレス・マネジメント教育は、ストレスに対する自己の感じ方やそのストレスに対する影響の程度を把握し、対処方法などの自己管理を効果的に行えることを目的とした働きかけのことである。これまでに、人前で発表するなどといった緊張する場面で、手のひらに「人」という字を指で書いて、その架空の字である「人」を飲み込んで気持ちを落ち着かせるといった自己暗示を経験したり、聴衆者はジャガイモだと思えばよいなどとアドバイスを受けたりしたことはなかっただろうか。このように、各個人が、その場で生じたストレス（ストレッサーやストレス反応）に気づき、対処方法を適切に実施できることは、ストレスと上手につき合うためには必要なことである。

(2) ストレス状況の把握

気分や感情面に関するメンタルヘルスの評価方法として「気分の調節不全傾向」尺度がある。この尺度は、気分の変化についての質問が３項目、気分と関連する身体の症状についての質問が５項目の計８項目で構成されており、それぞれの項目は４件法で回答するよう

になっている。各項目の「しばしば」「ときどき」、および「よくあてはまる」「あてはまる」の回答を一括して陽性と判定し、図12-2のフローチャートに沿って陽性（気分の調整不全の疑いあり）か陰性（問題なし）の判定をする。

「気分の調節不全傾向の陽性率」の調査は、全国の小学生から高校生までを対象として、2002（平成14）年度[3]から2年ごとに行っているので、対象者のメンタルヘルスの状況を学年や性別、経変比較から評価することもできる。2018（同30）年度の調査[4]によると、小学生より、中学生、高校生の方が陽性率は高く、小学生では男子の方が、中学生、高校生では女子の方が陽性率は高い結果となっている（図12-3）。また、これまでの調査と比較しても、男子では、小学校1・2年生、小学校3・4年生で最高値、小学校5・6年生、中学生でもこれまでで2番目に高い値であった。小学校から中学生年代の男子で「うつ状態」などを背景としての気分・感情面の症状の出現が増加してきていることがわかったと指摘している。

(3) ストレス・マネジメントの実践

①漸進的筋弛緩法

筋肉に力を入れたり、緩めたりすることで、身体と精神をリラックスさせる方法。たとえ

図12-2 「気分の調節不全傾向」尺度

・気分の変化についての3項目
日ごろ感じる症状1：
「気分の落ち込みのせいで、
何もする気にならないことがある」
日ごろ思うこと5：
「急におこったり、泣いたり、
うれしくなったりする」
日ごろ思うこと6：
「ちょっとしたことでかっとなる」

・気分と関連する身体の症状についての5項目
日ごろ感じる症状2：
「よく眠れないことがある」
日ごろ感じる症状3：
「落ち着かなくて、
じっとしていられないことがある」
日ごろ感じる症状4：
「集中したり、すばやく考えたりすることができないことがある」
日ごろ感じる症状12：
「食欲がないことがある」
日ごろ感じる症状14：
「身体の『だるさ』や『疲れやすさ』を
感じることがある」

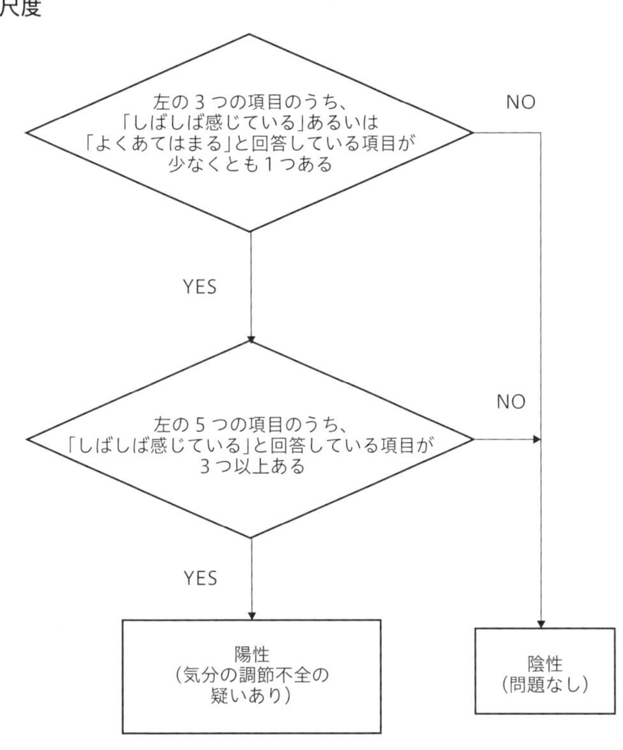

出典：日本学校保健会『平成30年度～令和元年度 児童生徒の健康状態サーベイランス事業報告書』2020年 p.132

図 12-3　気分の調節不全傾向の陽性率

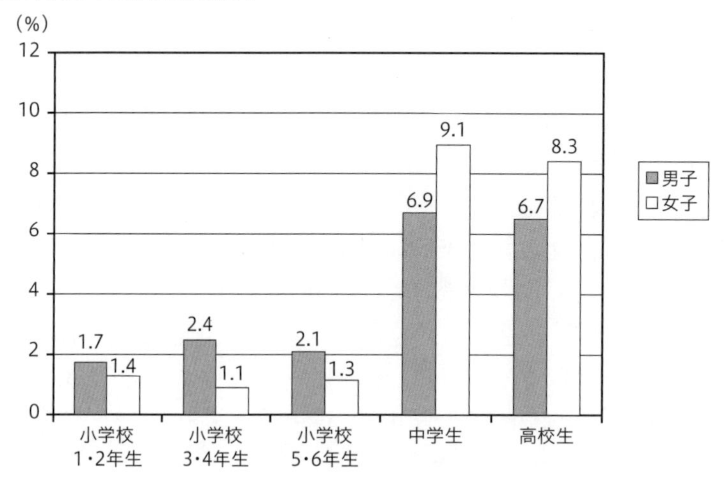

出典：日本学校保健会『平成 30 年度〜令和元年度 児童生徒の健康状態サーベイランス事業報告書』2020 年　p.133

ば、両肩を耳につけるようにして上半身に力を入れた状態を 10 秒ほどキープしてから、息を吐き脱力するといった方法がある。この時、吐く息の音が聞こえるぐらいにするとよい。

②腹式呼吸法

お腹が膨らむように呼吸をして横隔膜を動かす呼吸法で、副交感神経が活発になり気分を落ち着かせることができる。口から 6 秒ほどかけてゆっくりとすべての息を吐き出したら、鼻から 3 秒ほどかけてゆっくり息を吸う。この時、胸は膨らませないようにしてお腹だけが膨らむようする。

③イメージ・トレーニング

場所を問わず行うことができるが、リラックスした状態で行うことができるように配慮する。人それぞれによってイメージは異なるため、やや抽象的な表現でもいいので、心地のよいイメージを思い浮かばせる。たとえば、「さわやかな風が吹く気持ちのよい日差しの下、柔らかな芝生の上で寝転がっているところを想像しましょう」などと伝える。

このほかにも、運動したり音楽を聴いたりするなど好きな趣味に没頭することや友達とおしゃべりをすること、森林浴など自然のなかを散歩することや月を見上げてぼーっとすること、温かいお風呂にゆっくり浸かったり、温かいタオルなどで首や肩、目などを温めたりすることなど、手軽にでき、自分に合ったリラックスできる方法を見つけることも有効である。

Section 2 健康教育における行動科学的な視点

1 健康行動の理論やモデル

現代では、心身の不調や感染症、事故や災害など様々な健康・安全に関する諸問題に直面している。それらの諸問題に対し、正しい知識を獲得したとしても行動に結びつかないケースは多く、行動に至るまでの過程や、行動を継続していく過程に着目していく必要がある。また、個人で改善していけるケースもあれば、社会的な環境要因が複雑に絡んでくる場合もあり、これまで多くの健康行動やヘルスプロモーションについての理論やモデル、概念が検討されてきた[5)]。

その理論やモデル、概念のほんの一部ではあるが、吉田は1990年代までの健康教育の歴史的な発達過程を簡単に示している[6)]（図12-4）。1960年代の知識普及の時代から、知識（Knowledge）が態度（Attitude）を変え、やがて好ましい習慣（Practice）を取るようになるだろうとする考えのKAPモデルや、病気などへの恐怖感（脆弱性や重大性）に対するメリットやデメリットのバランスが行動変容につながるといった考えのヘルスビリーフモデルなどの理論やモデル、概念を経て、健康を目的とした企画と評価のための論理的なモデル（The PRECEDE Framework）へと展開していった。後にこのPRECEDEフレームワークは、PRECEDE-PROCEEDモデルへと発展している。

図12-4 健康教育の歴史的な発展過程

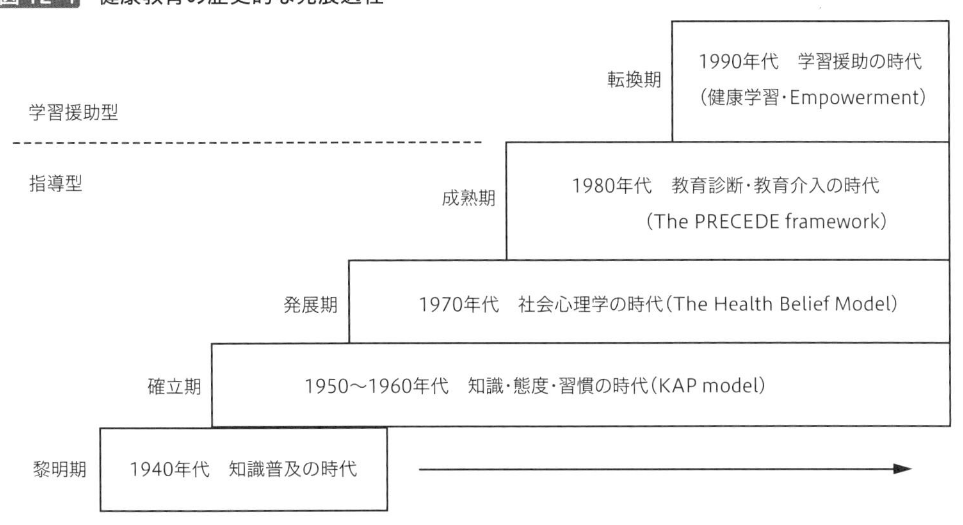

出典：吉田亨「健康教育と栄養教育（1）健康教育の歴史と栄養教育」『臨床栄養』第85巻　1994年 pp.317-323

2 PRECEDE-PROCEED モデル

PRECEDE-PROCEED モデル（図12-5）は、ローレンス・グリーン（Lawrence W. Green）とマーシャル W. クロイター（Mashall W. Kreuter）によって開発された保健プログラムの一つである。

このモデルは、個人的な要因のみならず、社会的な環境要因までをも考えながら計画を策定していけるところに特徴がある。社会の現状から遡って原因の探求を行い、それに影響を与える施策を構築するまでがPRECEDE＝「先行」であり、その施策の効果をモデルに基づいて評価し、アウトプットやアウトカムを確認していくのがPROCEED＝「継続」である。

PRECEDEの過程では、まず第1段階で、対象の集団がどのような社会的ニーズをもち、生活の質や社会的な目標をもっているのかを把握することから始まる。次に第2段階で、その社会的なニーズや目標などから、行動要因や環境要因などの具体的な健康課題や目的を特定し、第3段階では、第2段階で特定した課題や目的について、準備要因、強化要因、実現要因の観点からさらに具体的な内容を決定していく。最後に第4段階では、第3段階までに策定した計画がスムーズに実施できるかについて、予算や人材などといった政策や組織内の様々な状況を分析し、調整していく。

なお、第3段階に示されている準備要因は養育環境を含めた価値観や信念、知識、態度

図12-5 PRECEDE-PROCEED モデル

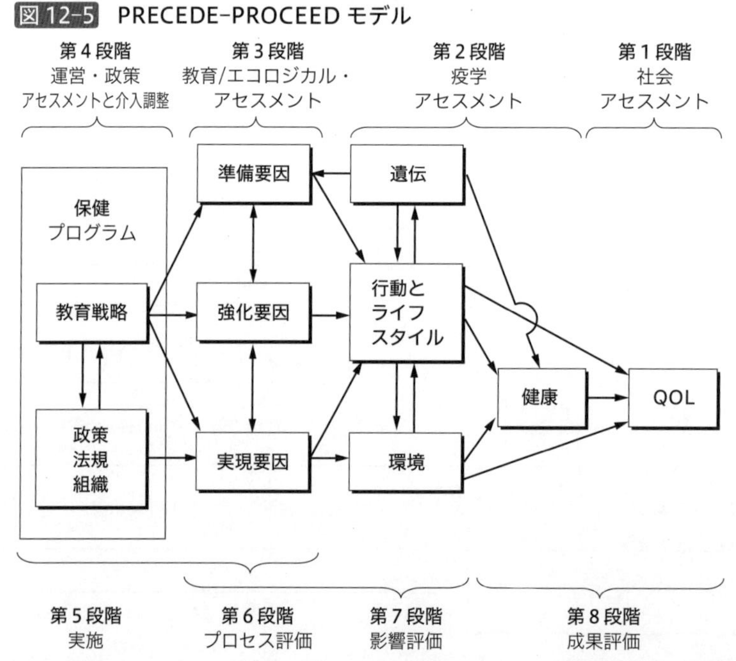

出典：ローレンス W. グリーン・マーシャル W. クロイター、神馬征峰訳『実践ヘルスプロモーション PRECEDE-PROCEED モデルによる企画と評価』医学書院　2005年　p.11

などを、強化要因は行動に伴う他者からのフィードバックを、実現要因は様々な条件によってプラスに作用することとマイナスに作用することの両方の側面を示している。特定した主要な課題について、これら３つの要因に分類しながら介入策を検討することが必要である。

次に、第５段階から第８段階のPROCEEDの過程では、実施と評価を行っていくことになる。第５段階で実施した内容について、第６段階では、計画の実施状況や関係者の反応を評価する。続いて、策定した計画の達成状況を第７段階でアウトプットの評価し、第８段階では、数値的なアウトカムの評価をする。なお、PROCEEDの過程では、ストラクチャー（構造）評価をすることも忘れないでおきたい。つまり、立案した計画を実施していくための仕組みや体制を評価することは次のサイクルを回すためには必要な検討項目である。

3 保健行動の包括的説明モデル

健康関連行動のプロセスについては、保健行動の包括的説明モデルを簡便にした４因子による説明モデル（図12-6）も提案されている[7]。

このモデルは、健康関連行動は先行因子や強化因子によって、促進または抑制されるとい

図12-6 健康関連行動に影響する要因

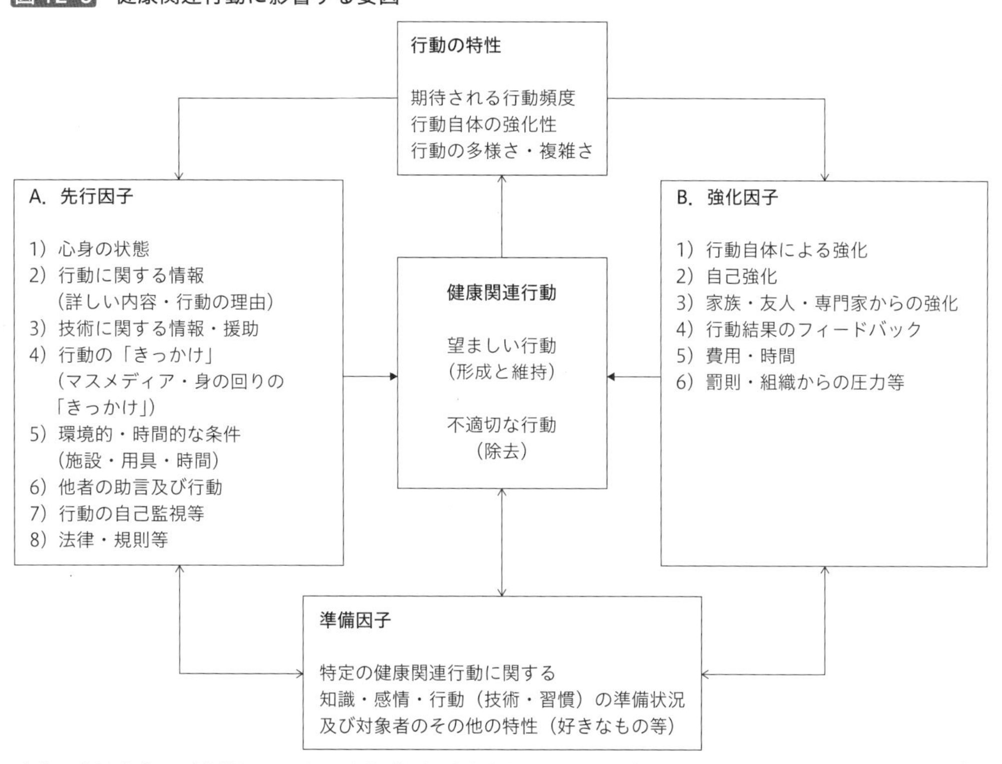

出典：高見京太・平井佐紀子・家田重晴「保健教育内容に関する研究―健康関連行動に影響する要因及び行動コントロールの方法について―」『中京大学体育学論叢』第39巻第２号　1998年　p.136を改変

う構図で説明されている。健康関連行動は、対象者の知識や感情、行動の準備状況など（準備因子）と相互に影響し合っており、準備因子は先行因子や強化因子と相互に影響し合っているという構図になっている。前述したように、知識があっても行動に結びつかない状況についても、このモデルを用いれば説明ができる。行動を変容させるには、知識などの準備因子のほかに、環境などの影響を含む先行因子や行動の強化や抑制につながる強化因子が関係しているのである。つまり人の行動は、これまでの知識や健康観に加えて、外的な働きかけと内発的・外発的な動機づけによって変容していくと考えられる。

なお、強化因子を効果的に働かせるには、行動が起きたらすぐに強化するといった即時性や、同じ行動は同じように強化するといった一貫性が重要であり、対象者や条件の違いによって、行動を促進する、何の働きもしない、あるいは行動を抑制する、という異なる働きをする場合があることも補足的に説明されている。つまり、褒美で行動が促進されなかったり、罰で行動が抑制されなかったりする場合があることも注意しなければいけない[8)]。

家田は、「行動科学の成果を生かした教育では、行動の目標を提示することが非常に重要だ」[9)]と指摘したうえで、行動分析学的な要因を強調した保健行動モデルは「これまで批判されてきたような、とにかく行動（健康習慣）が形成できればよいというしつけ的な指導観や、形成できなければ悪とみなすような修身的な考え方とは一線を画したものである」[10)]と述べている。行動科学的な成果を生かした教育では、行動の目標を立てさせながら指導はするものの、その成果だけを結果として求めるべきではなく、児童生徒の行動が変容することを信じて教育を行い、待つことが大切である。

4 行動変容ステージ

行動変容ステージは、ジェームズ・プロチャスカ（James O. Prochaska）とカルロ・ディクレメンテ（Carlo C. DiClemente）によって考案されたトランスセオレティカル・モデルの概念である。行動変容には次の５段階があるとされており、対象者がどのステージにいるのかを把握することで、そのステージに応じた介入の仕方や動機づけを行うことができ、行動変容が起こりやすいとされている。

①前熟考期：無関心期とも呼ばれ、行動を起こすことに関心がない時期である。このような状態の人にアドバイスしたとしても、行動を起こしたくない理由を並べて反論するか、頑なに拒否をするかだけなので、共感的な態度をとることに努め、相手が聞く気になってきたら少しずつ話題を提供した方がよい。

②熟考期：関心期とも呼ばれ、行動を起こすことに関心が出てくる時期であるが、「やめたいけど、やめられない」というようなアンビバレンス（両価性）の心理状態に陥っていることが多い。このような状態では、押せば押すだけやる気がなくなっていくので、アンビバレンスの状況が収まるのを見極めて、動機づけを行うことが大切である。

③準備期：行動を起こす気は十分にある時期なので、ちょっとしたきっかけを与えたり、自己効力感を後押ししたりするような声掛けが効果的である。
④実行期：行動を起こし始めた時期のことを指す。行動を起こすこと自体がストレッサーになるので、心理的に不安定になりアンビバレンスの状況が再発する時期である。これまでの取り組みを評価したり、賞賛の声掛けやご褒美など（強化因子）で行動を強化したりして、行動を継続できるように支援していくことが大切である。
⑤維持期：自立して行動を続けていける時期である。とはいえ、ステージを逆戻りしてしまうこともあるため、引き続き行動を強化させたり、これまでの行動をフィードバックしながら自己効力感を高めたりして、支援をすることが重要である。一度や二度の失敗は大目にみるくらいの姿勢で接するとよい。

Section 3 行動変容を促す教育実践

1 強化因子に着目した教育実践

前述した健康関連行動に影響する要因についての４因子による説明モデルのなかで、行動をより継続的に実践させることが期待できる強化因子に着目をした「生活行動の改善をねらいとした保健授業」の教育実践を紹介する。

この実践では、生活行動分析カード（表 12-2）とリフレクションカード（表 12-3）の２つの学習カードを用いて、対象者自身の考えを記入する時間と仲間と情報を共有する時間の２つの時間を設けて活動を行った。生活行動分析カードは、その日の学習の総括としてまとめの時間に用い、リフレクションカードは、前回の授業内容を思い出すことを目的とした「思い出しトレーニング」と称した授業の導入時の学習活動に用いた。

①生活行動分析カード

質問項目に沿って１～5の順に、まず自分自身の考えや工夫点等を記入する。

項目１では学習の準備段階として「1．現在のあなたの状況を教えてください」という５項目の質問に対し、「はい」「どちらかというとはい」「どちらかというといいえ」「いいえ」の４件法で回答し、現在の状況を自己評価する。

項目２では、上記質問の項目１を実行できたとしたら、どんな良いことがあるかについてまとめる。

項目３では、実行できないとしたらどんな理由があるかについてまとめる。

項目４では、実行できるように自分をコントロールする工夫点について記入をする。

項目５では実行できた時に行う自分自身を励ます方法について自分の考えを記入する。

自分の考えを５分程度で記入したら、８分を目安として仲間と情報を共有し、参考になった意見を加筆する。

表 12-2　生活行動分析カード（食事の例）

性別（男・女）　　　年　　　月　　　日

1. 現在のあなたの状況を教えて下さい。
【4：「はい」、3：どちらかというと「はい」、2：どちらかというと「いいえ」、1：「いいえ」】

1. 今日の学習内容は理解できましたか。	（4、3、2、1）
2. 朝食はいつも食べていますか。	（4、3、2、1）
3. 主食（ご飯など）、副菜（野菜など）、主菜（魚・肉・卵・大豆など）を基本とした食事をしていますか。	（4、3、2、1）
4. エネルギーの摂取不足や過剰摂取に気をつけて食事をしていますか。	（4、3、2、1）
5. ゆっくり食事をし、よく噛んで食べていますか。	（4、3、2、1）

2. 上記 1 の質問項目 2〜5 までが実行できたとしたら、どんな良いことがあるでしょうか。

3. 上記 1 の質問項目 2〜5 までが実行できないとしたら、どんな理由が考えられますか。

4. 上記 1 の質問項目 2〜5 までが実行できるような自分をコントロールできる工夫点を考えて下さい。

（例）間食をしないように、お菓子を目につきにくい所にしまっておく。

5. 上記 1 の質問項目 2〜5 までが実行できたときに行う自分自身を励ます方法（ご褒美もしくは声かけなど）を考えて下さい。

出典：後藤晃伸・家田重晴「生活行動の改善をねらいとした高等学校保健学習における指導方法の検討ーアクティブ・ラーニングの考え方を取り入れてー」『東海学校保健研究』第 41 巻第 1 号　2017 年　p.69

生活行動分析カードは、自分自身の生活行動を振り返るとともに、得た知識をどのようにして実生活に応用できるかを考えさせるように組み立てたものであり、さらに、仲間と情報を共有し、参考になった意見を加えるという活動もあることから、これを用いた学習は望ましい生活行動を強化する働きかけとなっている。

②リフレクションカード

次の週の授業で、最初にリフレクションカードを用いて前時の内容を思い出し、これまでの行動を振り返る。まず、生活改善のポイントを４つまで思い出して記入し、前回の内容や目標を覚えているか、行動目標を意識して取り組んだか、授業以外で行動目標を話題にし

表 12-3　リフレクションカード（食事の例）

性別（男・女）　　年　　月　　日

1. 食についての生活改善ポイントを４つ書き出してみよう。

2. 最も近いものに○をつけてください。
(4：「はい」、3：どちらかというと「はい」、2：どちらかというと「いいえ」、1：「いいえ」)

1. 前回の学習内容や行動目標をしっかり覚えていましたか。	（4、3、2、1）
2. 前回に決めた行動目標を日常生活で意識して取り組みましたか。	（4、3、2、1）
3. 前回に決めた行動目標を授業以外で友だちや家族などと話題にしましたか。	（4、3、2、1）
4. 前回に決めた自分をコントロールするための具体的な工夫を実行できましたか。	（4、3、2、1）
5. 前回に決めた自分を励ます方法を実行できましたか。	（4、3、2、1）

3. この１週間を振り返ってできたことを書いてみましょう。また、できなかった場合はコントロールの方法を見直してみましょう。

出典：後藤晃伸・家田重晴「生活行動の改善をねらいとした高等学校保健学習における指導方法の検討―アクティブ・ラーニングの考え方を取り入れて―」『東海学校保健研究』第 41 巻第 1 号　2017 年　p.69

たか、自分をコントロールする工夫を実行できたかについて自己評価する。最後に、生活のなかでできたことを書き、できなかったことについては、改善方法について書く。

次に、リフレクションカードによる自身の振り返りの学習活動が完了したらグループで仲間と記入した内容を発表し合い、できたことを褒め合う。また、できなかった事柄についてはアドバイスをしたり励まし合ったりして、参考になった意見を加筆する。

リフレクションカードを用いることで、前時に考えたことを思い出して書いたり、目標行動に関して 1 週間の振り返りをしたりすることができる。その際、グループで内容を発表し合ったり、できたことを褒め合ったりするので、望ましい生活行動を強化する働きかけとなっている。

2 HQC 手法

(1) HQC 手法とは

Health Quality Control（HQC）は、もともと企業などで用いられる製品の質の向上を目的とした品質管理の手法である Quality Control（QC）をもとに、健康の分野で生かすことを目的としてつくられたものである。

HQC 手法は健康課題に対する様々な問題を可視化し、認識した後は問題解決のために実践する方法である。つまり、現在の状態を把握し、目標となる状態になるための問題とは何かを明らかにして、問題を解決するために実践していく手法である。

「問題」＝「目標となる状態」－「現在の状態」

解決したい主要な問題が特定できたら、特性要因図（フィッシュボーンダイアグラム）で問題の具体的な原因を抽出する。具体的な原因を特定することができたら、HQC チェックシートを活用して、日々の実践を行っていくといった具合に、PDCA サイクルの流れを意識しながら実践していくことが重要である。なお、日々の実践は、3～4 週間目で改善の兆候がみられるとの報告[11]もあるため、少なくとも 3 週間以上は継続して取り組む必要がありそうである。

(2) 特性要因図（フィッシュボーンダイアグラム）

解決したい要因が特定でき、具体的な原因が明らかになったとしても、それらをバラバラに抽出しただけでは、日々の生活のなかで何から取り組んでいったらよいのかわからなくなってしまう。そこで、まずは原因をグループ分けして整理する必要があり、それらを整理する手法の一つとして特性要因図を紹介する。特性要因図はフィッシュボーンダイアグラムとも呼ばれ、下記のように魚の骨のような形をしていることからそう呼ばれている（図 12-7）。

作成する手順は、図 12-8 のように、改善したい健康行動を魚の大骨（頭）の部分に書き込む。次に、大骨（頭）に書き込んだ健康課題についての原因を考え中骨に書き込んでいく。

図 12-7　フィッシュボーンダイアグラムのイメージ図

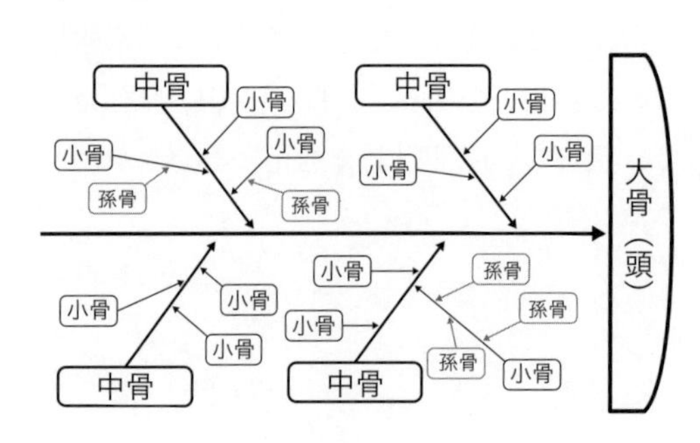

図 12-8　作成過程のフィッシュボーンダイアグラム

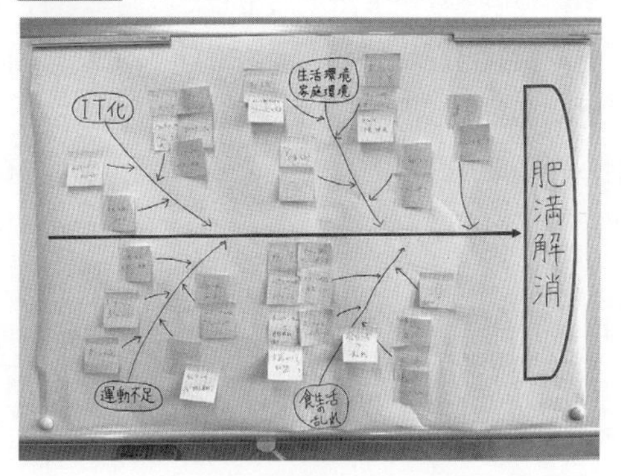

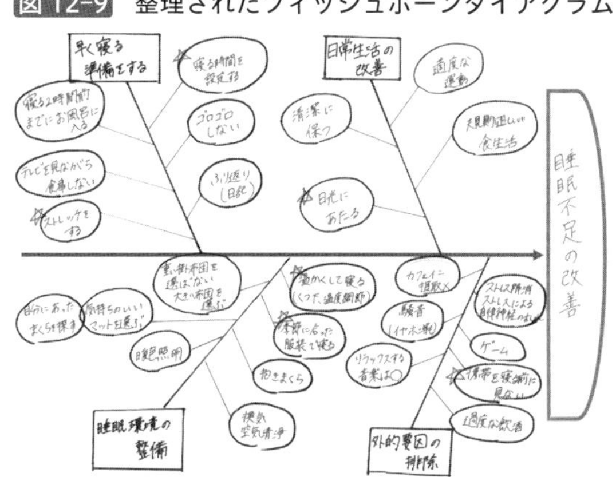

図 12-9　整理されたフィッシュボーンダイアグラム

さらに、中骨の原因を小骨に、小骨の原因を孫骨にといった具合で、原因の原因をどんどん考え書き出していく。このように、原因を細かく探っていく作業が大切である。

なお、これらの手順は 1 人でも行うことはできるが、解決させたい要因について同じような課題をもっている人たちでグループをつくって活動していくことが望ましい。自分では気がつかない原因を他者との対話を通して気がつくことができるからである。

(3) HQC チェックシート

特性要因図（フィッシュボーンダイアグラム）で整理した原因について、毎日のなかで実践できる項目を抽出し、表 12-4 のような HQC チェックシートに転記する。その際、○・×のように簡単に評価ができる項目に書き換えたり、数値で記入できるようにしたり工夫するとよい。できれば「睡眠時間は 7 時間以上を確保できたか」「何時に起きたか」といったように数量的に判断できるような書き方が望ましい。

また、多くの原因を抽出できている場合は、それらのすべてを実践しようとすると継続することが負担になってしまうため、項目は少なくてもよいので継続できるような項目数に調整することが大事である。なお、いくつかの項目を取りあげる際には、中骨の要因に沿って、バランスよく項目を抽出できるとよい。

また、HQC チェックシートは 1 枚の用紙（A4）に 1 週間単位以上の記録がチェックできるような仕立てにしたほうがよいが、それらの用紙をバラバラに保管するのではなく、ホッチキスなどで一つの冊子のように綴じておくことを推奨する。これは、これまでの自分の記録を省みながら、日々の実践に生かしていくためである。

表 12-4 HQC チェックシート

チェック項目	／	／	／	／	／	／	／
	（月）	（火）	（水）	（木）	（金）	（土）	（日）

課題 1

HQC 手法を使って、自分自身の生活・健康の課題とその要因を抽出し、望ましい健康行動を実践・継続してみよう。

①特性要因図（フィッシュボーンダイアグラム）を用いて、改善したい健康行動を特定し、その原因を探る。
②まずは、魚の大骨（頭）の部分に改善したい健康行動を書き込む。
③次に、大骨（頭）に書き込んだ健康課題について、思いつく具体的な原因を中骨に書き込む。
④中骨の原因を小骨に、小骨の原因を孫骨にといった具合に「原因の原因」を書き込んでいく。
⑤書き込んだ原因のなかから、日常で実践できる項目を抽出し印をつける。その際、中骨ごとに項目数のバランスを調整するとよい。
⑥抽出できた項目を HQC チェックシートに転記する。必要に応じて評価しやすい記述内容に書き換える。
⑦ HQC チェックシートに記載した内容が達成できるような生活を最低でも 3～4 週間は継続する。
⑧ 3～4 週間後に自分自身の生活を振り返る。必要に応じて HQC チェックシートの内容を変更し、⑦を実践する。

自分自身の朝食の摂取状況を記録して、正しい知識の習得が行動変容にどのような影響を及ぼすのかについて考えてみよう。

①１週間の内の決まった曜日を設定して、毎週その日の朝食で摂取した食材を記録しておこう。

②４週間分の記録がまとまったところで、摂取品目の栄養バランスや朝食の欠食による影響について調べてみよう。その際、どのような食材を摂取したらよいのかも調べてみよう（例：「食事バランスガイド」「ま・ご・わ・や・さ・し・い」など）。

③摂取品目の栄養バランスや朝食の欠食による影響について調べた後も、調べる前と同様に朝食の摂取状況を４週間分の記録をしてみよう。

④合計で８週間分の記録がまとまったところで、自身の行動の変化について分析し、次からの行動に生かしみよう。

引用文献

1）Maslow, A. H. A theory of human motivation, *Psychological Review.* 50(4), 370–396, 1943.

2）小塩真司・中谷素之・金子一史・長峰伸治「ネガティブな出来事からの立ち直りを導く心理的特性―精神的回復力尺度の作成―」『カウンセリング研究』第 35 巻第 1 号　2002 年　pp.57–65

3）日本学校保健会『平成 14 年度 児童生徒の健康状態サーベイランス 事業報告書』2004 年　p.100

4）日本学校保健会『平成 30 年度～令和元年度 児童生徒の健康状態サーベイランス 事業報告書』2022 年　pp.133–134

5）戸ヶ里泰典・福田吉治・助友裕子・神馬征峰「健康教育・ヘルスプロモーション領域における健康行動理論・モデルの系統と変遷」『日本健康教育学会誌』第 26 巻第 4 号　2018 年　pp.329–341

6）吉田亨「健康教育と栄養教育（1）健康教育の歴史と栄養教育」『臨床栄養』第 85 巻　1994 年　pp.317–323

7）高見京太・平井佐紀子・家田重晴「保健教育内容に関する研究―健康関連行動に影響する要因及び行動コントロールの方法について―」『中京大学体育学論叢』第 39 巻第 2 号　1998 年　pp.131–144

8）前掲書　6）　p.137

9）家田重晴「特集　誌上フォーラム―21 世紀に向けての学校健康教育の再構築―（2）　学校健康教育と行動科学」『学校保健研究』第 39 巻第 2 号　1997 年　pp.104–106

10）同上書　9）

11）中野貴博・大澤清二・佐川哲也「HQC 手法による生活習慣改善の効果出現時期の検討」『発育発達研究』第 37 号　2008 年　pp.9–16

参考文献

・文部科学省「令和 4 年度 児童生徒の問題行動・不登校等生徒指導上の諸課題に関する調査結果の概要」2023 年

・後藤晃伸・家田重晴「生活行動の改善をねらいとした高等学校保健学習における指導方法の検討―アクティブ・ラーニングの考え方を取り入れて―」『東海学校保健研究』第 41 巻第 1 号　2017 年

・大澤清二「学校が変わる子どもが変わる HQC 第 2 回連載 HQC による学校保健の改善と推進（その 2）～HQC 技法とはどんな方法か～」『健康教室』第 63 巻第 6 号　2012 年

Chapter 13

学校安全

このChapterでは、児童生徒の安全について、学校や教職員の役割、組織体制の構築といった安全管理と、児童生徒に何をどのように教えるのかといった安全教育の基本となる考え方を扱う。学校危機管理が対象とするリスクは、感染症、熱中症、いじめ、体育スポーツ事故、自然災害、校内への不審者侵入、登下校中の犯罪被害や交通事故、テロや弾道ミサイル、教職員の不祥事など、広範囲にわたっている。学校や教職員は、こうしたリスクを想定して事前に対策をすること、また、万一危機事象が発生した際には適切な対応をとること、収束後には再発防止に向けて取り組むことを実践しなくてはならない。特に、保健体育教員は、保健授業において安全領域を担当するだけでなく、最も発生頻度の高い体育活動中の事故を防止するためにも、学校安全理論を理解し実践することが求められる。

Section 1 学校安全の意義と危機管理

1 学校安全の意義

安全とは、心身や物品に危害をもたらす様々な災害が防止され、万が一、事件や事故、災害等が発生した場合には、被害を最小限にするために適切に対処された状態をいう。特に、学校で児童生徒の安全の確保が保障されることは教育活動における不可欠の前提である。また、児童生徒は守られる対象であるだけでなく、自らの安全を確保できる基本的な資質・能力を育成していくことが求められるため、安全な環境を提供することに加え、児童生徒に対する適切な安全教育の充実も求められる。そのほか、安全な社会づくりという観点からは、生涯にわたって健康・安全で幸せな生活を送れるとともに、安全で安心な社会づくりに積極的に参加貢献できる資質能力を育てることが求められている。

つまり、学校安全とは、学校そのものを安全にしていくことに加え、教職員や児童生徒の安全確保、児童生徒が生涯にわたって安全な生活を送ることができる資質能力の育成といった、いわば「安全文化の醸成」が大きな目標として含まれている。

2 危機管理の考え方

安全な状態を維持するためには、危険や危機を適切にコントロールすることが求められる。一般に、こうした危険や危機のコントロールを危機管理と呼んでいる。危機管理には、危険や危機の「事前（発生前）」「発生時」「事後（発生後）」の３段階が存在する。

事前の危機管理（発生の予防）は、安全点検や安全教育を指し、危険や危機が起こらないためにはどうしたらよいかという観点で実施される。たとえば、熱中症を防ぐために、熱中症指数計の設置や水分補給、体調管理の指導を行うことが、事前の危機管理に相当する。発生時の危機管理（進行の予防）は、早期発見や早期対応を指し、万一危険や危機が発生した際に、その被害を最小限にするためにはどうしたらよいかという観点で実施される。先ほどの熱中症の例で当てはめれば、活動中の体調把握を適宜行い、体調不良者を早期に発見することや、体調不良者がいた場合には救急搬送を含む適切な対応をとることが、発生時の危機管理に相当する。

事後の危機管理（再発の防止）は、危険や危機が収束した後で、再発を防ぐためにはどうしたらよいかという観点で実施される。熱中症の再発を防ぐために、猛暑時における活動指針を作成することや空調設備などの耐暑環境を整えることが、事後の危機管理に相当する。また、被害者等の心身におけるケアや原因分析と再発防止対策を周知することで関係者の信頼を回復することも、事後の危機管理の重要項目である。これらの内容を教職員等の役割とともにわかりやすくまとめたものが、各学校が作成した「危機管理マニュアル」（危険等発生時対処要領）である。

このように危機管理を、「事前」「発生時」「事後」に分ける考え方は、「3 段階予防説」と呼ばれ、安全領域だけでなく幅広く活用されている考え方である。

3 学校保健安全法

(1) 学校安全計画の策定

学校保健安全法第 27 条では、学校安全計画の策定と実施が義務づけられている。学校安全計画は、安全管理、安全教育、地域連携等の組織活動などについて、いつどのような内容を実施するのかを年間計画としてまとめたものである。なお、学校安全計画の内容や策定についての詳細は Chapter15（255 頁参照）に示す。

(2) 安全点検

安全点検については、施設設備の定期点検に加えて、日常点検も義務づけられている。特に、保健体育教員にとって、これらの点検は児童生徒のケガ等に直結するため非常に重要である。定期点検では、跳箱やマット等の体育用具の破損や老朽化のチェックに加え、体育館の床やバスケットゴール、サッカーゴール等の施設や設備の点検を行う必要がある。また、日常点検においては、グラウンドの整備や砂場等の異物混入確認、サッカーゴール等の固定確認、ラケットやボール等の消耗品の破損確認など、授業で使用する施設整備用具についての授業前点検をていねいに行うことが求められる。

とりわけ最近では、プール管理に関する点検の重要性が増している。排水溝に吸い込まれて溺死する事故防止のために、適切な保護具の取りつけ、老朽化や固定の定期点検は必須である。また、水質管理のため、ろ過装置の点検や塩素剤等の適切な使用管理も重要である。そのほか最近では、不審者侵入対策も求められている。休日や夜間に学校のプールに不法侵入する事案が多くみられ、なかには死亡事故につながったケースもある。事故防止の視点からの施錠管理に加えて、更衣室への盗撮カメラの設置等の事案も認められるため、防犯の視点からプールや更衣室の施錠管理を見直す必要がある。

点検に当たっては、チェックシートの活用等を行い、教職員による差が出ないようにする配慮が必要である。また、点検の結果、不具合が発見された際の対応についても事前に協議しておかなくてはならない。不具合に気づきながらも、そのまま教育活動を継続し事故が発生した場合、学校や教職員の責任が問われる事態となる場合がある。

(3) 危機管理マニュアルの作成

危機管理マニュアル（危険等発生時対処要領）は、学校保健安全法第 29 条で作成と周知、訓練の実施が義務づけられている。各学校における様々な危機事象に対して、「事前」「発生時」「事後」に学校や教職員の役割や行動について具体的に記載することが求められる。また、作成後も全教職員が円滑に行動できるような訓練を実施するとともに、自校や全国で発生した災害を参考にマニュアルの改善に努める必要がある。

4 第 3 次学校安全の推進に関する計画

学校保健安全法（第 3 条）に基づき、2022（令和 4）年 3 月 25 日に「第 3 次学校安全の推進に関する計画（令和 4 年度～8 年度）」が閣議決定された。この第 3 次計画の策定に当たり、これからの取り組みの課題として、次の 6 点が指摘された。

①様々な計画やマニュアルが整備されつつも必ずしも実効的な取り組みに結びついていないこと
②地域、学校、設置者、学校、教職員の学校安全の取り組み内容や意識に差があること
③東日本大震災の記憶を風化させることなく、今後発生が懸念される大規模災害に備えた実践的な防災教育を全国的に進めていく必要があること
④学校安全の中核となる教職員の位置づけおよび研修の充実について学校現場の実態は追いついていないこと
⑤様々なデータや研究成果が学校現場で実際に活用されていないこと
⑥計画自体のフォローアップが不十分なため十分に進捗が図られていない事項があること

この背景には、これまでは取り組みを行うことが主たる目的であったが、取り組みの成果

や実効性が問われるようになり、取り組みの評価を通じて内容の改善を図ることが求められている実状がある。この「第３次学校安全の推進に関する計画」において、児童生徒等の安全を取り巻く状況を踏まえ、めざす姿として、次の３点が掲げられた。

①すべての児童生徒等が、自ら適切に判断し、主体的に行動できるよう、安全に関する資質・能力を身につけること
②学校管理下における児童生徒等の死亡事故の発生件数について限りなくゼロにすること
③学校管理下における児童生徒等の負傷・疾病の発生率について障害や重度の負傷を伴う事故を中心に減少させること

「第２次学校安全の推進に関する計画」におけるめざすべき姿と比較すると、①において、「自ら適切に判断し、主体的に行動できるよう」という内容が追加されている。安全に関する知識や技術を身につけるだけでなく、それらを適切に使うことができるためには、「いつ」「何を」「どのように」といった判断力が求められる。これを、児童生徒等が自らできるようにするというのが、第３次計画のポイントといえる。

5 セーフティ・プロモーション・スクール

セーフティ・プロモーション・スクール（SPS）とは、スウェーデン王国のカロリンスカ研究所に設置されている WHO 地域安全推進共同協働センターが推進するインターナショナルセーフスクール（ISS）の考え方を参考に、新たに、「自助・共助・公助」の理念のもと、日本独自の学校安全の考え方を基盤とする包括的な安全推進を目的として構築された取り組みである。学校安全に関する指標（組織、方略、計画、実践、評価、改善、共有）に基づいて、学校安全の推進を目的とした中期目標・中期計画（３年間程度）を明確に設定し、その目標と計画を達成するための組織の整備と S-PDCAS サイクルに基づく実践と協働、さらに分析による客観的な根拠に基づいた評価の共有が継続されていると認定された学校を認証している。セーフティ・プロモーション・スクールとして認証された学校は、日本セーフティプロモーションスクール協議会と協定書を締結し、引き続き、安全に対する分析と評価を基盤とする未来志向に基づいた安全推進の取り組みを協働的に展開していくことが求められる。

S-PDCAS サイクルとは、PDCAS サイクルを回しながら、Strategy（方略）を策定、見直していく考え方である。PDCAS サイクルは、PDCA サイクルに Share（共有）を加えたもので、学校安全推進に関わる活動の成果が、当該の学校関係者や地域関係者に広報・共有されるとともに、「協働」の理念に基づいて、国内外の学校への積極的な活動成果の発信・共有と新たな情報の収集が継続的に実践されることを求めている。2023（令和 5）年 7 月現在で、国内 50 校、国外 35 校が認証され、国内 9 校、国外 60 校が認証手続中となっている。

「第３次学校安全の推進に関する計画」では、セーフティ・プロモーション・スクールの

考え方を取り入れ、学校医等の積極的な参画をえながら、学校種や児童生徒等の発達段階に応じた学校安全計画自体の見直しを含むPDCAサイクルの確立をめざすと記載されており、今後、学校安全の中心的な取り組みになるのではないかと考えられている。

Section 2 安全管理と安全教育

1 学校安全の構造

(1) 学校安全の樹形図

図13-1は、一般に学校安全の樹形図と呼ばれている。学校安全は、安全管理と安全教育が車の両輪であり、相互に補いながら児童生徒の安全な環境づくりをめざしている。安全教育は児童生徒の行動変容のための必要な知識を教えることに加え、教職員が最新の知見をえることが含まれる。安全管理は、対人管理と対物管理の２つがあり、対人管理は、さらに、心身の管理と生活の管理に分けられる。これは、児童生徒や教職員の心身の状態や睡眠不足、栄養不足といった生活上の課題が事故等の原因の一つになることを示している。児童生徒や教職員にコンディション不良があると、集中力や注意力の低下を招き、事故が起こりやすくなることは容易に想像できる。対物管理は、安全な環境づくりを指し、点検等で危険を発見し除去することが中心となる。

(2) 学校安全の３領域

学校安全の３領域とは、「生活安全」「災害安全」「交通安全」の３つを指す。それぞれの領域ごとに必要な安全管理と安全教育を検討し、計画的に実施することが重要である。「生活安全」に含まれる危機事象は多岐にわたり、日常生活におけるケガや病気（感染症）、体育やスポーツ活動中の事故、犯罪被害、いじめ、虐待、薬物乱用などが挙げられる。「災害安全」は、地震、津波、台風、洪水、大雪、雷など地域で想定される自然災害を対象としている。地域により対象とする危機事象が異なるため、自校の所在地におけるハザードマップ

図13-1 学校安全の樹形図

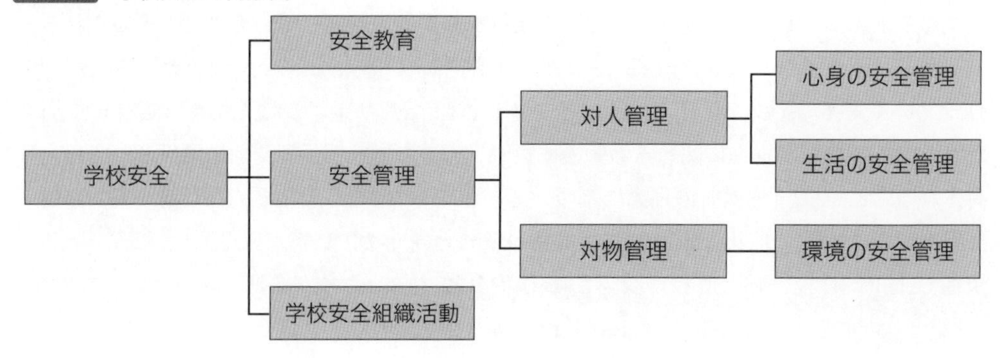

などを確認しながら具体的な検討をする必要がある。「交通安全」は、歩行者や自転車が被害者となる事故に加え、自転車が加害者となる事故、公共交通機関利用時の事故、電動キックボードなどの新たな交通手段における事故などにも留意する必要がある。

2 ハインリッヒの法則

ハインリッヒの法則とは、1929 年に米国の損害保険会社で働いていたハインリッヒ（Herbert William Heinrich）が、重大事故の発生比率について導き出した法則である。死亡を含む重大な事故が 1 件発生する際には、負傷を伴う軽微な事故が 29 件発生し、事故には至らない危険な行為であるヒヤリ・ハット（ニアミス）が 300 件発生していると報告した（図 13-2）。そのため、1:29:300 の法則と呼ばれることもある。たとえば、死亡事故等の重大な交通事故が起こった場所では、29 件ほどの交通事故が発生しており、さらに 300 件ほどは事故にならなかったが、急ブレーキで回避した等のヒヤリ・ハットが起こっている。重大な事故が発生するのはヒヤリ・ハットが多数発生している結果であり、重大事故のみに焦点を当てるのではなく、軽微な事故やヒヤリ・ハットの減少に注力することが重要といえる。また、1969 年にバード（Frank E.Bird Jr）が 175 万件の事故報告をもとに、1（重大事故）：10（軽微な事故）：30（物損のみの事故）：600（ヒヤリ・ハット）という比率を報告した。これはバードの法則と呼ばれている。このように、事故の発生比率は地域や時代によって変化するものであるが、軽微な事故やヒヤリ・ハットが複数発生した結果として、重大な事故が引き起こされるという考えは共通している。

3 ヒヤリ・ハット

ヒヤリ・ハットは、事故には至らなかった危険のことを指し、事故防止のためにはヒヤリ・ハットが起こった時点でその原因等を検討し、再発を防ぐことが重要とされる。そのため、

図 13-2 ハインリッヒの法則、ハインリッヒのドミノ理論

ハインリッヒの法則
1件の重大な事故
29件の軽微な事故
300件のヒヤリ・ハット事故
軽微な事故を聞いていれば、重大な事故までは発生しない
ヒヤリとするような事故を聞けば、軽微な事故は発生しない

ハインリッヒのドミノ理論
事故や傷害は様々な要因の連鎖の結果生じる
不安全な状態・行為を除けば事故や傷害は防ぐことができる

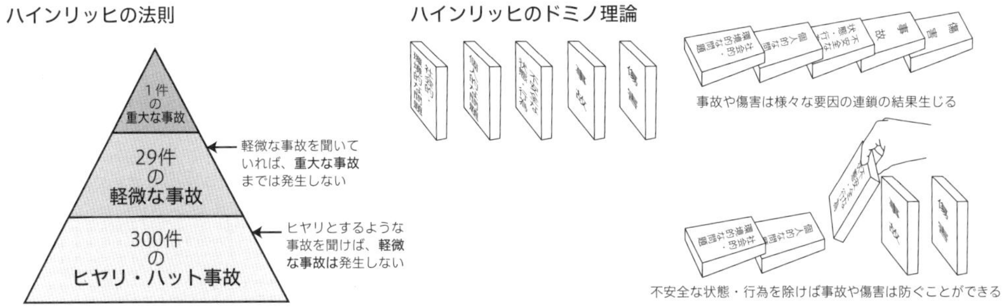

出典：H. W. ハインリッヒ・D. ピーターセン・N. ルース著、井上威恭監修、総合安全工学研究所訳『ハインリッヒ産業災害防止論』 海文堂出版 1982 年

学校等ではヒヤリ・ハット報告書などを用いて、多くの教職員でヒヤリ・ハットを共有し、対策に当たることが求められる。しかしながら、事故と異なりヒヤリ・ハットを正確に把握することは、「事故が起こっていないため負傷者等がいない」「当事者の過失や危険行為が要因になっていることがあり自ら報告しにくい」のような理由で難しい側面がある。

したがって、報告の方法やタイミングを工夫する等、ヒヤリ・ハットを可視化し、共有する仕組みづくりが求められる。また、「ぶつかりそうだった」「滑って転びそうだった」等を教職員が目撃しても、問題意識をもたずに「ケガしなくてよかった」程度で済ませてしまうこともある。教職員の意識を向上させ、「次は重大事故につながるかもしれないので、今のうちに対策をするべきだ」といった考えを浸透させていくことが重要である。

4 ハインリッヒのドミノ理論

ハインリッヒは、事故の原因は一つではなく、様々な要因がドミノ倒しのように重なっていくことで重大な事故につながるとしている（図 13-2）。事故につながる重大な原因が不安全な行動にあったとしても、その不安全な行動につながる理由として、心身の状態や家庭環境等の個人的な問題や、環境や社会的要因が関係していることがある。ドミノ倒しでは、途中のドミノを一つ抜くと、そこから先のドミノは倒れない。事故につながる様々な要因（ドミノ）のうち一つでも減らすことができれば重大な事故に至らないとの考えを、ドミノ倒しになぞらえて表現したものである。

また、須藤春一は 1963（昭和 38）年に、「環境」「行動」「心身状態」「服装」の 4 つの危険要因が重なることで重大な事故が発生するとする潜在危険論を発表した。これもドミノ理論同様、多くの危険要因の中から一つでも減らすことができれば重大な事故を防ぐことにつながるとの考え方である。たとえば、見通しの悪い交差点で重大な交通事故が発生した際、その直接的な要因は交差点の見通しという環境要因である。しかし、運転手が遅刻しそうで焦っていた心理的要因、寝不足といった身体的要因、運転中に電話をしているといった行動要因、ハイヒールを履いて運転するといった服装要因、雨天等の気象要因など様々な間接的な要因が考えられる。

5 ヒヤリ・ハットの共有～グループワーク～

重大事故を防止するためには、ハインリッヒの法則を踏まえ、ヒヤリ・ハットを多くの人と共有し、同様のヒヤリ・ハットの再発を防ぐことが重要である。しかしながら、前述したようにヒヤリ・ハットを可視化することは難しく、共有するための仕組みづくりこそが最も大きな課題であるといえる。単に「ヒヤリ・ハットを防ぎましょう」「ヒヤリ・ハットを共有しましょう」というのではなく、どのような方法であれば多くの児童生徒がヒヤリ・ハットを共有できるのかについて、教職員が考える機会をもつことが重要である。

この共有の方法の一つがグループワークである。小グループで、自分だけではなく他者のヒヤリ・ハットを集め、その状況を確認するとともに、どのように再発を防ぐのかについて、安全管理をする、安全教育の両面から話し合う機会をつくるとよい。登下校の安全や部活動中の事故などのテーマを設定して、一定期間のヒヤリ・ハットを報告カードのような形式で記録し、これをもとに話し合うことも有効である。できるだけ実体験に基づく内容が重要となるので、報告カードは詳細に記録できるよう工夫する必要がある。グループワークは、教職員同士で行うだけでなく、中高生であれば生徒自らが主体的に活動していくことも可能である。なお、留意点として、あらかじめヒヤリ・ハットの定義や課題、事故の発生要因等について学ぶ必要が挙げられる。

Section 3 学校管理下の事故や災害

1 学校事故の現状

日本スポーツ振興センター（JSC）の災害共済給付金の支給状況によれば、2022（令和4）年度は学校管理下で、医療費支給件数が157万7,142件、障害見舞金支給件数が259件、死亡見舞金支給件数41件であった。医療費支給災害の発生率をみると、小学校4.56%、中学校7.57%、高等学校6.24%となっている。障害や死亡といった重大事故の発生状況をみると、小学校では授業中や休憩時間に多く発生しているのに対し、中学校や高等学校では、授業中や課外活動中に多く発生している。また、災害全体をみると体育やスポーツ活動中に発生することが多く、競技別の事故特性を過去のデータから理解し、適切な指導を行うことが求められる。そのほか、近年では地球温暖化の影響により熱中症のリスクが高まってきている。リスクが高い環境下での運動制限に加え、兆候がみられた時の適切な対応について、マニュアルやフローを定めておかなくてはならない。体育やスポーツ活動中の事故は、突発的に発生することも多く、すべてを防止することは難しい。しかしながら、過去に発生した事故の中には、設備の老朽化や用具の不適切使用、安全用具を使用していない、ウォーミングアップやクールダウン不足、ルールの理解不足、技術や筋力不足などといったことが原因となっているものも多く、これらは安全管理と安全教育の徹底により防ぐことができる事故といえる。

2 体育授業における事故防止

これまでに体育授業中に発生した事故の傾向をみると、突発的に発生する事故だけでなく、用具等の適切な使用や指導上の問題が指摘されるケースも少なくない。保健体育教員は、施設や用具の安全点検をていねいに行うことや、これまでの事故事例を参考に指導上の工夫をする等、常に事故と隣り合わせであることを意識しなくてはならない。以下に、これまで起こったいくつかの事故事例を紹介する。

サッカーゴールが倒れることによる事故がたびたび発生している。ゴールの下敷きになった場合、死亡事故につながることもあるため固定は必須であるが、移動の手間を省く等の理由で固定されていないことがある。また、普段はグラウンド脇などに倒して保管し、授業の際にゴールを移動し固定することを求めているが、移動の手間を考えてペグ等で固定してしまうことがある。しかし、固定する場所によっては、ほかの競技に支障が出るケースもあるので注意しなくてはならない。

2時間目と3時間目など連続して同内容の授業が行われる場合、休み時間にマットやゴールを片づけずに、そのままにしておくことがある。しかし、教員不在の休み時間に児童生徒がふざけて用具を使用したことに起因する事故も発生している。事故防止のためには、教員が教場を離れる際には用具をしっかり片づけることや、教員不在時に準備や片づけをさせないこと等を徹底させたい。

ソフトボール等のベースボール型競技で、バッティング後に投げたバットによる事故、ヘルメットやマスクを適切に使用しないことによる事故が発生している。バッティング後は決められた位置にバットを置いてから走る等のルールを定めることで事故を防ぐなど、実態に合わせた工夫をするとよい。サッカーやハンドボールのキーパーがグローブを着用しないことによる手指の事故は、適切に用具を使用すれば防げる事故である。部活動では必ずグローブを着用させているが、体育授業においては未着用のケースも多くみられる。しかし、技術が未熟な児童生徒が近距離から強いシュートを受ける場合もあり、必ず着用させるよう指導したい。

水泳授業中の事故は、死亡等の重大事故につながる可能性が高く、特に配慮が必要である。過去の事例では、飛び込み時の事故や溺れ事故が多く発生している。プールの監視計画をていねいに行うことに加え、個々の技量に応じた授業内容の立案が不可欠である。監視については、教員だけでなくボランティアの配置等も検討し、十分な人数を確保することが求められる。また、プールの水質管理不足により感染症が発生することがあるため、適切な水質検査の実施は必須である。また、感染症を有する児童生徒がプールを利用することにより感染することがあるので、授業前の体調把握の徹底に加えて、プールで感染する可能性のある感染症について教員が理解を深めることが求められる。

そのほか、小学校や中学校では男女共習の授業形態も多くみられるが、体力に差がある男女が球技等を一緒に行った場合にリスクが高まることがあるので、試合形式は男女別で実施する等、授業内容に応じた工夫が必要である。

3 競技別の留意点

JSCの災害共済給付制度（次項参照）のデータによれば、多くの事故が球技活動中に発生している。発生の多い球技種目は、バスケットボール、サッカー・フットサル、バレーボールである。事故の状況の多くは､「ボール等が当たる」「他者との接触」「転倒・落下」「走る・跳ぶ等」「バット等が当たる」ことで発生している。野球（ソフトボール）、サッカーなどでは「ボール等が当たる」事故が、バスケットボール、サッカー、ラグビーなどでは、「他者との接触」による事故が多く発生している。こうした事故を防ぐためには、以下のような点に留意するとよい。

- 計画的（段階的）な授業内容の立案、危険な行動についての周知・指導
- 用具の使用方法の見直しや安全用具の適切な使用
- 設備の定期点検や用具の日常点検の実施
- 体幹トレーニング等による基礎体力や柔軟性の向上

特に、ラグビーや柔道は頭頚部外傷の可能性がほかの競技に比べて高いため、発達段階に応じた指導内容、ヘッドギア等の安全用具の適切な使用、受け身等の基本技術の習得、筋力や柔軟性の向上等、十分な安全対策が必要である。また、サッカーやバスケットボール、陸上競技といった運動強度の高い種目では、突然死のリスクがあるので、厚生労働省の「AEDの適正配置に関するガイドライン」を参考に適切に準備しておくことが必要である。そのほか、体育授業においてはウォーミングアップとクールダウンの時間が十分にとれないケースも多くあるが、試合形式など強度の高い内容を行う際には、2 時間続きの授業にする等の工夫をし、事故防止に努めたい。

4 災害共済給付制度

学校事故を防ぐためには、どのような事故がどのような状況で起こっているかを知ることが重要であるが、多くの児童生徒が加入している災害共済給付制度のデータを活用することで最新の動向を知ることができる。

災害共済給付制度は、JSC が、学校管理下での事故に対して災害共済給付（医療費、障害見舞金、死亡見舞金）を行うもので、2022（令和 4）年度の加入率は、小中学生 99.8%、高校生 98.1%となっている。支給状況によれば、2022（同 4）年度中には、負傷や疾病が80 万 2,929 件発生し、医療費給付件数は 157 万 7,142 件となっている。これらは、年々減少傾向にあるものの、いまだに多くの事故が学校現場で発生していることがわかる。どのような事故が発生しているのかといった詳細についてはホームページ等で公開されているので、自校での事故防止に役立ててほしい。

災害共済給付制度は一般の損害保険と異なり､低額な掛金で手厚い給付を可能とするため、以下のように学校や学校設置者、保護者、医療機関、JSC に責任や業務分担を求めている。

・学校設置者は契約当事者となり、JSC との役割分担の下、本制度の運営（請求・支払事務）の一翼を担い、保護者に代わって給付金の請求等の事務と担う。
・共済掛金の支払いについては、学校設置者と保護者が負担することとし、学校設置者の負担割合を定めている（義務教育は年額 920 円の 4 割～ 6 割程度）。
・医師は、請求用紙作成経費の請求をしない。
・業務経費や給付経費は国費により補填される。

5 学校事故の法的責任

学校は、教育活動において、児童生徒の安全を確保する法的義務ないし注意義務が課されている。事故発生時、教職員に過失があった場合、学校に安全義務違反があったとして法的責任を負わなければならない。場合によっては教職員が刑事責任（業務上過失致死傷罪等）を負うこともある。これは、正課授業中の教職員の誤った指示や行為が事故の原因であるケースに加え、部活動指導や休憩時間中の生徒間の事故も原則的に該当する。

教職員には、「危険予見義務」と「危険回避義務」があり、この 2 つに反した場合、過失認定される。

・危険予見義務
事故等が発生する前に、過去の事故事例やハザードマップ、ヒヤリ・ハット等を参考に、そのリスクを予測しなくてはならない。
・危険回避義務
予測したリスクに対して，事故等が発生する前に対処し，損害を回避しなくてはならない。

なお、加害者が公務員であり、かつその事故が職務を行うものについてである場合は、民法ではなく国家賠償法が適用される。そのため、重大な過失を除き、教職員個人の責任を問うのではなく、学校設置者がその責任を負うこととなる。

国家賠償法
第 1 条（不法行為責任）
国又は公共団体の公権力の行使に当たる公務員が、その職務を行うについて、故意又は過失によつて違法に他人に損害を与えたときは、国又は公共団体が、これを賠償する責に任ずる。
2　前項の場合において、公務員に故意又は重大な過失があつたときは、国又は公共団体は、その公務員に対して求償権を有する。

学校における安全義務の内容については、法的に具体的な規定はされていない。したがって、過去の裁判例が教訓として、注意義務の基準とされている。しかし、これは時代とともに基準が変わることもあるので、最新の裁判例の傾向を学ぶことが大変重要となる。判例が、以後の学校教育現場における教職員の行動規範（一般的に、「教職員は○○の場合には、××の措置や行動をとるべきである」との規範的な内容をもって、通知や通達として示される）として機能することが多くある。具体的には、教職員には以下のような安全義務があると考えられる。

- 授業計画と教職員の過失（適切な授業計画を策定する義務）
  ＊一般に学習指導要領に従ったものであれば、無謀で過失があるとはいえない。
- 生徒の身体状況把握義務
- 監視監督計画策定義務（水泳や校外持久走等における人員配置体制の整備など）
- 危険除去のための指示義務
- プログラム責任（リスクある活動については、段階を経るプログラムを作成する義務）
- 適切な応急措置をとる義務

Section 4 登下校および学校管理下外の安全

1 交通安全

(1) 交通事故

交通事故件数は減少傾向にあるものの、児童生徒が被害に遭う重大な事故は一定数発生しており、いまだ学校の大きな課題となっている。特に、登下校中の交通事故防止について、学校や教職員による地域性や学校種を踏まえた事前の安全管理や安全教育の徹底が求められている。たとえば、2021（令和3）年6月に千葉県八街市で発生した下校中の交通事故は、直接的な原因はトラック運転手の飲酒運転にあったが、ガードレールや外側線のない60 km制限の道路を通学路に指定していた点については、学校の安全管理上の責任がなかっとは言い切れない。交通事故の原因は一つではなく、環境や行動面の様々なリスクが複合して起こるものである。学校や教職員は、安全管理と安全教育の両面から、少しでもリスクを下げるように努めなくてはならない。

(2) 交通安全の基本的な考え方

車両と人や自転車の接触による交通事故を防ぐためには、「車両の速度が速い」「人と車両が交錯する」という2つの視点で危険な場所等を予見することが必要となる。1つ目の車両速度については、速度が遅ければ車両が停止できる可能性が高まるし、事故が発生しても被害を小さくすることが可能になる。また、速度に関しては、同じ時速40 kmであっても、幹線道路と狭い道ではリスクは異なるので注意が必要である。渋滞等を避けるために通学路を抜け道として利用する運転手も多くみられるが、児童生徒との側方間隔が十分にとれない道路では、たとえ時速が遅くても事故のリスクは高いと考えなくてはならない。２つ目の人と車両の交錯については、ガードレールや歩道のない道路、沿道施設の出入り口、横断歩道等の道路横断、信号交差点横断時の右左折車両等が想定される。時間帯によって交通量等が異なることが多いので、児童生徒の登下校の時間帯に合わせた確認が必要になる。単純に速度制限のみで判断するのではなく、個々の道路環境をみながら危険を予見することが求められる。

(3) 安全点検

通学路の安全管確保のためには、危険箇所を予見し、対人、対物の両面から可能なかぎり対策を行うことが重要である。危険箇所を把握するために、学校は定期的に通学路点検を行わなくてはならない。しかしながら、教職員や児童生徒のみの点検では、道路改善や警察による規制等の実効性の高い対策を実施できないことが多くある。また、道路のリスクのなかには、ブロック塀や植垣といった民地に関するものも多く、これらの改善には自治会等の地元の方々の協力が不可欠である。効果的な安全点検の方法として、文部科学省、国土交通省、警察庁は通学路合同点検実施要領を定めている。ここでは、学校関係者、保護者や自治会等の地域関係者、道路管理者、警察関係者、有識者等との合同点検の実施を求めている。

なお、2012（平成 24）年４月に京都府亀岡市で発生した登校中の交通事故および 2021（令和 3）年６月に千葉県八街市で発生した下校中の交通事故を受けて、過去２回通学路緊急合同点検が全国で実施された。2012（平成 24）年度の合同点検では、教育委員会・学校における対策箇所として、２万 9,588 箇所が抽出され、その 99.9%に当たる２万 9,578 箇所が 2017（同 29）年度末には対策済みとなった。2021（令和 3）年度の点検で抽出された危険箇所は 2012（平成 24）年以降に道路環境の変化等により新たに出現した危険個所に限られるため、大幅に減少するはずである。しかし、新たに３万 9,943 箇所が抽出された。これは、どのような道路にも多かれ少なかれ交通事故の危険は潜んでいるため、新たな箇所を危険箇所として報告しているのであろう。したがって、危険の度合いをきちんと評価することが今後の課題といえる。また、合同点検の際には関係者で構成された推進体制を活用することとなっているが、このような推進体制があらかじめ構築され定期的な協議会を開催している学校は多くない。安全点検を実効性の高いものにしていくためには、教職員や児童生徒が危険箇所選定の視点を学ぶとともに、関係者との体制づくりを進めていくことが重要となる。

(4) 道路改善の方法

通学路点検で抽出された危険箇所対策として、まずは道路改善による安全性の向上を検討することが多い。横断歩道や信号、カーブミラー、ガードレールといった安全装置の設置、外側線の引き直しやセンターラインの削除、グリーンベルトや歩道、ポストコーン（ボラード）の設置、薄層舗装等による注意喚起等、様々な道路改善の方法があるため、学校と道路管理者や警察が協議し、道路や交通状況に応じた適切な方法を検討することが求められる。

以下に、いくつかの道路改善の例を紹介する。

外側線を引き直しセンターラインを削除した例(2 車線道路を 1 車線道路に変更)車両のスピードを抑制する効果がある。

外側線を蛇行させることで車両のスピードを抑制するコミュニティ道路

左折車両のスピードを抑制するために、ポストコーン（ボラード）を活用した例

(5) 交通安全教育

児童生徒に対する交通安全教育を効果的なものとするためには、交通ルールや危険箇所を理解させるための知識学習に加え、自らの行動変容を促す意識教育も必要である。知識学習では、点検の結果で明らかとなった危険箇所や、ヒヤリ・ハットを経験したり目撃したりした場所をマップ化して共有する安全マップ学習が多くの学校で行われている。この場合、できるだけ通学路に限定せずに学区全体を対象とすることが望ましい。また、児童生徒は学区外に出ることも多くあるため、近隣学校とマップを共有することも効果的である。意識教育では、スタントマン等が事故を再現することで恐ろしさを視覚的に理解するスケアード・ストレイトプログラムや、交通事故被害者の講話等が行われている。また、2023（令和 5）年 4 月より努力義務化された自転車乗車時のヘルメット着用や、歩行時のスマートフォンやイヤホン等の使用禁止といった安全行動について、児童生徒自身がその重要性を理解し、自ら行動を選択するようなルールづくりも効果的である。

そのほか、近年では、児童生徒が自転車乗車時に加害者となる事故が増えてきているため、自転車保険の加入の徹底と併せて、車両交通ルールや事故事例の学習は定期的に実施する必要がある。

2 犯罪被害防止

刑法犯認知件数は、2003（平成 15）年をピークに減少を続け、2021（令和 3）年度は戦後最小件数となっている。しかし、2022（同 4）年度は微増となり、下げ止まった可能性も指摘され、今後数年間は動向を注視する必要がある。児童生徒が被害に遭う犯罪被害件数も減少しているが、児童虐待の増加や SNS に起因する犯罪被害等、増加傾向の犯罪被害もあり注意が必要である[1)]。登下校および放課後の犯罪被害を防ぐためには、学校や教職員は最新の犯罪動向を確認し、効果的な対策を進めることが求められる。

(1) 児童生徒の犯罪被害の状況

13 歳未満の犯罪被害件数は、2013（平成 25）年から 2020（令和 2）年にかけて半減しているが、罪種別にみると課題もみえてくる（図 13-3）。強制わいせつは大きく減少しているが、殺人や暴行といった犯罪はほぼ横ばいで一定数発生している。また、傷害については、ここ数年で大きく増加している。これは、身体的虐待事案の増加の影響が大きいと考えられている。

13 歳以上 19 歳未満の犯罪被害件数については、13 歳未満で増加傾向にあった傷害を含め、多くの罪種が減少傾向にある。しかし、略取誘拐に関しては急激に増加しており、7 年間で約 3 倍になっている。この略取誘拐事件については、過去には金銭やわいせつ目的での路上誘拐等のケースが多くみられたが、近年の増加は別の理由が中心となっている。たとえば、未成年が SNS 等を利用して家出先を求めたりするなかで自宅等に宿泊させる大人がいた場合、その大人は略取誘拐という罪に問われる。こうした犯罪は従来の路上犯罪と異なり、被害者自らが加害者に接近しているという特徴がある。

図13-3 13 歳未満の犯罪被害件数の推移

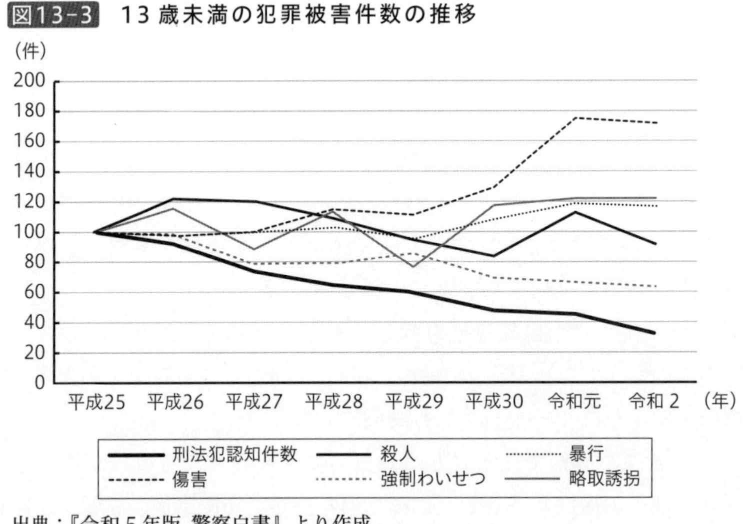

出典：『令和 5 年版 警察白書』より作成
https://www.npa.go.jp/hakusyo/r05/index.html

2022（令和4）年にSNSを利用して犯罪被害に遭った児童生徒の74.9%が、SNSの最初の投稿を自ら行っており、その半数が犯罪とは無関係のサイト（プロフィール、オンラインゲームなど）であった。こうした犯罪については、見守り等の従来型の防犯対策やスマートフォンのフィルタリングでは効果が低いので、被害者の行動を変容させるような防犯教育の充実が求められる。

学校や教職員は、最近の犯罪傾向を学び、効果的な安全管理の方法と安全教育の内容を検討しなければならない。特に、犯罪はその傾向が年々変わっていく特徴があるため、常に最新の動向を学ぶことが重要となる。

(2) 登下校防犯プラン

2018（平成30）年に新潟県で発生した児童の犯罪被害（新潟小2女児殺害事件）を契機として、文部科学省は「登下校防犯プラン」[2]を作成し、全国の学校に周知している。主な内容は、下記の通りである。

○地域における連携の強化

防犯カメラや防犯灯の設置、見守り活動や不審者情報の共有など、防犯対策を進めるためには地域との連携は不可欠である。既存の協議の場を活用することも可能であるが、防犯対策に必要な関係者の参画を得ることが望ましい。

○通学路の合同点検の徹底および環境の整備・改善

防犯の観点で合同点検を実施し危険箇所を共有する。抽出された危険箇所の重点的な警戒や見守りの実施、防犯カメラ等の設置を検討する。

○不審者情報等の共有および迅速な対応

警察による不審者情報メール等の既存のシステムに加え、保護者等の受信者が具体的な対応に資するような効果的な情報提供のあり方を検討する。

○多様な担い手による見守りの活性化

買い物や犬の散歩等の日常活動を児童生徒の登下校時間に合わせて行う「ながら見守り」の推進やスクールガードの養成、防犯ボランティア団体や「子供110番の家」の支援を行うことで見守り体制の活性化を図る。

○子どもの危険回避に関する対策の推進

子ども自身の危険予測・回避能力を身につけさせるための実践的防犯教育を実施するとともに、教職員の指導力・安全対応能力を向上させる。

(3) 登下校防犯プランの課題

現在の児童生徒の生活状況を踏まえると、登下校防犯プランの課題がいくつか指摘できる。まず挙げられるのは、犯罪の状況は地域や学校間の差があるため、全国一律の取り組みだけでは不十分という点である。地域の犯罪状況や学校の規模、学校種に応じた計画をそれぞれの学校で策定する必要がある。次に、見守り等のボランティアの確保が困難になっていることが挙げられる。ボランティアの高齢化に加え、共働きやひとり親家庭の増加等を背景として、防犯ボランティアの人数は減少傾向にある。「ながら見守り」についても、新たな協力者を増やすことにはつながるが、居住者の少ない地域であれば協力者も少ないという課題がある。防犯カメラや防犯灯の設置は、道路利用者が多いことが公費負担の前提となっている場合が多く、居住者の少ない地域の対策としては十分とはいえない。特に、少子化により学校の統廃合が進み、通学距離が長くなっている現状において、この課題の解消は急務である。

児童生徒の下校ルートが多様化していることも大きな課題となっている。学校帰りに直接塾や習いごとに寄ったり、放課後児童クラブを利用したりする児童生徒が多くみられる。これらは、「通学路以外の道路を利用する」「通学想定時間と異なる時間に道路を利用する」ことにつながり、通学路点検では危険箇所が把握できないだけでなく、万一の場合に学校管理下でなくなることから賠償保険の対象とならないこともあるため注意が必要である。

(4) 犯罪についての考え方

「犯罪原因論」は、1980年代まで欧米で主流となっていた考え方である。犯罪者が犯行に及んだ原因を究明し、それを取り除くことで犯罪を減少させようとする考えで、犯罪者個人の資質が犯罪行為に影響しているとしている。しかし、この考えは将来的な犯罪予防には有効であっても、直近の犯罪を防ぐことにはつながらなかった。そのため、欧米では、犯罪者は犯罪が実行できて捕まりにくいといった機会（チャンス）があるから犯罪を行うので、監視性や領域性、抵抗性を高めることで機会を減少させ犯罪の減少を目指す「犯罪機会論」が対策の主流となり、犯罪発生率を減少させた。日本においても、2003（平成15）年まで刑法犯認知件数は増加が続いていたが、欧米に追随するように「原因論」から「機会論」への転換がみられるようになり、犯罪件数が減少に転じるようになった[3]。いわゆる「人」から「場所」への転換である。学校においても、犯罪機会論に沿って、地域安全マップづくりなど犯罪リスクの高い危険な場所をあらかじめ発見し、犯罪被害の減少をめざす学習が行われるようになった。

割れ窓理論も犯罪機会論に沿った考え方である。窓が割れていても修理をしない建物は周囲の関心が低い証拠であり、いずれ朽ち果ててしまうことになぞらえた犯罪理論であり、交通違反や落書き、ゴミのポイ捨てといったモラル違反をなくすことにより、凶悪犯罪が起こり難い環境をつくる考え方である。

(5) 不審者侵入対策

学校は校外での児童生徒の犯罪被害対策に加えて、校内への不審者侵入対策も十分に行う必要がある。不審者侵入については、学校保健安全法に基づき、すべての学校において作成が義務づけられている危機管理マニュアル（Chapter15 Section 3（257頁）参照）のなかで、不審者侵入を防ぐ対策や万一の場合の対応についての教職員の役割や対応のフローなどを各学校の状況に応じてまとめている[4]。また、マニュアルに沿った訓練も定期的に行われている。いうまでもなく侵入させないことが最重要であり、学校の状況を踏まえて、校門の施錠管理や防犯カメラ等の設置、警備員やボランティアの配置等の対策を検討する必要がある。しかしながら、多くの学校では施設の地域開放や放課後児童クラブの校内設置、給食の運搬等、様々な業者車両の出入り等、施錠管理が難しい状況も多くみられる。防犯カメラ等についても、予算の関係で実現が難しい場合も少なくない。校内への不審者侵入を許してしまった場合は、児童生徒と接触する前に、できるだけ早期に発見し対処することを考える必要がある。また、発見した情報を多くの教職員や児童生徒に伝え、避難等の対策をとらなくてはならない。この点においては、防犯ブザーやインターホン、ホイッスル等の利用、隠語を使った放送などの工夫が求められる。万一のために、さすまたやネットランチャー等の装備も備えておきたいところであるが、効果的に使用するためには十分な訓練が必要である。無暗にこうした装備を使用することによって、必要以上に相手を刺激し、かえってリスクを高めてしまうこともあるので注意しなくてはならない。学校の主な目的は不審者確保ではなく、できるだけ会話等で不審者を落ち着かせ、警察到着までの時間を稼ぐことである。

3 自然災害と学校防災

ここでは、地震、津波、台風、土砂災害、雷、雪害、火山など、学校の地域性に応じた様々な自然災害から児童生徒を守るため、学校に求められる管理と教育について学ぶ。

(1) 危機管理マニュアルと学校防災計画の策定

学校や教職員は、地域のハザードマップ等を参考に、学校や学区にどのような自然災害のリスクがあるのかを理解しなくてはならない。そして、それぞれの自然災害ごとに、事前の備えや発災時の対応、教職員の役割等についてまとめたマニュアルを作成することが求められる。マニュアル作成の際には、単に役割を羅列するのではなく、いつ誰が何をするのかを時系列で表したタイムラインを作成するとよい。教職員の役割については、発災時に出張等で不在の場合も想定されるため、ほかの教職員でカバーできるような工夫も検討しておきたい。発災時の対応としては、学校と教育委員会や防災担当部局、職員間、学校と保護者や地域の関係機関等との緊急連絡体制の整備が重要項目となるが、固定電話や携帯電話、メール等が利用できなくなる場合も多くあるので、様々な手段を想定しておくことが必要になる。また、保護者に児童生徒の引き渡しが行われることが多くあるが、災害の程度によっては混乱が予想されるため、具体的な災害想定に合わせたていねいな訓練を行うとよい。

マニュアル作成とともに備蓄品リストや施設・教室の管理責任者、発災時の防災活動組織、防災研修の時期や内容等をまとめた学校防災計画を作成する。なお、学校防災計画は学校安全計画と連動させながら適宜見直すことが求められる。

(2) 避難訓練のあり方

多くの学校では、様々な災害を想定して年数回の避難訓練を実施している。緊急時に体が反応する優勢反応を獲得するため定形型の訓練を何度も繰り返すことも重要であるが、避難ルートや教職員の役割等の課題を抽出するための想定外訓練や児童生徒に対する予告なし訓練等も適宜行うとよい。また、緊急地震速報の普及により地震発生前に予測することが可能な場合もある。緊急地震速報を受信した後、揺れがくるまでのわずかな時間で何ができるのかを訓練することも重要である。なお、緊急地震速報は、震源からの距離により精度や揺れるまでの時間が異なるが、数秒～数十秒ときわめて短いため、どれだけ早く受信できるかがポイントとなる。教室への受信装置の設置や校内放送との連動、スマートフォン等の活用など、学校の状況に合わせて様々な手段を検討することが重要である。

文部科学省の「第３次学校安全の推進に関する計画」では、実効性の高い避難訓練の実施を求めている[5)]。実際に発災した際にどのようなことが起こるのか、専門家等の知見を活用して具体的に検討していかなくてはならない。大きな災害においては、様々な想定外の事態が発生する。「ケガ人が多く避難行動が円滑に行えない」「避難ルートが塞がれている」「教職員が負傷して役割担当者が不足する」「停電によりインターホン等が使用できない」「悪天候時に発災する」など、様々なシナリオを避難訓練で実施することで、実効性を高めることができる。

(3) 実践的な防災教育とは

「第３次学校安全の推進に関する計画」では、地域の災害リスクや正常性バイアスの学習を含めた実践的な防災教育の推進を求めている。

これまでは、災害時の行動について学校や教職員が主導する前提で計画されることが多くあったが、今後は児童生徒が主体的に判断し、自らの行動を自ら考え決定することが求められる。これは、教職員不在のタイミングでの発災に備えるだけでなく、学校管理下外での災害遭遇や想定を超える災害の発生に対応するためでもある。地震や津波の被害想定だけでなく、河川の増水や土砂災害など日常的に発生する確率の高い災害についても、どこでどのような災害が発生する可能性があるのか、その際にどのような行動をとるべきなのかといった点について、発達段階に応じた指導を行わなくてはならない。これらを発災確率の高いタイミングに合わせて、ホームルームなどを利用して繰り返し指導していくことで実効力が高まるものと考えられる。

正常性バイアスは、発災時または発災リスクが高まった場合の行動を決める大きな要因となっている。様々な調査結果からは、台風の接近など災害リスクが高まり避難指示が発令されたとしても、実際に避難行動をとる人は少数派であることがわかっている。これは、「これまで避難指示が発令された時は大丈夫だったから、今回も避難しなくても大丈夫」「避難する人よりも避難しない人の方が多数派である」といった正常性バイアスや同調性が働いた結果であると考えられる。特に大人はこれまでの経験等から、正常性バイアス等により防災意識が低下すると指摘されているので、児童生徒が大人の指示を待つのではなく、「自らの意思で避難行動をとる」もしくは「自らが大人に働きかける」ことができるような実効性の高い教育を意識することが重要である。そのためには、プロアクティブの原則に沿って、自分の命は自分で守る（自助）意識を高めるとともに、他者の命を守ることもできる（共助）存在となるよう指導していくことが求められる。

プロアクティブの原則
○疑わしい時には行動せよ。
○最悪事態を想定して行動せよ。
○空振りは許されるが見逃しは許されない。

(4) 地域連携

多くの学校が地域の避難所に指定されていることや、登下校中や学校管理下外の発災への対応等、学校防災において地域との連携は不可欠である。学校防災計画と地域防災計画を連携させ、備蓄の管理や役割の分担等を進めていく必要がある。学校と地域の合同訓練を実施し、発災時の避難場所や校内の避難ルートの区分けを行うことで、緊急時の混乱を避けることにつながる。なお、避難所の運営は学校ではなく地域が中心となって行うものであるが、同じ敷地内に被災者と児童生徒が共存していくためには日頃からの関係性が重要となる。学校や教職員と地域住民が互いに助け合えるよう、防災以外でのつながりを深めていくことも意識していきたい。

また、地域によっては、児童生徒や保護者が地域防災を担う存在として期待されることも多くある。特に中高生などは、日頃から地域防災訓練等に積極的に参加し、共助の中心として活動することが求められている。学校での防災教育を通じて、地域の災害について関心をもち、自分のできることを自分で考え、自ら積極的に行動できるよう指導していくことが重要である。

課題1

自分の経験したヒヤリ・ハットについて、状況（いつ、どこで、どのような）や要因を詳しく振り返ってみよう。もしそのヒヤリ・ハットが事故になっていた場合どのような事故になっていたかを想定してみよう。

経験をしたヒヤリ・ハットの防止につながる対策をシートにまとめてみよう。その後、友人とシートを共有し他者のヒヤリ・ハットを理解するとともに、挙げられた対策についての評価を行うとよい。

日本スポーツ振興センター「災害共済給付 WEB」や「学校等事故事例検索データベース」、学校事故裁判事例等を参考に、体育授業や運動部活動中に発生した事故事例を探してみよう。この事故事例をもとに発生した事故の原因について、多方面から検討し、再発防止のためのポイントを安全管理、安全教育の両面からまとめてみよう。その際、

ドミノ理論や潜在危険論を参考に、環境や行動の側面から推測するとよい。

自分の居住地域の道路を交通安全、防犯、防災の観点から点検し、危険箇所を抽出するとともに、実施されている安全対策（速度の抑制、歩行空間の確保、照明、防犯カメラ設置など）の例を実際の道路の写真なども用いてまとめてみよう。なお、道路の危険は、点検した曜日や時間、天候によっても異なるので、様々な条件下で道路の危険の比較をすることも深い学びにつながる。

引用文献

1) 『令和５年版 警察白書』
https://www.npa.go.jp/hakusyo/r05/index.html
2) 文部科学省「登下校防犯プラン」
https://anzenkyouiku.mext.go.jp/tougekoubouhan/index.html
3) 『令和５年版 犯罪白書』
https://www.moj.go.jp/housouken/housouken03_00127.html
4) 文部科学省『学校の危機管理マニュアル作成の手引』2018 年
https://www.mext.go.jp/a_menu/kenko/anzen/__icsFiles/afieldfile/2019/05/07/1401870_01.pdf
5) 文部科学省「第３次学校安全の推進に関する計画」2022 年
https://www.mext.go.jp/content/20220325_mxt_kyousei02_000021515_01.pdf

参考文献

・文部科学省『学校安全資料「生きる力」をはぐくむ学校での安全教育』2019 年
・日本スポーツ振興センター『「体育活動中における球技での事故の傾向及び事故防止対策」調査研究報告書』2020 年
・日本スポーツ振興センター『スポーツ事故防止ハンドブック』2020 年
・日本スポーツ振興センター『学校の管理下の災害（令和４年版）』2022 年
・文部科学省『学校安全資料「生きる力」をはぐくむ学校での安全教育』2019 年
・法務省『令和４年版 犯罪白書』2022 年
・内閣府『令和５年版 交通安全白書』2023 年
・木宮敬信「学校における交通安全対策の現状と課題」『交通安全教育』No.684　2023 年
・警察庁『平成 16 年 警察白書』2004 年
・犯罪対策閣僚会議『犯罪に強い社会の実現のための行動計画』2003 年
・小宮信夫「犯罪学における犯罪原因論と犯罪機会論」『法学新報』123 巻　2017 年

Chapter 14

児童生徒の緊急時の対応

学校生活において傷病者が発生した場合、適切な救急対応を行うことでケガや病気の悪化を防いだり、救急車が到着するまでの間に適切な処置によって命が救われたりする可能性がある。いざという時に外傷や急病に対処する可能性は誰もがもっており、応急手当や一次救命処置の意義、救急対応時の基礎知識、医師または救急隊などの専門的な医療資格者に引き継ぐまでの過程を理解することは、安全管理の面からも非常に重要な意義をもっている。

保健体育教員の場合、特に体育実技の場面における緊急性の高い疾患を把握しておくことや、専門的医療機関へ迅速に引き継ぐための対応や準備、体育やスポーツ活動で生じやすい外傷への対応、ケガをした児童生徒への対応ができるよう、最新の知識と技術を身につけておかなければならない。この Chapter は、救急対応のすべてを網羅しているわけではないが、要点を確認し、演習等における実施に役立ててほしい。

Section 1 ケガや病気への救急対応

1 応急手当の意義

応急手当は、救急蘇生法以外の手当のことを指し、学校保健活動の保健管理の中で心身の管理に位置づけられる。児童生徒が外傷や急病を受けた場合、その場に居合わせた人（バイスタンダー）が即座に適切な応急手当を行うことは児童生徒の被害を最小限に抑えるために非常に重要である。特に保健体育教員は、体育実技の場面において外傷や急病に対処する可能性が高いため、外傷や疾病に対する知識と専門医療機関への迅速かつ適切な引き継ぎが求められる。なお、救急医学関連のガイドラインによれば[1]、救急対応に関連する用語が定義されており、次のようにそれぞれ異なる意味をもつ[2]。

①救命手当：一般市民の行う救急蘇生法（心肺蘇生法＋止血法）
②応急手当：救急蘇生法以外の手当
③応急処置：救急隊員の行う処置
④ファーストエイド：急な病気やケガをした人を助けるためにとる最初の行動
⑤救急救命処置：救急救命士の行う処置
⑥救急処置・救急治療：医師が救急患者に行う一般的な処置
⑦救命処置・救命治療：医師が救命のために行う処置

2 重篤かつ緊急性の高い外傷や疾患への対応

一般的に、生命に支障が出るような重篤な外傷や疾患が生じることは比較的少ない。しかし、重篤かつ緊急性の高い外傷や疾患が生じた場合、早急かつ適切に対応するための準備と対応が求められる。このような重篤なケースに対応するため、症状の概要、事前準備、対応方法についていくつか例を挙げていく。いずれの例の準備・対応についても、一次救命処置（246頁参照）の手順やAED（自動体外式除細動器）の配置場所や使用方法の確認は必須となる。本項で取り上げていない例を含めて、事前準備と対処方法についてシミュレーションしておくことが重要である。

（1）心臓発作

①症状

胸が「締めつけられる」「重苦しい」「絞られる」「圧迫される」「焼けつくような感じ」と表現される痛みがある。背中、肩、両腕、上腹部、喉などにも痛みが生じることがある。顔面が蒼白になり、冷や汗をかく。うずくまったり、倒れたり、けいれんなどの症状が起きる。

②準備

心臓検診で先天性の疾患、不整脈、心筋疾患に関する何らかの異常や既往歴が指摘されている児童生徒がいるかを確認しておく。胸郭への打撲などの衝撃が生じやすい場面を想定し、そのような場面が生じた場合、症状が起きていないかどうか観察する。

③対応

119番通報し、救急車の手配を行う。意識がある場合は、楽な姿勢をとらせて深呼吸をさせる。飲食物を与えず、保温し観察を続ける。意識消失が起きた場合、一次救命処置を行う。

（2）頭頚部外傷

①症状

目を開いていない、話すことができない、時間や場所などが正確にわからない、外傷前後のことを覚えていないなどの意識障害や意識消失、首の痛み、手足の痺れや脱力感、ものが二重に見える、などは頚髄・頚椎損傷の疑いがある症状である。頭痛が強い、またはひどくなる、引きつけやてんかん、吐き気、バランス障害なども脳振盪を疑う症状である。これらは、直後に確認できる場合もあれば、時間経過とともに症状が発生する場合もある。

図 14-1　脳振盪認識ツール 5©（CRT5）

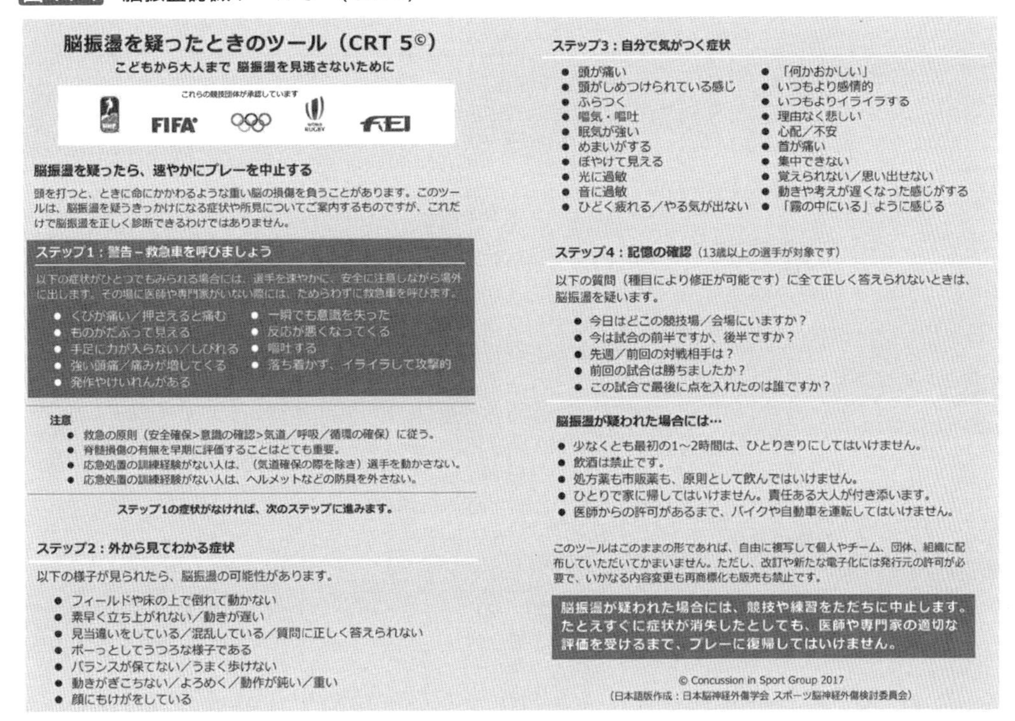

脳振盪を疑ったときのツール（CRT 5©）

こどもから大人まで 脳振盪を見逃さないために

これらの競技団体が承認しています

FIFA

WORLD RUGBY

FEI

脳振盪を疑ったら、速やかにプレーを中止する

頭を打つと、ときに命にかかわるような重い脳の損傷を負うことがあります。このツールは、脳振盪を疑うきっかけになる症状や所見についてご案内するものですが、これだけで脳振盪を正しく診断できるわけではありません。

ステップ1：警告－救急車を呼びましょう

以下の症状がひとつでもみられる場合には、選手を速やかに、安全に注意しながら場外に出します。その場に医師や専門家がいない際には、ためらわずに救急車を呼びます。

- くびが痛い／押さえると痛む
- ものがだぶって見える
- 手足に力が入らない／しびれる
- 強い頭痛／痛みが増してくる
- 発作やけいれんがある
- 一瞬でも意識を失った
- 反応が悪くなってくる
- 嘔吐する
- 落ち着かず、イライラして攻撃的

注意

- 救急の原則（安全確保>意識の確認>気道／呼吸／循環の確保）に従う。
- 脊髄損傷の有無を早期に評価することはとても重要。
- 応急処置の訓練経験がない人は、（気道確保の際を除き）選手を動かさない。
- 応急処置の訓練経験がない人は、ヘルメットなどの防具を外さない。

ステップ1の症状がなければ、次のステップに進みます。

ステップ2：外から見てわかる症状

以下の様子が見られたら、脳振盪の可能性があります。

- フィールドや床の上で倒れて動かない
- 素早く立ち上がれない／動きが遅い
- 見当違いをしている／混乱している／質問に正しく答えられない
- ボーっとしてうつろな様子である
- バランスが保てない／うまく歩けない
- 動きがぎこちない／よろめく／動作が鈍い／重い
- 顔にもけがをしている

ステップ3：自分で気がつく症状

- 頭が痛い
- 頭がしめつけられている感じ
- ふらつく
- 嘔気・嘔吐
- 眠気が強い
- めまいがする
- ぼやけて見える
- 光に過敏
- 音に過敏
- ひどく疲れる／やる気が出ない
- 「何かおかしい」
- いつもより感情的
- いつもよりイライラする
- 理由なく悲しい
- 心配／不安
- 首が痛い
- 集中できない
- 覚えられない／思い出せない
- 動きや考えが遅くなった感じがする
- 「霧の中にいる」ように感じる

ステップ4：記憶の確認（13歳以上の選手が対象です）

以下の質問（種目により修正が可能です）に全て正しく答えられないときは、脳振盪を疑います。

- 今日はどこの競技場／会場にいますか？
- 今は試合の前半ですか、後半ですか？
- 先週／前回の対戦相手は？
- 前回の試合は勝ちましたか？
- この試合で最後に点を入れたのは誰ですか？

脳振盪が疑われた場合には…

- 少なくとも最初の1～2時間は、ひとりきりにしてはいけません。
- 飲酒は禁止です。
- 処方薬も市販薬も、原則として飲んではいけません。
- ひとりで家に帰してはいけません。責任ある大人が付き添います。
- 医師からの許可があるまで、バイクや自動車を運転してはいけません。

このツールはこのままの形であれば、自由に複写して個人やチーム、団体、組織に配布していただいてかまいません。ただし、改訂や新たな電子化には発行元の許可が必要で、いかなる内容変更も再商標化も販売も禁止です。

脳振盪が疑われた場合には、競技や練習をただちに中止します。たとえすぐに症状が消失したとしても、医師や専門家の適切な評価を受けるまで、プレーに復帰してはいけません。

© Concussion in Sport Group 2017

（日本語版作成：日本脳神経外傷学会 スポーツ脳神経外傷検討委員会）

出典：荻野雅宏・中山晴雄・重森裕・溝渕佳史・荒木尚・McCrory, P.・永廣信治「スポーツにおける脳振盪に関する共同声明　―第 5 回国際スポーツ脳振盪会議（ベルリン，2016）― 解説と翻訳」『神経外傷』第 42 巻第 1 号　2019 年　p.34

②準備

一般人も利用できる脳振盪を認識するためのツール（CRT、図 14-1）を準備しておく（最新の日本語版が発行されているか確認する）[3]。よくある脳振盪の早期兆候や症状について把握しておく（表 14-1）。

③対応

頭頚部への直接衝撃が起こり、意識障害や頚部の外傷の疑いがある場合、119 番通報、AED の手配をする。脳振盪の兆候や症状を確認し、症状が回復しない場合も同様である。脳振盪の症状が回復した場合についても、速やかに医療機関へ受診を行う。また、症状が回復し、ある程度安定していたとしても、一人きりにさせず、大人がそばにいるようにする。その後の学校生活や運動スポーツへの復帰については、医師の指導のもと、症状の有無を確認しつつ、必ず段階的に復帰する。

(3) 熱中症

①症状

熱中症は暑さによって生じる障害の総称であり、熱失神、熱けいれん、熱疲労、熱射病などの病型がある。なかでも、熱射病は最も重症な病型である。過度に体温が上昇（40℃以上）

表 14-1　よくある脳振盪の早期兆候と症状

指標	兆候
症状	頭痛 めまい 霧の中にいるような感覚 失見当識 複視 嘔吐
身体的兆候	意識消失（疑いもしくは確定） 外傷性てんかん、強直肢位 不適切なプレイ動作、足のふらつき 転倒時防衛反応の消失 うつろな表情 起き上がるのが遅い 頭を抱える バランス障害、協調運動障害 耳鳴り、光 / 音への過敏
行動の変化	不適切な感情、苛立ち、 緊張や不安に感じる
認知障害	反応時間の鈍化 混乱 / 失見当識 注意力や集中力の低下 脳振盪発症前後の記憶の喪失
睡眠障害	眠気

出典：全日本スキー連盟『FIS 脳振盪ガイドライン（2017 年版）』2017 年　pp. 1-9 より抜粋

して脳機能に異常をきたした状態で体温調節も働かなくなり、種々の程度の意識障害がみられ、進行すると昏睡状態になる。高体温が持続すると脳だけでなく、多臓器障害を併発し、死の危険がある。

②準備

基本的には予防に働きかけることが重要であるが、緊急時に避難できる涼しい場所や冷却、水分・塩分補給が即時に用意できる体制にしておく。日々の準備としては、湿球黒球温度（Wet-Bulb Globe Temperature：WBGT）を確認し、運動を中止しない場合は、体力や体型、年齢を踏まえて、児童生徒の活動場所、内容等を設定していく。また、児童生徒の当日の体調だけでなく、水分補給の中身（スポーツドリンクかどうか）やタイミング、摂取量など観察しておくとよい。気温差も激しく、暑さに慣れていない時期に非常に発症しやすいため、暑熱順化を意識して、運動量や内容を調整することが不可欠である。

③対応

熱中症が疑われるような症状がみられた場合、まず、高体温や応答が鈍い、言動がおかしいなどの少しでも意識障害がみられる場合には重症な病型である熱射病を疑い、119 番通報し、日陰やエアコンが効いた室内など涼しい場所に運び、速やかに身体冷却を行う。意識が正常な場合には涼しい場所に移し、衣服をゆるめて寝かせ、スポーツドリンクなどで水分と塩分を補給する。吐き気などで水分が補給できない場合には、119 番通報し、医療機関へ搬送する。大量に汗をかいたにもかかわらず、水だけしか補給していない状況で、熱けいれんが疑われる場合には、スポーツドリンクや、経口補水液、食塩水（0.9%）などで水分と塩分を補給する。このような処置をしても症状が改善しない場合には、医療機関に搬送する。症状が改善した場合は少なくとも翌日までは経過観察が必要である。

(4) アナフィラキシー

①症状

アナフィラキシーの定義は「アレルゲン等の侵入により、複数臓器に全身性にアレルギー症状が惹起され、生命に危機を与え得る過敏反応」であり表 14-2 のような症状がみられる。なかでも、初めの症状出現から数分後に血圧低下や意識障害などのショック症状を伴う場合はアナフィラキシーショックと呼ばれ、重篤な症状である。

②準備

全教職員によるアレルギー対象者の把握やクラス全体での情報共有を行う。また、食物アレルギーが想定される場面（給食、家庭科、体育など）を把握しておく。万一発生した際のために、症状の進行を一時的に緩和し、ショックを防ぐための補助治療剤エピペン® の準備や救急対応時の連絡、症状の記録等の教職員における役割分担を理解し、行動ができるようシミュレーションを行っておく。また、練習用のエピペン® を用いた訓練も有効である（図 14-2）。

表 14-2 アナフィラキシーの主な症状

	自覚症状	他覚症状
全身症状	不安感、無力感	冷汗
循環器症状	動悸、胸が苦しくなる	血圧低下、脈拍が弱くなる、チアノーゼ
呼吸器症状	鼻がつまる、 のどや胸が締めつけられる	くしゃみ、咳発作、呼吸困難、 呼吸音がゼーゼー、ヒューヒューとなる
消化器症状	吐き気、腹痛、口の中に違和感を感じる、 便意や尿意をもよおす、おなかがゴロゴロする	嘔吐、下痢、糞便、尿失禁
粘膜・ 皮ふ症状	皮ふのかゆみ	皮ふが白あるいは赤くなる、じん麻疹、 まぶたの腫れ、口の中の腫れ
神経症状	くちびるのしびれ感、手足のしびれ感、 耳鳴り、めまい、目の前が暗くなる	けいれん、意識障害

出典：海老澤元宏監修『エピペンガイドブック』マイラン EPD 合同会社　2021 年　p.2

図 14-2　アドレナリン自己注射薬（エピペン®）の使い方および指導

■ 注射の準備

打つ場所の再確認

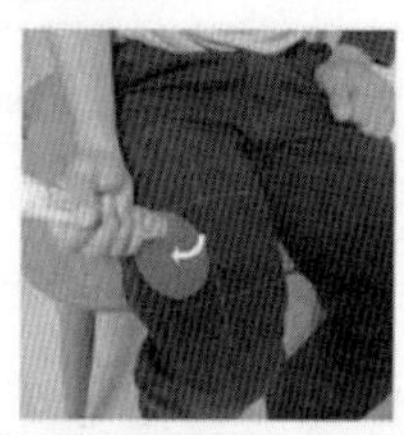

太腿の付け根と膝の中央のやや外側に注射する。
衣服の上からでも打つことができる。

介助者がいる場合

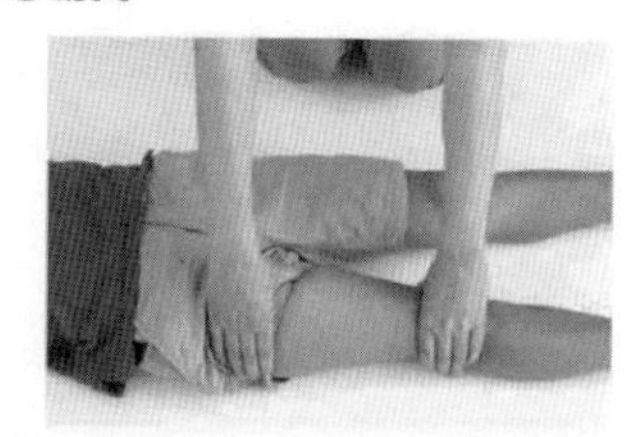

介助者は太腿の付け根と膝をしっかり固定する。

■ 注射の方法

カバーを開け、ケースから取り出す。

利き腕でペンの中央を持ち、青色の安全キャップを外す。

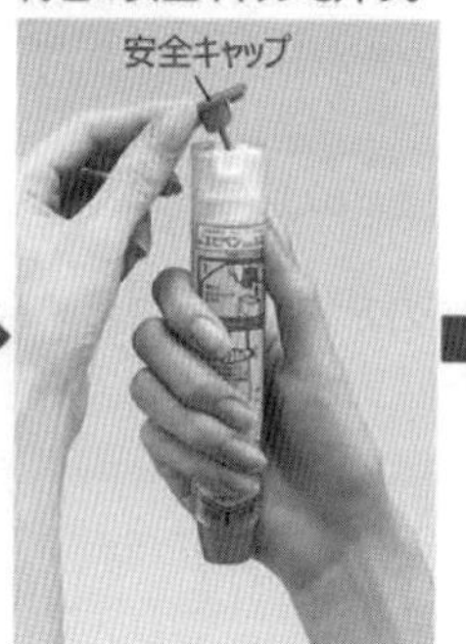

太腿の前外側に垂直にオレンジ色の先端を「カチッ」と音がするまで強く押しつける。太腿に5秒間押しつけ注射する。

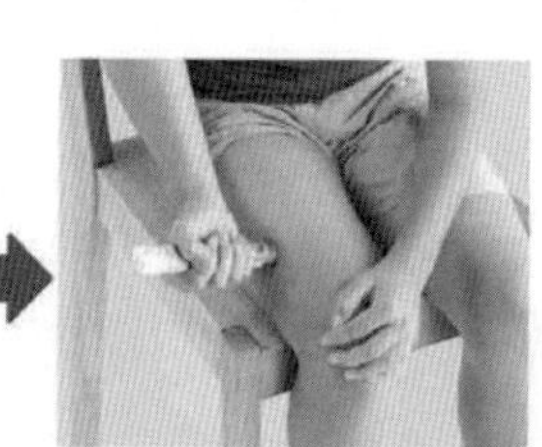

自分で打つ場合

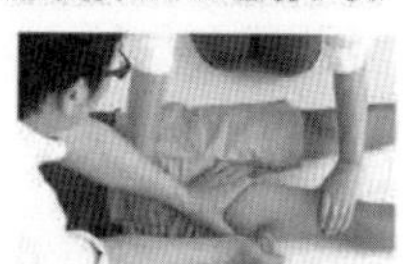

介助者が2人の場合

介助者が1人の場合

■ 注射後の対応

エピペン®を太腿から抜き取り、カバーが伸びているのを確認する。

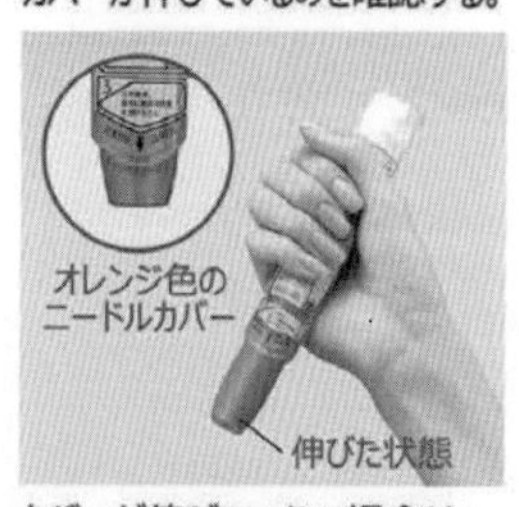

カバーが伸びていない場合は、再度押しつける。

使用済みのエピペン®をオレンジ色のカバー側からケースに戻す。

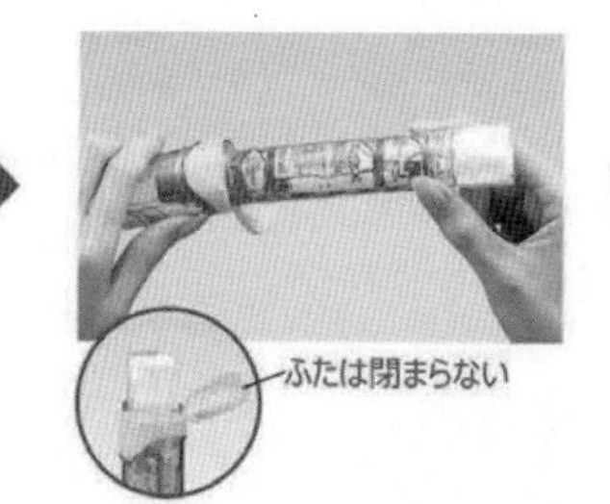

救急車を呼び、医療機関を受診する。

写真提供：ヴィアトリス製薬株式会社

出典：日本アレルギー学会『アナフィラキシーガイドライン 2022』2022 年　p.27

③対応

アナフィラキシーの症状がみられた場合、119番通報をするとともに、医師の治療を受けるまでの間、エピペン®をただちに用いる。注射後はその場で安静にし、反応や呼吸がみられない場合は一次救命処置を行う。

3 体育・スポーツ活動で生じやすい外傷への対応

外傷とは打撲や捻挫、骨折など、転倒、衝突などの1回の外力により急性的に組織が損傷されることである。外傷によって組織の損傷が生じると、その反応として炎症が起こる。炎症症状には、発赤、熱感、腫脹、疼痛、機能障害の5つの兆候がある。炎症症状は組織の修復にとって必要な反応であるが、内出血が起こり組織の内圧が上昇し、循環障害が生じることによって、組織の酸素欠乏状態が起こるような過剰な炎症症状によって、血管の拡張やさらなる内出血を起こしてしまう。このような二次的損傷を防止するための初期対応が重要となる。

このような外傷への対応として、RICE処置がよく用いられる。安静(Rest)、冷却(Icing)、圧迫(Compression)、挙上(Elevation)の4つの処置を組み合わせて行い、患部の炎症をコントロールすることで、二次的損傷の防止、疼痛の軽減、早期回復の促進が期待できる(図14-3)。アイシングだけを実施している指導者も少なくないが、4つの処置を組み合わせて実施することが重要である。そのため、患部の状態や部品の有無など、行えない処置があっても、できる処置は1つでも行うことが望ましい。また、RICE処置の注意点は次の通りである。

図14-3 RICE処置の効果

Rest(安静)
- 運動を中止することで全身の血液循環を抑え、**患部の血流量を減らす**
- **損傷部位の動揺を防ぐ**

Ice(冷却)
- 患部を冷やすことにより、**熱感を下げる**
- 血管を収縮させ、**血流量を減らす**
- 低温にすることで**組織の酸欠状態を抑える**

Compression(圧迫)
- 適度な圧迫により**内出血を抑える**

Elevation(挙上)
- 患部を心臓より高く上げることで、物理的に患部への血流を緩やかにし、**内出血を抑える**

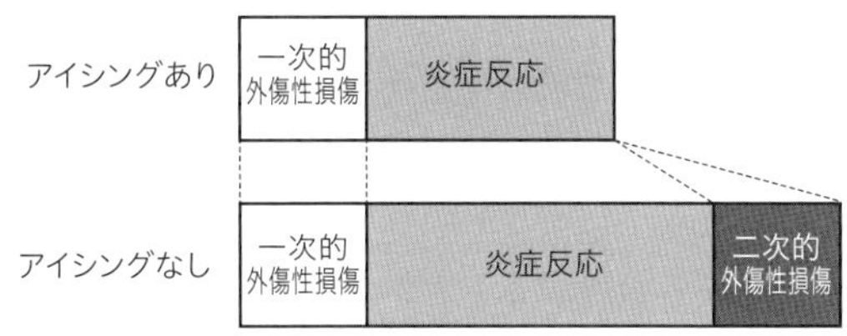

アイシングあり：一次的外傷性損傷 ｜ 炎症反応
アイシングなし：一次的外傷性損傷 ｜ 炎症反応 ｜ 二次的外傷性損傷

※その場の条件に合わせて1つでも多くの手技を行うことが大切

○時間
・1回につき、通常10～20分（身体の末端ほど冷えやすい）
・1～2時間に1回の間隔でできるだけ多く行う。
○圧迫のしすぎに気をつける
・血行障害や神経障害を引き起こす原因となる。
○凍傷に気をつける
・冷却媒体は0℃の氷、適度な圧迫、症状と部位、範囲、皮下脂肪、アイシングの慣れ等を考慮した時間
○アレルギー反応がある場合は中止
・湿疹（寒冷じんましん）が出る者
・チアノーゼ状態（皮膚が青黒くなる）になる者

4 一次救命処置

一次救命処置（Basic Life Support：BLS）は「市民の行う心肺蘇生（Cardiopulmonary Resuscitation：CPR）や、自動体外式除細動器（Automated External Defibrillator：AED）を用いた除細動など心臓や呼吸が停止したケガ人や急病者を救命するために行う緊急処置のこと」[4]である。また、気道に詰まった物を取り除く気道異物除去なども含まれる。一次救命処置は特別な資格がなくとも誰でも行うことができ、救命において重要な役割をもつ。一次救命処置に対し、医師や救急隊員による高度な救命医療を二次救命処置（Advanced Life Support：ALS）という。

BLSの流れを図14-4に、各方法における要点を図14-5に図示する。

（1）心肺蘇生（Cardiopulmonary Resuscitation：CPR）

心肺蘇生は「傷病者に反応（意識）がなく、普段どおりの呼吸ではない場合（死戦期呼吸など）、あるいはその判断に迷う場合は心停止と判断し、胸骨圧迫と人工呼吸を行い、循環と呼吸の機能を代行する手当」のことを指す。

（2）胸骨圧迫

①開始姿勢

救助者は傷病者を仰臥位に寝かせて、傷病者の胸の横にひざまずき、胸骨圧迫を開始する。

②胸骨圧迫部位の確認

圧迫の部位である胸骨の下半分（胸の真ん中）を確認し、片方の手のひらの付け根部分（手掌基部）を当て（図14-6）、もう片方の手のひらを重ね合わせるか、指を組む。この時、腹部などを圧迫してしまうと内臓の損傷などを引き起こす恐れがあるため、部位の確認に注意する。

図 14-4 市民用 BLS アルゴリズム

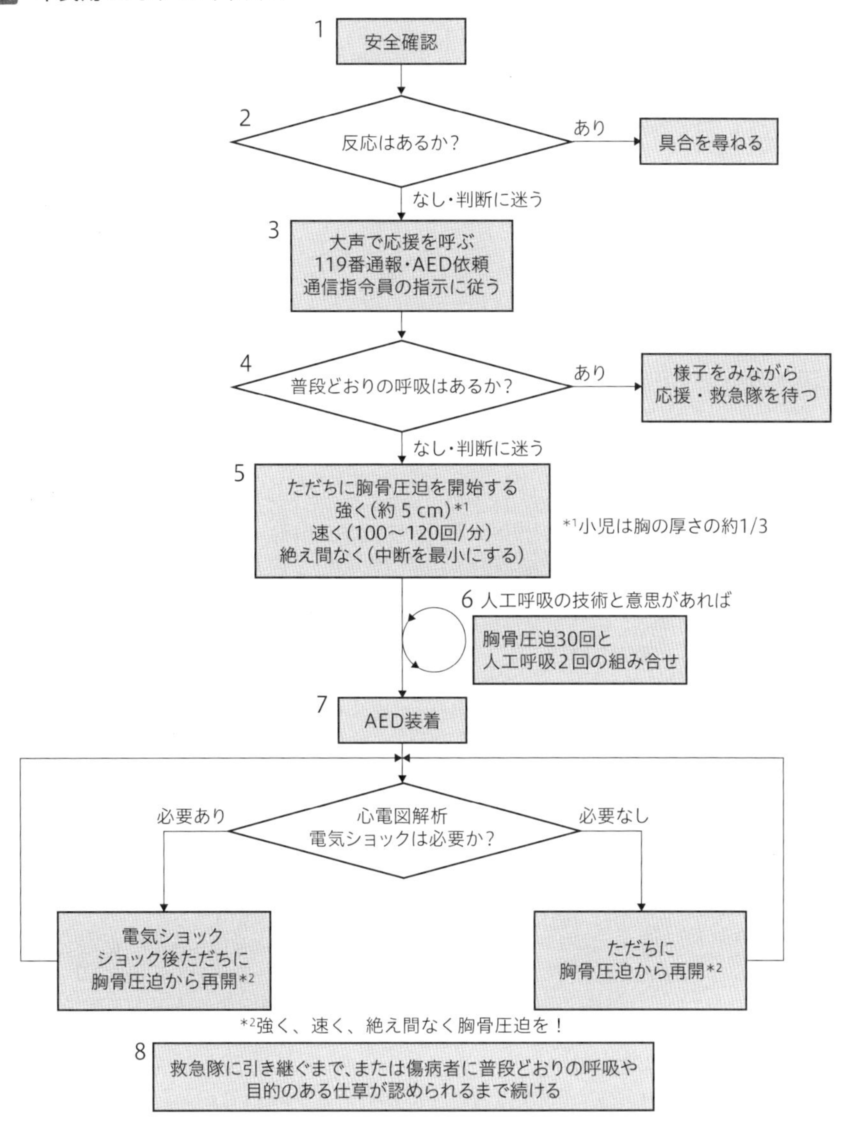

出典：日本蘇生協議会『JRC 蘇生ガイドライン 2020』医学書院　2021 年　p.20

③胸骨圧迫の実践

傷病者の胸骨下半分（胸の真ん中）に救助者の両手を置き、横から見て肩、肘、手が真っすぐ、傷病者の胸に対して垂直になるように姿勢をとる。そのまま、傷病者の胸壁が約 5 cm 沈む力で真上から下へ垂直に押す。圧迫は、掌全体ではなく、手掌基部に力が加わるようにする。

④胸骨圧迫の重要なポイント

深さは胸が約 5 cm 沈むように強く圧迫し、1 回ごとの圧迫は傷病者の胸を元の高さまで戻し（解除）、血液を全身に循環させる。この時、胸骨圧迫が浅くなったり、圧迫位置がず

図 14-5 一次救命処置（Basic Life Support：BLS）の流れと各方法における要点

	**1. 周囲の安全の確認** ・傷病者が倒れている場合、周囲の安全確認を行う。 ・車の往来、災害の影響による危険がある場合、警察や消防に連絡し、到着を待つ。 ・学校やスポーツ活動時にもほかの人々の安全を考慮し、行動を決定する。 ・スポーツ場面では、競技規則を事前把握しておき、選手や審判と連携し対応する。
	**2. 反応の確認** ・二次事故等の危険性がないと判断したら、傷病者に近づき全身の状態を観察する。 ・反応の確認は、肩を軽く叩きながら大声で呼びかける。目を覚ます、声を出す、手足を動かすなどの反応がない場合は「反応なし」と判断する。また、判断に迷う場合も「反応なし」と判断する。 ・反応がない場合は、119 番通報し、通信指令員の指示を仰ぐ。
	**3. 119 番・AED を手配** ・傷病者の反応がない場合、周囲に注意喚起し、大きな声で人を呼ぶ。 ・協力者に「あなたは 119 番通報お願いします」「あなたは（または名前で）AED を持ってきてください」と依頼。AED の場所がわかる場合は、場所も指示する。 ・119 番通報をした者は、通信指令員から心肺停止の判断と CPR の指示を受けられる。電話のハンズフリーの機能を用いると指示を受けながら CPR を実施できる。
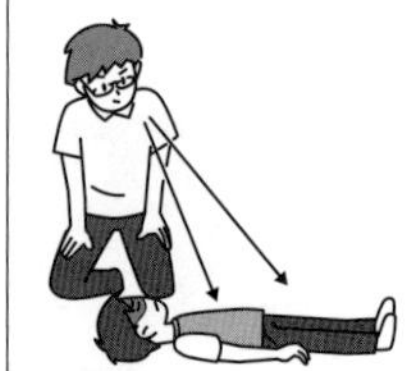	**4. 呼吸の確認** ・10 秒以内に傷病者の呼吸を確認し、胸と腹部の動きに集中して観察する。 ・呼吸が不規則で異常な場合や呼吸状態が不明確な場合、ただちに胸骨圧迫を開始する。 ・傷病者が正常な呼吸がある場合、回復体位に調整して救急隊の到着を待つ。 ・待機中に呼吸が異常に変化した場合、仰向けの姿勢に戻して胸骨圧迫を再開する。
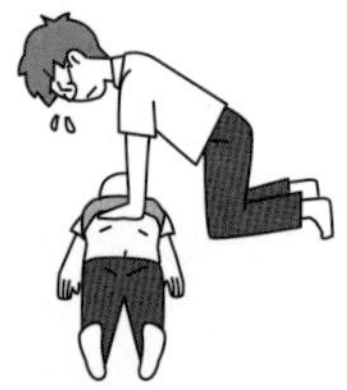	**5. 胸骨圧迫** ・傷病者を仰臥位に寝かせ、傷病者の片側胸の横に膝をつく。 ・圧迫部位である胸骨の下半分（胸の中央）を確認する。 ・両手を胸骨下半分に置き、肩、肘、手が圧迫部位の真上になるような姿勢で、約 5 cm の深さで胸骨を垂直に押し下げる。 1 分間に 100〜120 回の速いテンポで 30 回連続で圧迫し、複数の救助者がいる場合は 1〜2 分ごとに交代する。
	**6. 人工呼吸** ・人工呼吸の技術または意思がある場合、胸骨圧迫と人工呼吸を 30：2 の比で実施。技術や意思をもたない場合は、胸骨圧迫のみを行う。 ・人工呼吸は頭部後屈・顎先挙上の気道確保をした状態で行う。 ・最大 2 回の人工呼吸を行い、途中で中断せずに胸骨圧迫を続ける。 ・感染予防のため、感染を防ぐ仕組みを備えた人工呼吸用補助具を使用する。
	**7. AED の使用** ・蓋を開けて電源を入れる（電源ボタンを押すタイプの機器は事前確認しておく）。 ・右前胸部と左側胸部に電極パッドを肌に直接貼付する。 ・心電図の解析が開始されたら、傷病者に触れず待つ。 ・AED の音声メッセージに従ってショックボタンを押し電気ショックを行う。 ・電気ショック後はすぐに胸骨圧迫を再開する。

作成：著者

図 14-6 胸骨圧迫の圧迫部位

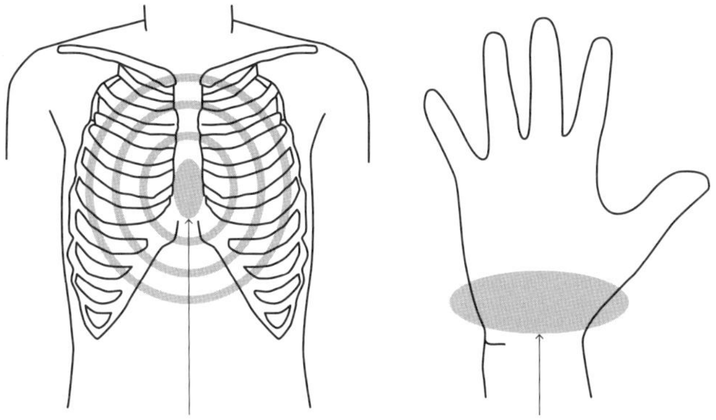

胸骨圧迫部位　手掌基部で圧迫する

れたりしないように注意する。1 分間あたり 100～120 回の速いテンポで圧迫し、30 回連続で行う。救助者が複数いる場合には、救助者の疲労による胸骨圧迫の質の低下を最小とするために、1～2 分を目安に胸骨圧迫を交代しながら行う。交代に要する時間は最小にする。

(3) 人工呼吸

①人工呼吸の訓練と意思

人工呼吸の訓練を受けており、人工呼吸を行う技術と意思がある場合には、胸骨圧迫と人工呼吸を 30：2 の比で繰り返し行う。一方、人工呼吸の訓練を受けていない、技術または意思がない場合には、胸骨圧迫のみの CPR を行う。

②気道確保と人工呼吸

人工呼吸は、頭部後屈・顎先挙上の気道確保をした状態（頭部後屈あご先挙上法）で、救助者自身の口を大きく開いて傷病者の口を覆い、息を吹き込む。この時、吹き込んだ息が漏れないように、傷病者の額に置いた救助者の手の親指と人差し指で傷病者の鼻をつまみ、傷病者の胸を見ながら、約 1 秒間かけて息を吹き込み、胸が上がるのを確認する。1 回吹き込んだら、一度口と鼻をつまんでいた指を離し、傷病者の息が漏れ出たら再度、救助者が同じように息を吹き込み、再度胸骨圧迫を行う。人工呼吸は 2 回までとし、吹き込みが不十分であっても、やり直さない。これは、人工呼吸による胸骨圧迫の中断時間を 10 秒以内とすることで傷病者の生存率を高めるためであり、心肺蘇生を施している間の胸骨圧迫比率（CPR 時間のうち実際に胸骨圧迫を行っている時間の比率）をできるだけ高くし、最低でも 60%とすることが推奨されているからである。

③感染防護具

人工呼吸を行う際は、傷病者の唾液や血液などを通さないよう、一方弁やフィルターがついている人工呼吸用補助具（フェイスマスクやフェイスシールドなど）を使用することで、感染予防を図ることができる。

(4) AEDの使用

①パッドの貼付

AEDが到着したら、すみやかに装着する。AEDには蓋を開けると自動的に電源が入るタイプと電源ボタンを押す必要のあるタイプがある。後者では最初に電源ボタンを押す必要があるため、事前にどちらのタイプなのかを確認しておくことが望ましい。右前胸部と左側胸部に電極パッドを貼付する。この時、成人に対して未就学児用モードや未就学児用パッドを用いてはならない（未就学：小学校入学前）。

②電気ショックと胸骨圧迫の再開

AEDによる心電図解析が開始されたら、傷病者に触れないようにする。AEDの音声メッセージに従って、ショックボタンを押し電気ショックを行う。電気ショック後はただちに胸骨圧迫を再開する。

Section 2 ケガをした児童生徒への対応

1 段階的な運動・スポーツへの復帰

児童生徒がケガをしてしまうと、日常生活への支障をはじめ、患部の保護と回復のために運動やスポーツを行うことを制限しなければならない。保健体育教員にとっては、ケガの予防を働きかけることは最も重要であるが、ケガをした児童生徒が安全に運動やスポーツに復帰できるように、ケガの再発や悪化の防止に配慮することは、心身の健康管理の面からも重要である。外傷や急病が生じた場合や、自己や他者の身体的、精神的な安全が脅かされるような体験をしたことにより、心的外傷後ストレス障害（Post Traumatic Stress Disorder：PTSD)が生じることもあり､心のケアも必要である(Chapter10 Section 8(186頁)参照)。

ケガの再発や悪化の防止に配慮するためには、まず詳細を把握することから始まる。1回の強い力により発生したものを｢外傷｣といい､繰り返し使いすぎ､徐々に発生したものを｢障害｣という。いずれも筋肉なのか、靭帯なのか、骨なのか、その損傷した組織や身体の部位によって回復過程は異なることを理解しておく必要がある。そのため、児童生徒がケガから復帰する際、単純な痛みの消失だけで運動の許可を出してしまうと、場合によっては、負荷に十分耐えきれず、痛みが再度出現したり、患部の状態を増悪させてしまったりする場合があり、医療機関の受診の有無や検査の結果等を踏まえ、養護教諭と協力して対応することが求められる。

スポーツ外傷・障害から復帰する際、安静・保護期、訓練期、復帰準備期、再発予防期といった期分けにより､段階的に負荷を漸増させて計画的に復帰のプログラムが立てられる[5)]。医師をはじめとする医療従事者の指導のもと、身体の状態の段階を確認しながら、児童生徒が体育や運動遊び、スポーツなどに安全に参加できるように内容を調整する必要がある。したがって、保健体育教員においては、児童生徒がこれから行う運動内容を細分化しておき、参加できる範囲を把握しておくことが役立つ。たとえば、ランニング動作を行う際、スクワットのようなしゃがむ動作ができるか、ランジの動きはできるか、片足でバランスがとれるか、ジャンプ動作はできるか、などといった具合である。明らかに左右差がみられたり、普段の動きと異なり姿勢やフォームが崩れていたりする状態がみられるようであれば、再受傷のリスクの高い状態であることを認識し、基本動作の修正など、運動強度や量だけでなく、運動内容の工夫を行いながら調整を行うことが望ましい。

2 専門家・保護者との協力・連携

発育期の運動器を健やかに育むためには、保健体育教員だけでなく、様々な分野の専門家との協力・連携が不可欠である。外傷・障害が生じた際には、児童生徒が医療機関の受診をしているかどうかを把握し、医師からの指示や助言があれば、それをもとに適切な保健管理を行う必要がある。場合によっては、理学療法士、柔道整復師、鍼灸師などの医療従事者の治療やリハビリテーションを受けていることもあるため、可能な範囲で児童生徒が指導されている内容を把握しておくことも大切である。この時、保護者との連携も重要となる。家庭環境や児童生徒の状況を事前に把握しておき、教育的な配慮も必要となる。

自身の専門外の運動やスポーツ種目を担当する場合、その種目の経験者や公認のコーチングライセンスを所有する指導者から助言を受けることも有効な手段である。スポーツ種目には、種目特有の動作が存在するため、その動作をもとに、身体の状態を踏まえ、部分的に参加できる範囲を模索することも児童生徒の参加意欲を保つうえで必要な配慮である。

また、日本スポーツ協会の公認スポーツ指導者の一つである「アスレティックトレーナー」の資格をもつ者がいれば、運動指導を行うに当たり、復帰過程の相談や再発予防のための助言等を受けることも期待できる。保健体育教員が１人で抱え込むのではなく、子どもに関わる様々な専門的知識をもった指導者や保護者などとの包括的な体制をつくることにより、安全に児童生徒が運動・スポーツに復帰できる環境を整備していくことが求められる。

自身の経験したことのあるスポーツ種目とそれ以外のスポーツ種目から１つずつ選び、その種目で起こりやすいスポーツ外傷・障害を挙げてみよう。また男女別の種目があれば、そこで起こるスポーツ外傷・障害の違いや年代間で特徴が異なるかどうかについても考え、想定されるスポーツ外傷・障害の応急手当に関する必要事項や準備事項を作成してみよう。

これまで行ってきたスポーツ種目における基本動作や専門的動作について整理し、種目特性に基づいて競技復帰するための段階的な練習方法やトレーニング方法を考えてみよう。上肢・下肢・体幹の3つの部位から興味のあるスポーツ外傷・障害をそれぞれ一つ選び、安静・保護期、訓練期、復帰準備期、再発予防期において、競技動作をどのように段階づけて行えるか考えてみよう。選んだ外傷・障害に対しては、患部に関する医療機関での方針に必ず従いつつ、保健体育教員としての視点から、各段階の目的や注意点も考慮し、復帰に向けた段階づけが明確で実践的なものとなるように心がけて作成してみよう。

引用文献

1）日本救急医学会「日本救急医学会医学用語解説集」
https：//www.jaam.jp/dictionary/dictionary/index.html
2）日本スポーツ協会『公認アスレティックトレーナー専門科目テキスト［2022年カリキュラム対応］第5巻 救急対応』文光堂　2022年　p.8
3）荻野雅宏・中山晴雄・重森裕・溝渕佳史・荒木尚・McCrory, P.・永廣信治「スポーツにおける脳振盪に関する共同声明　―第5回国際スポーツ脳振盪会議（ベルリン，2016）― 解説と翻訳」『神経外傷』第42巻第1号　2019年　pp.1–34
4）日本赤十字社編『赤十字救急法基礎講習教本』日赤サービス 2021年　pp.28–53
5）日本スポーツ協会『公認アスレティックトレーナー専門科目テキスト［2022年カリキュラム対応］第4巻 リコンディショニング』文光堂　2022年　p.44

参考文献

・日本スポーツ協会『公認アスレティックトレーナー専門科目テキスト［2022年カリキュラム対応］第5巻 救急対応』文光堂　2022年
・全日本スキー連盟『FIS脳振盪ガイドライン（2017年版）』2017年
・海老澤元宏監修『エピペンガイドブック』マイランEPD合同会社　2021年
・日本アレルギー学会『アナフィラキシーガイドライン2022』2022年
・日本蘇生協議会『JRC蘇生ガイドライン2020』医学書院　2021年
・教育養成系大学保健協議会編『学校保健ハンドブック 第7次改訂』ぎょうせい　2019年
・日本スポーツ協会『スポーツ活動中の熱中症予防ガイドブック』2019年
・文部科学省初等中等教育局健康教育・食育課監修『学校のアレルギー疾患に対する取り組みガイドライン（令和元年度改訂）』日本学校保健会　2020年

Chapter 15

学校保健計画、学校安全計画、危機管理マニュアル

このChapterでは、学校保健計画と学校安全計画、危機管理マニュアルの内容や、策定に当たっての留意点等について学ぶ。これらはすべての学校に策定が義務づけられているものであるが、自校だけでなく全国の学校における事故や災害の状況等を踏まえ、毎年見直しを行い、改善していかなくてはならない。なお、児童生徒が健康で安全な生活を送るためには、策定や改善の中心的役割を果たす管理職、保健主事、学校安全主任だけでなく、すべての教職員がその内容を理解し、組織としてきちんと対応していくことが求められている。

Section 1 学校保健計画

1 学校保健計画とその内容

(1) 学校保健計画とは

学校保健安全法第５条では、「学校においては、児童生徒等及び職員の心身の健康の保持増進を図るため、児童生徒等及び職員の健康診断、環境衛生検査、児童生徒等に対する指導その他保健に関する事項について計画を策定し、これを実施しなければならない」と規定している。学校における保健管理と保健教育、学校保健委員会等の組織活動など、年間を通した学校保健活動の総合的な基本計画をわかりやすく策定することが重要である。なお、策定の際は、以下の点に留意する必要がある。

・児童生徒や地域の実態、学校種別、規模等に即して自校の実情にあった計画を作成する。
・収集した情報を活用して、学校の実態に即した適切な計画にする。
・学校の教育方針、諸行事を考慮して、実施の重点事項を精選し、有機的な関連をもたせる。
・保健管理と保健教育の関連を明確にしておく。
・学校内関係者の一方的な計画にならないように、設置者はもちろん各関係機関との連絡・調整を図る。
・関係教職員の理解を深めるとともに、責任分担を明確にする。

・家庭や地域社会の保健活動との連携を図る。

学校保健計画の策定に当たっては、校長の経営方針を踏まえたうえで、保健主事が中心となってほかの教職員や校内組織と連携しながら案を作成する。策定後は、PDCA サイクルを機能させながら、学校の教育目標や保健目標が具現化できるよう保健主事が働きかけを行うことが重要である。PDCA サイクルの具体例を以下に示す。

Plan：児童生徒の実態やニーズを把握し、自校が現在抱えている健康課題や解決策を検討する。これを踏まえて、児童生徒の健康の保持増進や保健教育目標を達成するために、学校保健計画を策定する。
Do：学校保健計画を実施するため教職員や児童生徒を組織化し、計画を実施する。
Check：学校保健計画実施後、設定された目標の達成度や計画および組織活動の妥当性などを評価する。
Action：評価を踏まえ、改善点を検討し、次年度の計画策定に反映させる。

(2) 学校保健計画の内容

学校保健計画策定の際には、以下の内容を含むようにする必要がある（学校保健計画の具体的な内容例は 260～261 頁を参照）。

①保健管理に関する事項
健康観察や保健調査／健康相談／健康診断および事後措置／感染症の予防／環境衛生検査および日常における環境衛生／その他必要な事項
②保健教育に関する事項
体育科・保健体育科の保健に関する指導事項／関連教科における保健に関する指導事項／特別の教科 道徳の時間における保健に関連する指導事項／学級活動・ホームルーム活動における保健に関連する指導事項／学校行事の健康安全・体育的行事等の保健に関する行事／児童会活動・生徒会活動で予想される保健に関する活動／「総合的な学習の時間」における健康に関連する活動内容等／個別の保健指導／その他必要な事項
③組織活動に関する事項
学校内における組織活動／学校保健に必要な校内研修／家庭、地域社会との連携／学校保健委員会／その他必要な事項

2 学校保健活動の評価

学校における保健活動の評価は、学校の実情に応じて、学校保健計画、保健教育、保健管理、組織活動等について評価の観点および内容を設定し、評価の実施および評価結果の分析等を行い、学校保健計画等の改善に役立てることを目的に行われる。評価の際は、児童生徒の健康指標などの定量的データに加え、健康に関する知識や関心の向上などの定性的データを組み合わせることが重要である。また、達成度（結果）のみを評価するのではなく、達成

に至る過程を評価するようにしたい。評価に必要なデータは、その項目に応じて、児童生徒に加えて、教職員や保護者など、多くの関係者から収集することが望ましいとされる。

評価の客観性を高めるために、以下のような方法が推奨されている。

・児童生徒の日常の生活行動について、教職員が観察により評価する方法
・面接や質問紙を用意しての質問による方法
・各担当者による記録の収集、分析による方法
・教職員等の話し合いによる方法
・児童生徒、保護者、地域の方々などの意見収集、分析による方法

なお、評価結果の活用に当たっては、児童生徒の人権やプライバシーの保護に十分配慮することが求められる。

Section 2 学校安全計画

1 学校安全計画とその内容

(1) 学校安全計画とは

学校安全計画は、学校において必要とされる安全管理や安全教育に関する具体的な実施計画であり、学校保健安全法第 27 条により、すべての学校で策定・実施が義務づけられている。学校安全計画には、以下の 3 点を盛り込むことが求められる。

①学校の施設設備の安全点検
②児童生徒等に対する通学を含めた学校生活その他の日常生活における安全指導
③教職員に関する研修について

また、学校安全計画は、毎年度、学校の状況や前年度の学校安全の取り組み状況等を踏まえて見直しを行ったうえで策定されるべきものである。

学校安全計画の対象範囲は通学を含めた学校生活と定められている。通学は学校敷地外ではあるが日本では学校管理下と考えられ、通学路等の安全確保は学校に求められる主要課題の一つである。ちなみに海外諸国においては、学校敷地外の安全は学校の責任範疇ではなく、家庭の責任とすることが多い。

一般的な学校安全計画は、4 月から 3 月までの時系列で、いつ何をするのかを安全管理と安全教育、組織活動に分けて、1 枚の表にわかりやすくまとめられている（「学校安全計画の例（中学校）」262～263 頁参照）。安全管理では、対人管理と対物管理に分けて、年間の研修計画や児童生徒への指導計画、点検計画を具体的に記載する。安全教育では、各教科でいつ何を教えるのか、安全に関する行事をいつ行うのか、を具体的に記載する。組織活動

では、地域や関係機関と連携した通学路点検や行事、訓練、研修等を記載する。

学校安全計画を策定する際は、以下の趣旨等を踏まえ、すべての教職員、保護者や関係機関、関係団体等の参画や周知が重要となる。すべての教職員が策定の過程から関わることで、学校の学校安全の運営方針や指導の重点事項、取り組みのねらいや内容等について共通理解を図ることができる。

①安全管理そのものの計画的、合理的かつ円滑な実施のために必要であること
②安全教育の目標や各教科等において年間を通じて指導すべき内容を整理して位置づけることにより、系統的・体系的な安全教育を計画的に実施するために必要であること
③安全教育、安全管理、組織活動と調整を図り、一体的かつ効果的に実施するために必要であること

また、策定後も、全国各地で発生する様々な事故や自校における安全上の課題や対策を検証し、PDCA サイクルを回しながら学校安全計画を見直すことが求められる。指導や訓練計画に記載された事項の実施状況、ヒヤリ・ハットや日々の活動を通して得られた情報等をもとに、内容や手段および学校内の取り組み体制が適切であったか、地域との連携が適切に進められていたかなど、定期的に取り組み状況を振り返り、点検し、次の対策につなげていくことが必要である。

(2) 学校安全計画の内容

学校安全計画策定の際には、以下の内容を含むようにする必要がある。

①安全管理に関する事項

1) 生活安全

施設・設備、器具・用具等の安全点検／各教科等、部活動、休み時間その他における学校生活の安全のきまり、約束等の設定、安全を確保するための方法等に関する事項／生活安全に関する意識や行動、事件・事故の発生状況等の調査／校内および地域における誘拐や傷害などの犯罪被害防止対策および緊急通報等の体制に関する事項／その他必要な事項

2) 交通安全

自転車、二輪車、自動車（定時制高校の場合）の使用に関するきまりの設定／交通安全に関する意識や行動、交通事故の発生状況等の調査／その他必要な事項

3) 災害安全

防災のための組織づくり、連絡方法の設定／避難場所、避難経路の設定と点検・確保／防災設備の点検、防災情報の活用方法の設定／防災に関する意識や行動、過去の災害発生状況等の調査／その他必要な事項

*災害安全では、自然災害以外の火災や原子力災害なども取り上げること
*危機管理マニュアルの整備に関する事項については、不審者の侵入事件や防災等を各学校の実情に応じて取り上げること

4) 通学の安全

通学路の設定と安全点検／通学に関する安全のきまり・約束等の設定
*交通安全の観点や、誘拐や傷害などの犯罪被害防止という生活安全の観点、災害発生時の

災害安全の観点を考慮すること
②安全教育に関する事項
1）学年別・月別の関連教科等における安全に関する指導事項
2）学年別・月別の指導事項／特別活動における指導事項／学級活動（ホームルーム活動）における指導事項（生活安全、交通安全、災害安全の内容についての題材名等）／学校行事（避難訓練、交通安全教室などの安全に関する行事）における指導事項／部活動等での安全に関して予想される活動に関する指導事項／課外における指導事項／個別指導に関する事項
3）その他必要な事項
③組織活動に関する事項
家庭、地域社会との連携を密にするための地域学校安全委員会等の開催／安全教育、応急手当、防犯・防災等に関する危機管理マニュアル等に関する校内研修事項／保護者対象の安全に関する啓発事項／家庭、地域社会と連携した防犯、防災、交通安全などに関する具体的な活動／その他必要な事項

2 学校安全活動の評価

学校における安全活動の評価は、学校の実情に応じて、安全管理、安全教育、組織活動等について評価の観点および内容を設定し、評価の実施および評価結果の分析等を行い、学校安全計画等の改善に役立てることを目的に行われる。評価の実施の際は、児童生徒に加えて、保護者等も対象とすることで、改善に向けた貴重な情報をえることができる。

安全管理の評価は、安全管理の実態を把握し、対象、観点・方法がねらいに合致しているか否かを検討し、より有効な改善策を明らかにすることを目的に行われる。事故や災害の発生率や発生内容に加え、安全管理計画の実施状況、安全点検等の結果、児童生徒の行動の実態や規則等の遵守状況などについて、計画的に実施することが重要である。特に、施設・設備の活用状況や安全点検等についての評価は、具体的なチェックカードなどを作成し、結果に応じて対応することが重要である。

安全教育の評価は、カリキュラム・マネジメントの一環として、児童生徒の意識の変容など教育課程の実施状況に関する各種データの把握・分析を通じて、取り組み状況を把握・検証し、その結果を教育課程の改善につなげていくことが求められている。また、評価方法は、質問紙法、面接法、観察法などを併用し、多面的・多角的な評価を進めていくことが必要である。

Section 3 危機管理マニュアル

1 危機管理マニュアルとは

危機管理マニュアル（危険等発生時対処要領）は、学校保健安全法第 29 条により、すべ

ての学校で作成し周知訓練を行うことが義務づけられている。想定される危機事象に対する学校や教職員の役割等をフローチャートやタイムラインを使ってわかりやすくまとめたものである。学校保健安全法では、この危機管理マニュアルの作成を義務づけているだけでなく、教職員への周知や訓練の実施について校長の義務としている。また、事後対応の対象者を、当該の児童生徒だけでなく、家族等その他の関係者も含むとしている。これは、事故等により児童生徒に深刻な被害があった場合、家族や関係者が心理的外傷を負うこともあり、これらの回復支援についても学校の責務であると明記したものである。

危機管理マニュアルの作成に当たっては、どのような危険を対象としてマニュアルを作成するのかということが出発点となる。学校には様々な危険が存在しているため、学校規模や地域性等を踏まえて、リスクの高い危機事象を対象に作成することとなる。

2 危機管理マニュアルの内容

文部科学省の「学校の危機管理マニュアル作成の手引」では、想定される危険等として次の５項目を挙げている。

①日常的な学校管理下における事故等（体育や運動部活動での事故、頭頚部外傷、熱中症、食物アレルギーなど死亡や障害を伴う重篤な事故等）
②犯罪被害（不審者侵入や略取誘拐など、通学・通園中を含め、児童生徒等の安全を脅かす犯罪被害）
③交通事故（通学・通園中、郊外活動中の交通事故）
④災害（地震・津波や風水害などによる被害）
⑤その他の危機事象（学校に対する犯罪予告、弾道ミサイルの発射等）

これ以外にも学校でのいじめ問題やインターネット上でのトラブル、感染症対策、教職員による不祥事等、様々なマニュアル作成が求められる危機事象がある。また、先に挙げた危機事象においても、たとえば自然災害では、災害の種類や規模の想定によりマニュアルは異なるし、犯罪についても様々なケースが想定できる。まずは、学校の直面するリスクを正しく評価するために、学校安全担当者や管理職、児童生徒、保護者、地域住民等との協議の場を設けるとよいだろう。既存の地域学校安全委員会のような組織を活用することも有効である。

マニュアル作成対象とする危機事象が決定したら、事前・発生時・事後の３段階の危機管理を想定して、それぞれの場面における学校や教職員の役割、必要な対応を具体的に検討していくことになる。事前の危機管理は危機への備えであり、危険箇所を抽出し修正する安全点検、自然災害や犯罪を想定した訓練、教職員に対する研修、児童生徒の意識を高め行動変容をめざす安全教育が当てはまる。想定する危機事象それぞれに対して、これらの内容を具体的に定め、教職員の役割分担と共に記載することが必要である。発生時の危機管理は、それぞれの危機事象が発生した際の教職員の役割や行動内容、学校の対応について、時系列でまとめていく必要がある。その際、関係機関等の連絡先も記載しておくとよい。事後の危機管理は、児童生徒の安全確認や教育活動の継続についての指針に加え、被害を受けた児童生徒や関係者の心のケアについて支援体制等を記載する必要がある。加えて、再発防止に向けた調査・検証の実施、再発防止策の作成等についても記載するとよい。

マニュアルはできるだけ見やすくわかりやすく作成することが重要であり、図やイラストを使用する等の工夫が求められる。また、マニュアルのなかから発生時の教職員の行動など即断が求められるような部分を抽出し、常に携帯できる簡易版マニュアルを作成することも有効である。何のためにマニュアルを作成するのかという原点に立ち返り、マニュアルが机上の空論とならないように意識していくことが重要である。

また、教職員の異動等に伴う役割の変更に加え、訓練等で明らかとなった課題や様々な事故事例を踏まえ、適切にマニュアルの見直しを行わなくてはならない。なお、いつ誰がどのように見直すのかをあらかじめ定めておくと、見直しが組織的に行われマニュアルの実効性が高まると考えられる。

高等学校における学校保健活動の１年間の流れを、保健管理、保健教育、組織活動の３つに分けてまとめてみよう。その際に自分自身の高等学校での生活を振り返りながら健康の保持増進についてどのような活動や課題があったかを念頭に置いてみるのもよい。まとめる際には、できるだけ具体的に何月に何を行うのかを、季節や学校行事等を踏まえて考えてみるとよい。

熱中症の対策・対応について行政などが作成した「学校における熱中症対策ガイドライン」「熱中症対策・対応マニュアル」などを入手して、学校における熱中症の対応マニュアルやフローチャートの例を確認してみよう。対応マニュアルやフローチャートで示されている内容と、実際に起こった熱中症による事故事例の報告書などとを照らし合わせ、事故の発生原因や課題を抽出して事故防止対策の改善策を考えてみよう。

参考文献

・文部科学省『学校の危機管理マニュアル作成の手引』2018 年
・文部科学省『学校安全資料「生きる力」をはぐくむ学校での安全教育』2019 年
・日本学校保健会『保健主事のための実務ハンドブック（令和２年度改訂）』2021 年

○学校保健計画の例（中学校）

月	保健目標	学校保健関連行事	保健管理	
			対人管理	対物管理
4	健康な生活を実践するための目標や計画をたてよう	・定期健康診断 ・生徒会保健委員会 ・PTA 総会	・保健調査、運動器検診調査 ・健康観察の確認と実施・健康相談 ・健康診断の計画と実施と事後措置(身体測定、視力・聴力検査、内科検診、結核検診、尿検査　等) ・疾病要管理、要配慮生徒への指導と保護者との共通理解 ・アレルギー生徒の把握と対応の共通理解 ・保護者との情報交換	◆教室環境整備、校舎内美化、環境点検(年間) ・施設設備の検査 ・清掃計画配布、点検 ・飲料水の水質検査 ・カーテンの点検、整備
5	自分の健康に関心をもち、病気の早期発見や治療、疾病予防に努めよう	・家庭訪問 ・定期健康診断 ・3年修学旅行 ・1年一泊移住	・健康観察の実施、健康相談（年間） ・家庭訪問 ・健康診断の実施と事後措置（耳鼻科検診、眼科検診、心臓検診、歯科検診　等） ・修学旅行の健康管理 ・一泊移住の健康管理 ・熱中症の予防	・水泳プールの水質及び設備の点検
6	歯の健康についてよい習慣を身につけよう 梅雨の時期における衛生管理に気をつけよう	・定期健康診断 ・歯と口の健康週間 ・プール開き ・第1回学校保健委員会	・健康診断の実施と事後措置（歯科検診等） ・歯科保健指導 ・熱中症の予防 ・水泳時の緊急体制と健康管理 ・梅雨時の健康管理	・冷房機の管理、扇風機の点検、整備 ・プール施設の安全衛生点検
7	1学期の生活を振り返るとともに、夏季における健康な生活の仕方を身につけよう	・薬物乱用防止教室 ・教育相談 ・大掃除、油引き	・水泳時の救急体制と健康管理 ・熱中症の予防 ・歯科検診有所見生徒の個別指導 ・長期欠席者に対する面談 ・夏休みの健康生活指導と健康管理	・プール施設の安全衛生点検 ・飲料水の水質検査 ・冷房機の管理、扇風機の点検、整備 ・ダニ検査 ・学校保健活動の評価と改善
8 9	夏季における健康な生活を送ろう 生活リズムを整えよう 栄養や休養に関心をもち、積極的に運動に取り組もう	・鼻の日 ・命に関する講演会 ・プール納め	・夏休み後の健康調査 ・疾病治療状況の把握 ・熱中症の予防 ・ケガの予防と応急処置	・プール施設の安全衛生点検 ・冷房機の管理、扇風機の点検、整備
10	目を大切にする習慣を身につけよう 学習しやすい環境を整えよう	・目の愛護デー ・薬と健康の週間 ・文化祭	・目の健康について ・歯科経過観察検診 ・生活習慣アンケート調査の実施	・上水道の水質検査
11	心の健康に目を向け、よりよい生活について考えよう	・いい歯の日 ・個人懇談 ・第2回学校保健委員会	・歯科保健指導 ・かぜやインフルエンザの予防	・暖房機の管理 ・気温、湿度の管理、換気の励行
12	冬季における健康で安全な生活の仕方を考え、実践に努めよう	・学期末懇談会 ・大掃除、油引き	・かぜの罹患状況把握 ・かぜやインフルエンザの予防 ・冬休みの健康生活指導と健康管理 ・保護者との共通理解	・暖房機の管理 ・気温、湿度の管理、換気の励行 ・薬品整備 ・学校保健活動の評価と改善
1	感染症の予防と環境衛生の充実について理解し、実践しよう	・新入生保護者説明会	・冬休みの健康調査 ・かぜの罹患状況把握 ・かぜやインフルエンザの予防 ・受験期の健康管理（3年）	・暖房機の管理 ・気温、湿度の管理、換気の励行
2	心身の健全な発達に関心をもち、自己の生活を見直そう	・がん教育（2年） ・第3回学校保健委員会	・かぜの罹患状況把握 ・がん教育（2年） ・花粉症への対策及び指導	・暖房機の管理 ・気温、湿度の管理、換気の励行 ・教室の空気検査、照度検査 ・カーテンのクリーニング
3	健康生活の反省をし、よりよく生きていくための生活について考えよう	・地域学校保健委員会 ・大掃除、油引き	・一年間の健康生活の反省 ・春休みの健康生活指導と健康管理 ・新年度の計画 ・保護者との共通理解 ・校区内小学校との引継ぎ連絡会	・保健室の整備 ・学校環境衛生検査結果のまとめと次年度への課題整理 ・大掃除の実施の検査 ・学校保健活動の評価と改善

保　健　教　育				組　織　活　動
教　科　等	特　別　活　動		個別・日常指導	
	学級活動	生徒会活動		
・特別の教科 道徳「自分を見つめて伸ばして（節度、節制）」（1年）	・生活習慣の確立（1年） ・あたたかい人間愛（2年）	・組織づくりと年間計画作成 ・健康安全の呼びかけ（毎日） ・生徒会総会での提案	・欠席や遅刻、早退の連絡 ・健康診断の意義と受け方 ・保健室の利用の仕方	・組織づくり（職員保健部、PTA保健部、学校保健委員会等） ・保健だより等の発行（毎月） ・PTA専門委員会（活動計画） ・保健部会（職員） ・食物アレルギー研修会
・保健体育「健康の成り立ちと疾病の発生要因」（1年） ・保健体育「交通事故や自然災害などによる傷害の発生要因」「交通事故などによる傷害の防止」（2年）	・運動、栄養、睡眠（3年） ・食べ方暮らし方で健康に（1年）	・水飲み場の清掃と石けんの整備（毎週） ・部活動時の安全と健康管理 ・歯と口の健康週間の計画	・歯みがきの大切さ ・基本的な生活	・保健部会（職員） ・熱中症予防研修会
・保健体育「生活習慣と健康」（1年） ・保健体育「自然災害による傷害の防止」（2年） ・保健体育「身体の環境に対する適応能力・至適範囲」（3年） ・技術・家庭「住居の機能と安全な住まい方」（2年）	・口腔の衛生（1年） ・思春期の不安と悩み（2年）	・熱中症予防の呼びかけ ・歯と口の健康週間取り組み ・給食後の歯みがき強化月間	・口腔衛生の必要性 ・手洗いの大切さ ・食中道の予防 ・体の清潔 ・熱中症の予防	・PTA専門委員会 ・普通救命救急法講習会 ・食中毒防止講習会（全校） ・歯科講話（1年）学校歯科医 ・保健統計のまとめ ・保健部会（職員） ・第1回学校保健委員会の開催
・保健体育「応急手当の意義と実際」（2年） ・保健体育「飲料水や空気の衛生的管理」「生活に伴う廃棄物の衛生的管理」（3年） ・技術・家庭「衣服の選択と手入れ」（2年）			・健診結果有所見者への個別指導、受診勧告 ・熱中症の予防指導 ・夏の健康生活	・保健部会（職員）
・保健体育「身体機能の発達」「生殖に関わる機能の成熟」（1年） ・保健体育「生活習慣病などの予防」（2年） ・道徳「人と支え合って（相互理解、寛容）」（3年）	・思春期の心と体（1年） ・男女相互の理解と協力（1年）	・専門委員会前期の反省と後期の活動計画 ・鼻の健康について	・熱中症の予防指導 ・夏休み明けの健康指導 ・規則正しい生活習慣の指導	・保健部会（職員） ・命に関する講話
・理科「生物の体のつくりと働き」（2年） ・技術・家庭「食事の役割と中学生の栄養の特徴」（1年）	・性情報への対策（2年）	・目の健康について ・生徒会保健集会 ・薬と健康の週間	・目の健康指導 ・正しい姿勢 ・傷害の防止 ・積極的な体力づくり	・保健部会（職員） ・学校保健に関する校内研修
・保健体育「感染症の予防」（3年） ・道徳「生命を輝かせて（生命の尊さ）」（2年）	・青年期の悩みと解決（3年）	・かぜ予防ポスター作成 ・給食後の歯みがき強化月間	・かぜ、インフルエンザ予防 ・歯と口の健康づくり指導	・個人懇談 ・地域の健康づくり展への参加 ・保健部会（職員） ・第2回学校保健委員会の開催
・保健体育「健康を守る社会の取組」（3年） ・社会「国民の生活と政府の役割」（3年）	・エイズ、性感染症の予防（3年）		・かぜ、インフルエンザの予防 ・冬の健康生活	・保健部会（職員） ・地区懇談会
・保健体育「精神機能の発達と自己形成」（1年） ・保健体育「喫煙、飲酒、薬物乱用と健康」（2年）	・健康で安全な生活（3年）	・かぜ、インフルエンザ予防の呼びかけ	・かぜ、インフルエンザの予防 ・受験に向けての健康管理（3年）	・保健部会（職員） ・冬休みの健康状況把握
・保健体育「欲求やストレスへの対処と心の健康」（1年） ・総合的な学習の時間「地域の健康づくりのプランを作ろう」（2年）	・悩みや不安は誰にでも（1年）	・かぜ、インフルエンザ予防の呼びかけ ・専門委員会後期の反省	・かぜ、インフルエンザの予防	・保健部会（職員） ・第3回学校保健委員会の開催
・総合的な学習の時間「地域の健康づくりのプランを作ろう」（2年）	・男女共同参画と自分の生き方（3年）	・生徒会総会 ・耳の健康について	・1年間の健康生活の反省、次年度への目標 ・春の健康生活	・保健部会（職員） ・1年間のまとめと反省 ・中学校区地域学校保健委員会

出典：日本学校保健会『保健主事のための実務ハンドブック（令和2年度改訂）』2021年　pp.62-63を改変

○学校安全計画の例（中学校）

※学級活動の欄　◎…1単位時間程度の指導　・…短い時間の指導

項目			4	5	6	7・8	9
月の重点			安全な登下校ができるようになろう	けがのない体育祭にしよう	梅雨期を安全に過ごそう	熱中症に気をつけよう	過去の災害を知り、災害に備えた生活をしよう
特別の教科　道徳			生命の尊さ	よりよい学校生活、集団生活の充実	自主・自立、自由と責任	遵法精神、公徳心	郷土の伝統と文化の尊重、郷土を愛する態度
安全教育	社会		日本の様々な地域（地域調査） ・防災を視点とした地域調査				
安全教育	理科		・理科室における一般的注意 ・実験時の危険防止とふさわしい服装	・薬品やガラス器具の使い方 ・加熱器具の使い方 ・備品の点検整備	・薬品の保管・廃棄等	・薬品検査 ・野外調査・天体観察の留意点	・自主研究の実験場の注意 ・電気についての知識
安全教育	美術		・美術室の備品と安全な行動	・備品の点検整備	・彫刻刀の正しい使い方	・ニードル等の道具の使用の注意 ・備品検査	・版画用プレス機の使い方
安全教育	体育分野		・集団行動様式の徹底 ・施錠や用具の使い方	・自己の体力を知る（体力テストの実施）	・水泳の安全な行い方と事故防止		・陸上運動の適切な場所の使い方と安全な行い方
安全教育	保健分野			・交通事故や自然災害などによる傷害の発生要因	・熱中症予防		
安全教育	技術・家庭		・施設・設備の使用上の注意 ・作業場所の確保	・安全、適切な制作 ・金属材料の性質と切断	・工作加工機械や工具の安全や点検	・切断切削加工時の安全 ・備品の点検整備	・工作機械の安全な利用
安全教育	技術・家庭		・実習室の使用上の注意	・ガスコンロの使い方 ・換気、ゴム管の点検	・調理実習における注意	・備品の点検整備	・電気機器の安全な利用 ・食生活と健康
安全教育	実験、実習を伴う教科		・実験に使用する加熱器具やガラス器具等の安全な使い方、薬品の安全な取扱いと適正な保管・廃棄 ・造形活動や加工、調理等の各種作業で使用する機械や工具、電気、ガス製品の安全な利用と整備点検				
安全教育	総合的な学習の時間		〈活動例〉「わが町の交通安全対策調べ」「学区安全マップづくり」「災害とまちづくり・くにづくり」など				
安全教育	学級活動	第1学年	・通学路の確認 ・部活動での安全 ・自分でできる安全点検 ◎犯罪被害の防止や通報の仕方	・体育祭の取り組みと安全 ◎災害時の安全な避難の仕方と日常の備え ・清掃方法を確認しよう	・雨天時の校舎内での過ごし方 ・校内での事故と安全な生活 ◎水泳、水の事故と安全	・落雷の危険や風水害 ・自分の健康チェック ◎夏休みの生活設計と安全（防犯） ・プール・海・川等の水難事故防止	◎地震の危険 ・市総合体育大会と安全
安全教育	学級活動	第2学年	・通学路の確認 ・自分でできる安全点検 ◎犯罪被害の防止や通報の仕方	・体育祭の取り組みと安全 ◎交通事故防止を考えよう	・雨天時の校舎内での過ごし方 ◎水泳、水の事故と安全	・自分の健康チェック ◎夏休みの生活設計と安全（防犯） ・プール・海・川等の水難事故防止	◎地震の危険と避難 ・市総合体育大会と安全
安全教育	学級活動	第3学年	◎犯罪被害の防止や通報の仕方 ・登下校の安全 ・自分でできる安全点検	・体育祭準備 ◎心の安定と事故	◎水泳、水の事故と安全 ◎修学旅行と安全	・自分の健康チェック ◎夏休みの生活設計と安全（防犯） ◎プール・海・川等の水難事故防止	◎地震の危険と避難 ・市総合体育大会と安全
安全教育	生徒会活動		・部活動紹介	・体育祭 ・校内安全点検活動	・生徒会総会 ・中体連壮行会	・球技大会	
安全教育	主な学校行事等		・学校説明会 ・交通安全運動 ・避難訓練（地震）	・新体力テスト ・体育祭	・修学旅行 ・避難訓練（不審者） ・心肺蘇生法講習会	・夏の交通安全運動	・避難訓練（地震→引渡し） ・秋の交通安全運動
安全教育	部活動		・活動ガイダンス ・練習の進め方指導	・部活動保護者会	・熱中症予防指導		
安全管理	対人管理		・通学方法の決定 ・安全のきまりの設定（校則の確認・周知）	・身体の安全について及びケガの予防	・校舎内の安全な過ごし方 ・プールにおける安全な活動	・自己点検のポイント ・救急体制の見直し ・夏季休業中の部活動での安全と対応	・身体の安全ついておよびケガの予防
安全管理	対物管理		・通学路の確認	・運動場など校舎外の整備 ・安全点検年間計画、点検方法の確認	・学校環境の安全点検および整備（階段・廊下・プール）	・夏季休業前や夏季休業中の校舎内外の点検	・諸設備の点検及び整備
学校安全に関する組織活動（研修を含む）			・春の交通安全運動期間の啓発活動、街頭指導 ・学区危険箇所点検 ・危機管理体制に関する研修	・校外における生徒の安全行動把握、情報交換 ・熱中症予防に関する研修	・学校安全に関する協議会 ・心肺蘇生法（AED）研修・防犯に関する研修（マニュアルの確認）	・地域パトロール ・学校が避難所になった場合の市職員や自主防災組織との話し合い等	・防災の日 ・秋の交通安全運動の啓発と街頭指導 ・防災に関する研修（避難訓練）

この表は学校安全計画に記載すべき項目と全体像を示し、各教科等における内容については、あくまで例として記載したものです。各学校においては、それぞれの教育目標や生徒の実態を踏まえたうえで、学習指導要領をもとに必要な内容を記載してください。

10	11	12	1	2	3
交通法規を理解し守れるようになろう	危険を予測し、安全な生活ができるようになろう	安全な地域づくりに貢献できるようになろう	厳冬期を安全に過ごそう	事故や災害を乗り越えた人の生き方について学ぼう	新生活に向けて安全な生活ができるようになろう
我が国の伝統と文化の尊重、国を愛する態度	国際理解、国際貢献	社会参画、公共の精神	家族愛、家庭生活の充実	感動、畏敬の念	よりよく生きる喜び
日本の地域的特色と地域区分 ・地形や気候の特色、国土の特色　・自然災害と防災への取り組み			現代日本の特色（情報化） ・災害時における防災情報の発信・活用		
・電気器具の使い方	大地の成り立ちと変化 ・火山活動と火成岩 ・火山災害	・地震の伝わり方と地球内部の働き （地震・津波発生のメカニズム等）	・自然の恵みと火山災害、地震災害	天気とその変化 ・気象観測 ・天気の変化 ・日本の天気と気象災害への備え	・自然の恵みと気象災害 ・地域の自然災害
・小型ナイフの使い方	・打ち出し用具の使い方	・塗装の際の一般的注意	・カッター、はさみ、コンパス等の使用上の注意	・絵の具、用具の保管や管理の指導	・教室での一般的諸注意 ・器具、用具の点検
・器械運動における段階的な練習と適切な補助の仕方	・長距離走における健康状態の把握と個人の体力にあったペース配分	・武道における場所、用具の適切な使い方と手入れ（禁じ技など）	・サッカーにおける適切な用具、場所の使い方（ゴールの運搬や固定の仕方）	・バスケットボールにおける適切なルールやマナーの徹底、ゲームの安全	・器具、用具の点検 ・備品整理
	・交通事故や自然災害などによる傷害の発生要因	・交通事故などによる傷害の防止	・自然災害による傷害の防止	・応急手当	
・塗装時の換気や火気	・暖房と換気について ・床に落ちているものの危険性	・屋内配線と家庭電気の安全な利用	・電子機器の利用と安全（はんだづけによる火傷の注意）	・加熱と漏電 ・電気製品製作上の安全配慮	・器具点検整備
・自然災害に備えた住空間の整え方	・幼児や高齢者等との交流についての注意	・衣服製作についての一般的注意 ・裁縫用具の適切な管理	・アイロン、ミシンの適切な使い方	・備品の点検整備	・備品検査
※定期的な備品検査（台帳管理）					
・文化祭の準備と安全 ◎交通法規の意義と安全	・自分の健康チェック （・持久走大会と安全）	・冬休みの生活設計と安全 ・火気の注意 ◎災害への備えと協力（地域の一員として）	自転車の安全で正しい利用 ◎交通事故の加害と被害 ・ボランティア活動の意義の理解と参加	・施設の安全な利用 ◎降雪時の安全 ・ケガの発生状況とその防止	・1年間の反省 ・球技大会や3年生を送る会での安全
◎部活動の安全とリーダーの役割 ・文化祭の準備と安全	・自分の健康チェック （・持久走大会と安全）	・冬休みの生活設計と安全 ・火気の注意 ◎災害への備えと協力（地域の一員として）	◎交通事故の加害と被害 ・ボランティア活動の意義の理解と参加	◎降雪時の安全 ・ケガの発生状況とその防止	・1年間の反省 ・球技大会や3年生を送る会での安全
◎交通事故の原因と事故の特性	・自分の健康チェック （・持久走大会と安全）	・冬休みの生活設計と安全 ・火気の注意 ◎災害への備えと協力（地域の一員として）	◎交通事故の加害と被害 ・ボランティア活動の意義の理解と参加	◎降雪時の安全 ・ケガの発生状況とその防止	・1年間の反省 ・球技大会や3年生を送る会での安全 学校、教室環境の整備修繕（奉仕活動）
・文化祭 ・市総体壮行会	・市駅伝大会壮行会		・ボランティア活動などの社会参加	・生徒会総会	・球技大会 ・3年生を送る会
・文化祭	・持久走大会		・防災訓練と防災学習	・自然教室	
		・冬季に多い傷害予防			
・文化祭の準備と安全	・携帯電話・パソコンの安全な使い方	・避難時の約束について	・自転車の正しい利用と危険防止	・施設・設備等の安全な使い方について	・1年間の人的管理の評価と反省
・学校環境の安全点検及び整備（体育館）	・避難経路の確認 ・防火設備、用具の点検整備	・避難所として開放する場所の点検	・学校環境の安全点検及び整備（通学路）	・学校環境の安全点検及び整備（備品）	・1年間の学校環境安全点検の評価と反省
・学校安全委員会 ・校内の点検	・津波防災の日に係る啓発活動 ・自転車の安全な利用に関する研修（指導方法）	・地域防災訓練の啓発 ・通学路の点検	・阪神・淡路大震災（17日）の想起と防災の啓発活動 ・応急手当と緊急時校内連絡体制	・学校評価委員会（学校安全の取組に関する評価） ・校内事故等発生状況と安全措置に関する研修	・地域交通安全パトロール ・東日本大震災の想起と防災の啓発活動

出典：文部科学省『学校安全資料「生きる力」をはぐくむ学校での安全教育』2019年　pp.131-132を改変

Chapter 16

学校保健に関する法令等

このChapterでは、学校保健に関する法令と学校保健の歴史について紹介をする。「学校保健」を構成する内容についてはすでにこれまでの各Chapterで紹介してきたが、それぞれの内容は法令等によって決められている。その根拠となる法令等に目を通し、「学校保健」の基本的な目的である「児童生徒たちの健康な成長を支え、安全な学習環境を提供する」ことの重要性を再度確認してもらいたい。現在の法令や制度は学校が直面する問題を解決するために発展・形成してきた。形成されてきた経緯については、近代教育制度の発展を踏まえた、時代背景とともに考えてもらいたい。

Section 1 教育基本法と学校教育法

教育基本法（平成18年法律第120号）と学校教育法（昭和22年法律第26号）は日本における教育の根幹をなす法規である。教育基本法は、1946（昭和21）年に公布された日本国憲法の精神に基づくもので、日本の教育に関する理念や教育制度に関する基本事項を定めた法律である。2006（平成18）年に公布・施行された現在の教育基本法は、1947（昭和22）年に制定された教育基本法（旧法）のすべてを改正したものである。教育基本法第1条では教育の目的が示されており、そのなかには「心身ともに健康な国民の育成」が挙げられている。また、第2条では5つの教育の目標が示され、その1つとして「健やかな身体を養うこと」が挙げられている。ここに学校保健の果たす役割が規定されている。

学校教育法は学校教育に関する基本事項を定めた法律で、第1条の学校の定義から、設置者、幼稚園から大学までの教育条件、運営方法などが定められている。第12条には健康診断の実施ならびに保健に必要な措置を講じることが定められている。これらの規定により学校保健の実施を規定する法律である学校保健安全法の根拠となっている。また、第11条では体罰の禁止も挙げられている。

教育基本法と学校教育法の全文は次のホームページより閲覧可能である。

教育基本法　　　　学校教育法

○教育基本法（平成 18 年法律第 120 号）（抄）　最新改正：平成 18 年法律第 120 号
第 1 章　教育の目的及び理念
（教育の目的）
第 1 条　教育は、人格の完成を目指し、平和で民主的な国家及び社会の形成者として必要な資質を備えた心身ともに健康な国民の育成を期して行われなければならない。
（教育の目標）
第 2 条　教育は、その目的を実現するため、学問の自由を尊重しつつ、次に掲げる目標を達成するよう行われるものとする。
一　幅広い知識と教養を身に付け、真理を求める態度を養い、豊かな情操と道徳心を培うとともに、健やかな身体を養うこと。
二　個人の価値を尊重して、その能力を伸ばし、創造性を培い、自主及び自律の精神を養うとともに、職業及び生活との関連を重視し、勤労を重んずる態度を養うこと。
三　正義と責任、男女の平等、自他の敬愛と協力を重んずるとともに、公共の精神に基づき、主体的に社会の形成に参画し、その発展に寄与する態度を養うこと。
四　生命を尊び、自然を大切にし、環境の保全に寄与する態度を養うこと。
五　伝統と文化を尊重し、それらをはぐくんできた我が国と郷土を愛するとともに、他国を尊重し、国際社会の平和と発展に寄与する態度を養うこと。

○学校教育法（昭和 22 年法律第 26 号）（抄）　最新改正：令和 4 年法律第 76 号
第 1 章　総則
第 1 条　この法律で、学校とは、幼稚園、小学校、中学校、義務教育学校、高等学校、中等教育学校、特別支援学校、大学及び高等専門学校とする。
第 2 条　学校は、国（国立大学法人法（平成 15 年法律第 112 号）第 2 条第 1 項に規定する国立大学法人及び独立行政法人国立高等専門学校機構を含む。以下同じ。）、地方公共団体（地方独立行政法人法（平成 15 年法律第 118 号）第 68 条第 1 項に規定する公立大学法人（以下「公立大学法人」という。）を含む。次項及び第 127 条において同じ。）及び私立学校法（昭和 24 年法律第 270 号）第 3 条に規定する学校法人（以下「学校法人」という。）のみが、これを設置することができる。
②　この法律で、国立学校とは、国の設置する学校を、公立学校とは、地方公共団体の設置する学校を、私立学校とは、学校法人の設置する学校をいう。
第 3 条　学校を設置しようとする者は、学校の種類に応じ、文部科学大臣の定める設備、編制その他に関する設置基準に従い、これを設置しなければならない。

（中略）

第 7 条　学校には、校長及び相当数の教員を置かなければならない。
第 8 条　校長及び教員（教育職員免許法（昭和 24 年法律第 147 号）の適用を受ける者を除く。）の資格に関する事項は、別に法律で定めるもののほか、文部科学大臣がこれを定める。
第 9 条　次の各号のいずれかに該当する者は、校長又は教員となることができない。
一　禁錮以上の刑に処せられた者
二　教育職員免許法第 10 条第 1 項第 2 号又は第 3 号に該当することにより免許状がその効力を失い、当該失効の日から 3 年を経過しない者
三　教育職員免許法第 11 条第 1 項から第 3 項までの規定により免許状取上げの処分を受け、3 年を経過しない者
四　日本国憲法施行の日以後において、日本国憲法又はその下に成立した政府を暴力で破壊することを主

張する政党その他の団体を結成し、又はこれに加入した者

第 10 条　私立学校は、校長を定め、大学及び高等専門学校にあつては文部科学大臣に、大学及び高等専門学校以外の学校にあつては都道府県知事に届け出なければならない。

第 11 条　校長及び教員は、教育上必要があると認めるときは、文部科学大臣の定めるところにより、児童、生徒及び学生に懲戒を加えることができる。ただし、体罰を加えることはできない。

第 12 条　学校においては、別に法律で定めるところにより、幼児、児童、生徒及び学生並びに職員の健康の保持増進を図るため、健康診断を行い、その他その保健に必要な措置を講じなければならない。

Section 2　学校保健安全法ならびに施行令・施行規則など

学校保健安全法（昭和 33 年法律第 56 号）は、1958（昭和 33）年に「学校保健法」として公布された。2008（平成 20）年に学校保健と学校安全のいっそうの充実を図るために同法の一部改正が行われて学校保健安全法と改称された。

学校保健安全法は、学校保健と学校安全に関わる骨格を示したものであり、学校における児童生徒および教職員の健康保持と増進を図り、安全な環境での教育活動を実施することを目的とした法律である。実施する活動内容の詳細は、学校保健安全法施行令や学校保健安全法施行規則に定められている。施行令は政令ともいわれ、内閣が制定し、法律の具体的な実施に関わる大枠や基本原則を定めるものである。施行規則は省令ともいわれ、各省庁の大臣（学校保健安全法施行規則なら文部科学大臣）が定めたものであり、学校保健安全法や学校保健安全法施行令を実施するうえでの具体的な事項や手続きが定められている。

また、学校環境衛生基準（平成 21 年文部科学省告示第 60 号）により、学校における環境衛生の基準、検査項目や検査方法などが詳細に規定されている。これらの法令や基準は、それぞれの時代背景に伴って逐次改正されている。

学校保健安全法ならびに施行令、施行規則、学校環境衛生基準の全文は以下のホームページより閲覧・入手可能である。

学校保健安全法

学校保健安全法施行令

学校保健安全法施行規則

学校環境衛生基準

○学校保健安全法（昭和 33 年法律第 56 号）　最新改正：平成 27 年 6 月 24 日法律第 46 号

第 1 章　総則

（目的）

第 1 条　この法律は、学校における児童生徒等及び職員の健康の保持増進を図るため、学校における保健管理に関し必要な事項を定めるとともに、学校における教育活動が安全な環境において実施され、児童生徒等の安全の確保が図られるよう、学校における安全管理に関し必要な事項を定め、もつて学校教育の円滑な実施とその成果の確保に資することを目的とする。

（定義）

第 2 条　この法律において「学校」とは、学校教育法（昭和 22 年法律第 26 号）第 1 条に規定する学校をいう。

2　この法律において「児童生徒等」とは、学校に在学する幼児、児童、生徒又は学生をいう。

（国及び地方公共団体の責務）

第3条　国及び地方公共団体は、相互に連携を図り、各学校において保健及び安全に係る取組が確実かつ効果的に実施されるようにするため、学校における保健及び安全に関する最新の知見及び事例を踏まえつつ、財政上の措置その他の必要な施策を講ずるものとする。

2　国は、各学校における安全に係る取組を総合的かつ効果的に推進するため、学校安全の推進に関する計画の策定その他所要の措置を講ずるものとする。

3　地方公共団体は、国が講ずる前項の措置に準じた措置を講ずるように努めなければならない。

第2章　学校保健

第1節　学校の管理運営等

（学校保健に関する学校の設置者の責務）

第4条　学校の設置者は、その設置する学校の児童生徒等及び職員の心身の健康の保持増進を図るため、当該学校の施設及び設備並びに管理運営体制の整備充実その他の必要な措置を講ずるよう努めるものとする。

（学校保健計画の策定等）

第5条　学校においては、児童生徒等及び職員の心身の健康の保持増進を図るため、児童生徒等及び職員の健康診断、環境衛生検査、児童生徒等に対する指導その他保健に関する事項について計画を策定し、これを実施しなければならない。

（学校環境衛生基準）

第6条　文部科学大臣は、学校における換気、採光、照明、保温、清潔保持その他環境衛生に係る事項（学校給食法（昭和29年法律第160号）第9条第1項（夜間課程を置く高等学校における学校給食に関する法律（昭和31年法律第157号）第7条及び特別支援学校の幼稚部及び高等部における学校給食に関する法律（昭和32年法律第118号）第6条において準用する場合を含む。）に規定する事項を除く。）について、児童生徒等及び職員の健康を保護する上で維持されることが望ましい基準（以下この条において「学校環境衛生基準」という。）を定めるものとする。

2　学校の設置者は、学校環境衛生基準に照らしてその設置する学校の適切な環境の維持に努めなければならない。

3　校長は、学校環境衛生基準に照らし、学校の環境衛生に関し適正を欠く事項があると認めた場合には、遅滞なく、その改善のために必要な措置を講じ、又は当該措置を講ずることができないときは、当該学校の設置者に対し、その旨を申し出るものとする。

（保健室）

第7条　学校には、健康診断、健康相談、保健指導、救急処置その他の保健に関する措置を行うため、保健室を設けるものとする。

第2節　健康相談等

（健康相談）

第8条　学校においては、児童生徒等の心身の健康に関し、健康相談を行うものとする。

（保健指導）

第9条　養護教諭その他の職員は、相互に連携して、健康相談又は児童生徒等の健康状態の日常的な観察により、児童生徒等の心身の状況を把握し、健康上の問題があると認めるときは、遅滞なく、当該児童生徒等に対して必要な指導を行うとともに、必要に応じ、その保護者（学校教育法第16条に規定する保護者をいう。第24条及び第30条において同じ。）に対して必要な助言を行うものとする。

（地域の医療機関等との連携）

第10条　学校においては、救急処置、健康相談又は保健指導を行うに当たつては、必要に応じ、当該学校の所在する地域の医療機関その他の関係機関との連携を図るよう努めるものとする。

第3節　健康診断

（就学時の健康診断）

第11条　市（特別区を含む。以下同じ。）町村の教育委員会は、学校教育法第17条第1項の規定により翌学年の初めから同項に規定する学校に就学させるべき者で、当該市町村の区域内に住所を有するものの就学に当たつて、その健康診断を行わなければならない。

第12条　市町村の教育委員会は、前条の健康診断の結果に基づき、治療を勧告し、保健上必要な助言を行い、及び学校教育法第17条第1項に規定する義務の猶予若しくは免除又は特別支援学校への就学に関し指導を行う等適切な措置をとらなければならない。

（児童生徒等の健康診断）

第13条　学校においては、毎学年定期に、児童生徒等（通信による教育を受ける学生を除く。）の健康診断を行わなければならない。

2　学校においては、必要があるときは、臨時に、児童生徒等の健康診断を行うものとする。

第14条　学校においては、前条の健康診断の結果に基づき、疾病の予防処置を行い、又は治療を指示し、並びに運動及び作業を軽減する等適切な措置をとらなければならない。

（職員の健康診断）

第15条　学校の設置者は、毎学年定期に、学校の職員の健康診断を行わなければならない。

2　学校の設置者は、必要があるときは、臨時に、学校の職員の健康診断を行うものとする。

第16条　学校の設置者は、前条の健康診断の結果に基づき、治療を指示し、及び勤務を軽減する等適切な措置をとらなければならない。

（健康診断の方法及び技術的基準等）

第17条　健康診断の方法及び技術的基準については、文部科学省令で定める。

2　第11条から前条までに定めるもののほか、健康診断の時期及び検査の項目その他健康診断に関し必要な事項は、前項に規定するものを除き、第11条の健康診断に関するものについては政令で、第13条及び第15条の健康診断に関するものについては文部科学省令で定める。

3　前2項の文部科学省令は、健康増進法（平成14年法律第103号）第9条第1項に規定する健康診査等指針と調和が保たれたものでなければならない。

（保健所との連絡）

第18条　学校の設置者は、この法律の規定による健康診断を行おうとする場合その他政令で定める場合においては、保健所と連絡するものとする。

第4節　感染症の予防

（出席停止）

第19条　校長は、感染症にかかつており、かかつている疑いがあり、又はかかるおそれのある児童生徒等があるときは、政令で定めるところにより、出席を停止させることができる。

（臨時休業）

第20条　学校の設置者は、感染症の予防上必要があるときは、臨時に、学校の全部又は一部の休業を行うことができる。

（文部科学省令への委任）

第21条　前2条（第19条の規定に基づく政令を含む。）及び感染症の予防及び感染症の患者に対する医療に関する法律（平成10年法律第114号）その他感染症の予防に関して規定する法律（これらの法律に基づく命令を含む。）に定めるもののほか、学校における感染症の予防に関し必要な事項は、文部科学省令で定める。

第5節　学校保健技師並びに学校医、学校歯科医及び学校薬剤師

（学校保健技師）

第22条　都道府県の教育委員会の事務局に、学校保健技師を置くことができる。

2　学校保健技師は、学校における保健管理に関する専門的事項について学識経験がある者でなければならない。

3　学校保健技師は、上司の命を受け、学校における保健管理に関し、専門的技術的指導及び技術に従事する。

（学校医、学校歯科医及び学校薬剤師）

第23条　学校には、学校医を置くものとする。

2　大学以外の学校には、学校歯科医及び学校薬剤師を置くものとする。

3　学校医、学校歯科医及び学校薬剤師は、それぞれ医師、歯科医師又は薬剤師のうちから、任命し、又は委嘱する。

4　学校医、学校歯科医及び学校薬剤師は、学校における保健管理に関する専門的事項に関し、技術及び指導に従事する。

5　学校医、学校歯科医及び学校薬剤師の職務執行の準則は、文部科学省令で定める。

第6節　地方公共団体の援助及び国の補助

（地方公共団体の援助）

第24条　地方公共団体は、その設置する小学校、中学校、義務教育学校、中等教育学校の前期課程又は特別支援学校の小学部若しくは中学部の児童又は生徒が、感染性又は学習に支障を生ずるおそれのある疾病で政令で定めるものにかかり、学校において治療の指示を受けたときは、当該児童又は生徒の保護者で次の各号のいずれかに該当するものに対して、その疾病の治療のための医療に要する費用について必要な援助を行うものとする。

一　生活保護法（昭和25年法律第144号）第6条第2項に規定する要保護者

二　生活保護法第6条第2項に規定する要保護者に準ずる程度に困窮している者で政令で定めるもの

（国の補助）

第25条　国は、地方公共団体が前条の規定により同条第1号に掲げる者に対して援助を行う場合には、予算の範囲内において、その援助に要する経費の一部を補助することができる。

2　前項の規定により国が補助を行う場合の補助の基準については、政令で定める。

第3章　学校安全

（学校安全に関する学校の設置者の責務）

第26条　学校の設置者は、児童生徒等の安全の確保を図るため、その設置する学校において、事故、加害行為、災害等（以下この条及び第29条第3項において「事故等」という。）により児童生徒等に生ずる危険を防止し、及び事故等により児童生徒等に危険又は危害が現に生じた場合（同条第1項及び第2項において「危険等発生時」という。）において適切に対処することができるよう、当該学校の施設及び設備並びに管理運営体制の整備充実その他の必要な措置を講ずるよう努めるものとする。

（学校安全計画の策定等）

第27条　学校においては、児童生徒等の安全の確保を図るため、当該学校の施設及び設備の安全点検、児童生徒等に対する通学を含めた学校生活その他の日常生活における安全に関する指導、職員の研修その他学校における安全に関する事項について計画を策定し、これを実施しなければならない。

（学校環境の安全の確保）

第28条　校長は、当該学校の施設又は設備について、児童生徒等の安全の確保を図る上で支障となる事項があると認めた場合には、遅滞なく、その改善を図るために必要な措置を講じ、又は当該措置を講ずることができないときは、当該学校の設置者に対し、その旨を申し出るものとする。

（危険等発生時対処要領の作成等）

第29条　学校においては、児童生徒等の安全の確保を図るため、当該学校の実情に応じて、危険等発生時において当該学校の職員がとるべき措置の具体的内容及び手順を定めた対処要領（次項において「危険等発生時対処要領」という。）を作成するものとする。

2　校長は、危険等発生時対処要領の職員に対する周知、訓練の実施その他の危険等発生時において職員が適切に対処するために必要な措置を講ずるものとする。

3　学校においては、事故等により児童生徒等に危害が生じた場合において、当該児童生徒等及び当該事故等により心理的外傷その他の心身の健康に対する影響を受けた児童生徒等その他の関係者の心身の健康を回復させるため、これらの者に対して必要な支援を行うものとする。この場合においては、第10条の規定を準用する。

（地域の関係機関等との連携）

第30条　学校においては、児童生徒等の安全の確保を図るため、児童生徒等の保護者との連携を図るとともに、当該学校が所在する地域の実情に応じて、当該地域を管轄する警察署その他の関係機関、地域の安全を確保するための活動を行う団体その他の関係団体、当該地域の住民その他の関係者との連携を図るよう努めるものとする。

第4章　雑則

（学校の設置者の事務の委任）

第31条　学校の設置者は、他の法律に特別の定めがある場合のほか、この法律に基づき処理すべき事務を校長に委任することができる。

（専修学校の保健管理等）
第32条　専修学校には、保健管理に関する専門的事項に関し、技術及び指導を行う医師を置くように努めなければならない。
2　専修学校には、健康診断、健康相談、保健指導、救急処置等を行うため、保健室を設けるように努めなければならない。
3　第3条から第6条まで、第8条から第10条まで、第13条から第21条まで及び第26条から前条までの規定は、専修学校に準用する。

Section 3 学校給食に関わる法律ならびに施行令・施行規則など

学校給食法（昭和29年法律第160号）は、1954（昭和29）年に制定され、同年中に学校給食法施行令、学校給食法施行規則、学校給食実施基準も定められ、学校給食の実施体制が法的に整った。学校給食法には学校給食の普及充実を図るために、学校給食の実施に関して必要な事項が定められている。

学校給食に関係する基準は、1996（平成8）年の腸管出血性大腸菌O157による食中毒事件により、児童が死亡するなどの事態を受けて学校環境衛生基準が改正されたり、学校給食衛生管理基準（平成21年文部科学省告示第64号）が定められたりした。

また、2009（平成21）年に、食育の観点から学校給食法の目的・目標が改正されたことからもわかるように、学校給食に関わる法令や基準は、子どもの食生活を取り巻く状況など、その時代の背景的要因により、逐次改正されてきている。

学校給食法ならびに同施行令、同施行規則、学校給食衛生管理基準の全文は以下のホームページより閲覧可能である。

学校給食法

学校給食法施行令

学校給食法施行規則

学校給食衛生管理基準

Section 4 学校保健の歴史

学校保健に関係する法令の公布・改正、制度の新設などは、その時代の背景（学校や児童生徒を取り巻く状況）に伴って行われてきた。

表16-1は明治期からの学校保健の歴史をまとめたものである。学校教育の発展に伴い学校保健も制度化されていった。同時に、明治期の教育環境や衛生環境、貧困の問題、第二次世界大戦後の栄養や健康の問題など、その時々の子どものおかれた状況や心身の健康や安全の課題や問題も理解できる。学校保健は学校という教育の場を通してそれらの課題や問題を

解決してきた。感染症などの予防のための手洗いや清潔な環境の重要性の認識、健康診断や学校医の配置、給食の制度化など、これらは近代学校教育の制度があったからこそ浸透し、根づいたといっても過言ではない。そしてそれらは、児童生徒たちの健康な成長を支え、よりよい学習環境を提供するという目的を達成するための様々な施策と、教育や保健活動に従事した人々の創意工夫の結果である。

明治期から戦後と比較すれば、現代の子どもを取り巻く生活環境はよくなっているともいえる。法令や基準によって学校の設備は整備・維持されており、学校の活動においてもエビデンスに基づく対応がなされている(感染症や熱中症などの対策や対応)。しかしその一方で、メンタルヘルスの問題、新型コロナウイルス感染症（COVID-19）などの新たな感染症の流行、薬物乱用等の諸問題、アレルギー疾患の増加、SNSやICTの発展に伴うスクリーンタイムの急激な増加など、新たに顕在化してきている問題がある。

学校保健の歴史を学ぶことは、単なる過去の出来事を知るだけでなく、学校教育の場でのこれまでの経験を学ぶことであり、そうした問題を解決するための新しい戦略やアプローチを模索することでもある。教育や学校保健では、これらの問題に対応できるように、エビデンスを構築し、それに基づいた政策や施策を迅速に行っていく必要がある。教員は、これらの変化をしっかりと確認しつつ、教員として必要な行動や対応を行うことが大切である。

表 16-1　学校保健の歴史

1872（明治 5）年	学校衛生	「学制」発布、伝染性疾患（種痘、天然痘）の予防
1878（明治 11）年	健康診断	体操伝習所での活力検査(体長・体重・臂囲・胸囲・指極・力量・握力・肺量)
1879（明治 12）年	学校衛生	「教育令」制定、伝染病全般の罹患者の出席停止の規定
1886（明治 19）年	学校制度	「小学校令」「中学校令」公布、学校体系と教育制度の原型
1888（明治 21）年	健康診断	文部省が「活力検査」を実施するよう訓令
1889（明治 22）年	学校給食	山形県の鶴岡町（現・鶴岡市）の私立忠愛小学校で貧困家庭の児童を対象に昼食を無償で提供
1890（明治 23）年	環境衛生	「小学校令」公布
1891（明治 24）年	学校衛生	文部省「学校衛生事項取調嘱託」全国各地の学校衛生状況を調査し、その結果を政策に反映させる試み
	環境衛生・安全	「小学校設備準則」制定、校地の選択、学校施設の規定
1894（明治 27）年	学校三師	東京市麹町区、神戸市内の小学校に学校医（学校医の始まり）
1896（明治 29）年	学校衛生	文部省に学校衛生顧問および学校衛生主事が置かれる、有識者による学校衛生顧問会議の設置
1897（明治 30）年	健康診断	「学生生徒身体検査規程」(身長・体重・胸囲のほか、脊柱・体格・視力・眼疾・聴力・耳疾・歯牙・其他疾病)
	学校衛生	「学校清潔方法」学校環境衛生の始まり
1898（明治 31）年	学校衛生	「学校伝染病予防及消毒方法」公布、感染症予防
	学校三師	「公立学校ニ学校医ヲ置クノ件」公布、学校医制度、環境衛生的監視と身体検査の実施
1905（明治 38）年	養護教諭	学校看護婦が公立学校に採用され、岐阜県の小学校に配置
1907（明治 40）年	学校安全	通牒「学校ニ於ケル火災予防及生徒避難ノ方法等ニ関スル注意事項」で防火および避難などに関する災害防止対策が示される
1915（大正 4）年	学校安全	文部省通牒で理科実験時の災害防止に関する配慮事項が示される

表 16-1　学校保健の歴史　つづき

1916（大正 5）年	学校衛生	学校衛生調査会の設置、文部省内に学校衛生に関する担当課と学校衛生担当官が置かれる
1919（大正 8）年	学校衛生	「学校伝染病予防規程」公布、トラホーム（現在のトラコーマ）、腸内寄生虫、皮膚病対策
	健康診断	「児童生徒及学生ノ近視予防ニ関スル注意」公布
1920（大正 9）年	学校三師	「学生生徒児童身体検査規程」制定、歯科医師による学校歯科検査の開始
1922（大正 11）年	養護教諭	学校看護婦の設置を奨励
1924（大正 13）年	学校衛生	「地方学校衛生職員制」公布、道府県に学校衛生技師が配置
	学校安全	「生徒児童戎器携帯取締方」で学校における刃物の携帯の禁止
1929（昭和 4）年	養護教諭	文部省訓令「学校看護婦ニ関スル件」公布、学校看護婦の職務内容の制定
1930（昭和 5）年	学校三師	東京市麹町区の委嘱により学校薬剤師の設置
1931（昭和 6）年	学校三師	「学校歯科医及幼稚園歯科医令」公布、学校歯科医が誕生
1932（昭和 7）年	学校給食	「学校給食臨時施設方法」公布、貧困児童救済のため国庫補助による学校給食開始
1934（昭和 9）年	学校安全	「非常災害ニ対スル教養ニ関スル件」、火災、地震等の災害に関する詳細な対策
	学校安全	「学校建築物ノ営繕並ニ保全ニ関スル件」、学校の設概場所、校舎の構造等、学校建築物の維持管理についての要綱
1937（昭和 12）年	健康診断	「学校身体検査規程」（座高・栄養・胸郭・鼻咽頭・皮膚等の検査が加わる）、事後措置
1939（昭和 14）年	健康診断	「学校職員身体検査規程」制定により教職員の身体検査が規程
1940（昭和 15）年	学校給食	「学校給食奨励規程」公布により貧困児童、栄養不良、虚弱児童に対して学校給食を実施
1941（昭和 16）年	養護教諭	「国民学校令」により学校看護婦を養護訓導として教育職員になる
1943（昭和 18）年	養護教諭	「国民学校令」を改正、養護訓導を原則として学校に必置
1944（昭和 19）年	健康診断	「学校身体検査規程」に「学校職員身体検査規程」を統合し、学校健康診断の基礎となる
1946（昭和 21）年	学校給食	通達「学校給食実施の普及奨励について」で「学童の体位向上と栄養教育の見地から、ひろく学校において適切な栄養給食を行うことは、まことに望ましいことである」と学校給食の教育的効果が示された
1947（昭和 22）年	学校保健・安全	「学校教育法」公布（健康、安全で幸福な生活のために必要な習慣を養い、心身の調和的発達を図る：第 18 条 7 号（旧法））。養護訓導を養護教諭と改称
	保健教育	「米国教育視察団報告書」により、保健教育の本格的な取り組みを開始。学校保健は、管理的、治療的なものから教育的な方法に転換
1949（昭和 24）年	学校保健・安全	「中等学校保健計画実施要領（試案）」作成、戦後教育改革による統一的な学校保健システムの確立、安全の内容も含まれる
	健康診断	「学校身体検査規程」の改訂、臨時身体検査の項目の中に結核の精密検査
1951（昭和 26）年	学校保健・安全	「小学校保健計画実施要領（試案）」作成、戦後教育改革による統一的な学校保健システムの確立、安全の内容も含まれる
	学校保健	「結核予防法」全面改正、全額公費負担による精密検査と予防接種が実施
1954（昭和 29）年	学校給食	「学校給食法」公布、学校給食の基本的な枠組みを規定
	学校三師	「学校教育法施行規則」一部改正、学校薬剤師制度
1956（昭和 31）年	学校安全	「地方教育行政の組織及び運営に関する法律」公布、文部大臣、地方教育行政機関は学校における保健および安全ならびに学校給食に関し、指導および助言を与えることができるようになった
1958（昭和 33）年	学校保健	「学校保健法、学校保健法施行令、学校保健法施行規則」の制定、これまでの学校保健に関わる制度を統括
	保健教育	「保健計画実施要領」刊行、学校保健の推進、学習指導要領が制定で、体育あるいは保健体育科の保健の内容となる

表 16-1　学校保健の歴史　つづき

1958（昭和 33）年	保健教育	「小学校学習指導要領」改正、保健に関する事項の指導は、各教科・道徳・特別教育活動、および学校行事等の教育活動全体を通じて行う
1959（昭和 34）年	学校安全	「日本学校安全会法」公布、「学校安全」の用語が用いられ定義づけられる（学校管理下の災害に関わる法人格の法案）
1975（昭和 50）年	学校安全	「中学校安全指導の手引」（文部省）で学校安全の考え方とその内容が示される
1978（昭和 53）年	学校安全	「高等学校・交通安全指導資料ー主として二輪車に関する指導ー」
1984（昭和 59）年	学校安全	「高等学校交通安全指導の手引」
1995（平成 7）年	養護教諭	「学校教育法施行規則」一部改正により、養護教諭が保健主事を担当することが可能
1997（平成 9）年	学校給食	「学校給食衛生管理の基準」が定められる（O157 による集団食中毒のため）
	養護教諭	「保健体育審議会答申」において、養護教諭の新たな役割としてカウンセリング能力の充実が重要視される
1998（平成 10）年	養護教諭	「教育職員免許法」一部改正により養護教諭が保健の授業を担当する制度的措置
2002（平成 14）年	健康診断	「学校保健法施行規則」の一部改正により定期健康診断項目から色覚検査の廃止
2005（平成 17）年	学校給食	教育職員として栄養教諭の設定
2008（平成 20）年	学校保健・安全	学校保健と学校安全のいっそうの充実を図るために「学校保健法」が「学校保健安全法」に改正・改称

教育基本法と学校教育法を読み、そのなかで学校保健に関係する条文を抜き出してみよう。

このChapterで挙げた法令以外で学校保健に関係する法令を調べて、「学校保健」「学校安全」に分けて抜き出し整理してみよう。

学校保健の歴史のなかで、新たに公布された法律や新設された制度を選び、その法律の目的や目標、制度が設けられた理由をまとめてみよう。さらに、その公布、新設された年の前後の社会状況や学校教育制度、児童生徒の置かれた環境などを調べてみよう。

参考文献

・日本学校保健会編『学校保健の動向（平成 20 年度版）』日本学校保健会　2008 年

索　引

数　字／欧　文

和　文

す

せ

そ

た

ち

つ

て

と

知識と実践で築く学校保健

2024年5月10日　初版第1刷発行

編　　者　國土　将平
発 行 者　竹鼻　均之
発 行 所　株式会社 みらい
〒500-8137　岐阜市東興町40　第5澤田ビル
TEL　058-247-1227㈹
FAX　058-247-1218
http://www.mirai-inc.jp
印刷・製本　西濃印刷株式会社

ISBN978-4-86015-626-8　C3037